成人高等法学教育通用教材

行政法与行政诉讼法教程

（第三版）

司法部法学教材编辑部　审定

主　编　惠生武

副主编　董　皞

撰稿人　(以撰写章节先后为序)

董　皞　贡世康　惠生武

芮守胜　姬亚平　贺乐民

谭炜杰

中国政法大学出版社

2011·北京

作 者 简 介

惠生武 男，西北政法大学教授，司法鉴定高级工程师，硕士研究生导师。学术兼职主要有：陕西省法学会理事、警察法学研究会会长、中国刑科协文检专业委员会委员。主要研究方向为行政法与行政诉讼法学、警察法学、治安学。出版个人专著《警察法论纲》、《公安交通管理学》，主编著作、教材《行政法与行政诉讼法教程》、《行政法学》、《警察行政法概论》、《人民警察法导论》、《治安管理学总论》等十余部；在国内外学术刊物上发表专业论文数十篇；主持中国法学会、教育部、陕西省等多项科研课题。

董　皞 男，广州大学副校长、教授，博士生导师，法学博士，中国社会科学院博士后，武汉大学、中国政法大学、国家法官学院兼职教授。学术兼职主要有：中国法学会行政法学研究会理事。主要研究方向为行政法与行政诉讼法。出版个人学术专著《司法解释论》境内外两种版本，参加编著《行政行为法》、《行政法学新论》、《行政法总论》等著作十余部；在《法学研究》、《中国法学》等学术刊物上发表专业论文数十篇。

贡世康 男，西北政法大学教授，法学硕士，硕士研究生导师。主要研究方向为行政法学、公务员法、政府法制。出版专著《行政许可法律制度研究》、《公务员法原理》等，主编或参编《行政法学》、《行政诉讼法学》、《行政法与行政诉讼法学》等教材多部；在《法律科学》、《西北大学学报》、《人文杂志》等期刊公开发表专业论文数十篇；主持多项省部级和学校科研课题。

芮守胜 男，甘肃政法学院副教授，人事处处长。社会兼职主要有：甘肃省人民政府立法顾问。主要研究方向为行政法与行政诉讼法学、公务员法。合著或主编《行政法论》、《行政法学》、《行政法与行政诉讼法教程》等著作教材，参编著作教材十余部，曾获省优秀教学成果奖；在《甘肃社会科学》、《甘肃政法学院学报》等刊物公开发表专业论文数十篇。

姬亚平 男，西北政法大学副教授，法学硕士，硕士研究生导师，行政法学院副院长。独著、主编、参编《外国行政法学新论》、《行政法学》、《行政诉讼法学》等著作18部；公开发表论文数十篇，有多篇被《人大复印资料》、《高等学校文科学报学术文摘》转载；主持完成司法部、陕西省等科研课题多项。

贺乐民 男，西北政法大学副教授，硕士研究生导师，行政法学院行政法教研室主任。主要研究领域为行政法学、经济行政法。主编、参编《经济行政法概论》、《行政法学》、《行政法与行政诉讼法教程》、《市场经济条件下的经济行政法》等著作、教材十余部；公开发表论文数十篇；主持2004年度国家社科基金研究项目《政府职能转变与依法行政研究》以及司法部、陕西省科研课题多项。

第三版说明

　　当前，我国经济和社会进入了一个快速发展的新时期，与此相适应，在推进依法治国、走向建设社会主义法治国家的历史长途中，国家对法律人才的需要更加迫切。为了适应高等法学教育在新形势下的发展需要，根据教育部对成人高等教育法学科类主干课程教材的编写要求，我们对20世纪90年代末编写的成人高等法学教育主干课程教材《行政法与行政诉讼法教程》进行了修订。在修订过程中，我们本着科学、严谨、创新的态度，以为培养法律人才做点实事为己任，充分认识到高质量的教材对于提升法学教育质量的重要性；根据本教材适用对象的特点，有针对性地确定修订提纲和撰写内容，按照本学科一般理论思维和实际应用的逻辑顺序，系统、简明地介绍行政法学科体系、基本内容、发展规律与现状；全面总结和客观反映了本学科的教学研究成果以及国内外可供借鉴的经验；力求完整、准确地阐述本学科的基本概念、基本原理和基础知识；尽力反映本世纪以来我国制定的《立法法》、《公务员法》、《行政许可法》、《治安管理处罚法》等一批行政法律、法规、规章的立法精神和具体规定，以及它们对本学科发展的促进和影响；坚持行政法学理论与行政立法、司法和执法实践相结合，努力做到科学性、系统性和实用性的统一。

　　本教材由西北政法大学惠生武教授担任主编，广州大学董皞教授任副主编，部分政法院校和实务部门中长期从事行政法教学、研究工作的专家、学者参加了教材的修订和内容撰写；全书由主编、副主编拟定修订稿编写大纲，并负责对全书进行修改、统稿和定稿。在本书的修订写作过程中，珠海市中级人民法院的谭炜杰参与了部分章节的撰写。本教材撰写的具体分工为（以撰写章节先后为序）：

　　董　皞、谭炜杰：第一、十五、十六章；

贡世康：第二、三、十一、二十二章；

惠生武：第四、五、六、七、八、九章；

芮守胜：第十、十四章；

姬亚平：第十二、十三、十七、十八章；

贺乐民：第十九、二十、二十一章。

在本教材的写作过程中，我们参考了大量行政法与行政诉讼法方面的著作、教材和论文，得到了有关院校、单位和一些专家、学者的关心和帮助；同时，中国政法大学出版社对本书的出版给予了大力支持，在此，一并表示诚挚的感谢！

作　者

2011 年 8 月

目 录

第一章 行政法概述

学习目的与要求

通过本章的学习，了解行政法的产生和历史发展过程；掌握行政法的概念、特征和调整对象；明确行政法的渊源、行政法律关系、行政法的基本原则以及行政法的地位和作用，从而为全面认识和掌握行政法打好基础。

第一节 行政法的概念

一、行政的概念

（一）行政的含义

行政与行政法的关系极其密切。要学习和研究行政法和行政诉讼法，首先有必要了解什么是行政。"行政"一词的英文是 administration，源自拉丁文 administrare，原意是"执行事务"。古希腊的亚里士多德在《政治学》一书中也曾使用过"行政"这一术语。在中国古代，"行政"一词一般是指执掌政务，如《史记·周本纪》中记载："召公，周公二相行政"。行政通常可以分为国家的行政和社会组织、私人企业的行政。行政法上的行政是指国家的行政，在西方通称为"公共行政"（public administration）。

近代意义上的行政是国家权力分立的产物。行政最初是与立法、司法等国家权力相区别而言的，三者共同形成国家作用，由不同的国家机关来执掌。马克思主义认为，行政是一种国家的组织活动。在我国，一般认为行政即国家的行政管理，是国家通过行政机关对国家事务和社会公共事务进行的管理，区别于企业管理和其他管理。同时，行政作为国家的一类职能，与国家的立法、司法职能也有着原则的区别。因此，我们可以认为，行政是国家行政机关对国家和社会公共事务的组织和管理活动。

（二）行政的特征

1. 从属性。从属性是就行政在整个国家行为中的地位而言的。按照一般国家行为理论，国家行为可以分为立法行为、司法行为和行政行为。立法，特别在我国，它是权力机关所为的行为，处于至尊地位，而司法则具有一定的独立性。行政是执行国家法律和权力机关意志的活动，相对于立法而言，处于从属地位。从这个意义上讲，行政对立法具有从属性，其具体表现为：①行政机关的立和废都由立法机关决定；②行政机关的首长由立法机关选举或决定任免；③行政行为以法律为依据，即使行政机关制定规范也必须具有法律依据。

2. 执行性。执行性是就行政职能与立法职能二者之间的关系而言的。这一特性是由从属性派生出来的。行政是现代国家权力分工的产物，没有立法、司法与行政职能的适当分工，就不存在执行法律和立法机关意志的行政。行政与立法的本质区别在于行政是执行法律的活动，而立法则是创制法律的活动。

3. 主动性。主动性也可称之为积极主动性，是就行政活动的特征与司法活动的特征的区别而言的。行政在现代社会生活中面对的情况更加复杂，承担的任务更加繁重，其往往必须积极主动介入社会、经济、文化、教育、交通等各种与人民生活密切相关的领域，成为一只处处都看得见的手，如此方能满足人民与社会的需要。而司法是追诉犯罪、裁判纠纷的被动适用法律的活动。当然，行政活动中也有一些依照申请才能作出某种行为的被动活动，但这并非行政的本质。

4. 目的性。所谓目的性，是指行政执行法律，在法律范围之内要注重其所追求之目的。当然，行政之目的与立法之目的具有一致性，但行政往往在执行法律时会面对许多纷繁复杂的社会问题，必须考虑公共目的、公共利益以及国家社会的发展等。

（三）行政的分类

1. 积极行政与消极行政。这是以行政的目的为划分依据而进行的分类。行政的目的是多方面、多角度的，有维护社会生产、生活、经济、政治的目的，有保障公民人身、财产安全的目的，也有促进和发展经济及人民生活福利的目的，等等。行政作为政府的组织管理职能，在不同的领域，其所要达到的目的不同，因而它会采用不同的态度和手段对待这些不同的行政职能。积极行政，是指行政机关以积极的态度主动实施组织和管理活动，这一类行政大多发生于涉及国家或公众利益的场合，如计划、环保等。消极行政，是指行政机关以消极被动的态度尽量控制和减少此种行政，以避免对相对一方的权利义务产生直接的影响，如命令、处罚、强制措施等。

2. 内部行政与外部行政。这是以行政的不同对象为标准进行的划分。这种分类为内部行政行为和外部行政行为的划分提供了理论基础，从而会使行政诉讼受案范围更加清晰和明朗。内部行政，是指对公民、法人或其他组织不发生法律效力的行政内部行为或决定，如机关内部的机构设置、职能分工、人员编制、公文流程等管理规则。外部行政，是指行政机关执行法律、发布行政命令或作出具体行政行为，而对公民、法人或其他组织的权利义务发生法律效力的活动。

3. 干预行政、给付行政与计划行政。这是以行政的性质为标准进行的划分，这种分类有助于根据不同性质行政的不同特点，采取不同的方式予以规范。干预行政又称为规制行政，是指干预公民、法人或其他组织的权利，以限制其自由或财产或者课予其义务或负担的行政活动，这种行政通常以规制或命令的方式表现，必要时还付诸于强制措施，如禁止通行、责令停业、征收租税等。给付行政又称服务行政或福利行政，是指政府通过提供服务或给予公民、法人利益和便利等方式进行的行政活动。就现代国家的职责而言，给付行政的作用更加重要，其地位也在逐步上升。此类行政包括各种社会保险（劳保、失业保险），提供社会救助，兴办公用事业（水、电、交通），兴建公共设施（道路、桥梁、公园），加强文化设施建设（图书馆、文化艺术中心），提供职业训练，环境维护，提供经济辅助，实施行政指导等。给付行政与干预行政有时并非截然分开，而是彼此互相交错，兼而有之。如强制戒毒，一方面，它属于依法强制实施，具有干预行政的特征；另一方面，它为保障实施对象的身心健康而为，具有给付行政的性质。计划行政，是指政府为了实现行政目的而制定计划的行政活动。在现代社会中，行政涵盖范围广、情况复杂的状况，要求重大的行政活动必须进行可行性研究和论证，制定行政计划，才能适应现代行政的需要。如编制行政预算，制定国民经济计划，三峡工程的研究和论证等。随着社会的发展，我们不仅要肯定计划行政，而且应当将计划行政法治化，包括将计划行政主体及其相关部门关系的协调、职能分工、计划行政的程序、计划行政的实施及其保证法治化。

4. 权力行政与非权力行政。权力行政，是指通过行政权力的强制达到行政目的的行政。多数情况下，法律都赋予行政活动强制性，如税务行政、警察行政、土地行政等。非权力行政，是指通过非强制的方式（如劝告、建议、指导、契约等）达到行政目的的行政，如公共设施和公益事业的提供或兴建等。权力行政与干预行政，给付行政与非权力行政有某种对应关系，但两种分类的标准不同，前者是以行政的性质为标准进行的划分，而后者则是以行政的方式为标准进行的划分。另外，并非所有的干预行政都采用权力方式，如交通行政、经济行政也经常采用劝告、契约等非权力方式，也并非所有给付行政都采用非权力方式，如强制戒毒、核发许可证都采用权力行政的方式。

5. 负担行政与授益行政。这种分类是以行政机关与相对一方之间的权利义务关系为标准进行的划分。这种分类便于针对两种不同类型的行政采取相应的权力设定、程序运行的规则。负担行政，是指限制、剥夺公民和法人人身权益和财产权益的行政，如税收、收费、处罚、强制等。授益行政，是指给予公民、法人某种权益的行政，如失业救济、实施许可、减免税金等。

除上述分类之外，还可以从不同的角度对行政进行不同的分类。随着社会的发展，行政的主体、范围、内容、方式都会有较大的变化和发展，因此，关于行政的分类也在不断增多。如根据行政的内容可以将其划分为治安行政、工商行政、税务行政、环保行政、资源行政、人事行政、海关行政等；根据行政方式可将其分为公权力行政和私经济行政等。每一种划分，都是从某一个新的角度或是从某一个侧重点对行政进行考察的手段，都会为我们掌握行政规律，解决行政问题，发展和完善行政管理提供重要的帮助。

二、行政法的概念

（一）行政法的含义

行政法是用以规范行政权力的法，是关于行政权力的设定、运用、监督以及对行政权力运用后果予以补救的法。对于这一概念，可以作如下理解：

1. 行政法是用以设置和规定行政权力的法。具体而言，行政法规定行政主体是否享有某项权力以及权力的范围。例如，《大气污染防治法》第4条规定："县级以上人民政府环境保护行政主管部门对大气污染防治实施统一监督管理。各级公安、交通、铁道、渔业管理部门根据各自的职责，对机动车船污染大气实施监督管理。县级以上人民政府其他有关主管部门在各自职责范围内对大气污染防治实施监督管理"。由此可知，在国家法律体系中，凡是设定行政权力的法律规范均属于行政法范畴。

2. 行政法是用以规范行政权力运用的法。行政主体依法取得某项权力并不意味着其能够合理地运用这项权力。为了保证行政权力的合理运用，还需要有一套规范行政权力运用的规则，这类规则是行政法的核心部分。规范行政权力运用的法律规范有两种存在方式：一种是分散存在的方式，另一种是集中存在的方式。前者如《土地管理法》、《海关法》、《税收征收管理法》等，分别规范了具体行政主体行政权力的行使；后者如《行政许可法》、《行政处罚法》、《行政复议法》等，集中规范了一般行政主体行政权力的行使。

3. 行政法是用以监督行政权力的法。行政权力在行使的过程中，可能影响公民、法人和其他组织的权利义务。如果行政主体违法或者不当行使行政权力，就会侵犯行政相对人的合法权益，破坏统一的法律秩序。为了防止这种情形的发生，就需要建立一套规则，对行政权力的取得、组织和运用等加以监督。由于行政监督主体和方式的多样性，行政监督规则也是多样的。例如，《宪法》规定了权力机关对行政权力的立法监督，《行政诉讼法》规定了人民法院对行政权力的司法监督，《行政监察法》规定了监察机关对行政权力的行政监督等。

4. 行政法是对行政权力运用后果予以补救的法。行政法不仅是规范行政权力运用的法，而且是对行政权力运用后果予以补救的法。当违法行政或者不当行政损害公民、法人和其他组织的合法权益时，行政相对人有权通过法律途径维护自己的合法权益，制止侵权行为的蔓延并获得损害赔偿。《行政诉讼法》、《国家赔偿法》、《行政复议法》等都属此类法律规范。

（二）行政法的调整对象

行政法调整的对象是在行政权力的设定、运用、监督及对行政权力运用后果予以补救的过程中所产生的行政关系。具体讲，行政法的调整对象包括：

1. 有行政机关参与的行政关系。一般来说，行政关系应有行政机关参与，但有行政机关参与而形成的社会关系未必就是行政关系，行政机关作为一般的民事主体而为的民事行为或行政机关公务人员非行使职权的个人行为所形成的法律关系都不属于行政关系。有行政机关参与的行政关系主要有：①行政权力取得过程中权力机关与行政机关的关系。行政权是由国家权力机关设定的，权力机关制定组织法、编制法，规定行政机关的性质、地位、职责、权限、活动原则、法律责任，行政机关成立、变更、撤销的程序，此行政机关与彼行政机关的关系；权力机关通过专门法律授予行政机关一定的特殊权力或限制其一定的权限；权力机关通过公务员法规定公务员的法律地位、权利义务，等等。②行政权力行使运用过程中行政机关与相对一方所发生的关系。行政法通过规定行政机关在行使职权过程中的职责权限、行使职权的程序及行政相对人应遵守的义务和应享有的权利来调整行政机关与行政相对人的关系。这种行政关系是最常见的也是最赋有实际内容的社会关系，从某种意义上说，行政权的取得和设定，对行政权的监督，其目的也是保障这一类社会关系的有效实现。③对行政权力实施监督过程中产生的社会关系。这类关系是指权力机关与行政机关及其公务员之间发生的监督与被监督关系；司法机关与行政机关及其公务员之间发生的监督与被监督关系；上级行政机关与下级行政机关之间的监督与被监督关系；专司监督的审计、监察部门与其他行政机关之间的监督与被监督关系，等等。

2. 非行政机关参与的社会关系。非行政机关行使行政权力形成的社会关系有时也是行政法调整的内容。当立法授权其他国家机关、社会组织或个人执行行政职能时，被授权的机关、组织、个人与其相对一方也是行政关系，属于行政法调整的对象。

（三）行政法的特征

行政法与其他部门法相比，无论在形式上还是在内容上都具有自身的特征。

在形式上，行政法是没有统一法典的部门法，它以散见于各种法律、法规、规章中的大量法律规范为存在形式。与政府职能扩展、内容繁复的特点相适应，行政法不可能有统一法典。

在内容上，行政法的特征主要有：①行政法的内容丰富。在当代，政府职能较之以往已经有了极大的扩展，政府的触角伸向了人类生活的方方面面，这就决定了行政法适用领域的广泛性和内容的丰富性。②行政实体法和行政程序法的相互交织。这是因为，行政主体的行政活动是享有行政权和运用行政权的统一，如果法律只规定行政权力的行使而不同时规定行政权力行使的程序，显然是不科学的。当然，行政法律规范集实体法和程序法于一身，并不影响把不同行政活动的共同程序抽象出来，制定统一的行政程序法，更不影响《行政诉讼法》的独立存在。

第二节　行政法的渊源

行政法的渊源，是指行政法律规范的表现形式或者行政法律规范的载体。各国的政治制度、法律制度、经济制度和历史传统不同，行政法的渊源也不相同。研究行政法的渊源的目的，是使人们能够更为具体、清晰地认识多种多样的行政法律规范。行政法的渊源是一个概括性表述，具体而言，行政法的渊源包括行政法的成文法渊源和不成文法渊源。我国是一个成文法国家，因此，行政法的渊源一般只限于成文法。我国行政法的成文法渊源主要包括下列八种。

一、宪法

宪法是国家的根本大法，不仅是行政法的渊源，也是其他部门法的渊源。与其他部门法相比，行政法和宪法的关系最为密切，宪法中包含着相当多的行政法律规范和重要行政法原则，涉及行政权力的取得、行使、监督等一些根本性问题。由于宪法是国家的根本大法，所以，宪法中所包含的行政法律规范通常是纲领性或曰指导性的。宪法中具有行政法意义的规范主要包括：国家行政权力的来源、国务院和地方各级人民政府的组织及其基本工作制度（民主集中制、工作责任制、行政首长负责制等）、国家行政机关的职权、国家行政区域划分、公民基本权利与行政权力的关系等。

二、法律

法律，是指全国人民代表大会制定的基本法律以及全国人民代表大会常务委员会制定的除基本法律以外的其他法律。法律中涉及行政权力的取得、行使及其监督的规范，涉及对行政权力运用后果予以补救的规范均为行政法律规范。例如，《国务院组织法》、《地方各级人民代表大会和地方各级人民政府组织法》等法律，规定了行政机关的性质和地位、行政机关或者人民政府的人员组成、行政机关的正副职设置、行政机关工作机构的设立与变动、行政机关的职权、行政机关之间的关系、行政机关的基本工作制度等。再如《土地管理法》、《大气污染防治法》、《环境保护法》、《药品管理法》等法律，规定了政府主管部门的职责与权限；《行政许可法》、《行政处罚法》、《税收征收管理法》等法律，规定了行政机关行使权力的程序、方式、规则；《行政诉讼法》、《行政复议法》、《国家赔偿法》等，规定了对行政权力运用后果予以补救的范围、方式和程序等。

三、行政法规

行政法规，是指国务院根据宪法和行政机关组织法的一般授权，或者根据法律和全国人大及其常委会的特别授权，按照法定程序制定的规范性文件的总称，其法律效力仅次于法律。行政法规调整着广泛的行政关系，且数量巨大，《国务院公报》每年刊登的行政法规都有几十件之多。因此，行政法规在行政法表现形式中占有重要地位。需要指出的是，现实中我国正处于经济体制的转型时期，社会变化迅速，但许多事项制定法律的时机又不够成熟，因此，国务院制定行政法规的职能愈发显得突出。

四、地方性法规

在我国，根据立法主体的不同，可以将地方性法规分为两种：一种是省、自治区、直辖市的人民代表大会及其常务委员会根据本行政区域的具体情况和实际需要，在不同宪法、法律、行政法规相抵触的前提下制定的规范性文件；另一种是较大的市（省会城市、经济特区所在地的市以及经国务院批准的较大的市）的人民代表大会及其常务委员会，根据本市的具体情况和实际需要，在不同宪法、法律、行政法规和本省、自治区的地方性法规相抵触的前提下制定的规范性文件。地方性法规中有相当一部分内容涉及地方政府权力的取得、行使和监督的问题，涉及公民、法人和其他组织在行政权力行使过程中的权利和义务，因而是行政法的重要渊源。在我国，随着中央和地方政府关系的调整以及地方事权的扩大，地方性的行政事务会不断增多，地方性法规的数量也会迅速增加，成为地方行政机关行使行政权力的主要根据。

五、自治条例和单行条例

自治条例和单行条例，是民族自治地方的人民代表大会依照当地民族的政治、经济和文化的特点制定的规范性文件的总称。其中，自治区的自治条例和单行条例报全国人民代表大会常务委员会批准后生效；自治州、自治县的自治条例和单行条例，报省、自治区、直辖市的人民代表大会常务委员会批准后生效。作为行政法的渊源，自治条例和单行条例既可以规定民族自治地方自治机关的组织，也可以规定地方行政管理事务，如一些自治地方人民代表大会制定的集市贸易管理条例、食品卫生管理条例等。自治条例和单行条例与地方性法规相比，主要有两点不同：①自治条例和单行条例可以依照当地民族的特点，对法律和行政法规作出变通规定，而地方性法规却不允许出现这种变通规定。②自治条例和单行条例可以由省一级的自治区、省辖市一级的自治州和自治县的人民代表大会制定，而地方性法规只能由省、自治区、直辖市和较大的市的人民代表大会及其常务委员会制定。

六、规章

根据立法主体的不同，规章可以分为部门规章和地方政府规章。部门规章是国务院各部、各委员会、中国人民银行、审计署和具有行政管理职能的直属机构，根据法律和国务院的行政法规、决定、命令，在本部门的职责权限范围内制定的规范性文件的总称。地方政府规章是省、自治区、直辖市和较大的市的人民政府，根据法律、行政法规、地方性法规制定的适用于本行政区域的规范性文件的总称。规章是行政管理的重要依据，其数量之多、适用范围之广、使用频率之高，是其他形式的行政法渊源所不能比拟的。

七、国际条约

国际条约，是两个或者两个以上国家在政治、经济、文化、军事等方面规定相互间权利义务的各种书面协议的总称。我国缔结或者参加的国际条约，如果内容上涉及国内的行政管理，同样是我国行政法的渊源。例如，我国和许多国家签订有领事条约，其中关于领事馆的设立、馆长的任命、领事的职权、护照和签证的颁发等规定，因涉及国家的行政管理，成为调整行政机关与行政相对人关系的准则。

有关国际条约在国内法上的效力问题，我国《宪法》并未作出明确规定。根据我国现有的立法和司法实践，我国适用国际条约大体通过三种方式：①直接适用国际条约，例如，《民法通则》第 142 条第 2 款规定："中华人民共和国缔结或者参加的国际条约同中华人民共和国的民事法律有不同规定的，适用国际条约的规定，但中华人民共和国声明保留的除外"。②将国际法规则转化为国内法规定，例如，中国于 1975 年和 1979 年分别加入了《维也纳外交关系公约》和《维也纳领事关系公约》，后又分别于 1986 年和 1990 年制定了《外交特权与豁免条例》和《领事特权与豁免条例》，使国际条约更有利于在国内的执行。③根据国际条约的规定，及时对国内法作出相应修改，使国内法和国际法相衔接。可以预见，随着国际经济一体化和国与国之间关系的发展，我国缔结或者参加的国际条约的数量会越来越多。

八、法律解释

法律解释，是指对法律、法令条文具体应用问题作进一步说明。行使法律解释权仅限于有权机关，这些有权机关包括全国人大常委会、最高人民法院、最高人民检察院、国务院、国务院各部门以及省、自治区、直辖市、较大的市的人大常委会和省、自治区、直辖市、较大的市的人民政府等。在各种法律解释中，最高人民法院的司法解释具有特殊重要地位。在法律解释的实践中，最高国家权力机关很少作出立法解释，许多法律都是在司法实践中由最高人民法院作出司法解释。例如，《行政诉讼法》本身只有75条，但最高人民法院于2000年3月10日实施的《关于执行〈中华人民共和国行政诉讼法〉若干问题的解释》却包括了98条，增加了法律的可操作性。司法解释的形式主要有解释、规定、批复三种。对某一法律、某一类案件或者问题如何适用法律所作的规定，采用"解释"的形式；对审判工作提出的规范或者意见采用"规定"的形式；对高级人民法院、军事法院就审判中具体应用法律问题的请示所作的答复，采用"批复"的形式。

第三节　行政法律关系

一、行政法律关系的概念与特征

人们在社会生活中形成了形形色色的社会关系，这些社会关系在受到不同法律规范调整之后，便形成了相应的法律关系。行政法律关系就是为行政法所调整的、具有行政法上权利与义务内容的各种社会关系。简而言之，行政法律关系就是受行政法调整的社会关系。行政法律关系具有以下特征：

（一）在行政法律关系当事人中，行政主体一方的恒定性

国家的行政权是由行政主体来行使的，非行政主体不能行使行政权。因此，行政法律关系总是行政主体同相对人之间的关系，行政法律关系中总有一方是行政主体，离开了行政主体，行政法律关系就不可能形成。行政法律关系的这一特征是行政法律关系与其他法律关系的重要区别之一。

（二）行政法律关系内容的法定性

在行政法律关系中，当事人的权利义务不能由当事人自行约定，而是由行政法律规范事先规定的。例如，在盐业管理的行政法律关系中，双方当事人的权利义务是由《盐业管理条例》等行政法律规范事先规定的，当事人只能依据行政法律规范的规定享有权利或者承担义务。行政法律关系内容法定性的特征，是行政法律关系区别于民事法律关系的主要特征。需要指出的是，"行政合同"是这一特征的例外，行政合同双方当事人可以进行一定程度的协商和权利义务的约定。

（三）行政法律关系当事人权利义务的不对等性

在行政法律关系中，行政主体以国家强制力保证其职权的行使，相对人不履行行政法规定的义务时，行政主体可以运用行政权强制其履行或者对其予以制裁。而且，行政法律关系的产生、变更和消灭，不以双方主体的意思表示一致为条件，行政主体可以单方面地设定或者变更行政法律关系而无须征得相对人的同意，这明显区别于民事法律关系的平等、自愿、等价有偿等原则。

（四）行政主体的权力具有不可处分性

在行政法律关系中，行政主体行使的是国家权力。国家权力不同于公民个人的私权利，不能由掌握这种权力的某个国家机关任意放弃、转让等，在应当运用时必须运用，在不得运用时则不得运用。因此，行政主体只有对于相对人而言才有权力，而对于国家和全体人民而言却只有职责或者义务。行政主体不能放弃这种权力，否则就构成了行政主体的渎职。

二、行政法律关系的要素

行政法律关系由行政法律关系的主体、客体和内容三大要素组成。

（一）行政法律关系的主体

行政法律关系的主体（行政法主体）是指在行政法律关系中依法享有权利和承担义务的主体，包括行政主体和行政相对人。

1. 行政主体。行政主体，是指能够以自己的名义依法行使行政权力，并能够对行使行政权力的后果承担法律责任的机关和组织。关于行政主体的问题，本书将在第二章中详细论述，这里不再多作讨论。

2. 行政相对人。行政相对人又称行政相对方，是指在行政法律关系中处于被管理地位的公民、法人和其他组织。行政相对人是与行政主体相对应的概念，在行政法理论上具有重要意义。在行政管理活动中，行政相对人虽然处于被管理地位，但绝不是单纯的被支配的对象，而是既享有权利又承担义务的行政法律关系主体。根据我国法律的规定，在行政法律关系中可以成为行政相对人的主要有国家组织、企事业单位、社会团体、公民和在我国境内的外国组织、外国人和无国籍人等。

（二）行政法律关系的客体

行政法律关系的客体，是指行政法律关系当事人的权利、义务指向的对象，包括物、行为和智力成果等。

1. 物。物是行政法律关系中常见的客体，是指具有价值和使用价值的物质资料，其表现形式可以是实物，也可以是货币；可以是生产资料，也可以是消费资料。

2. 行为。行为，是指行政法律关系主体的活动，包括作为和不作为。行为可以是行政主体的行为，也可以是行政相对人的行为。例如，行政主体对相对人作出的罚款行为，相对人申请颁发许可证的行为等。

3. 智力成果。作为行政法律关系客体的智力成果，是指行政法律关系主体从事智力活动所取得的成果，如著作、专利、发明等。智力成果虽然经常转换成一定的物质，但在法律上仍不失为一种独立的行政法律关系客体。

（三）行政法律关系的内容

行政法律关系的内容即行政法律关系主体所享有的权利和所承担的义务。行政法律关系主体的权利是指由行政法规范所规定的、行政法律关系主体以作为或者不作为的方式获得利益的一种手段。行政法律关系主体的义务，是指由行政法规范规定的、行政法律关系主体以作为或者不作为方式负担或者保障权利主体获得利益的一种手段。行政主体和行政相对人都享有一定的权利，承担一定的义务。

在行政法律关系中，行政主体的权利具有特殊性，它既是权利又是义务。因此，行政主体对自己所享有的行政职权不能放弃，且必须依法行使，若有违法或者失职，便要承担相应的法律责任。

三、行政法律关系的变动

行政法律关系的变动是指行政法律关系的产生、变更和消灭的过程。

（一）行政法律关系的变动形态

行政法律关系是一个运动过程，任何事物在运动中都会发生变化，行政法律关系的变动有产生、变更和消灭三种形式。行政法律关系的产生、变更和消灭并不是指相应的行政法律规范的制定、修改和废除，而是指行政法所确认的普遍的、一般的法律关系，在同具体的行政法律关系主体相结合时，由于法律事实的变化，而导致主体双方权利义务的变更和消灭。例如，法律规定违章建筑必须拆除，这是一个普遍性的规定，当行政主体命令某行政相对人拆除违章建筑时，他们之间就形成了一个具体的法律关系，若行政相对人服从命令拆除了违章建筑，这一法律关系即告消灭；若其不服从命令，这时的法律关系即告变更，行政主体则会强制其拆除。

行政法律关系的产生，是指行政法律关系主体间因一定的法律事实，使行政法律规范中规定的权利义务转变为现实的、由行政法律关系主体拥有

（或享有）的权力（或权利）和履行（或承担）的义务。行政法律关系的变更，是指行政法律关系在存续期间所发生的变化，包括行政法律关系主体的变更、内容的变更和客体的变更。主体变更，如行政机关的增减、合并和撤销。内容变更，如税款的减免。客体变更，如标的物灭失或所有权转移等。行政法律关系的消灭，是指行政法律关系主体间的权利义务关系不再存在而完全消失。行政法律关系的消灭包括主体的消灭，如当事人死亡或资格丧失；内容的消灭，如义务履行完毕，行政行为被撤销；客体的消灭，如作为客体的物的灭失。

（二）行政法律关系变动的原因

行政法律关系变动的原因，是指引起行政法律关系变动的根据和条件。这个根据和条件就是法律事实。行政法律规范是产生行政法律关系的基础和前提，如果不存在行政法律规范也就无所谓行政法律关系。但行政法律关系的具体产生、变更和消灭必须要以一定的事件发生或人们的实际活动为根据和条件，我们把这些事件和活动称为法律事实。法律事实一般可以分为两大类：①法律事件，它是指法律规定的客观现象，如自然灾害、人的出生或死亡等。②法律行为，它是指能产生法律效果的行为，包括行政主体的行为和行政相对人的行为，也包括作为行为和不作为行为，还包括合法行为和非法行为。

第四节　行政法的基本原则

一、行政法基本原则的概念

行政法的基本原则，是指指导行政法制定、执行、遵守以及解决行政争议的基本准则，它贯穿于行政立法、行政执法、行政司法和行政法制监督的各个环节之中。

行政法的基本原则与其他部门法的基本原则相比有如下特点：

1. 普遍性。行政法的基本原则覆盖行政法的各个领域，适用于各级各类行政法律规范，指导或制约行政法制的各个环节。

2. 稳定性。行政法律规范调整对象的复杂多变性，决定了适应这种变化的行政法律规范本身的变动性。尽管行政法律规范要随这种变化而不断地变化，但行政法的基本原则却是相对稳定不变的。

3. 特殊性。行政法的基本原则是行政法特有的且最高层次的原则。因此，行政法的基本原则是由宪法确定的，行政法的基本原则适用于行政法领域而不适用于其他部门法，但行政法的基本原则对下一层次的每一行政法领域的原则都起指导作用。

4. 有效性。行政主体的一切行为都必须与基本原则保持一致，违反基本原则的行为都是无效的。

在我国，将行政合法性原则和行政合理性原则作为行政法的基本原则，已得到了普遍的认同。

二、行政合法性原则

行政合法性原则是指行政权力的取得和行使必须依据法律、符合法律，不得与法律相抵触，否则行政行为无效，可能被纠正或撤销，行为人还要因此承担法律责任。行政合法性原则的内容包括：

（一）行政主体合法

行政主体合法，是指行政主体资格的取得必须符合法律规定的实质条件和程序条件。在我国，行政机关行政主体资格取得的条件是：①其成立获得有权机关的批准；②有组织法或者组织章程规定的职责权限；③有法定编制并按照编制配备人员；④有独立的行政经费预算；⑤有办公地点和必要的办公条件；⑥公告成立。法律法规授权的组织行政主体资格取得的条件是：①有法律法规的明确授权；②有授权机关的授权行为；③有授权公告。授权公告的内容包括授权人、被授权人、授权事项、授权范围、授权依据、授权期限等。

（二）行政职权合法

行政职权是行政职责与行政权限的简称，行政职权合法，是指行政主体及其行政公务人员对某类行政事项的管辖权以及管辖权限必须有法律法规的明确授予和明确界定。这就是说，行政职权合法包括两方面的要求：①行政职责合法，即行政主体对某类行政事项的管辖权或者对法律法规的执行权必须有法律法规的明确授予；②行政权限合法，即行政主体对某类行政事项的管辖权限和对法律法规的执行权限必须有法律法规的明确界定。职责合法针对的是行政主体管什么的问题，权限合法针对的是行政主体管到什么范围或者程度的问题。对于行政主体而言，无论是超越职责还是超越权限，都构成越权违法。

（三）行政行为的内容合法

行政行为的内容与行政相对人的权利义务之间具有某种必然联系。因此，行政行为的内容必须符合法律的规定和社会公共利益，且在客观上具备实施的可能。例如，行政机关批准在城市的主要居民区建设一个企业，而该企业投产后会产生大量有害气体，严重损害附近居民的身体健康，这一行政行为的内容就含有重大的实体违法。再如，城市建设部门要求某建筑施工企业在1个月内完成在通常情况下至少需要半年才能完成的建筑施工任务，这一行政行为在客观上并不具备实施的可能，因而也是违法的甚至是无效的行政行为。

（四）行政程序合法

从世界各国行政法治的发展趋势看，行政程序的重要性日渐突出。原因是，任何行政行为的实施都需要有一个过程，行政行为只有符合特定的程序要求，才能保障行政相对人的合法权益。因此，违反法定程序的行政行为同样是违法的行政行为。

三、行政合理性原则

行政合理性原则，是指行政主体行使行政权在内容上和形式上要客观、适度、理性，符合公正原则。行政合理性原则的具体要求包括：

（一）行政行为必须符合立法目的

任何行政法律规范的制定都是基于一定的社会需要，都是为了达到某种社会目的。法律赋予行政主体某种自由裁量权，必然包含着行使这种权力的宗旨和目的，该立法目的尤其值得特别考虑。如果行政主体作出行政行为是为了私利而不是为了实现相关的立法目的，例如是为了增加自身的收入或者改善自身的福利待遇，则这种行为就是不合理的行为。

（二）行政行为应当建立在正当考虑的基础上

正当考虑，是指行政主体在作出行政行为时，应当考虑相关因素，而不应当考虑不相关因素，行政行为应当顾及自然公正和社会公正原则而不能任意所为，不得对相同事实给予不同对待。如果行政主体以执行法律的名义，将自己的偏见、恶意、歧视等强加于行政相对人，那么该行政行为就没有建立在正当考虑的基础上，从而违背了行政合理性原则的要求。

（三）行政行为必须合乎情理

合乎情理，是指合乎人之常情或者事情的一般道理。行政主体作出的行政行为不应当违背常理或者客观规律，而应当从客观实际出发，充分考虑其行为的合理性和可行性。如果某一行政执法人员在处理一起打架斗殴案件时，对于应当给予较重处罚的人却给予很轻的处罚，这就显然违反了事情的常规，因而是不合情理的。

第五节　行政法的地位与作用

一、行政法在法律体系中的地位

行政法与刑法、民法等一样，是我国法律体系中不可或缺的基本部门法。行政法在法律体系中的地位可以从两个方面认识。

（一）行政法是现代法律体系中的重要部门法之一

法律体系是一国各个部门法所组成的有机整体，各个部门法相互配合，共同构成一个国家的法律秩序。缺少任何一个部门法，都难以建立完整、有效的法律秩序。人们通常把一国的法律划分为宪法统治下的民事法律、刑事法律、行政法律等法律部门。部门法的划分标准是法律所规范的对象和内容。民事法律调整平等民事主体之间的人身财产关系，刑事法律规定对危害社会的犯罪行为的追究惩治。但是，人所面对的社会关系是广泛而丰富的，除了平等民事主体之间的关系外，还包括国家与个人的关系、行政权力主体与公民的关系等。因此，除了民法、刑法之外，还应当有规范行政权力运用、调整行政法律关系的法，即行政法。因为只有将所有的社会关系都纳入到法律调整的范围，社会才称得上是法治社会，法律才称得上是完整的法律。因此，由于调整对象的特殊性，行政法在我国法律体系中占有十分重要的地位。

（二）行政法是宪法的实施法

与民法、刑法等基本部门法相同，行政法也是宪法的实施法。宪法是一国法律体系中最重要、地位最高的法律，它规定国家基本政治制度，调整国家根本社会关系。但是，宪法的许多规定是抽象的和原则的，不可能十分具体，这就需要不同的部门法将其具体化。行政法是实施宪法的最重要的部门法，宪法所规定的国家基本政治、经济、文化、社会制度和公民基本权利义务，无一不涉及行政权力的行使和监督问题。如果没有行政法的具体规定，宪法所规定的国家基本制度和公民基本权利就无法落实。从这个意义上说，行政法不仅是一国法律体系的重要组成部分，而且是完善宪政制度、维护宪法尊严、保证宪法实施的基本法律部门。

二、行政法的作用

行政法作为重要的法律部门,主要有以下作用:

(一)保障行政权的有效行使

现代国家行政在职能和复杂性上较之以往都有了很大的发展,因此,如果行政权的行使得不到行政法的保障,就会严重影响行政职能的履行,继而阻碍社会稳定和社会发展。行政法规范行政权力的取得、运用,保障行政主体独立行使行政权,不受其他单位、个人的干涉,赋予行政主体行政优益权和适应管理需要的新的行政权,这对于保障行政权的有效行使,实现国家的行政管理目标,具有重要的作用。

(二)监督行政主体,保障公民、法人或者其他组织的合法权益

行政活动本质上是行使行政权力的活动,而行政权力是可以强制他人服从的力量。行政权力的行使不仅可以改变或者重新确立行政主体与公民、法人或者其他组织之间的关系,而且可能对后者的合法权益造成损害。一方面,行政法通过规定行政权力的取得、行使方式、适用范围以及由此而引起的法律责任等行为规范,实现对行政主体行使行政权力行为的有效监督,防止行政权力被滥用;另一方面,行政法又赋予公民、法人或者其他组织寻求行政救济的权利,如果行政行为侵犯了行政相对人的合法权益,行政相对人可以行使复议权、诉讼权和请求赔偿权,使其合法权益能够通过相关法律制度的有效运作而得以保护。

思 考 题

1. 试述行政法的概念及其形式和内容上的特点。
2. 试述行政法的渊源。
3. 行政法律关系的构成要素有哪些?
4. 如何理解行政法律关系的产生、变更和消灭?
5. 简述行政法的地位和作用。
6. 试述行政合法性原则与行政合理性原则。

第二章　行政主体

学习目的与要求

　　行政主体是行政法学主体论问题。行政主体是行政关系中主动的一方，也是行政行为的实施者。通过本章的学习，了解行政主体的概念、类型、行政公务人员及其职务关系的内容；认识行政主体的类型、地位和资格的认定；明确行政机关、其他行政主体的种类和范围。

第一节　行政主体概述

一、行政主体的概念

　　在我国，行政主体不是法律概念，而是法学理论概念，[1] 系指依法拥有独立的行政职权，能以自己的名义代表国家行使行政职权以及独立参加行政诉讼，并能独立承担行政行为效果与行政诉讼效果的组织。这里需要把握行政主体的以下特征：

　　1. 行政主体是一种组织，而不是个人。组织这一概念的外延很广，可以指机关、机构，也可以指单位、团体等。例如，各级人民政府，政府的部、委、办、厅、局、司等，其他国家机关，企业事业单位，社会团体和其他社会组织等，都可以称为"组织"。组织在一定条件下可以成为行政主体，但个

---

[1]　但自 1994 年以来，我国的一些司法解释也开始直接使用"行政主体"这一名词了，如最高人民法院于 1995 年 1 月 15 日发布的《关于公路路政管理机构行政主体资格及有关法律适用问题的答复》（〔1994〕行复字第 4 号）便是一例。

人不能成为行政主体。尽管具体的行政行为大多由国家公务员来行使，但他们都是以组织而不是以个人的名义实施的。行政权力只能归属于组织，而不能归属于个人。行政主体的这一特征，使它与行政相对人相区别。因为后者可能是个人，也可能是组织。

2. 行政主体依法拥有独立的行政职权。行政主体是一种组织，但并不是所有的组织都是行政主体。只有依法拥有独立的行政职权的组织，才是行政主体。所谓"依法拥有"行政职权，是指这种组织的行政职权或者是由法律、法规设定的，或者是由有关机关通过法定程序授予的。

3. 行政主体能以自己的名义行使行政职权和参加行政诉讼。所谓"以自己的名义"，是指能以自己的名义对外行文，能以自己的名义做出处理决定，并能以自己的名义参加诉讼活动（以被告或第三人的身份）。能否以自己的名义实施行政管理和参加行政诉讼，反映了它是否享有独立的法律人格。

4. 行政主体能独立地承担行政行为所引起的法律后果和行政诉讼的效果。这一特征使行政主体同它的代理人相区别。因为行政主体代理人的行为效果不是由代理人本身承担的，而是由作为委托人的行政主体承担的。

二、行政主体与相关主体的区别

对行政主体的正确认定具有直接的行政意义和诉讼意义，而厘清行政主体与相关主体的区别，将有助于我们辨别、认定和理解行政主体。

1. 行政主体与行政法主体。行政主体与行政法主体，两者虽然只有一字之差，但含义却相差很大。行政法主体，是指受行政法调整和支配的有关组织和个人。行政主体是行政法主体的一部分，而不是全部。行政主体必定是行政法主体，但行政法主体未必就是行政主体。行政主体仅限组织，不含个人，而行政法主体可以为个人。

2. 行政主体与行政机关。行政机关是一个法律概念，[1] 并有广义与狭义之分。广义上的行政机关，是指从中央到地方的各级人民政府（如国务院、省人民政府、市人民政府、县人民政府、乡镇人民政府等）和各级人民政府的工作部门（如政府下设的部、委、厅、局、处、室等）。狭义上的行政机关则仅指各级人民政府。[2] 而行政主体是一个法学概念，又是一个动态概念。因为它不是根据某个组织是否属于行政机关而定，而是根据该组织是否拥有

---

〔1〕　我国法律、法规中只用"行政机关"一词，而不用"行政主体"一词，至少目前是这样。

〔2〕　参见《中华人民共和国宪法》第 85 条、第 105 条。

独立的行政职权，能否以自己的名义代表国家行使职权和参加行政诉讼，能否承担行政行为和行政诉讼的法律效果而定。

3. 行政主体与行政组织。这里只要厘清行政组织与行政机关之间的关系，行政组织与行政主体之间的关系也就自然清楚了。在行政学上有这样一种提法：一级人民政府（如国务院、省人民政府、市人民政府、县人民政府、乡镇人民政府等）称"行政机关"；不属于一级人民政府的各个工作部门的下设机构（如×区人民政府的公安分局下设的消防科、治安科、户籍科等）称"行政机构"；行政机关与行政机构合称为"行政组织"。

三、行政主体的类型和地位

（一）行政主体的类型

依据不同的标准，可以对行政主体作不同的分类。对行政主体作分类研究，有助于我们掌握行政法学的基本原理。

1. 外部行政主体与内部行政主体。根据行政主体实施行政职权的范围，行政主体被划分为两大基本类型：外部行政主体和内部行政主体。前者有权按地域对社会上的相对人实施管理，后者则限于按隶属关系对内部相对人实施管理。当然，某些行政主体具有双重身份，既是外部行政主体，又是内部行政主体。外部行政主体与内部行政主体的划分以外部行政与内部行政的划分为基础。由于行政法主要是公共行政法，因而在大多情况下，行政主体限于外部行政主体。

划分外部行政主体与内部行政主体的意义在于：①有助于确定行政行为的有效性。内部行政主体不能作出外部行政行为，否则其作出的行政行为不具有法律效力。②有助于确定行政诉讼中的被告。内部行政主体一般不能成为行政诉讼中的被告。[1]

2. 职权行政主体与授权行政主体。根据行政职权的产生方式，行政主体又可被划分为职权行政主体（非授权行政主体）和授权行政主体。从法律意义上说，根据宪法的规定，实施国家行政管理，是人民政府所固有的法定职权，无须其他国家机关作个别授权。行政机关一经依法成立，组织法所规定的行政职权也随之形成。凡行政职权随组织的成立而自然形成，无须其他组

---

[1] 参见《最高人民法院关于执行〈中华人民共和国行政诉讼法〉若干问题的解释》（1999 年 11 月 24 日最高人民法院审判委员会第 1088 次会议通过，法释［2000］8 号；2000 年 3 月 8 日由最高人民法院公告；自 2000 年 3 月 10 日起实施）第 20 条。

织授予的行政主体，便是职权行政主体。相反，行政职权并不因组织的成立而形成，而是来自于有权机关授予的管理主体，便是授权行政主体。

职权行政主体与授权行政主体划分的意义在于：由于职权行政主体与授权行政主体的职权来源方式不同，因而对其行政行为合法性审查的角度也将有所区别，对授权行政主体行政行为合法性的审查，应首先审查"授权关系"是否合法成立。

（二）行政主体的地位

行政主体的地位可以表现在各个方面，但在这里仅指法律地位。行政主体的法律地位是行政主体在国家行政管理中权利、义务的综合体现。而权利和义务是法律关系的内容，法律关系以外的权利和义务是不存在的。

政权的主体是国家。国家统一而不可分。但政权的运行需要设置不同的国家机构来分工合作。国家通过宪法把行政权授予行政机关（后者从而享有了行政主体资格），行政主体有权力也有义务代表国家实施行政管理活动。于是，国家与行政主体之间的法律关系便形成了。在这种关系中，国家赋予行政主体以一定的行政职权，同时规定它履行相应的行政职责。国家为保障行政主体有效合法地实施国家行政权，完成行政目标，一方面向行政主体提供职务上的便利（行政优先权）和物质上的条件（行政受益权），另一方面对行政主体的行为是否符合自己的意志实施监督。而对行政主体来说，它一方面有义务依法履行国家所规定的职责，接受国家的监督；另一方面有权行使法律授予的职权。在这对关系中，行政主体代表国家行使行政职权，并享受行政优益权，相对人有服从和协助行政主体实施管理的义务；同时，相对人有监督行政主体依法行政以及在权益受到不法侵害时申请救济的权利，行政主体有依法行政、保护相对人合法权益不受侵害的责任。行政主体如果违反职责，应承担相应的行政责任。

从以上两大关系中不难发现，行政主体的法律地位始终与它的行政职权、行政优益权、行政职责和行政责任有关。如果说行政职权和行政优益权是行政主体在国家行政管理中权利的体现，那么，行政职责和行政责任便是行政主体在国家行政管理中义务的体现。

四、行政主体之间的关系及法律调整

行政主体之间的关系属于行政关系，确切地说，是内部行政关系，同样受行政法调整。这种关系可分纵向和横向两大类型。

（一）行政主体间的纵向关系

行政主体间的纵向关系，是指以隶属关系为基础的行政主体之间的关系，即指上下级行政主体之间的关系。这种纵向关系按性质可以分为两种，即领导关系和指导关系。

1. 在领导关系中，作为领导方的行政主体对被领导方的行政主体享有命令权、指挥权和监督权，前者可以直接改变或撤销后者的行为。被领导方行政主体必须接受领导方行政主体的命令，服从后者的指挥，否则须承担失职的法律责任。根据我国《宪法》和有关组织法的规定，上下级人民政府之间，各级人民政府与其所属行政机关之间，都属于领导关系，一部门上下级行政机关之间也属于领导关系。我国行政领导关系又有两种：一种是单一领导关系，另一种是双重领导关系。后者如公安机关既受本级人民政府领导，同时又须服从上级公安机关的领导。

2. 在指导关系中，作为指导方的行政主体对被指导方的行政主体享有指导权，但没有指挥命令权，前者无权直接改变或撤销后者的行为，后者拒绝服从前者的命令不引起法律责任问题，只涉及工作作风问题。我国上下级职能行政机关之间大多是行政指导关系。

领导关系与指导关系最根本的区别在于：在领导关系中，领导方行政主体可以直接改变或撤销被领导方行政主体的行为；在指导关系中，指导方行政主体不能直接改变或撤销被指导方行政主体的行为。

（二）行政主体间的横向关系

行政主体间的横向关系，是指无隶属关系的行政主体之间的关系。两个行政主体不管是否处于同一等级，只要它们之间无隶属关系，即属横向关系。例如，上海市政府与天津市政府之间的关系，北京市公安局与浙江省宁波市公安局之间的关系。

在横向关系中，不存在正式的领导或指导关系，但有行政委托关系和行政协助关系。

五、行政主体之间的纠纷及处理

行政主体之间的关系属行政关系，它们之间的纠纷属于行政争议。行政主体间的纠纷，必然是行政主体之间因执行公务所发生的各种行政争议，公务以外的争议不属于行政主体间的争议。因为行政主体身份的确定是以其拥有行政职权并且行使行政职权为前提的。

行政主体之间的行政争议，大多表现为行政权限的争议。行政权限争议的基本类型有两种：一种是积极的权限争议，另一种是消极的权限争议。前者表现为两个行政主体都认为自己对某事享有管辖权，从而发生职权冲突，出现管辖的"密集地带"。后者表现为两个行政主体都认为自己对某事没有管辖职责，从而出现管辖的"空白地带"。

行政主体之间的纠纷属于内部行政争议，对它的解决不同于对外部行政争议的处理。行政主体之间的纠纷由行政机关自己解决，不由司法机关裁判——这是各国行政法理论所主张和坚持的原则。理由是：这种纠纷基于内部行政关系而发生，不直接涉及行政相对人，对它的处理纯属内部行政事务，不受司法审查。我国行政法理论不以行政机关与司法机关的分权原则为基础，但出于国家管理效率的考虑，同样坚持内部行政争议由行政机关自己处理的原则。我国的具体法则和行政诉讼制度均反映了这一规则。一般情况下，处理内部行政争议采取以下规则：

1. 处理纵向领导关系中争议的规则。被领导主体有权越级向上一级行政主体报告，但在领导主体的行为被依法撤销或改变之前，必须服从领导主体的决定。

2. 处理纵向指导关系中争议的规则。争议双方主体都应向各自所属的政府报告，由双方政府处理。双方政府意见有分歧的，按第一条规则处理。

3. 处理横向关系中争议的规则。争议双方主体各自向自己的领导主体报告，最终由共同的上级领导主体裁决。

第二节　行政机关

一、行政机关的概念及特点

行政机关，是指按照《宪法》和有关组织法的规定而设立的，依法行使国家行政权力，对国家各项行政事务进行组织和管理的国家机关。行政机关与其他国家机关共同构成了国家机构整体，它们都是实施国家职能、行使国家权力的机关。行政机关的特点表现为：

1. 行政机关是为完成一定行政职能而专门设立的国家机关。这使行政机关既不同于其他行政主体，也区别于其他的国家机关。其他行政主体一般不是国家设立的专门执行行政职能的组织机构，而只是因为法律、法规的特别授权才取得行政职权。同时，除行政机关外，国家还设立了其他国家职能机关，它们之间在职能内容、职权方式及职责范围等方面都存在着重大区别。

2. 行政机关设立的依据是宪法和有关组织法。行政机关的设立是由有权国家机关按照宪法或有关组织法决定或批准设立的，作为社会组织的其他行政主体的设立，则是按照相应的国家法律、法规的规定而进行的。

3. 行政机关在成立时就取得行政主体资格。行政机关作为国家设立的专门执行行政职能的组织，在其依法成立时就具备了行政主体的资格条件，取得了独立的法律地位。随之所执行或依据的各个单行法律、法规，只是对其职权与职责范围、方式及其行使职权的条件、程序等进行的法律界定。

4. 行政机关具有一定的行政机构及公务员编制。行政机关成立时，为完成专门的行政职能，都下辖一定的内设机构及职位，并具有相应编制和公务员配备，具备相应的办公设备、条件和行政经费预算，这是取得独立执法主体资格和完成法定行政职能的基本要素。

行政机关与行政组织、行政机构是既有联系又有区别的几个不同概念。行政组织是包括行政机关和行政机构的综合概念，涵盖了行政机关和机构。行政机构是行政机关的内部构成单位，综合了一定行政机构的整体称为行政机关。行政机关具有行政主体资格，而行政机构一般不具有行政主体资格，除非法律、法规另有授权规定。

二、国家行政机关的种类

在行政法上，可以按照不同的标准对行政机关进行种类划分，以达到认识不同类别的行政机关的功能及其法律地位的目的。

（一）中央行政机关和地方行政机关

这是以职能活动的地域范围为标准划分的。中央行政机关的活动范围及于全国，它们制定的行政法规或规章，发布的决定和命令，在全国范围内都有约束力，拥有对全国性行政事务的管理权。地方行政机关的活动范围仅及于一定行政区域范围，只对本区域内的行政事务进行管理。

（二）一般权限行政机关和专门权限行政机关

这是以行政机关的职能权限为标准划分的。一般权限行政机关，是指管理全国或一定区域内全面性行政事务的行政机关，其职能和权限带有综合性。专门权限行政机关，是指管理某种专门事项或特别事项的行政机关，其职能和权限受制于一定的专业或行业。

（三）外部行政机关和内部行政机关

这是以行政机关职能活动系统范围为标准划分的。外部行政机关，是指依法对社会公共事务实施管理的行政机关，其对象是公民、法人和其他组织。而内部行政机关是依法对行政组织系统内部事务实施管理或领导的行政机关，其对象是行政机关、行政机构或公务员。外部行政机关与公民、法人及其他组织形成外部行政法律关系，而内部行政机关与行政机关、行政机构及公务员之间形成内部行政法律关系。

除上述分类外，还可将行政机关划分为常设行政机关与临时行政机关、权力机关决定设立的行政机关和行政机关决定设立的行政机关等。

三、国家行政机关的范围

（一）国务院

中华人民共和国国务院，即中央人民政府，是最高国家行政机关。国务院由全国人民代表大会产生，是最高国家权力机关的执行机关。根据《宪法》和《国务院组织法》的规定，国务院享有领导和管理全国行政事务的职权，享有制定行政法规、规定行政措施、发布决定和命令的职权，享有领导各级行政机关并可以改变或撤销其违法或不适当的命令、指示、规章和决定的权力，以及最高国家权力机关授予的其他职权。国务院是行政主体。

国务院由总理、副总理、国务委员、各部部长、各委员会主任、审计长和秘书长组成。国务院实行行政首长负责制，总理领导国务院的工作。国务院行使职权的方式是全体会议和常委会议。总理召集和主持国务院的全体会议和常务会议，国务院工作中的重大问题，必须经国务院全体会议或常务会议讨论决定。

（二）国务院的组成部门

国务院各部、委是国务院的工作部门或职能机关，依法对于某一方面或某一类行政事务，享有全国范围内的管理权限。国务院所属各部、委主要有：外交部、教育部、科学技术部、公安部、国家安全部、监察部、民政部、司法部、财政部、人力资源与社会保障部、国土资源部、环境保护部、住房与城乡建设部、铁道部、交通运输部、水利部、农业部、文化部、卫生部、国家发展和改革委员会、商务部、国防部、工业和信息化部、国家民族事务委员会、国家人口和计划生育委员会、中国人民银行、审计署等。国务院各部、委员会所拥有的行政职权，归纳起来主要有：①制定规章权；②本部门所辖事务的管理权；③裁决法律争议权。

中国人民银行、审计署和国务院办公厅也是国务院的组成部门，与各部、委具有同样的法律地位和行政主体资格。

（三）国务院的直属机构

国务院设立的直属机构目前主要有：国家统计局、国家税务总局、国家知识产权局、国家体育总局、国家质量监督检验检疫总局、国家工商行政管理总局、国家广播电影电视总局、新闻出版总署（国家版权局）、海关总署、国家旅游局、国家林业局、国务院宗教事务局、国务院机关事务管理局、国务院参事室、国家安全生产监督管理局、国家预防腐败局等。根据《国务院组织法》和有关法律、行政法规的规定，国务院直属机构的职权主要包括：①制定规章权；②本部门所辖行政事务的管理权；③裁决法律争议权。

国务院直属机构既不同于国务院各部委，也不同于国务院的办事机构。一方面，依照《宪法》和有关组织法的规定，各部委行政首长是国务院组成人员，各部、委的设立、撤销或者合并及其行政首长的任免，由全国人大或者全国人大常委会决定，而国务院直属机构的行政首长则不是国务院组成人员，直属机构的设立、撤销或者合并及其行政首长的任免，由国务院自行决定，因而国务院直属机构的行政地位低于国务院各部、委。另一方面，依照《国务院组织法》和有关法律的规定，国务院直属机构是独立的职能部门，主管各项专门业务，依法具有独立职权和专门职责，而国务院的办事机构是总理的附属机构，协助总理办理专门事项，原则上属于内部机构，不具有行政主体资格。因此，国务院直属机构是行政主体。

（四）国务院各部、委管理的国家局

国务院依照有关组织法规定的权限，根据管理国家行政事务的需要，设立若干行政主管职能部门，负责有关法律的实施和执行。由于这些行政主管职能部门管理的行政事务与一些部委的职能有密切联系，因而改由部委对其进行管理。这些由部委管理的国家局主要有：国家信访局（由国务院办公厅管理）、国家烟草专卖局（由国家发展和改革委员会管理）、国家外国专家局（由人事部管理）、国家中医药管理局（由卫生部管理）、国家文物局（由文化部管理）、国家外汇管理局（由中国人民银行管理）、国家粮食局（由国家发展和改革委员会管理）、国家测绘局（由国土资源部管理）、国家邮政局（由信息产业部管理）、国家海洋局（由国土资源部管理）、国家保密局、国家语言文字委员会、国家能源局、国防科工局、国家公务员局、中国民用航空局（由交通运输部管理）、国家食品药品监督管理局、国家煤矿安全监察局、国家密码管理局、国家航天局、国家原子能机构、国家核安全局等。

部、委管理的国家局在成立时就具有独立的法律地位，依法行使对某项

行政事务的管理权和裁决争议权，具有行政主体资格。

（五）地方各级人民政府

地方各级人民政府由地方各级国家权力机关产生，是地方各级国家权力机关的执行机关，也是地方国家行政机关，负责组织和管理本行政区域内的一切行政事务。地方各级人民政府依法独立享有行政职权，并对权力行使的后果承担法律责任。地方各级人民政府的法定职权主要是：①制定规章或发布决定、命令权。根据《宪法》和有关组织法的规定，省级人民政府、省级人民政府所在地的市的人民政府、国务院批准的较大的市的人民政府和经济特区所在地的市的人民政府，依据法律和国务院的行政法规及省、自治区的地方性法规，可以制定地方政府规章，规定行政措施，发布决定和命令。其他地方各级人民政府可以依法发布决定和命令，但不具有规章制定权。②本行政区域内行政事务的管理权。③裁决法律纠纷权。县级以上地方人民政府对所属职能部门和下一级人民政府的行为所引起的争议，依法进行复议并做出复议决定。地方各级人民政府（主要是县级以上）经法律、法规授权，对权属争议进行裁决。地方各级人民政府是行政主体。

地方各级人民政府分为省（自治区、直辖市）、市（自治州、盟、直辖市的区）、县（自治县、旗、市辖区及不设区的市）、乡（民族乡、镇）四级。乡级人民政府由正副职首长组成，县级以上地方人民政府组成人员还包括同级人大常委会任命的各部门负责人，省、州（市）级人民政府组成人员还包括秘书长。各级人民政府均实行首长负责制。县级以上地方人民政府设全体会议和常务会议。全体会议由本级人民政府全体成员组成；常务会议由正副职政府首长组成，省、州（市）两级政府常委会议组成人员还包括秘书长。政府正职首长召集和主持本级人民政府的全体会议和常务会议。政府工作中的重大问题，须经政府常务会议或者全体会议讨论决定。

（六）地方人民政府的派出机关

派出机关，是指县级以上地方人民政府经有权机关批准，在一定区域内设立的行政机关。派出机关不是一级人民政府，但却依照有关组织法行使着一定区域内所有行政事务的组织与管理权，并能以自己的名义做出行政行为和对行为后果承担法律责任。派出机关的法定职权主要有：①对辖区内行政事务做出决定权；②对辖区内行政事务的管理权；③省级人民政府的派出机关还拥有对所辖职能部门和下级人民政府的领导和监督权。派出机关具有行政主体资格。

派出机关不同于派出机构。派出机关是县级以上人民政府依据有关组织法并经上一级人民政府批准设立的，而派出机构是县级以上各级人民政府职能工作部门依法设立的；派出机关在其设立时就取得行政主体资格，属于行政机关，而派出机构一般不具有行政主体资格，只在得到法律、法规授权后，才具有行政主体资格，因而不是所有派出机构都是行政主体。因此，不能将派出机关与派出机构的法律地位等同视之。关于派出机构将在其他行政主体中述及。

派出机关分为三种类型：①省、自治区人民政府经国务院批准，可以设立行政公署作为其派出机关；②县、自治县、旗人民政府经省、自治区、直辖市人民政府批准，可以设立区公所作为其派出机关；③市辖区、不设区的市的人民政府，经上一级人民政府批准，可以设立街道办事处作为其派出机关。

（七）地方县级以上人民政府的职能部门

根据《宪法》和有关法律，地方县级以上各级人民政府根据工作需要，设立若干职能部门，承担某一方面行政事务的组织与管理职能。职能部门是行使专门权限和管理专门行政事务的行政机关，依照有关法律、法规的规定，独立享有并行使相应的行政职权，包括对自己管理的行政事务发布有关的决定和命令，就主管行政事务进行一定范围和方式的处理，颁发行政许可证照，对违法行为采取制止、纠正措施和依法进行处罚等。职能部门是主要的行政执法机关，其所享有的具体职权与职责内容、范围、方式等，在有关法律、法规中有具体规定。职能部门以自己的名义行使职权和做出决定，并承担相应的法律后果。县级以上地方人民政府职能部门具有行政主体资格。

地方人民政府职能部门的设立、增加、减少或者合并，由本级人民政府决定，报上一级人民政府批准。职能部门正职负责人属于本级人民政府组成人员的，其任免由其所属的本级人民政府正职首长提名，由本级人民代表大会常务委员会决定，并报上一级人民政府备案。地方人民政府各职能部门既受本级人民政府统一领导，同时接受上级人民政府主管部门的领导或业务指导。

省、自治区人民政府设立的派出机关即行政公署下辖的职能工作部门，也应是行政主体，与地方人民政府工作部门具有同等的法律资格与法律地位。

第三节　其他行政主体

一、其他行政主体的概念及特点

其他行政主体，是指除行政机关以外，依照法律、法规的具体授权规定而取得行政主体资格的组织。其他行政主体具有下列主要特点：

1. 其他行政主体是指除行政机关以外的组织。除行政机关以外的组织，既包括行政组织系统外的社会组织，也包括行政组织系统内的组织机构。前者如某些社会团体，后者如某些职能部门设立的派出机构。

2. 其他行政主体是依照有关法律或法规的授权规定取得行政主体资格的。而行政机关是依照《宪法》和有关组织法的规定取得行政主体资格的。

3. 其他行政主体资格的取得与其组织机构的设立可能是同步的，也可能是分开的，即组织机构设立在前，行政主体资格取得在后。而行政机关的行政主体资格的取得与其组织机构的设立是同步的，即组织机构成立时就取得行政主体资格。其他行政主体最突出的特点就是，其行政主体资格是依照法律或法规授予其某项或某方面行政职权的规定而取得的，在此之前，其可能是行政机关的内设机构，也可能只是普通社会组织。其他行政主体资格是基于法律、法规的具体授权规定而取得的，同时也将随着这些授权规定的废止或修改而消灭。

值得明确的是，行政授权与行政委托是两个不同的法律概念，特别是在其职权来源方式、授权或委托对象及其法律后果等方面有着根本区别，其他行政主体资格与行政授权紧密相关，但与行政委托没有直接的必然联系。

二、其他行政主体的范围

（一）行政机构

行政机构是行政机关根据行政工作的需要，在机关内设立的若干工作机构，以协助或按照内部分工委托处理或办理该机关的各项行政事务。一般而言，行政机构是行政机关内设的构成单位，属于内部组织机构，只能以其所属机关的名义对外行使职权，而不得以自己的名义对外实施管理行为。因此，行政机构一般不拥有独立的职权与职责，不具有行政主体资格。但由于专业上、技术上的需要和行政事务复杂等诸多因素，为提高行政效率和维护公共利益与社会秩序，行政机构在获得法律、法规明确授权的条件下，以自己的名义独立对外行使某项或某部分行政职权并承担相应的法律责任。《行政复议法》第 15 条第 1 款第 2 项规定："对政府工作部门依法设立的派出机构依照法律、法规或者规章规定，以自己的名义作出的具体行政行为不服的，向设立该派出机构的部门或者该部门的本级地方人民政府申请行政复议。"因此，经过法律、法规或者规章授权的行政机构，具有行政主体资格。

应当注意，行政机构的行政主体资格不是统一取得的，关键在于某一行政机构是否通过行政授权而取得了独立的行政职权和职责。因此，不是所有的行政机构都具有行政主体资格。同时，行政机构通过行政授权取得行政主体资格，并不意味着其同时或必然取得其他法律上的权利能力和行为能力，如民事法律中的法人资格。一般来说，行政机构在未取得行政主体资格前，只是行政机关的内部机构，因而不具备独立从事民事活动的能力。通过行政授权，行政机构具有了行政主体的法律地位，但其法人资格和地位是否取得，还应视其是否具备其他法律条件而定。

根据我国法律、法规的有关规定和行政活动实际运行的状况，目前取得行政主体资格的行政机构主要有以下几种：

1. 行政机关的某些内部机构。行政机关的内部机构既包括各级人民政府所属的内部机构及临时设置机构，也包括政府职能部门的内部机构。但目前依法得到授权而取得行政主体资格的，主要是政府职能部门的某些内部机构。

2. 政府职能部门的某些派出机构。派出机构是由政府的职能部门根据行政工作的需要，在一定区域内设置的代表该职能部门管理某项或某方面行政事务的派出工作机构，如审计署驻各地办事处，还有公安派出处、税务所、工商管理所、财政所等。从机构性质和法律地位上讲，派出机构与职能部门所设的内部机构处于同等地位，其本身并无行政主体资格。但经过法律、法规授权的派出机构，就获得了行政主体资格。法律、法规对派出机构的授权有以概括方式进行的，也有以列举方式具体授权的。

3. 行政机关中依行政授权专门设立的行政机构。对某些专业性、技术性强的行政事务，法律、法规往往直接明确规定行政机关内应当设立一定的专门管理机构，并授予这些专门管理机构相应独立的职权与职责，负责该项行政事务的管理，从而使该专门管理机构直接获得了行政主体资格。一般而言，这些专门机构的设立，都是根据法律、法规授权规定的要求，对行政机关内已经设置但不明确、不规范的组织机构进行调整、强化，以符合设置要求，或者进行相应专门机构的设置。

（二）社会组织

经过法律、法规特别授权规定，某些事业单位、企业单位、社会团体等社会组织，也可取得某项或某方面行政职权而成为行政主体。这些社会组织在得到法定授权前，只是一个普通的法人组织（其法人资格取得的法定程序可能不同），只有在得到授权以后，才取得一定管理领域的行政主体资格。同时，这些社会组织在取得行政主体资格后，其原来所拥有的法人资格、能力及活动范围，并未受到影响或改变。

哪些社会组织能够成为行政授权的对象而取得行政主体资格，取决于法律、法规的授权规定。目前，经法律、法规授权成为行政主体的社会组织有以下几种类型：

1. 被授权行使特定行政职权的事业单位。例如，卫生防疫站是事业单位，但《公共场所卫生管理条例》第三章"卫生监督"、第四章"罚则"中有关条文的规定，就授予了卫生防疫机构（站）拥有公共场所卫生监督工作的职权与资格。

2. 被授予行使特定行政职权的企业单位。例如，《中华人民共和国烟草专卖法》第14条授权全国烟草总公司根据国务院计划部门下达的年度总产量计划，向省级烟草公司下达分等级、分种类的卷烟产量指标，并授权省级烟草公司向烟草制品生产企业下达分等级、分种类的卷烟产量指标。被授权的全国烟草总公司即成为国务院授权的监督机构之一，取得行政主体资格。

3. 被授权行使特定行政职权的社会团体。如《中华人民共和国消费者权益保护法》第32条授予消费者协会对商品和服务的监督、检查和受理消费者投诉，并对投诉事项进行调查、调解等职权。

社会组织的行政主体资格是依据法律、法规的授权规定取得的，但并不是任何一个社会组织都能通过授权获得行政主体资格。授权规定应当遵循哪些规则，作为授权对象的社会组织应当具备哪些基本条件，我国法律尚无明确的统一规定。然而，有些法律、法规对某类行政职权的授权组织的基本条件的规定，也许反映了授权规则的基本趋势。如《行政处罚法》第17条规定："法律、法规授权的具有管理公共事务职能的组织可以在法定授权范围内实施行政处罚。"

第四节　行政公务人员

一、公务人员的概念

（一）公务人员的含义和特征

公务人员是中国行政法学理论上的一个重要概念，是指依法代表国家，并以行政主体的名义实施行政行为，其行为效果归属于行政主体的个人。行政公务人员具有以下特征：

1. 公务人员是个人而不是组织。这一特征使公务人员同行政主体相区别。因为前面说过，行政主体只能是组织，而不能是个人。正是行政主体的"组织"特征和公务人员的"个人"特征，使行政主体与公务人员不可分离。离开公务人员，行政主体便无法通过一个"中介体"实施其行政行为；离开行政主体，公务人员的任何行为便失去法律基础和法律归宿。

2. 公务人员是实施行政行为的个人。公务人员必然是个人，但个人未必是公务人员，只有当个人依法实施行政行为时才是公务人员。如一般公民不是公务人员，但当一位公民依法代表国家实施某项行政行为时，他便是公务人员。

3. 公务人员实施行政行为必须也只能以行政主体的名义进行。公务人员之所以只能以行政主体的名义而不是以个人的名义实施行政行为，是因为它与行政主体之间是委托代理关系。

4. 公务人员实施行政行为所引起的效果由其所属的行政主体承受。这表现在：①公务人员实施行政行为所给予公民的权利和利益约束行政主体；②公务人员实施行政行为所引起的赔偿责任由行政主体承担；[1] ③公务人员实施行政行为所引起的行政诉讼由行政主体作被告。

（二）公务人员与相关概念的区别

1. 公务人员与行政主体。如前所述，公务人员与行政主体是相互依赖、不可分离的两个主体，但它们之间的依赖性并不影响它们之间的差异。公务人员与行政主体之间的区别是：①行政主体是一种组织，而公务人员是个人；

---

[1] 当然，如果赔偿责任系因公务人员个人的故意或重大过失所致，行政主体对外承担赔偿责任以后，可以对公务人员行使偿权。即便在这种情况下，行政主体依然是先行赔偿责任主体。

②行政主体是一种独立的行政法律关系的当事人，而公务人员不具有独立的行政法律关系当事人的地位，它只是行政主体这种当事人的代理人。行政主体和公务人员并不是两个并列的当事人，它们之间是一种天然的代理关系。

2. 公务人员与国家公务员。根据《中华人民共和国公务员法》第 2 条的规定，该法所称公务员，是指依法履行公职、纳入国家行政编制、由国家财政负担工资福利的工作人员。公务人员与公务员的关系是同行政主体与行政机关的关系相适应的。在我国，公务人员主要由国家公务员担任，公务员是公务人员的主要载体，但我们不能在公务人员与公务员之间画等号。公务人员是一个法学概念，公务员则是一个法律概念；公务人员是个动态概念，它依行为而认定，而公务员是个静态概念，它依编制而确定。从范围上说，公务人员并不只限于公务员，公务员以外的人员依法行使行政职权时亦为公务人员。公务员也并非无条件地成为公务人员。因为公务员进行不同的行为，参与不同的法律关系，会有不同的法律身份：①当他依法代表国家并以行政主体的名义实施行政行为时，他是公务人员；②当他从事民事活动时，他是自然人；③当他在一种行政法律关系中处于被管理地位时，他是行政相对人。可见，公务人员仅是公务员的一种法律身份而已。

二、公务员及其职务关系

在我国，公务人员的主要承担者是国家公务员，探讨公务人员的法律原理离不开对国家公务员的有关问题的考察。

（一）国家公务员

英国是西方国家文官制度的发源地，因此，"公务员"的词源应该从英文中寻找。英语"civil servant"一词的中文译法不很一致。有的译成"文官"，也有的译成"公务员"，另外还有的译为"文职公务人员"或"一般公职人员"。译法虽有区别，但被翻译的英文所代表的客体内容是一样的。英国的文官范围很广，上至常务次官，下至清洁工，并非所有文官都是"官"。所以，译成"文官"只是意译，不甚确切。"公务员"的译法比较接近原文的含义。日本战前所称的文官，范围与英国差不多，战后改称公务员，范围比战前的文官要广得多。当然，更重要的不在于名称，而在于该名称所代表的实际内容及其范围。

法国的国家机关工作人员统称公务员。可以分为两大类：一类是适用公务员法的公务员，如中央各机关从事国家管理事务的常任官员；另一类是不适用公务员法的公务员，如审判官、议会工作人员、军事人员等。

美国有好几个涉及"公务员"的概念。首先范围最大的概念是"政府雇员"。它包括职类人员、非职类人员和军事人员三部分。其次是文官，它包括职类人员和非职类人员两部分。再次是职业文官，它只包括职类人员（占90%）和非职类人员中例外人员的绝大部分，但不包括政府任命的官员。

可见，西方国家公务员的范围和种类是因国而异的，但大多数国家的公务员是指不与内阁共进退，一般都须经过公开竞争考试，一经择优录用，无过失就长期任职的政府人员。

我国以前没有"公务员"这一概念，只有"国家干部"、"国家行政机关工作人员"等概念，这不利于作分类管理。根据中国共产党十三次全国代表大会报告的精神，我国着眼于建立国家公务员制度。《中华人民共和国公务员法》于2005年4月27日公布以后，我国"公务员"从名称到内涵均得到了统一。

（二）行政职务与行政职称

公务员之所以能成为公务人员，是因为他担任了国家行政职务。行政职务是国家职务的一种，是统治阶级为了有效地实施国家和社会管理而设置在各种行政组织中，具有法定权利和义务的国家公职。行政公职有两种表述：①当它用于行政组织时，称职位，即指国家设置在行政组织中的位置；②当它用于人员时，称职务，即指处于这种位置上的人。因此，可以说，职位和职务是从两种不同的角度对同一客体的表述。如"市长"这一国家公职，既指市政府内的一种岗位，又指某公务员的职务。

职务有大有小，这取决于行政组织的性质、任务和编制。职务一般都有实际地位，故称实际职务，但荣誉职务例外。荣誉职务主要是指一部分老干部，由于年老体弱不能继续担任实际工作，安排其当顾问或为其安排某些荣誉性岗位，如名誉主席和国务院参事。

我国一般是一人一职。当一人担任两个或两个以上职务时，就出现了兼职。公务员兼职须经双方组织协商同意。各级政府成员兼任所属工作部门职务时，须经有任免权的组织做出决定。但在法律有明文禁止的条件下不得兼职。例如，根据《宪法》第65条、第103条的规定，县级以上人民代表大会常务委员会组成人员不得兼任国家行政机关、审判机关和检察机关的职务。

行政职务是公务员与国家构成职务关系的基础。行政职权无非就是公务员基于职务而享有的法定权力，行政职责其实就是公务员职务上的义务。

行政职务的名称就是行政职称。行政职称反映了它所代表的职务，体现了担任该职务的人的法律地位。行政职称分为两大类：①领导职称，如总理、副总理，省长、副省长，局长、副局长；②一般职称，如主任科员、科员等。行政职称不同于技术职称（如助教、讲师、教授；助理编辑、编辑、编审）。行政职称反映享有该职称的人在国家行政管理中的法律地位，即行使多大的职权，履行多大的职责；技术职称则反映享有该职称的人的技术业务等级。行政职称不能永远保留，随职务的消灭而失去。

（三）行政职务关系

1. 行政职务关系的含义和内容。任何一个公民，无论他是否愿意或是否意识到，都与国家构成基本的法律关系。他依法受国家保护，同时履行国家规定的义务。这种基本的法律关系由宪法直接确立，由其他法律、法规予以具体化。如果某个公民担任了国家的行政职务，便意味着他接受了国家的委托，与国家构成了一种新的法律关系——行政职务关系。公民担任行政职务后，便进入了国家公务员队伍。因此，行政职务关系其实是公务员职务关系。公务员职务关系是在公民与国家基本法律关系的基础上产生的另一种特殊的法律关系。前一种关系每个公民都"身居其中"，但后一种关系并不与每个公民相联系，只有担任行政公职的公民才同时处于这种关系之中。

行政职务关系其实就是公务员基于他的行政职务而与国家形成的权利和义务关系。它是使公民成为行政人的法律基础。行政职务关系的内容表现为以下几个方面：①国家赋予公务员以一定的职权，使其可以以国家的名义实施行政职务；②国家规定公务员以一定的职责，公务员必须依法履行职责，否则，国家可以追究他的法律责任；③公务员必须诚实地服务于国家，同时享受国家赋予的优益权，如享受公务员的工资福利待遇。公务员职务受法律的特殊保障。

2. 行政职务关系的形成。行政职务关系始于公民担任行政公职，终于公务员失去公职。公民经过法定程序始得担任行政职务，从而与国家构成行政职务关系。在我国，行政职务的产生主要有四种程序：

（1）选任。即由权力机关通过选举产生行政职务。

（2）委任。即由有权机关任命公民担任行政公职。委任与选任的主要区别在于：后者通过选举方式产生，前者不通过选举方式产生。委任可以由权力机关进行，也可以由行政机关进行。

（3）调任。政府部门的一般工作人员由人事部门直接调任，程序比以上两种简单，如科员的任用等。

（4）聘任。即行政机关通过招聘渠道吸收工作人员。

3. 行政职务关系的变更和消灭。行政职务关系因一定的法律事实而产生，同时也因一定的法律事实变更甚至消灭。国家公务员在任职期间，因某种法律事实的出现而使职务关系的内容（职权、职责等）发生变化，这被称为职务关系的变更。变更限于职务关系的内容发生变化，但当事人仍不失去国家公务员的身份。如果当事人失去公务员身份，那就不再属于职务关系的变更，而属于职务关系的消灭了。

行政职务关系的变更，主要发生于下列情况：

（1）降职。指公务员从较高的职务被调到较低的职务。

（2）转职。指原职务不变，但变更职务关系和性质。

（3）调职。也称调动工作，即把公务员调到另一种岗位担任相同的职务。

（4）升职。指公务员依法从低职位被调到高职位担任职务。

公务员行政职务关系的消灭，是指由于发生某些事实或行为，致使行政职务关系不能继续存在。主要有以下几种情况：

（1）罢免。指按照法律规定，有罢免权的机关（一般是国家权力机关）对违法失职、不宜继续担任公务员的原行政工作人员所实行的一种措施。

（2）撤职。指有权机关依法对违法失职的公务员所作的一种行政处分，它是一项单方的行政制裁措施。

（3）辞职。指公务员因某种原因，出于本人意愿，向有决定权的机关请求不再担任某种行政职务的行为。但这种行为只有经有权机关批准后方能生效。因此，辞职申请被批准之前，申请人不得放弃职权，否则须承担失职所引起的法律责任。

（4）免职。指有任免权的机关依照法律程序免去当事人的职务。免职不属于行政处分。

（5）离休、退休、退职。指国家公务员由于年老多病或因其他原因，脱离工作岗位进行休养的制度。根据 1982 年 4 月 10 日《国务院关于老干部离职休养的几项规定》，建国前参加中国共产党所领导的革命战争，脱产享受供给制待遇的和从事地下革命工作的老干部达到离职休养年龄的，可以离职休养，即离休。老干部离休后，其政治待遇保留不变，除原工资照发外还享受津贴和其他福利待遇。这是我国独创的一种休养制度。退休，是指按照国务院的规定，一般国家工作人员凡达到一定年龄和参加工作的年限或因工致残，经过医院证明完全丧失工作能力的，都可以退休。退休人员可享受退休费直到本人去世为止。退休费的数额主要根据原工资数和工龄长短来确定。退职，是指年老多病不能继续工作，但不符合退休条件的或自愿退职以及不适合现职工作，又不愿作别的工作的人员可办理退职手续。退职人员根据工龄长短，按照规定发给一次性退职费。

（6）死亡。人的生命终结，职务关系因而自然消灭。

（7）丧失国籍。国籍标志着公民的资格，丧失国籍，也就不享有该国公民资格，因此其职务关系也自然消灭。

（8）开除公职。这是国家工作人员因严重违法失职，违反纪律受到的最严厉的行政处分。该处分的法律后果是剥夺受处分人的国家工作人员资格。受处分人被开除后，其职务关系也就消灭。

（9）被判刑罚。国家公务员的行为触犯刑律，构成犯罪，被判刑罚，说明该工作人员已不具备担任国家人员的资格，其职务关系因之消灭。

三、国家公务员法

公务人员的主要承担者是国家公务员，有关国家公务员的各种法律规范便是国家公务员法。公务人员的各种法学原理，自然基于各种行政法律规范，特别是国家公务员法。

（一）国家公务员法概述

国家公务员法，是指调整国家公务员职务关系的法律规范与原则的总称。它的存在方式有两种：一种是分散式，即没有公务员基本法，公务员法由若干个单行法律、法规，甚至其他的法律形式组成。另一种方式是统一式，即有一部统一的公务员法规范公务员职务关系。世界上不少国家采用了这种方式。

长期以来，我国注重人事制度方面的民主和法制建设。党的十一届三中全会以后，邓小平同志多次提出要改革干部人事制度。第七届全国人民代表大会通过的《政府工作报告》明文确定了制定国家公务员法的任务。《中华人民共和国公务员法》（以下简称《公务员法》）由中华人民共和国第十届全国人民代表大会常务委员会第十五次会议于2005年4月27日通过，自2006年1月1日起施行。《公务员法》的颁布和施行，标志着中国人事管理上的巨大飞跃。

（二）国家公务员法的范围

世界各国公务员法的调整范围是有差异的。英国是西方公务员制度的发源地。英国公务员法没有统一的法典，而由几个改革性报告构成。其中有两个报告最为重要：①1853年斯坦福·诺斯科特爵士和查理·屈维廉爵士提出的《关于建立英国常任文官制度的报告》；②1968～1970年的《富尔顿报告》。英国公务员法所调整的人员，必须符合三个条件：①不与内阁共进退；

②必须经过公开考试，择优录用；③无过失长期任职。

法国国家机关工作人员统称公务员（总数约 350 万），但并非全部适用公务员法。《法国公务员总章程》（1959 年 2 月 4 日第 59 - 244 号法令）第 1 条明文规定："本章程适用于中央政府，以及所属的驻外机构或公立公益机构的各级部门中正式担任专职的人员。本章程不适用于议会工作人员和司法部门的法官，也不适用于军事人员以及工商业性的国家管理部门、工商业性的公用事业和公立公益机构的人员。"可见，法国公务员法的调整范围远远小于公务员的范围，它只限于调整中央级行政机关的专职人员，不包括议会、司法以及企业人员。

美国公务员法主要由 1883 年的《联邦文官法》，1947 年美国总统杜鲁门关于"修改文官细则，规定联邦人事管理"的《第 9830 号行政命令》、《文官细则与具体规定》，1949 年《第 5 号改组计划》，以及为执行 9830 和 10180 号行政命令而制定的文官规章制度组成。美国公务员法的调整范围小于"政府雇员"。美国的政府雇员包括职类人员、非职类人员和军事人员三部分，但公务员法限于调整职类人员和非职类人员。它们一般属于经过公开竞争考试、一经择优录用，无过失就长期任职的政府文职公务人员。

我国《公务员法》所适用的范围有自己的特殊性，根据《公务员法》第 2 条的规定，该法所称公务员，是指依法履行公职、纳入国家行政编制、由国家财政负担工资福利的工作人员。《公务员法》中这条备受推敲的规定，首次明确了公务员应同时具备三个条件：①依法履行公职；②纳入国家行政编制；③由国家财政负担工资福利。这意味着，今后公务员不再局限于政府机关工作人员，其范围将扩大至符合上述三个条件的除工勤人员以外的所有工作人员。按照这个标准统计，截至 2003 年年底，我国公务员总数为 636.9 万人。立法机关常设机关、工作人员、法官、检察官纳入公务员范围的同时，民主党派常设机关工作人员与共产党常设机关工作人员一样纳入公务员的范围；人民团体、群众团体的工作人员，鉴于其性质虽不同于国家机关工作人员，但管理上历来属于干部范畴，规定对其按照公务员法进行管理。

（三）国家公务员法的内容

国家公务员法的内容，虽然不同国家有不同的侧重点，但通常包括下列内容：

1. 公务员的录用。包括录用的形式，录用程序，被录用人员的条件，考试委员会的组成、人员要求等。

2. 公务员的考核。包括考核的内容、标准、方法，考核机构的组成、人员要求，考核结果对公务员升降、奖惩、工资报酬的影响。

3. 公务员的奖惩。包括奖惩的条件、种类、程序，奖惩的机构和权限。

4. 公务员的培训。包括培训的内容、要求，培训的机构，培训对工作人员职务晋升的影响等。

5. 公务员的调配和交流。包括调配的原则、手续、要求和交流对象、范围、时限等。

6. 公务员的晋升。包括晋升的条件、程序，领导人员在一个职位上任职的期限，降职免职的条件和程序等。

7. 公务员的辞退和辞职。包括辞退、辞职的条件、程序等。

8. 公务员的职权、优益权、职责、纪律和责任等。

9. 公务员的工资福利。包括工资的原则、工资的形式、工资的标准，以及福利的内容和享受方式。

10. 公务员的权利保障。包括公务员不服人事处理的申诉、诉讼等权利以及权利的行使方式等。

11. 公务员管理机构。包括管理机构的组织、职权、管理形式和方法等。

（四）《中华人民共和国公务员法》

《公务员法》是我国公务员管理的一个重要法律。该法共 18 章 107 条。它确立了国家公务员制度的基本原则，即"公务员制度，坚持党管干部原则；公务员的管理，坚持公开、平等、竞争、择优的原则；坚持监督约束与激励保障并重的原则；公务员的任用，坚持任人唯贤、德才兼备的原则，注重工作实绩等原则"。《公务员法》还规定了国家公务员的权利和义务，职位分类制度，录用和考核制度，奖励和纪律处分制度，职务升降和任免制度，培训和交流制度，工作中的回避制度，工资保险福利制度，辞职辞退和退休制度，公务员的权利救济制度等。该法对于我国公务员管理的规范化和科学化起到了极为重要的作用。

思考题

1. 试述行政主体与行政机关的联系和区别。
2. 简述行政主体在行政管理和行政诉讼中的特殊地位。
3. 简述行政职务关系的内容。
4. 试述国家公务员的概念以及国家公务员法的基本内容。

第三章　行政相对人

学习目的与要求

　　行政法律关系中管理一方的当事人是行政主体，被管理一方的当事人便是行政相对人。通过本章的学习，了解行政相对人的概念、特征和类型；明确行政相对人的范围和权利义务；认识行政相对人的行为特征及后果。

第一节　行政相对人概述

一、行政相对人的概念与特征

　　关于行政法律关系中除行政主体之外的另一方当事人的称谓，目前我国行政法学理论上和法律规定中存在不同的表述。有的将其称为"行政相对人"或"行政管理相对人"；有的将其称为"行政相对方"，有些法律将其规定为"当事人"；大多数法律规范将其规定为公民、法人或其他组织。行政法律关系的另一方当事人是与行政主体相对应的概念，行政主体是拟制法律人格，另一方当事人也应具备此种属性。从法学的一般理论而言，法人或其他组织也是拟制法律主体，因此，将行政法律关系中除行政主体之外的另一方当事人称为行政相对人，更能符合法律主体权利义务能力的法学原理。

　　关于相对人的概念、含义，各国界定不同。1976年《德国行政程序法》中的相对人，是指处于被管理地位的个人和组织，并且明确提出了相对人的法律概念。[1] 美国行政法理论中没有"相对人"的概念，将处于相对人地位的个人和组织称为"私方当事人"，包括具体行政行为直接针对的人和具体行政行为间接影响其权益的人。[2] 在我国行政法理论中，"相对人"或"相对方"的含义基本相同。

所谓行政相对人，是指在行政法律关系中与行政主体相对应的另一方当事人，即行政主体的行政行为影响其权益的个人、组织。行政相对人具有以下特征：

1. 行政相对人是行政法律关系的当事人。①行政相对人不仅仅指个人，也指组织，只要是处于被管理的地位即是行政相对人。②行政相对人必然是行政法律关系中的当事人。任何个人和组织，如果不处在行政法律关系中，它就不是行政相对人，而是其他法律关系主体，如可以是民事法律关系中的民事主体。③行政相对人必须是具体行政法律关系中的当事人。国家实施行政管理，任何个人、组织必须服从，个人和组织相对于国家是行政相对人，但这并不产生实际的、具体的权利义务，这是一种整体的、抽象的行政法律关系。只有在单个的、具体的行政法律关系中的当事人，才是行政法上的行政相对人。

2. 行政相对人是在行政法律关系中与行政主体相对应的个人和组织。任何法律关系都存在主体双方。行政法律关系不同于民事法律关系，行政法律关系中主体双方的法律地位不对等。行政主体享有以国家强制力作为后盾的行政职权，有决定、命令、支配另一方主体的权利，可以做出影响对方当事人权益的行为。而与之相对应的另一方主体必须服从行政主体的管理，依法履行行政主体所科以的义务，这类当事人就是行政相对人。行政主体是行政机关和法律、法规授权的组织，相对人是个人和组织，包括公民、法人和其他社会组织。行政机关和法律、法规授权的组织在行政法律关系中大都处于行政主体地位，但在具体行政法律关系中也可以成为行政相对人。

3. 行政相对人是指行政法律关系中的一方当事人，而不仅仅是法律关系中的义务人。虽然行政相对人处于被管理的地位，应当接受和服从行政主体的行政管理，但这并不否定行政相对人在具体行政法律关系中享有权利。与行政主体的职权、职责一样，行政相对人在行政法律关系中既是义务承担者，也是权利享有者。

---

[1] 应松年主编：《外国行政程序法汇编》，中国法制出版社 1999 年版，第 123 页。

[2] 方世荣：《论行政相对人》，中国政法大学出版社 2000 年版，第 4 页。

4. 行政相对人是行政法律关系中权益受到行政主体的行政行为影响的个人和组织。行政主体的行政行为对行政相对人权益的影响有两种：①直接影响相对人的权益。②间接影响相对人的权益。无论权益受到直接影响，还是间接影响，它们都是行政相对人。这类行政相对人既可以是公民个人，也可以是法人或其他组织。

5. 行政相对人在行政诉讼中是原告或第三人。行政诉讼是对行政主体的具体行政行为的司法审查，因此，行政诉讼中的被告是特定的行政主体。行政相对人在行政诉讼中的地位也是特定的，即只能是原告或第三人。因为行政诉讼是针对行政主体的具体行政行为而提起的，行政相对人只有在不服行政主体的具体行政行为时，才可以申请法律救济。

二、行政相对人的分类

从不同的角度，可以对行政相对人作不同的分类。

（一）组织类行政相对人与个人类行政相对人

根据行政相对人的组织状态，行政相对人可以分为组织类行政相对人与个人类行政相对人两类。凡是以组织状态存在的相对人，如行政机关、企事业单位、社会团体、合伙组织等是组织类行政相对人。我国公民、外国人等自然人属于个人类行政相对人。行政主体对这两类行政相对人实施的行政行为有不同的法律规定和要求。

（二）法人型行政相对人与非法人型行政相对人

有自己的名称，固定的办公地址和财产，具有法定组织结构，能以自己的名义独立从事法律活动的组织是法人组织。如机关法人、企业法人、事业法人、社会团体法人等，在行政法律关系中，它们是法人型行政相对人。不具备法人资格的组织和个人是非法人型行政相对人。行政法律规范对法人和非法人的要求也有所不同。

三、行政相对人的认定

（一）认定行政相对人身份的意义

面对一个组织或个人，确认其是否属于行政相对人，这既是一项困难的工作，又是一项重要的工作。认定行政相对人身份，其法律意义主要有两个方面：

1. 有助于确认行政行为的合法性。行政主体的行政行为是否合法，是否具有法律效力，受到多种因素的影响。其中必须考虑的因素就是行政行为与行政相对人的对应性，即一定的行政行为只能针对一定的行政相对人。当然，行政行为与行政相对人的对应性有强有弱。当行政行为与行政相对人具有较强的对应性时，如果特定的行政行为没有针对特定的行政相对人，那么该行政行为便会因不合法而影响其效力。

2. 有助于确认一个组织或个人在行政诉讼中的原告资格。程序法理论必以实体法理论为基础，行政诉讼法理论必须以行政实体法理论为基础。如果说，行政诉讼法学中认定被告资格的理论基础是行政法学中有关行政主体的理论，那么，行政诉讼法学中认定原告资格的理论则以行政法学中行政相对人的有关理论为基础。所以，如何确认行政相对人的身份，直接关系到如何认定行政诉讼的原告。

（二）行政相对人的认定标准和方法

行政相对人的认定标准只能是行政主体的行政行为是否影响行政相对人的权益。行政相对人的权益，是指法律所确认、保护的个人或组织所享有的权利或利益，如人身自由权、财产所有权等权利。认定行政相对人必须区别以下几个关系：

1. 行政相对人与行政对象人。行政对象人，是指行政主体的行政行为直接针对的组织或个人。在大多数行政法律关系中，行政相对人与行政对象人是同一的，行政对象人即行政相对人。但有时行政对象人与行政相对人又不具有同一性。在行政法律救济机制中，救济的申请人只能是行政相对人。

2. 行政相对人与法人。法人是组织型行政相对人，但法人不是恒定的行政相对人。法人成为法律、法规的被授权组织时，成为行政主体，法人受行政主体委托从事管理行为时，是委托行政主体的代表，不是行政相对人。

3. 行政相对人与公务员。公务员具有双重身份。当公务员履行职责，执行公务时，公务员是行政机关的代表人，不是行政相对人。当公务员作为公民从事非职务行为时，公务员可以是行政法律关系中的行政相对人。

4. 行政相对人与国家机关。国家机关包括立法机关、司法机关、行政机关等。国家机关从事非职务行为时，可以是行政相对人；国家机关从事职务行为时，一般只有行政机关的行为形成行政法律关系，因为行政机关是行政主体。

第二节　行政相对人的范围

一、公民

公民是具有一国国籍的自然人。"公民"不同于"人民",公民是一个法律概念,指的是某一自然人的法律资格;人民是一个政治概念,指的是具有一定政治立场的人。公民是主要的行政相对人,而且在行政法律关系中只能以行政相对人的身份出现。

（一）我国公民

我国不承认双重国籍。我国的公民,是指具有中华人民共和国国籍的人。由于公民是主要的行政相对人,如在行政征收、行政许可、行政确认、行政处罚、行政强制、行政给付、行政奖励、行政裁决等行政行为中,公民都可以是行政行为的直接或间接对象,因而公民是行政法律关系中的重要主体,既享有广泛的权利,也承担法律规定的义务。行政主体实施行政行为时不得侵犯公民的法定权利,公民也应当全面履行行政法义务,公民义务的不履行就会导致追究其违法责任。

公民作为行政相对人,能否独立真实地在行政法律关系中表达自己的意志,主要看其责任年龄和精神状态。一般情况下,法律规定不满一定年龄的人为无行为能力人或限制行为能力人,其意志的表达由其法定监护人实现。无行为能力也意味着无责任能力,如我国《行政处罚法》规定,不满 14 周岁的人违法不给予行政处罚。精神病患者是限制行为能力人或无行为能力人,其患病期间的行为不具有真实表达意志的法定性,其权利义务也由其法定监护人实现。

公务员也是公民。公务员以公民身份参与行政法律关系时,公务员是行政相对人,其在行政法上的权利义务与公民一致。

（二）外国公民和无国籍人

外国公民和无国籍人进入一个主权国家时,必须遵守该国法律,接受该国管理,违反者要依该国国内法追究法律责任,这是国际惯例和一个国家主权的体现。

外国公民和无国籍人在中国境内时,成为我国行政管理的相对人。我国《外国人入境出境管理法》第 4 条第 1 款规定:"中国政府保护在中国境内的外国人的合法权利和利益。"第 5 条规定："外国人在中国境内，必须遵守中国法律，不得危害中国国家安全、损害社会公共利益、破坏社会公共秩序。"但是，外国公民和无国籍人作为行政相对人，其在行政法上的权利义务并不等同于中国公民。如他们不得担任行政公职、没有服兵役的义务等。

二、法人和组织

（一）作为行政相对人的法人

1. 机关法人。行政机关不是恒定的行政主体，行政机关在一定条件下也是行政相对人。其他国家机关在进行非职权行为时，也可以是行政相对人。处于行政相对人地位时，机关法人具有行政法上的地位，享有权利并承担义务。

2. 事业单位。它是指国家为创造和改善生产条件，增进各项社会福利，财政拨付经费而设置的机构。事业单位不是一类国家机关，但有的可以经法律、法规授权成为行政主体。当事业单位不是被授权组织或者实施与授权法内容无关的行为时，具有行政相对人的法律地位。

3. 企业单位。它是一种民事法人。在行政管理中，它通常作为行政相对人。经过法律、法规的授权，企业单位在特定情况下可以是行政主体。作为行政相对人，企业单位在行政法上的义务主要体现为行政主体对企业生产、经营等活动的宏观管理。行政主体有领导、指导和监督的权利，企业有服从的义务，也有申请救济的权利。

4. 社会团体法人。它是指社会成员本着自愿原则，依团体章程而依法组成的组织。行政主体对社会团体的活动有监督权，也负有保护职责。

（二）作为行政相对人的其他组织

其他组织是指经主管部门认可，准许其成立和进行某种活动，但不具备法人条件，没有取得法人资格的社会团体或经济组织。该类组织也必须接受国家的行政管理，行政主体同样可以对其实施各种管理行为，在行政法律关系中是行政相对人。

第三节　行政相对人的权利义务

作为行政法调整对象的行政关系是行政主体与相对人之间的关系，而不是相对人与相对人之间的关系。了解相对人的法律地位，应当以行政主体与相对人之间的关系为研究对象。相对人的法律地位是相对人权利和义务的综合体现，而这种权利和义务实际表现为相对人与行政主体之间的权利和义务。

一、行政相对人的权利

行政相对人在行政法上享有的权利，是宪法赋予当事人的基本权利在行政管理领域中的具体化。行政相对人的权利是与行政主体的义务相辅相成的；相对人的权利同时构成行政主体的义务。根据我国有关的行政法律规范，行政相对人主要有以下行政法上的权利：

1. 行政参与权。行政相对人享有通过合法途径参加国家行政管理活动以及参与行政程序的权利。行政参与权有三项内容：①参加国家行政管理；②参与行政程序；③了解行政信息。

随着民主与法治的观念日趋深入人心，越来越多的人开始意识到掌握一定的信息具有重大的意义。而作为现代社会中信息资源的最大拥有者——政府，自然也就成为公民信息索取的主要对象。与此同时，"阳光是最好的防腐剂"，这样，对如何保障公民的知情权并督促政府实行政务公开，便成为法律所关心的课题。公民的知情权，是指公民和其他社会组织享有的对政府行政系统及其职能部门的有关行政行为、管理活动、工作程序等进行了解和获取有关资料的权利。与公民的知情权紧密联系的就是行政机关的公示义务。行政机关是信息的拥有者，并且具备专业技术知识，对行政事项较为熟悉，因此，有关法律规定行政机关负有说明、解释公示内容，并提供准确、可靠信息的义务。行政机关的解释应当准确符合法定意愿，如果解释错误，行政机关应承担相应的不利后果，无过错的申请人享有信赖保护利益。

2. 行政协助权。行政相对人有主动协助国家行政管理的权利。该权利包括三项内容：①报告权。发现应使行政主体知道并由行政主体处理的事件发生，相对人有权向行政主体报告。②制止权。相对人对一切违反行政法律规范的行为有权予以制止。③扭送权。相对人有权把正在实施行政违法行为，或实施完毕正想逃跑的违法行为人依法扭送到有关国家机关。

3. 行政保护权。行政相对人的人身权和财产权获得国家行政机关的合法、正当、平等的保护，所以，当行政相对人的人身权和财产权受到不法侵害时，被侵害人有权要求有关行政机关提供行政保护，如果行政机关不提供，行政相对人有权依据《行政诉讼法》第11条的规定提起行政诉讼。在现代社会中，人民对于政府的依赖性越发增强，政府承担的社会义务逐渐增加。行政权力的行使对于社会和公民利益的影响日益增强，一旦政府行为违法，将会对公民利益造成极大损害。由此，政府责任观念的逐步形成，要求政府为自己的行政执法行为负责，对于合法行为造成的行政相对人利益的损失，政府应提供必要的补偿；对于违法行为给行政相对人造成的损失，政府应给予赔偿。依照我国《国家赔偿法》第2条的规定，国家机关和国家机关工作人员违法行使职权侵犯公民、法人或者其他组织的合法权益造成损害的，受害人有依照该法取得国家赔偿的权利。

4. 行政受益权。行政相对人有权依据法律从行政主体处获得某种利益。

5. 隐私保密权。行政主体在行政活动中，非经法定程序，不得公开相对人的隐私。相对人享有对自己的隐私保密的权利，行政主体有为相对人的隐私保密的义务。应当指出的是，在强调行政决定公开的同时，还应该对某些行政决定的公开做出限制。即对涉及国家秘密、商业秘密和个人隐私的内容不应当向社会公众公开。国外对于公开的限制均有详细的规定。《韩国行政程序法》第30条规定："但有显著阻碍公益或者第三人之正当利益之虑时，不得公开。"

6. 行政监督权。行政相对人对国家行政工作享有监督权。根据我国《宪法》、《行政复议法》和《行政诉讼法》的规定，公民、法人和其他组织享有对行政工作的建议和批评权，对不法工作人员的控告和揭发权，对具体行政行为的申请复议和提起行政诉讼的权利。

7. 行政赔偿和补偿权。行政主体的行政行为违法或合法而造成了相对人财产的损失，当事人有权依据《国家赔偿法》和其他有关法律和法规获得赔偿或补偿。

二、行政相对人的义务

没有无权利的义务，也没有无义务的权利。行政相对人在行政法上享受一定的权利，同时也必须履行行政法上的义务。行政相对人主要有以下行政法上的义务：

1. 遵守行政法律秩序。行政法对社会关系的调整，形成了行政法律秩序。相对人有义务遵守这些行政法律秩序，否则应接受处罚。

2. 服从行政命令。行政主体的管理意志通过各种行政命令表现出来，相对人必须服从行政主体的命令。行政命令不当或不合法时，在通过法律程序将其改变或撤销之前，相对人不能拒不执行。

3. 协助行政管理。对行政相对人来说，行政协助既是权利也是义务。行政主体从事国家的行政管理活动事关社会和国家利益，相比之下，行政相对人的利益是渺小的。因此，行政相对人有协助行政管理的义务，即对行政主体的行为予以配合。

<h1 style="text-align:center">第四节　行政相对人的行为</h1>

一、行政相对人的行为概念及特征

行政相对人的行为，是指具有行政法主体资格的公民、组织依法实施的，能够产生行政法上的法律效果的行为。行政相对人的行为有以下特征：

1. 行政相对人是行政法主体的一方。公民、组织在行政法律关系发生之前，一般为民事主体。行政主体依法行使职权的单方意志性，使公民、组织被动地与行政主体之间形成行政法律关系，公民、组织成为行政相对人，其主体资格要受行政法规则规范。此时，公民、组织的权利能力和行为能力不同于其充当民事主体。其作为行政相对人，其行为更加受制于行政主体，其行为方式更具有法定性，行为指向的对象主要针对行政主体的行政职权，其行为的自主与自愿性受到限制。

2. 行为依据和内容为行政法规范和行政决定所确定。作为民事主体，个人、组织的行为依据是民事法律规范，行为内容只要不违反民事法律规范和不侵犯他人权益，可自己设定。但作为行政相对人，个人、组织的行为依据是行政法律规范，行为内容为行政法律规范预先设定或行政决定所确定，其行为只能严格依法实施，特别是其义务非经特许不可免除。

3. 行为效果只能是行政法上权利义务的实现。行政相对人实施的行为，无论是主张权利，还是履行义务，都与行使职权的行政行为效力密切相关。行政相对人主张权利不得违背公定力的要求，履行义务要符合强制力、约束力的要求。个人、组织的民事行为的后果是民事责任的承担，而其行政法上的行为的后果是产生行政救济。

在行政法治原则下，行政相对人不再是行政管理的客体，或仅仅是管理对象，而是具有独立权利义务的法律主体，对行政相对人行为的研究有利于确立其主体资格和界定行政行为的效力。

二、行政相对人行为的分类

（一）合法行为与违法行为

以相对人的行为是否合法为标准，可以分为合法行为和违法行为。合法行为，是指相对人遵守法律规定，履行合法的行政义务，依法行使实体和程序权利的行为。违法行为，是指相对人侵害法律保护的行政管理秩序，拒绝或拖延履行行政法义务的行为。相对人的合法行为应受到法律的保护，行政主体不得侵犯；相对人的违法行为应当追究其法律责任并予以纠正。

（二）作为行为与不作为行为

以相对人行为的方式为标准，分为作为行为与不作为行为。作为行为，是指相对人主动实施，或根据行政主体的行政决定被动实施的行为。主动实施如相对人主动接受行政检查并提供有关说明资料，被动实施是指相对人迫于行政强制力履行有关义务。不作为行为，是指相对人放弃自己的权利或对具有义务内容的决定不予理睬。相对人在行政法律关系中依法享有广泛的权利。相对人的权利不同于行政主体的法定职责，法定职责必须履行，而相对人的权利可以放弃或依法转让。但在人民主权国家，相对人也是"人民"，其权利的放弃或转让不得侵害法律规范所保护的国家利益、社会公共利益和他人权益。相对人在行政法上的义务具有法定性和强制执行性，如果其对法律规定的义务不予理睬，则构成相对人行为违法，应依法承担法律责任。但不可抗力等法定免责情况除外。

作为的行为可以是相对人主张自己的权利，也可以是其履行自己的义务。不作为行为可以是相对人放弃权利，也可以是其不履行义务。

（三）实现权益的行为与履行义务的行为

以相对人行为内容的性质为标准，分为实现权益的行为与履行义务的行为。实现权益的行为，是指相对人依法以作为或不作为的方式实现自己的合法权益。履行义务的行为，是指相对人以法定方式履行行政法义务。相对人实现权益的行为必须具有合法性，否则，不发生法律效力。相对人的义务必须是法定的，行政主体违法设定义务，相对人有权拒绝履行。

（四）产生行政法律效果的行为与不直接产生行政法律效果的行为

以相对人的行为是否直接产生行政法律效果为标准，分为产生行政法律效果的行为与不直接产生行政法律效果的行为。产生法律效果，是指相对人的行为（作为或不作为）必然产生行政法上的权利义务内容。不产生法律效果，是指相对人的行为内容不具有行政法意义或者行政法律规范不予调整。区分相对人的行为是否产生行政法律效果，有利于确定行政职权行使的范围、条件、效力。

（五）接受行政管理的行为与申请法律救济的行为

以相对人行为的目的为标准，分为接受行政管理的行为与申请法律救济的行为。接受行政管理的行为，是指在行政法律关系中服从和执行行政主体决定和遵守法律规范的规定而作出的行为。相对人的这类行为更多表现为被动的、被支配的地位，体现在：①相对人的权利义务内容方面与行政主体的权利义务内容不对等；②行政主体拥有决定、命令、行政优先权，相对人的权利无法与行政职权相抗衡。申请法律救济的行为，是指相对人依法申请行政复议、提起行政诉讼、请求国家赔偿等行为。在这一类行为中，相对人行为的实施比较主动，法律规范对相对人行为实施的条件规定得更为充分。而且在这些法律救济机制中行政主体的具体行政行为成为主要的审查对象，甚至在行政诉讼期间，作为被告的行政主体都无权自行取证。行政相对人只要自己认为行政行为违法并不服就可申请救济，无须征得行政主体的同意或许可。在救济程序中，相对人的行为不是审查的主要对象。

区分这两类行为有利于界定行政实体法律关系和行政程序法律关系中主体双方的法律地位。

三、行政相对人的行为的法律后果

1. 行政相对人的合法行为受法律保护，行政主体不得侵犯。行政相对人的合法行为体现的是受法律保护的权益和法律赋予的权利，行政相对人的权利是行政主体的义务，行政主体负有保护相对人合法权益的法定职责。

2. 行政相对人的违法行为必须受到追究，违法者应承担相应的行政责任。行政相对人实施行为应当依法律规范的规定。相对人在行政法律关系中享有权利，也负有义务，必须对自己的违法行为承担法律责任。有权就有责，对相对人也是如此。

3. 行政相对人在非行政法律关系中的行为不受行政法规范的调整。行政主体在无法律授权的情况下实施行政职权就构成滥用职权或无权限。

思 考 题

1. 简述行政相对人的概念与特征。
2. 简述行政相对人的类型和范围。
3. 试述行政相对人的权利和义务。
4. 试述行政相对人的行为特征及其法律后果。

第四章　行政行为概述

学习目的与要求

　　行政行为是行政法的一个理论概念，也是一个常见的法律用语。通过本章的学习，了解行政行为的概念、特征和分类；明确行政行为的内容、效力；掌握行政行为无效、撤销、变更和终止的条件、原因及其后果。

第一节　行政行为的概念

一、行政行为的含义

　　行政行为是行政法学界普遍采用的理论概念，也是在许多法律、法规中频繁出现的一个法律用语。对于行政行为含义的解释，虽然学界观点颇多，使得行政行为的内涵、外延以及分类等变得有些复杂化，未能形成完全一致的看法，但并未影响行政行为在行政法学中核心概念的作用。通说认为，行政行为，是指行政主体为实现国家行政管理目的，行使行政职权和履行行政职责所实施的一切具有法律意义、产生法律效果的行为。

　　任何一种行为都是与其实施主体相联系的，行政行为是行政主体在行使职权、履行职责的过程中采取的方式和手段，目的是为了实现国家行政管理的任务。行政行为由于涉及面广、形式多样、内容庞杂，并且能够对行为的对象产生影响，因此需要对行政行为加以规制，对行政行为的主体、内容、形式等进行规范，把行政行为作为行政法学研究的重要内容之一。

　　由于行政行为法繁杂性的特点，大多数国家都只是按不同的管理部门将其汇编为部门行政法，而没有统一、完整的行政法典。行政行为法律规范普遍地存在于各种有关行政管理的法律、法规和规章中，总称为行政行为法。行政行为法制化的程度和水平在一定意义上体现了一国法治化的程度和水平。

二、行政行为的特征

根据上述行政行为的含义，行政行为具有以下几个主要特征：

1. 行政行为是行政主体的行为。这是行政行为的主体特征，或称主体要素。行政行为是实施行政管理的活动，只能由行政主体作出，行政主体是国家行政管理的实施者，因此只有行政主体的行为才能是行政行为。其他社会主体，诸如其他国家机关（立法、司法机关）、政党组织、社会团体、企事业单位、公民等所作的行为都不是行政行为，不具有行政行为的性质。这一特征使行政行为与其他社会主体的行为区别开来。另外，在特定的情形下，行政主体以外的其他国家机关或社会组织，在法律法规授权的范围内，可作出某些具体行政行为。

2. 行政行为是行政主体行使职权和履行职责的行为。这是行政行为的职能性质特征，或称职能要素。行政主体的行为大致可以划分为两大类：①行政主体的行政行为，行政主体为了实现国家行政管理的职能所实施行政管理行为，即行政行为。行政行为是基于行政权而产生的，是行政权的具体运用，行政权既是行政主体实施行政行为的基础，也是行政主体享有的法定职权和负有的法定职责。②行政主体的其他行为，如民事行为或其他非法律行为，行政机关在非行政管理的其他社会活动中，往往是以非管理者的身份或平等民事主体的身份出现，这时行政主体的行为则属于实现其民事权利义务的行为，应当遵守民事法律或其他法律规则，因为这些行为与行政主体的行政职权和行政职责无关，不属于行政行为。认识行政主体的这两种不同性质的行为，明确行政行为的职能属性是非常重要的，有助于区分行政主体的行政行为与其他各种行为。

3. 行政行为是能够产生法律效果的行为。这是行政行为在法律后果上的特征，或称法律要素。行政行为是行政主体实施的行使职权和履行职责的行为，具有法律意义，能够形成、变更、消灭一定的行政法律关系，对行政行为相对一方当事人的权利义务造成重要影响，产生特定的行政法律效果。行政行为的这一特征要求行政主体要为自己实施的行为承担法律责任，它表明并非行政主体的所有行为都是行政行为，如行政机关单纯的报告、通知、调查、发布统计数字等内部行为，虽然也属行政主体的行为，但是没有涉及相对人的权利义务，没有产生法律效果，则不属于行政行为。另外，行政主体从事民事活动的行为虽然也产生法律效果，但这属于民事法律效果，而非行政法律效果，因而也不是行政行为。行政主体的行政行为作为行政职权的表现形式，经常是以国家强制力为后盾，具有单方强制性。这种强制性所产生的法律效果是，行政行为的实施会造成相对一方的权利义务受到制约，相对一方必须接受行政主体单方意志形成的行政法律关系，如行政主体所实施的行政处罚、行政强制等行为。然而，也有一些行政行为不是行政主体单方面实施的，也不具有强制性，它是由行政主体与相对人双方合意共同实施的行为，能够产生行政法律效果，如行政合同行为、行政委托行为等，这也反映了行政行为的多样性和变化性，行政行为会适时地得以充实和完善。

4. 行政行为方式的多样性。这是行政行为在表现形式上的特征，或称形式要素。行政主体承担的国家行政管理事务范围极其广泛，内容纷繁复杂，这就要求行政主体的行政行为在应对情况多变、头绪万千的各种行政事务时，要有多样化的处理方式和解决手段，行政行为应当通过多种多样的方式表现出来。目前，行政主体在管理国家事务的活动中，既有行政立法行为和制定行政规范性文件的行为，也有行政确认、行政许可、行政救助、行政征收、行政处罚、行政强制、行政合同、行政监督、行政指导、行政调解、行政奖励等行政执法行为，还有行政裁决、行政复议等行政司法行为。这表明行政行为的方式具有多样性，而且随着经济社会的发展，随着行政职能的调整，将会不断地完善。

三、行政行为与相关概念的区别

（一）行政行为与国家行为

国家行为也称统治行为、政治行为，是指由国家最高立法机关或行政机关以国家的名义实施，并与国家主权有关的、涉及国家重大利益和具有高度政治性质的、不受司法审查的行为。如国防行为、外交行为等。行政行为与国家行为的主要区别在于：

1. 行为性质不同。行政行为是行政主体履行行政职责和行使行政职权的法律行为；而国家行为是与国家主权有关的政治行为，它是涉及国家重大利益的行为。

2. 行为主体不同。行政行为的主体是行政主体，主要是国家行政机关，包括中央和地方各级国家行政机关及其职能部门；而国家行为的主体只能是中央国家机关，国家行为主要由国家最高立法或行政机关实施。

3. 可诉性不同。行政行为中的具体行政行为，依法被纳入行政诉讼的受案范围，相对人对于违法或不当的具体行政行为，可以向人民法院提起诉讼；而国家行为具有不可诉性质，不能对国家行为提起诉讼。

4. 责任方式不同。对行政行为可以通过多种形式进行监督，违法或不当行政行为承担责任的方式可以通过诉讼追究法律责任，也可以通过非诉讼追究行政责任的方式来实现；而对于国家行为只能通过承担政治责任的方式进行监督和予以追究。

（二）行政行为与公务员的职务行为、个人行为

公务员的职务行为，是指公务员基于行政职务的要求，为履行其行政职位上确定的职责和行使其行政职位上享有的权力而实施的行为。行政主体的职权、职责基于行政权，形式上表现为行政行为。行政主体的行政行为是通过公务员的职务行为实现的，公务员须以行政主体的名义实施其职务行为，行为的后果归属于行政主体，由行政主体承担，因此，行政行为与公务员的职务行为应当是一致的。

公务员的个人行为是指公务员的非职务行为，这种行为与行政主体的行政行为无关，只能由公务员个人承担行为的后果。

（三）行政行为与民事行为

民事行为，是指由平等主体实施的，能够引起当事人之间民事法律关系产生、变更和消灭的行为。行政行为与民事行为的主要区别在于：

1. 行为性质不同。行政行为是行政主体实施的具有社会公共性质的行为，是出于国家和社会公共利益的目的，属于公务行为，行政行为受行政法的规范和调整，属于公法调整的范畴。而民事行为则是平等主体之间出于各自的利益作出的行为，不具有公共性质，属于个人行为；这种行为受到民事法律规范的调整，属于私法调整的范畴。

2. 主体地位不同。行政行为的实施主体是行政主体，行政主体在行政法律关系中处于主导和优势地位，行政法律关系双方当事人的地位不对等。而民事行为是由平等主体实施的行为，行为双方当事人是对等、均衡的，在民事法律关系中的地位是平等的。

3. 行为方式不同。行政行为除了有多种表现形式以外，还可划分为抽象与具体、刚性与柔性、内部与外部、强制与非强制、单方与双方等多种类型。而民事行为则没有这样的分类方式。

4. 诉讼程序不同。行政行为相对人认为具体行政行为违法或不当，可以按照行政诉讼程序提起行政诉讼，而行政主体则无诉权。民事行为双方当事

人的民事诉讼权利是一样的，他们都可依照民事诉讼程序提起民事诉讼。

第二节　行政行为的分类

将行政行为作理论上的分类，有助于了解各类行政行为的作用和特点，以及其在不同情形下的具体运用。根据不同的标准，可以对行政行为作以下几种分类。

一、抽象行政行为与具体行政行为

以行政行为功能的不同以及是否针对特定对象实施为标准，可以将行政行为划分为抽象行政行为与具体行政行为。这是行政行为最常见和最基本的一种分类。了解这两种行政行为，对于针对不同对象正确选择适用行政行为，以及在行政诉讼中明确可诉行政行为的范围有着重要意义。

所谓抽象行政行为，是指行政主体针对广泛、不特定的对象，设定具有普遍约束力的行为规范的活动。抽象行政行为包括：①行政主体制定行政法规、规章的行政立法行为；②行政主体制定不具有法源性的行政规范性文件的行为。行政立法行为主要由法律地位较高、享有行政立法权的行政主体实施，制定行政规范性文件的行为则是凡具有行政主体资格的各级各类行政主体均可实施。抽象行政行为的功能在于，它是从大量的行政管理内容中抽象和概括出人们应当普遍遵守的行为规范，使其对于广泛的行政管理对象具有普遍的约束力。

所谓具体行政行为，是指行政主体针对特定对象具体适用法律规范所作出的，对于特定对象产生约束力的行为。具体行政行为的范围广，形式多样，凡是行政执法和行政司法活动的各种行为，基本上都属于具体行政行为。诸如行政救助、行政征收、行政确认、行政许可、行政裁决、行政处罚、行政强制等行为。具体行政行为的功能在于，它是针对具体的、特定的对象实施具体的法律规范，而不是设定具有普遍意义的法律规范。通常具体行政行为只是针对特定对象一次性发生法律效力。

划分抽象行政行为与具体行政行为的意义在于：

1. 有助于确定和判断行政复议和行政诉讼的受案范围。根据《行政复议法》、《行政诉讼法》的规定，公民、法人或其他组织对于行政主体实施的具体行政行为不服，才能申请行政复议和提起行政诉讼。只有具体行政行为属于行政复议和行政诉讼的受案范围，而抽象行政行为由于其具有较多政策性成分和较多自由裁量因素，且涉及不特定相对人的利益，因而不属于行政复议和诉讼的受案范围。因此，划分这两种行政行为，决定着相对人对于哪些行政行为不服，可申请行政复议和提起行政诉讼。

2. 有助于区别这两种行政行为的主体、内容以及法律效力。抽象行政行为一般是高层级行政主体运用行政权的重要方式，具有普遍的约束力和广泛的法律效力。它可以作为具体行政行为的依据反复适用，具有规范和拘束具体行政行为的作用。具体行政行为通常作为低层级行政主体运用行政权的主要方式。它可以使得行政法律关系双方当事人的权利义务内容明确、具体，是对相对人产生法律后果的一次性行为，其效力范围一般限于具体行政行为直接作用的对象。

3. 有助于明确不同行政行为的依据。抽象行政行为往往作为行政主体实施具体行政行为的依据，它规定了在不同情形下，行政主体与行政相对人之间发生的权利义务内容。具体行政行为能够直接、有效地实施和贯彻抽象行政行为，使抽象行政行为所规范的各种行政关系得以形成、变更或者撤销。

二、行政立法行为、行政执法行为与行政司法行为

以行政权作用的表现方式和实施行政行为所形成的法律关系为标准，可以将行政行为划分为行政立法行为、行政执法行为和行政司法行为。这种分类有助于明确对于因行政权作用方式的不同，而形成不同的行政关系，从而适用不同的法律调整手段，来规范不同的行政行为。

所谓行政立法行为，是指行政主体依法定权限和程序，制定行政法规、规章的行为。通常也将行政主体制定有普遍约束力的规范性文件的行为，纳入广义行政立法的范畴。行政主体实施行政立法行为所形成的法律关系，是以行政主体为一方，以不确定的行政相对人为另一方的行政法律关系。行政立法行为所制定的具有普遍约束力的行为规范，为法律关系当事人设定了权利和义务。

所谓行政执法行为，是指行政主体依法对具体对象实施的，能够直接影响相对人权利义务的行为。这种行为是针对特定对象，即对具体的个人、组织所实施的行为，对他们的权利义务能够产生直接的作用和影响。行政执法行为所形成的法律关系，是以行政主体为一方，被实施具体行为措施的相对人为另一方的双方法律关系，诸如行政确认、行政许可、行政救助、行政奖励、行政指导、行政合同、行政处罚、行政强制、行政监督检查等。

所谓行政司法行为，是指行政主体按照准司法程序，为了解决发生在行政管理过程中的特定的行政争议或民事争议，进行审查并作出裁决的行为。实施行政司法行为的行政主体作为公断人、裁决者，应当是争议案件的局外人，处于争议双方之外第三者的地位。行政司法行为所形成的法律关系，是以行政机关为一方，以发生争议的双方当事人各为一方的三方法律关系，诸如行政裁决、行政复议等。

行政立法行为、行政司法行为的特征及其运行规则和程序，参照了立法和司法活动，比较接近立法权和司法权，故称其为准立法权和准司法权。但是，这两类行为的行政性质并未改变，行为的主体都是行政主体，仍然是行政行为，并不属于严格意义上的立法和司法活动。

三、内部行政行为与外部行政行为

以行政行为的作用对象的范围为标准，可以将行政行为划分为内部行政行为和外部行政行为。这种分类可以明确区分行政行为是针对社会行政管理事务，还是针对行政主体自身内部管理事务。

所谓内部行政行为，是指行政主体在内部行政管理过程中，针对内部行政事务实施的能够产生法律效力的行为。内部行政行为也可分为抽象行为和具体行为，行政主体对于机关内部的工作纪律、工作程序所作的统一规定，属于抽象行为；行政主体针对内部机构的设立或对于某公务员实施的奖励、处分、任免决定等，则属于具体行为。

所谓外部行政行为，是指行政主体在对社会实施行政管理活动的过程中，针对作为行政相对人的公民、法人或其他组织所实施的行政行为。外部行政行为有的属于抽象行政行为，如行政机关针对社会行政管理事务制定的规章、规范性文件等。大量的外部行政行为则属于具体行政行为，如行政机关实施的行政许可、行政征收、行政处罚等。

划分内部行政行为与外部行政行为的意义在于：

1. 有助于明确对于不同对象所产生的不同法律效果。内部行政行为与外部行政行为的内容和方式不同，针对的行为对象不同，不能任意交叉使用。内部行政行为针对行政机关内部行政管理事务，适用内部行政法规范，采用适用于内部的手段和方法；外部行政行为针对社会行政管理事务，适用外部行政法规范，采用适用于外部相对人的手段和方法。若行政主体将外部行为作为内部行为适用，如行政机关任免经济合同的承包人，就是对企业经营自主权的干预。

2. 有助于认定行政行为的主体资格。法律对内部行政行为的主体资格仅作了一般性的规范，缺乏明确严格要求。但是，法律对于外部行政行为的主体资格有着严格规范和具体的要求，一些虽然具有内部行政行为主体资格的机构，不具有实施外部行政行为的主体资格，不能对外行使职权。

3. 有助于明确行政复议和行政诉讼的范围。外部行政行为在符合法定条件的情况下，可以申请行政复议和提起行政诉讼，通过行政争讼程序解决纠纷。而因内部行政行为引起的纠纷，不能适用于行政复议和行政诉讼程序，只能通过行政主体自身内部的申诉、控告和复审等程序来解决。

四、职权行政行为、授权行政行为与委托行政行为

以实施行政行为的权力来源为标准，可以将行政行为划分为职权行政行为、授权行政行为和委托行政行为。

所谓职权行政行为，是指行政主体直接根据法定的固有职权而实施的行政行为。如高层级的行政机关依照法定职权，制定部门规章和地方政府规章的行政行为；公安机关依照法定治安管理职权，实施治安拘留、罚款等处罚行为。行政主体的这类职权是法律明确规定和赋予的，属于行政主体固有的职权。因此，行政主体在实施职权行政行为的过程中，具有相对的独立自主性，行为的主体直接对这种行政行为负责。

所谓授权行政行为，是指行政主体中的特定行政机关或组织，依照法律、法规的专门授权而实施的行政行为。其中，实施抽象行政行为的授权，一般应当通过权力机关的特别授权决定或法律、法规的专门授权进行，并且这种职权只能授予享有行政立法权的行政机关，不能授予其他行政机关或组织；实施具体行政行为的职权，经由法律、法规规定，可以授予原来非主管该项事务的行政机关或其他组织。授权行政行为必须在法律、法规的授权范围内实施，这种行政行为的自主性相对较小，该行为的实施者应当对行为的后果承担责任。

所谓委托行政行为，是指一些非行政机关的组织经行政机关委托后，在委托范围内代替行政机关实施的行政行为。这种委托只能适用于具体行政行为，抽象行政行为不能委托。受委托的组织在实施行为时，受到委托行政机关意思表示的限制，只能在委托的范围内实施；委托行政行为的后果和责任，由委托的行政机关承担。

五、单方行政行为与双方行政行为

以行政行为的成立是否由行政主体的单方意思表示决定为标准，可以将行政行为划分为单方行政行为和多方行政行为。了解这种行政行为的分类，对于把握不同行政行为成立和生效的条件具有重要意义。

所谓单方行政行为，是以行政主体的单方面意思表示作出决定，并发生法律效力，无须相对一方当事人同意的行政行为。单方行政行为是行政机关经常实施的行政行为，诸如行政机关实施的行政处罚、行政强制措施、行政裁决等行为，均为单方行政行为。

所谓双方行政行为，是指行政主体与相对方当事人经过共同协商，达成意思表示一致而成立的行政行为。双方行政行为的成立，必须经过相对方的同意，这是该行为成立的必备条件。常见的双方行政行为有行政合同、行政委托等。

六、羁束行政行为与自由裁量行政行为

以行政行为受法律规范拘束的程度为标准，可以将行政行为划分为羁束行政行为和自由裁量行政行为。

所谓羁束行政行为，是指严格受法律具体规定的约束，行政主体没有选择余地，必须严格依照法定范围、条件、标准、形式等实施的行政行为。如税务机关的征税行为必须严格按法律规定的税种、税率实施，不存在任何选择的余地。行政机关如果违反羁束规定，则构成行政违法。羁束行政行为一般适用于需严格统一控制、稳定性较强的行政管理事务。

所谓自由裁量行政行为，是指法律只规定了实施行为的原则或一定的幅度范围，行政主体可在该范围内，根据不同情况作出适当选择的行政行为。由于行政管理事务纷繁复杂，有些情况下，法律、法规不可能事无巨细地加以详细规定，需要给行政执法一定的自由裁量权。因此，自由裁量行政行为大多是针对情况相对复杂多变，需要灵活处理的行政管理事务。如在治安管理中，公安机关对违法行为人科处罚款，法律规定的数额有一定的幅度，公安机关可根据具体情况选择具体数额。自由裁量并非随意裁量，而是依法进行的自由裁量，应当在法定范围内裁量；如果裁量行为不当，虽不构成违法，但影响行政行为的公正性，不能达到预期的效果。

七、依职权行政行为与依申请行政行为

以行政主体实施行政行为是否有相对人申请为标准，可以将行政行为划分为依职权行政行为与依申请行政行为。

所谓依职权行政行为，是指行政主体依照职权和职责的要求，主动实施的行政行为。这种行政行为又称为主动行政行为、积极行政行为。它无须行政相对人的申请，而是由行政主体主动实施的行为。如行政机关的监督检查行为、行政处罚行为、行政强制行为等，都是依职权主动实施的行为。

所谓依申请行政行为，是指行政主体在行政相对人提出申请后，方可实施的行政行为。这种行政行为又称为被动行政行为、消极行政行为，只有在行政相对人提出申请后，行政主体才可以实施。但是，依申请行政行为并非双方行政行为，它仍然是行政主体的单方行政行为，行政相对人提出申请仅是一种意思表示，作出行政行为的决定权属于行政主体。如当行政相对人提出申领证照、许可证的要求时，行政机关才可能作出颁发证照、许可证的行为。

八、要式行政行为与不要式行政行为

以行政行为是否应当具备特定形式为标准，可以将行政行为划分为要式行政行为和不要式行政行为。

所谓要式行政行为，是指法律规范要求必须具备特定形式才能产生法律效果的行政行为。要式行政行为必须具备法律规范要求的特定形式，大多数的行政行为属于要式行政行为，均需要采用一定的形式才能够生效。如行政机关制定行政法规、规章和规范性文件，必须采用法定的形式；行政机关实施行政处罚，必须制作行政处罚决定书等。

所谓不要式行政行为，是指行政主体在实施某项行政行为时，不需要具备特定形式，只要选择适当方式表示，就可产生法律效果，该行政行为即可成立。对这种行政行为，法律规范没有形式上的要求，其只要以一定的方式表示即可成立。如口头通知行为、电话通知行为都可作为行政行为的形式。不要式行政行为的形式由行政主体在其职权范围内自行选择。

区分要式行政行为与不要式行政行为的意义在于：

1. 有助于区分行政行为的有效性。要式行政行为注重形式，以是否具备特定的形式作为衡量行政行为合法性的标准。如果行政行为不具备相应的法定形式，则为无效。不要式行政行为则注重形式的可选择性，属于自由裁量

性规定，一般不存在形式违法的问题。

2. 规范行政行为的实施。应当注意的是，大多数行政行为属于要式行政行为，不要式行政行为为数较少，并受到严格控制。

除了以上分类之外，行政行为还可以是否以作为方式作出为标准，划分为作为的行政行为与不作为的行政行为；以行政行为性质为标准，划分为实体行政行为与程序行政行为；以行政行为适用特定情形不同为标准，划分为平时行政行为与紧急行政行为；以行政行为是否授予相对人权益为标准，划分为授益行政行为与非授益行政行为等。

第三节　行政行为的内容

行政行为的内容是指行政行为中所包含的实际意义以及行政行为所追求的目标。行政行为作为一种法律行为，它的作用在于形成、变更或者消灭一定的行政法律关系，其主要内容就是法律上的权利和义务。行政行为的内容主要包括以下方面：

一、设定权利或赋予资格

设定权利或赋予资格，是指行政主体通过实施行政行为，规定或赋予行政相对人某种法律上的权利或资格。这种情形往往是以抽象行政行为的内容来表现的。如行政机关制定行政法规、规章，设定行政相对人在特定情况下的权益，或者赋予相对人某种资格和能力。行政主体经常通过这种途径来完成对社会事务的事先约束，或者保护行政相对人从事一定社会活动的资格和能力。具体分为以下情况：

1. 获得从事某种行为的权利。如获得某项行政许可，从而实现申请人法定的应当准予获得的权利为内容；由行政法律规范规定了具体的行政许可的条件，经过法定程序，行政相对人获得了从事某种行为的权利。如行政机关依法准许相对人从事某种经营活动的权利。

2. 获得从事某种行为的资格。这主要针对某些技术性、专业性较强的领域，需要由行政机关根据法定的条件和程序进行审查，然后授予相应资格，使得相对人获得了从事某种行为的资格。如行政机关依法授予相对人各种职业资格证书的行为。

3. 获得某种特殊权利。如行政机关依法实施的行政奖励行为、行政救济行为，赋予了符合法定条件的相对人以一般人不具有的某种特殊权利。

二、取消、限制权利或资格

取消、限制权利或资格是指行政主体依法将相对人已经具有的权利或资格予以取消或加以限制。行政主体有权依法设定或赋予行政相对人一定的权利或资格，也有权依法取消或限制相对人已经获得的权利或资格。这种取消或限制通常表现为行政机关对违法的行政相对人予以惩处制裁，以及行政机关对没有依法履行义务的行政相对人施以强制措施，迫使其履行法定义务。取消权利或资格往往是针对行政相对人的违法行为，采取的限制性、剥夺性行政制裁，常见的形式有：没收财产的处罚，查封、扣押财产的行政强制措施，限制人身自由的行政拘留，吊销许可证的处罚等。这些取消和限制相对人的权利或资格的行为，涉及人身权和财产权等重要权利，因此，在实施中应当严格遵守法律规定的条件，严格按照法定程序进行。

三、设定义务

设定义务，是指行政主体通过实施行政行为，为行政相对人设定某种义务。行政机关有权为行政相对人设定权利或能力，同时能够为相对人设定相应的义务，使权利义务得以平衡，从而保证社会和谐、秩序稳定。行政行为主要设定以下义务：

1. 一般性义务。行政机关依法设定行政相对人普遍承担的义务，如依法纳税的义务、服从交通管理的义务、遵守公共秩序的义务等。

2. 协助性义务。行政机关依法设定行政相对人因从事某种活动从而承担相应的协助义务。如旅店业经营者负有协助公安机关登记查验相对人身份并报警的义务。

3. 技能性义务。行政机关依法设定行政相对人执行某些技能性的安全防范规则，以防止对社会公共利益造成损失的义务。对于有些原本不属于法定义务的技术性规则，经立法成为技术性规范，作为相对人的义务。如森林防火的技术规范、危险物品生产的技术规范等。

4. 惩戒性义务。行政机关对违法行政相对人给予惩处和制裁，从而使其在原有义务的基础上，承担新的受处罚的义务。

四、免除义务

免除义务是指行政主体依法免除行政相对人原来承担的或本应承担的义

务。设定义务是针对一般情况，免除义务则是针对特殊情况。如依法纳税是相对人的普遍义务，但在遇到天灾人祸等某些特殊情况时，可免除其纳税的义务。

五、确认权利或法律事实

确认权利是行政机关对于相对人之间或相对人与其他社会主体之间发生的某些争议，依职权以行政行为证实和确认相对人的权利，以维护相对人权利的合法性与正当性。行政机关主要通过行政确认、行政裁决、行政复议和行政赔偿等行为予以实现。确认法律事实是行政机关实施行政行为，从而认定与相对人的某种权利有着重要关系的法律事实。如行政机关的确认行为、证明行为、鉴定行为等。虽然行政主体的确认行为本身并不直接引起某种法律效果，但这种确认行为是产生某些法律效果的必要条件。通过行政行为的确认，证实相对人应有的权利义务关系的存在，如行政主体确认某人的身份或年龄就是如此。

第四节　行政行为的效力

一、行政行为效力的概念

行政行为的效力，是指行政行为所发生的法律效果。行政行为只有发生预期的法律效果，才能达到其应有的目的和作用。行政行为受国家强制力的保障，它的效力表现为特殊的法律约束力和强制力，会对相对人的权利义务产生影响。行政行为的效力具有以下特点：

1. 效力先定。效力先定，是指行政行为一经作出就具有法律约束力，具有以国家强制力作为保障的拘束力。即使行政行为出现违法，或者不符合法定的效力条件，在未经过法定程序予以撤销之前，其仍然是有效的。也就是说，行政行为在没有被有权国家机关依法撤销之前，被推定为有效，行政行为的相对人应当受到约束。这是因为行政行为是国家权力的运用，体现了国家权力的权威性和作用力，同时也是出于行政管理的需要。

2. 单方意志性。单方意志性，是指行政行为的作出无须征得相对一方的同意，行政行为的成立生效也不以相对人的同意为必要条件。这是因为行政行为是行政机关行使国家行政权力的活动，国家行政权力的性质决定了行政行为可以单方面确定相对人的权利义务，行政行为的生效并非取决于相对人的意愿。在行政管理中虽然有些是行政主体与相对人共同实施的合意行为，如行政合同、行政委托等双方行为，但行政机关在这些行为中，仍然居于主导和优越的地位。

二、行政行为的生效要件

行政行为的生效要件，是指行政行为产生法律效力必须具备的条件，只有符合这些条件的行政行为，才能产生相应的法律效果。行政行为生效的要件有：

（一）主体要件

主体要件的基本要求，是实施行政行为的主体必须合法，具有行政行为主体资格。能够实施行政行为的行政主体，必须是合法成立的，一般是由权力机关产生或列入国家机关编制序列的行政机关；或者是依法律、法规授权的组织，依法被授权后也可成为实施行政行为的主体；或者是得到行政机关委托行使行政职权的组织，受委托的组织必须在委托机关的明确委托并符合法定条件的前提下，才能具备作出行政行为的主体资格。

（二）职权、职责要件

行政主体在依法享有职权的同时，也承担着职责。实施行政行为的行政主体应当在其权限范围内，行使法定职权和履行法定职责，不得超越、滥用职权或违反、放弃职责。被授权的组织，必须在被授权的范围内实施行政行为；被委托实施行政行为的组织，只能在委托的职权范围内作出行政行为。行政行为符合法定职权职责分工主要包括以下情形：

1. 行政行为手段、方式上的特定性。行政主体只能实施与其职权职责相应的行政行为。如国务院制定行政法规，通过实施制定行政法规的抽象行政行为予以体现；其他行政主体制定规范性文件或实施行政许可、行政处罚的职权，则是通过实施抽象行政行为或具体的行政许可行为、行政处罚行为实现的。

2. 管理事项的特定性。行政主体对于管理行政事务有着明确的分工，只能在各自的管理范围内，针对特定的行政事务实施行政行为。如果超越自己的职权范围实施行政行为，则将构成越权。

3. 管辖地域的特定性。行政主体的职权范围是与其所属的行政区域相联系的，行政主体的行政行为必须在法定地域管辖范围内实施才是合法有效的。如果行政行为超越行政主体的地域管辖范围，同样会构成越权，仍属无效行政行为。

（三）内容要件

行政行为的内容必须合法、适当、真实、明确。行政行为的内容合法，是指行政行为的内容必须完全符合法律、法规规定。如果是抽象行政行为，其内容必须与法律、法规和上级行政规范的规定和精神相一致，不可抵触或超越；如果是具体行政行为，则必须依据法律、法规、规章以及合法的其他规范性文件作出。如行政处罚必须符合法定的处罚目的、原则，被罚对象符合受罚的条件等。行政行为的内容适当，是指行政行为应当公正、合理、切合实际，不能畸轻畸重，有失公允。行政行为的内容真实，是指行政行为应当是行政主体的真实意思表示。如果由于误解、欺骗、胁迫或有意歪曲等因素，导致行政主体的非真实意思表示，则该具体行政行为不具有合法性和有效性。行政行为的内容明确，是指行政行为所表达的内容应当清楚、明晰、确切，不能模棱两可，含糊其辞。

（四）程序要件

行政主体实施行政行为的程序必须合法。行政行为的步骤、方式、方法、时限和顺序应当符合法律的规定和要求，法定的程序不可随意更改、减免或颠倒，否则所实施的行政行为是无效的。法律对于一些特定的具体行政行为还有特别的程序要求，如依申请的行政行为，需有申请程序；有的行政处罚种类，要有听证程序等。

三、行政行为效力的内容

行政行为效力的内容，是指行政行为生效后，对行政法律关系各方主体或有关当事人所产生的法律约束力。这种法律约束力主要表现在以下四个方面：

（一）公定力

行政行为的公定力，是指行政主体的行政行为一经作出，即被视为是合法的，被推定为有效，任何组织或个人都应当予以尊重和服从。这是因为行政行为源于国家公权力，是国家意志的体现。即使行政行为被相对人认为是违法的或不当的，并就行政行为与行政主体发生争议，但是在该行政行为未被有权机关撤销或变更之前，都不能够否认它所具有的法律效力。行政行为的公定力是基于国家行政权力的严肃性和权威性，是为了保障行政管理的连续性和稳定性，也是为了适应提高行政效率的社会要求。但是，行政行为的公定力也是相对的，如果行政行为存在明显的违法或不当，法律要有限制其有效性的规定，而且有权机关也应及时予以撤销或变更。

（二）确定力

行政行为的确定力，是指行政行为成立、生效后，其内容具有确定性，非法定主体不可随意变更或撤销。这种确定力也称不可变更力，它源于国家权力，并且基于国家行政权力的权威性。行政行为确定力的意义在于，它有利于稳定行政管理秩序，保证行政管理活动的正常运行，促使行政主体有效地行使行政职权和履行行政职责，也使得行政相对人服从行政主体正常必要的行政管理。但是，行政行为的确定力也是有限的，并非绝对不可变更，只要符合法定事由，经过法定程序，有权机关可以依法变更或撤销违法、不当的行政行为。通常变更或撤销违法、不当行政行为的有权机关、程序和事由主要有：①国家权力机关行使监督权，经法律监督程序，决定予以撤销；②上级行政主体行使行政复议权，经行政复议程序，决定予以变更或撤销；③上级行政机关行使行政监督权，决定予以变更或撤销；④人民法院行使审判权，经行政诉讼程序，决定予以变更或撤销；⑤行政主体发现自己实施的行政行为违法或不当，可以自己决定予以变更或撤销。

（三）拘束力

行政行为的拘束力，是指行政行为成立、生效后，其内容对于行政主体和行政相对人以及其他有关的社会主体，都会产生法律上的约束力，有关当事人都必须遵守和服从，否则将要承担相应的法律后果。行政行为的拘束力主要表现在以下方面：

1. 行政行为对行政相对人的拘束力。行政行为主要是针对行政相对人实施的，会对相对人的权利义务产生约束，要求行政相对人对已经生效的行政行为遵守和服从，按照行政行为的要求履行义务，不能推诿、拖延或转移义务的履行。

2. 行政行为对行政主体的拘束力。行政行为成立、生效后，实施行政行为的行政主体也要受到约束，行政主体必须按照行政行为的内容履行自己的职责，否则要承担相应的法律责任。

（四）执行力

行政行为的执行力，是指行政行为成立、生效后，行政主体依法有权采取必要手段和强制性措施，以实现行政行为的内容。行政行为的执行力是行政行为不可缺少的环节，行政行为只有得到实现，才具有它的实际价值和存在的意义。行政行为的执行力一方面体现为由行政相对人自动履行行政行为所要求的义务，实现行政行为的内容；另一方面体现为行政强制执行，这是由行政机关依职权实施的一种执行行为，是在行政相对人不履行其法定义务的前提下，行政主体依法作出的，如果相对人自觉履行义务，则不存在行政强制执行。另外，并非所有的行政行为都要立即执行，法律规定有些行政行为可以暂缓执行，如行政相对人对行政处罚中的拘留有异议，在申请行政复议或提起行政诉讼期间，依法可以暂缓执行拘留。

第五节　行政行为的无效、撤销、变更和终止

一、行政行为的无效

一般认为，行政行为一经作出即具有法律效力。但行政行为的效力有时候会因为各种情况或因素而发生改变，有可能发生行政行为无效这种情形。行政行为的无效，是指行政行为存在重大、明显的违法情形，导致其自始至终都不能够发生法律效力。一般情况下，行政行为如果有以下情形之一的，有权机关可以决定或宣告该行政行为无效：①行政行为具有重大违法情形或者因行政行为而导致犯罪的；②行政行为有明显的违法或严重的不当，造成国家和社会公共利益的重大损害；③行政行为是受到相对人的欺骗或胁迫而作出的；④行政行为的内容是不可能实现的。

对于无效行政行为，相对人不应当受到该行为的拘束，不应履行该行为所确定的义务，也不对该行为确定的义务后果承担法律责任。相对人可以依法向有权国家机关提出请求，要求有权机关宣告该行政行为无效。有权机关应当依法作出宣告决定。行政行为被宣告无效后，被该行为改变的状态应当恢复。相对人因无效行政行为而受到的损害，应当予以恢复。同样，对于相对人因无效行政行为而获得的权益，应当取消或收回。如果因取消或收回权益而对出于善意的相对人造成损害的，行政主体应当给予赔偿；如果因相对人的过错导致行政行为无效，并因此造成国家和社会公共利益受到损害的，相对人则应予以赔偿。

二、行政行为的撤销

行政行为的撤销，是指已经生效的行政行为不符合有效成立的条件，由有权机关依法予以撤销，使其失去效力。行政行为不符合有效成立的要件，属于违法或不当，撤销是对该行政行为的全面否定，而且原则上要溯及既往，

即始终都归于无效，包括撤销之前该行政行为也不具有效力。行政行为的撤销主要有以下情形：

1. 行政行为的合法要件缺损。合法的行政行为必须具备主体合法、职权与职责合法、内容合法和程序合法，只有这些要件全部合法、齐备，行政行为才能发生法律效力。如果上述要件有所欠缺，则属于应当撤销的行政行为。

2. 行政行为不适当。行政行为不适当，是指行政行为存在着不合理、不公正、不合时宜、不符合政策或者有违善良风俗等情形。不适当有的时候与不合法同时存在。在某些情况下，行政行为并不违法，可是由于不适当、不合理导致国家和社会公共利益或者相对人合法权益的损害。因此，行政行为不适当也应当予以撤销。

行政行为的撤销必须通过有权国家机关按照法定程序作出决定，有权国家机关包括作出该行政行为的行政机关，作出该行政行为的行政机关的上级行政机关，同级或上级权力机关，有司法管辖权的人民法院。

如果行政行为的撤销是因行政主体的过错引起的，并由此造成了相对人的损害，行政主体应当予以赔偿。如果是因行政相对人的过错或双方的共同过错，而造成行政行为被撤销，行政主体应收回相对人取得的相应利益；相对人因行政行为被撤销而遭受的损失，按照过错程度，由双方分别或共同合理分担和负责；因行政行为被撤销而使国家或社会公共利益受到损害的，应由行政主体和相对人，依过错程度分别或共同予以适当赔偿；行政公务员对行政行为的撤销有过错的，应当承担内部行政法律责任。

三、行政行为的变更

行政行为的变更，是指对于已经生效的行政行为，因内容不适当而加以改变。行政行为的变更是在种类、幅度等内容上的变化，它不同于行政行为的撤销，撤销是针对整个行政行为，而变更只是针对行政行为的一部分，是在原有行政行为基本上或部分合法的基础上，对部分违法或不当的种类、幅度所作的改变。这样可以使行政行为更加合理、适当。有些行政行为的变更则是对形势变化而作出改变，使行政行为能够适应新形势的需要。一般情况下，行政行为的变更不具有溯及力，这种变更只是对变更后的行政行为有效。

有权变更行政行为的国家机关与有权撤销行政行为的国家机关基本相同。人民法院对行政行为的变更，依照《行政诉讼法》的规定，只限于变更显失公正的行政处罚。

四、行政行为的终止

行政行为的终止，是指行政行为因某些法定因素而不再对以后发生法律效力。行政行为的终止不同于行政行为的撤销，它不是因行政行为的违法或不当而引起的；而且行政行为的终止不具有溯及既往的效力，它对该行政行为以前的效力不否定，只是对以后不再发生法律效力。引起行政行为终止的原因：

1. 行政行为的对象灭失或者发生变化。这是指行政行为所针对的事项已不复存在，或者因情况发生重大变化而被行政主体终止。如行政行为所针对的有关当事人死亡，行政行为所针对的有关物品灭失等。在这些情况下，行政行为不再具有意义，因而终止其效力。

2. 行政行为的期限届满。行政主体实施的行政行为，如果附有生效期限，一旦期限届满，该行政行为自然终止。

3. 行政行为的任务完成或目的实现。行政主体为了完成某项任务或出于某一目的而实施的行政行为，任务完成或目的实现，该行政行为则终止其效力。

4. 行政行为符合解除条件。有些行政行为是附有一定解除条件的，当该条件具备时，其效力即可终止。

行政行为终止后，其效力自终止之日起失效。对于行政行为终止之前已经给予相对人的利益，不再收回；相对人按照原行政行为已经履行的义务，也不能要求行政主体予以补偿。如果行政行为的终止是由于法律或政策的变化而引起的，并由此对相对人造成了较大损害，行政主体应当给予适当补偿。

思 考 题

1. 试述行政行为的概念与特征。
2. 简述行政行为的分类。
3. 试述行政行为的主要内容。
4. 分析行政行为的生效要件。
5. 简述行政行为效力的内容。
6. 试述行政行为的无效、撤销、变更和终止。

第五章　行政立法

> **学习目的与要求**
>
> 　　行政立法是指行政机关制定行政法规、规章的行为。通过本章的学习，了解行政立法的概念、性质，明确行政立法的原则、行政立法的主体及其制定权限；把握行政法规、规章的制定程序和制定技术；明确行政立法的效力等级、效力范围与适用规则；认识行政立法监督的意义、基本类型和主要形式，了解行政规范性文件的作用及其适用效力。

第一节　行政立法概述

一、行政立法的概念

国内法学界对于行政立法的理解，一般分为广义说和狭义说。所谓广义的行政立法，是指各类有权机关制定行政法律、法规、规章的活动。它是以立法主体制定的法律规范的性质为标准，凡属行政性质的法律、法规、规章，其制定机关的活动均为行政立法，包括权力机关的立法和行政机关的立法。所谓狭义的行政立法，是指行政机关制定行政法规、规章的活动；它是以制定机关的性质作为界定标准，同时结合所制定的法律规范的性质，认为行政立法专指国家行政机关制定行政法规范的活动。我国行政法学界一般是从狭义说的角度来阐释行政立法的。因此，本章所说的行政立法，是指行政机关根据法定权限、按照法定程序，制定和发布行政法规、规章的活动。这一定义包括以下几层含义：

1. 行政立法的主体是行政机关。行政立法的主体是行政机关，而并非其他国家机关或组织。行政立法特指国家行政机关的立法活动，而并非其他国家机关的立法活动。根据我国《宪法》、《立法法》和有关组织法的规定，[1] 我国的立法活动呈多元分级立法的状态，最高国家权力机关行使法律的制定权，一定层级的地方国家权力机关行使地方性法规的制定权，最高国家行政机关和一定层级的地方行政机关则行使着行政法规、规章的制定权。行政机关的行政立法活动不仅反映了我国现行立法主体多样化的实际状况，而且体现了现代社会国家行政机关履行行政管理职能所必备的一种重要活动形式。

2. 行政立法是行政机关行使行政立法权的活动。依照法学理论的一般原则，国家的立法权归属于国家立法机关，立法活动由立法机关进行，我国权力机关即为立法机关。所以说，行政机关的行政立法权并非其固有的权力，而是国家立法权的一种例外和补充。行政机关的行政立法权的取得，必须有明确、具体的法律依据和授权依据。为此，我国《宪法》第89条、《立法法》第56、71、73条对行政机关制定行政法规、规章作了规定，使得行政立法成为行政机关的一种职权行为，是其在《立法法》规定的权限范围内所进行的职权立法活动。除此以外，在行政立法实践中，还存在着一些单行法律、法规授权行政机关制定行政法规、规章的情况，即法律特别规定对行政机关进行行政立法的授权，这种授权立法也必须在授权范围内进行，行政机关只能依照授权目的和授权范围进行立法活动，任何超越权限的行政立法都是无效的。

3. 行政立法是行政机关制定行政法规、规章的活动。根据《立法法》的规定，行政机关进行行政立法的最终表现形式为制定行政法规、规章，而行政法规、规章作为我国法律规范中的两种重要表现形式，只能由一定层级的行政机关制定。它表明并非所有行政机关都具有行政立法权，行政立法仅仅是法律规定的那些特定的行政机关的活动。

4. 行政立法是行政机关的抽象行政行为。按照行政行为的归类来看，行政立法是一种抽象行政行为，并且是抽象行政行为的主要形式。行政立法所形成的最终结果是行政法规、规章，是具有普遍约束力的法律规范性文件，成为适用于不特定的公民、法人或其他社会组织的普遍性规则。行政法规、规章属于法的表现形式，具有法律效力，它们与其他抽象行政行为如制定其

〔1〕 2000年3月15日第九届全国人民代表大会第三次会议通过的《中华人民共和国立法法》对于行政机关制定行政法规、规章的权限作了更加明确的规定。

他规范性文件的活动等，虽然行为性质相同，但行为结果却有着根本的区别。行政立法不同于具体行政行为，它不仅是针对非特定人、非特定的事而制定的，具有普遍性和反复适用性，而且它还是具体行政行为的依据。

5. 行政立法是按照立法程序进行的活动。我国《立法法》规定，行政立法必须经过起草、广泛听取意见、审查、审议、决定通过和公布等立法程序。[1] 虽然行政立法与权力机关的立法相比，其立法程序相对独立，立法过程相对简要，但行政立法与行政机关的其他抽象行政行为相比，其程序表现得正式、严格和规范，特别是与行政处罚、行政强制、行政许可等具体行政行为的程序相比较，行政立法规范性的程度表现得更为明显。

二、行政立法的性质

（一）行政立法的行政性质

有关行政立法的性质问题，学术界虽然存在个别不同的观点，但基本上没有太大的争议，普遍认为，行政立法的性质是由行使行政立法权的主体所具有的基本权力的性质所决定的。行政机关制定行政法规、规章的行政立法活动，是行政机关运用行政权所作的一种行政行为。[2] 主张行政立法具有行政性质，是一种抽象行政行为。有的观点在认同这一基本性质的前提下，认为行政立法既是一种行政行为，又是一种从属性的立法行为，或称准立法行为。[3]

行政机关的行政立法权源于《宪法》、《立法法》和有关组织法的赋予，其已成为行政权的一个组成部分，是行政机关履行职能的重要权力形式。行政机关运用行政权所作的法律行为，均属行政行为范畴。行政机关制定行政法规、规章的行政立法活动就是运用行政权的活动。行政立法虽然在程序上、结果上具有立法的特征，但仍不失为行政活动，因为行政立法的主体、目的、作用以及内容都决定了它是一种行政行为，具有行政性质是其根本所在。行政立法的行政性质主要表现为：①行政立法的主体是国家行政机关；②行政立法的主要目的是为执行和实施权力机关制定的法律、地方性法规；③行政立法的作用在于方便行政机关履行行政管理职能；④行政立法的内容主要是国家行政管理事务，行政法规、规章所调整的对象是行政法律关系。

---

[1]   参见《中华人民共和国立法法》第57~62条、第74~77条。
[2]   叶必丰主编：《行政法与行政诉讼法》，中国人民大学出版社2003年版，第63页。
[3]   罗豪才主编：《行政法学》，北京大学出版社1996年版，第145页。

（二）行政立法是一种抽象行政行为

行政立法作为行政机关的一种抽象行政行为，它与具体行政行为的区别主要表现在：

1. 能够行使行政立法权的行政机关是有限的，并非所有行政机关都享有行政立法权，只有依法确定的行政机关才能进行行政立法。但是，几乎所有的行政机关以及法律、法规授权的组织或受委托行使行政职权的组织都可以实施具体行政行为，具有作出具体行政行为的资格和权能。

2. 行政立法制定行政法规和规章所涉及和规范的对象具有普遍性，是针对不特定的公民、法人或其他组织而制定的。行政机关实施具体行政行为是针对具体的人或事，具体行政行为的对象具有特定性。

3. 行政立法制定的行政法规、规章作为法的表现形式，往往适用于一定时期或阶段，具有稳定性和反复适用性。具体行政行为的效力适用通常是一次性的，仅仅是针对某一特定的人或事件适用。

4. 行政立法作为一种立法活动，其程序正式、严格、规范。具体行政行为虽然也有严格、规范的程序，但实施过程相对简单、灵活。

行政立法与其他抽象行政行为相比较，虽然在行为的对象、规范性和适用性等方面有着相同之处，但是，它们仍存在着明显的区别，主要表现在：①主体的范围不同。行政立法的主体是限定的，限于部分行政机关，根据《宪法》、《立法法》的规定，行政立法权只能由较高层次的行政机关行使；而其他抽象行政行为的主体较为广泛，几乎所有的国家行政机关都有权实施抽象行政行为。②功能作用不同。具有行政性质的行政立法活动，所制定的行政法规、规章属于法的范畴，不仅适应当今社会发展的需要，能够及时规范和调整新的社会秩序与社会关系，还可以有效地弥补权力机关立法的空缺和不足，减轻其立法事务繁重的负担；而其他抽象行政行为制定的行政规范性文件不属于法的范畴，不具有立法功能，其作用仅限于执行法律、法规。③权力来源不同。行政机关的行政立法活动是以《宪法》、《立法法》以及有关法律赋予的权力或有特别法律的授权进行的，行政立法权源于专门法和特别法的赋予和授权，可划分为职权立法和授权立法；而其他抽象行政行为则是由各级、各类行政机关在法律、法规、规章确定的职权范围内进行，法定职权是行政机关实施其他抽象行政行为的根据。④效力程度不同。行政立法所制定的行政法规、规章具有一般法的普遍性、规范性、强制性等效力特征，其规范性程度高于其他抽象行政行为所产生的行政规范性文件。⑤行为程序不同。根据《立法法》的规定，行政立法活动必须按照严格的立法程序进行，要经过起草、征求意见、审查、审议、公布等立法程序；其他抽象行政行为虽然也有程序的要求，但不如行政立法程序那样严格、正式和规范。

（三）行政立法是从属性立法

行政机关的行政立法活动还有其从属性立法或准立法的特征，主要表现为：行政立法所制定的行政法规、规章属于法的范畴，它们具有法的基本特征和属性，即具有普遍性、规范性和强制性。行政立法是行政机关创制法律规范的活动，是行政机关依据《宪法》、《立法法》、有关组织法以及其他有关法律赋予的职权或授权，并以国家的名义制定公民、法人或其他组织必须普遍遵守的行为规则的活动，具有创制性和权威性。行政立法必须遵循相应的行政立法程序，行政机关制定行政法规、规章的活动，必须依照法定程序，按照行政立法的过程进行，整个行政立法活动具有程序性和严肃性。

依据《立法法》的规定和法理一般原则，在我国立法体系中，权力机关的立法活动是主要的，居于主导地位。而行政机关的行政立法只能位于权力机关的立法之下，仅是一种从属性立法、补充性立法。在我国的法律体系中，行政立法所制定的行政法规居于法律之下，不得与宪法、法律相抵触；行政立法所制定的规章不得与法律、行政法规、地方性法规等上位法相抵触。行政立法与权力机关立法的区别主要表现在：

1. 立法的主体不同。权力机关立法的主体是有立法权的各级人民代表大会及其常委会；行政立法的主体是有行政法规、规章制定权的行政机关。

2. 立法权的来源不同。权力机关的立法权直接来源于人民授权，由《宪法》加以规定；而行政机关的行政立法权其中一部分来自《宪法》、《立法法》和有关组织法的规定，另一部分则来自于特别法律或有权机关的授权。

3. 立法的内容不同。权力机关立法的内容通常是有关国家政治、经济和社会生活中的基本制度和重大问题，《立法法》第7条、第8条规定了最高国家权力机关的立法事项，第64条规定了地方国家权力机关制定地方性法规的立法事项；而行政立法的内容通常是有关社会政治、经济等管理事务中的具体问题，《立法法》第56条规定了制定行政法规的事项，第71~73条规定了制定规章的事项。

4. 立法程序的要求不同。权力机关的立法程序比较正规、严格、细致，立法过程特别注重民主参与，立法周期相对较长；而行政立法程序相对简便、灵活，更注重效率。

5. 立法的形式不同。最高国家权力机关制定法律，主要以"法"的形式颁布；地方国家权力机关制定地方性法规，主要以"条例"的形式颁布。

行政立法制定的行政法规、规章，通常以"条例"、"规定"、"办法"等形式颁布。

6. 效力等级不同。最高国家权力机关制定的法律的效力高于其执行机关制定的行政法规，地方权力机关制定的地方性法规的效力高于其执行机关制定的规章。下位法不得与上位法相抵触，否则无效。

三、行政立法的分类

（一）职权立法与授权立法

依据行政立法权的来源和取得方式的不同，可以将行政立法分为职权立法与授权立法。

职权立法，是指行政机关直接依据《宪法》和有关组织法所赋予的行政立法权，制定行政法规和规章的活动。我国《宪法》第 89 条第 1 款规定，国务院可以根据宪法和法律，规定行政措施，制定行政法规，发布决定和命令。《宪法》第 90 条第 2 款规定，国务院各部、各委员会根据法律和国务院的行政法规、决定、命令，在本部门的权限内，发布命令、指示和规章。依照《地方各级人民代表大会和地方各级人民政府组织法》、《立法法》的规定，省、自治区、直辖市以及较大的市的人民政府，可以根据法律和国务院的行政法规，制定规章。《立法法》第 63 条第 4 款规定，"较大的市是指省、自治区的人民政府所在地的市，经济特区所在地的市和经国务院批准的较大的市"。目前，经济特区所在地的市主要有深圳、珠海、厦门等城市。经国务院批准的较大的市主要有齐齐哈尔、大连、宁波等城市。职权立法要求行政机关只能在《宪法》和有关组织法规定的职权范围内立法，并以《宪法》和有关组织法为直接立法依据。行政机关通过职权立法制定的行政法规、规章一般不能变通法律、法规的规定。

授权立法，是指行政机关依据单行法律、法规的授权或者依据有权机关的授权决定所授予的立法权，制定行政法规和规章的活动。授权立法应具备的先决条件是，被授权的行政机关必须是享有职权立法权的行政机关。授权立法的依据有两类：①《宪法》和有关组织法以外的单行法律、法规的授权；②有权机关的专门授权决定。行政机关通过授权立法所制定的行政法规、规章可以变通或补充法律、法规的规定。《立法法》第 9 条规定，对于属于全国人大及其常委会的立法事项尚未制定法律的，全国人大及其常委会有权作出决定，授权国务院可以根据实际需要，对其中的部分事项先制定行政法规。《立法法》同时规定授权决定应当明确授权的目的、范围，被授权机关应当严格按照授权目的和范围行使立法权，不得转授该项权力。取得授权立法的行政机关，可以超出其职权立法的范围，在授权法律、法规或授权决定规定的限度内，行使行政立法权力。

（二）中央行政立法与地方行政立法

依据行政立法主体的不同，可以将行政立法分为中央行政立法与地方行政立法。

中央行政立法，是指最高国家行政机关即国务院及其各部门制定行政法规、规章的活动。中央行政立法包括国务院的行政立法和国务院各工作部门的行政立法。根据《宪法》和有关组织法的规定，国务院具有制定行政法规的行政立法职权，国务院各部、委具有制定部门规章的行政立法职权。中央行政立法的内容主要涉及全国范围，是针对带有普遍性的问题以及应由中央作出统一规定等重大问题，如国家安全、社会公共安全、环境保护、资源开发、交通规制等问题。

地方行政立法，是指一定层级的地方行政机关依法制定和发布地方政府规章的活动。根据《宪法》、《地方各级人民代表大会和地方各级人民政府组织法》以及《立法法》的规定，具有行政立法权的地方行政机关包括省、自治区、直辖市的人民政府和较大的市的人民政府。由于行政管理事务的纷繁复杂，各地方经济社会发展存在着不平衡性以及区域性的特殊问题。为了解决这种不平衡性和区域性的特殊问题，需要地方行政机关通过行政立法将中央立法的有关规定具体化，根据地方的实际情况制定地方政府规章，用来调整存在的区域性特殊社会关系。

（三）执行性立法与创制性立法

依据行政立法目的和作用的不同，可以将行政立法分为执行性立法与创制性立法。

执行性立法，是指行政机关为了执行或实现特定法律、法规的规定，制定实施该法律、法规的具体规定的活动。执行性立法的目的是为了执行特定的法律、法规，一般不创设新的法律规则，在法律、法规所规定的事项之外不随意增加新的规定。执行性立法可以依职权也可以依授权进行，通过执行性立法所制定的行政法规、规章，通常称为"实施条例"、"实施细则"或"实施办法"，它们必须依附于特定的法律、法规，不应独立存在。

创制性立法，是指行政机关根据特定法律、法规或授权决定的授权，为了弥补法律、法规的缺失，或者为了变通法律、法规的规定而进行的立法。创制性立法是行政机关对法律、法规或决议尚未规定的事项制定行政法规、规章，通过行政立法来创设新的权利义务规范。创制性立法应依据特定法律、法规或决议的特别授权进行，它所调整的事项应当是授权范围内的事项。

四、行政立法的原则

行政立法的原则，是指贯穿于行政立法的全过程，指导整个行政立法活动，行政机关制定行政法规、规章应当遵循的基本准则。根据我国《立法法》的规定，结合行政立法的实践，行政立法主要有以下原则：

（一）统一性原则

立法活动应当"从国家整体利益出发，维护社会主义法制的统一和尊严"。[1] 我国作为单一制国家，国家的法律体系应当是在宪法统帅下的由各部门法所构成的一个整体，各层级的法律、法规、规章相互协调和统一。维护国家法制的统一性，这是有关国家机关在制定法律、法规、规章的活动中，必须遵循的原则，也是行政立法的原则。我国宪法和法律始终强调维护国家法制的统一和尊严，明确规定一切法律、法规都不得与宪法相抵触，规章不得与法律、法规相抵触。在目前我国立法主体呈多元化的情况下，更需要强调行政立法所制定的行政法规、规章必须与宪法、法律保持一致性，保证法制的统一性。因此，行政机关的行政立法活动，作为一种从属性的立法，应当有其明确的立法依据，在宪法、法律赋予的立法权限和立法事项范围内进行。统一性原则的基本要求是：

1. 制定行政法规的依据主要是宪法、法律，制定规章除了依据宪法、法律外，还可依据行政法规、地方性法规以及自治条例和单行条例。

2. 制定行政法规、规章应当依照法定权限进行，只有《宪法》和有关组织法规定的享有行政立法权的行政机关才能进行行政立法，并且只能就其职权管辖范围内的事务进行立法。

3. 行政法规、规章的内容必须符合有关法律和上位法的规定，不能与宪法、法律和上位法相抵触，否则无效。

（二）民主性原则

根据《立法法》第5条的规定："立法应当体现人民的意志，发扬社会主义民主，保障人民通过多种途径参与立法活动。"行政机关的行政立法活动，应当遵循民主的原则，立法过程要吸收人民群众参与，立法内容要体现人民群众的意愿，这样才能取得人民群众的支持。实行民主立法，是保证行政立

---

[1]　参见《中华人民共和国立法法》第4条。

法所制定的行政法规、规章体现公平、正义的必要条件。民主性原则的基本要求是：

1. 行政立法应广泛发扬民主，立法项目的确定、内容的规定，都是人民群众意愿的反映，要通过各种方式征求和听取各方面的意见，保证人民群众广泛地参与行政立法活动。

2. 行政立法应是开放性的立法，在程序上要建立公众有序参与的制度，沟通行政机关与公众联系的渠道，设置专门的程序制度，诸如立法草案的公布、说明、征求意见，召开论证会、座谈会、听证会等，以便公众充分发表对行政立法事项的意见。有关部门、单位、专家以及利害关系人可以针对特定问题表达自己的意见和观点，提出质疑或批评，从而保证行政立法的合理性和可行性。

（三）适应性原则

坚持从实际出发，适时有效地进行行政立法。行政立法的作用之一是弥补权力机关立法的不足，以适应我国社会政治、经济的发展变化，及时规范和调整各种新的社会关系。随着我国社会经济的发展，各种新的社会关系频繁出现，需要相应的法律规范及时加以调整。另外，各地区社会经济发展存在的不平衡性，也需要各地、各部门根据实际情况及时作出具体规定。因此，行政立法应当从实际出发，适应社会政治、经济的发展变化，及时调整和修正新出现的和已变更了的社会关系，应当适应各地、各部门的实际情况，在不与法律、法规相抵触的前提下，结合本地实际情况进行立法。

（四）协调性原则

行政立法应当"科学合理地规定公民、法人和其他组织的权利与义务、国家机关的权力与责任"，[1] 应当正确处理好维护行政权力与保障公民权益的关系，协调好各种利益关系。行政立法的根本目的是为了实现和增进人民的权益，体现人民的意志和利益。因此，行政立法活动需要处理好保障公民权益与维护行政权力的关系，协调好稳定与发展、社会公平与行政效率、各种利益主体的利益需求与利益冲突关系，实现利益的整合，从而形成统一的意志和共同遵守的行为规范。

---

[1] 参见《中华人民共和国立法法》第6条。

第二节 行政法规

一、行政法规的概念

行政法规，是指国务院根据宪法和法律，为了行使行政权力、履行行政职责，按照法定权限和程序制定的各种行政管理法律规范的总称。我国《宪法》、《国务院组织法》和《立法法》规定，国务院根据宪法和法律，制定行政法规。行政法规具有以下基本特征：

1. 行政法规的制定机关是国务院。行政法规作为我国法律的重要形式，是专门针对国务院的行政立法而言的。国务院除了直接制定的行政法规之外，还可以批准发布或参与制定、发布其他规范性文件，这些也被认为是行政法规的组成部分，具有行政法规的效力。如由国务院各部门制定的，经国务院批准发布的规范性文件，以及国务院同中共中央或中央军委联合制定发布的规范性文件等。

2. 行政法规的制定根据是宪法、法律以及授权决定。国务院行政法规的制定权，一方面是直接来源于《宪法》、《立法法》和有关组织法的赋予，使其成为一项职权，制定行政法规是一种职权立法；另一方面是根据全国人大及其常委会的特别授权，依据最高权力机关的专门授权决定进行立法。

3. 行政法规规定的是国务院法定权限范围内的事项。行政法规是由国务院在法定的权限范围内制定的，根据《立法法》第56条的规定，行政法规规定的事项，一方面是为执行法律的规定需要制定行政法规的事项，另一方面是《宪法》规定的国务院行政管理职权的事项。此外，对于应当由最高权力机关制定法律的事项，国务院可以根据最高权力机关的授权决定先制定行政法规，经过实践检验，条件成熟时再制定法律。

4. 行政法规按照法定程序制定。国务院的抽象行政行为包括制定行政法规与发布决定、命令等行政规范性文件，二者的重要区别就是制定与发布的程序不同。《立法法》明确规定了行政法规的制定程序，只有依照这一程序所制定的规范性文件，才属于行政法规。

5. 行政法规具有法的效力。行政法规是我国法律的一种重要形式，是具有普遍约束力的法律规范。它具有普遍性、规范性和强制性等法的基本特征，其效力在我国法律体系中仅低于最高国家权力机关制定的宪法、法律。行政法规的法律性质还表现在，它是人民法院审理行政案件的法律依据之一。

二、行政法规的制定权限

国务院制定行政法规的权限应当同国务院的职权范围相一致，应当与最高国家权力机关制定法律的权限、与其他国家机关制定法规、规章有明确的分工。对于哪些事项由法律规定，哪些事项由行政法规规定，我国《立法法》就法律的制定事项作了规定，使得制定法律与制定行政法规的立法权限有了比较明确的划分。

（一）制定行政法规与制定法律的权限划分

1. 制定法律的事项。全国人民代表大会制定和修改刑事、民事、国家机构的和其他的基本法律。全国人大常委会制定和修改除应当由全国人大制定的法律以外的其他法律。[1]《立法法》第 8 条对于只能制定法律的事项作了以下规定：①国家主权的事项，即有关国家领土、国防、外交、国籍、出入境的制度；②国家机构制度的事项，即各级人民代表大会、人民政府、人民法院和人民检察院的产生、组织和职权；③自治制度事项，即民族区域自治制度、特别行政区制度、基层群众自治制度；④刑事制度事项，即有关犯罪和刑罚；⑤公民政治权利和人身自由方面的事项，即对人身权利的剥夺、限制人身自由的强制措施与处罚；⑥对非国有财产的征收；⑦民事基本制度；⑧基本经济制度以及财政、税收、海关、金融和外贸的基本制度；⑨诉讼和仲裁制度；⑩必须由全国人大制定法律的其他事项。

2. 制定行政法规的事项。国务院制定行政法规的事项包括：①为执行法律的规定需要制定行政法规的事项；②《宪法》第 89 条规定的国务院行政管理职权的事项；③应当制定法律的事项尚未制定法律的，国务院根据全国人大及其常委会的授权决定，对其中部分事项先制定行政法规，但是，有关犯罪与刑罚、对公民政治权利的剥夺和限制人身自由的强制措施和处罚、司法制度等事项除外。

除了只能由法律规定外，对于那些尚未制定法律，属于行政管理方面的事项，根据实际需要，可以先制定行政法规，经过实践检验，制定法律的条件成熟时，国务院应当及时提请全国人大及其常委会制定法律。

（二）制定行政法规与制定地方性法规的权限划分

《立法法》第 65 条规定，省、自治区、直辖市和较大的市的人民代表大

---

〔1〕　参见《中华人民共和国立法法》第 7 条。

会及其常委会根据本行政区域的具体情况和实际需要，在不同宪法、法律、行政法规相抵触的前提下，可以制定地方性法规。

1. 地方性法规规定的事项。地方权力机关就以下事项作出规定：

（1）为执行法律、行政法规的规定，需要根据本行政区域的实际情况作具体规定的事项；

（2）属于地方性事务需要制定地方性法规的事项。

除了由法律规定的事项外，其他事项国家尚未制定法律或行政法规的，有地方性法规制定权的地方权力机关可以根据本地方的具体情况和实际需要，先制定地方性法规。

2. 行政法规与地方性法规的权限划分。一般做法是：

（1）涉及全国性的问题或涉及几个地区的问题，由行政法规规定；仅涉及某一地方的问题，由地方性法规或地方政府规章规定。

（2）法律规定由国务院制定实施细则或办法的，由行政法规规定；法律规定由地方制定实施细则或办法的，由地方性法规或地方政府规章规定。

（3）涉及由法律规定的事项，尚未制定法律的，由行政法规规定；涉及地方经济、社会、文化、教育等方面的问题，由地方性法规或地方政府规章规定。

（4）应由法律规定的事项，但制定法律的条件尚不成熟的，最高权力机关若授权国务院先行立法的，则制定行政法规；若授权地方先行制定地方性法规或地方政府规章的，则由地方制定地方性法规或地方政府规章。

（三）制定行政法规与制定规章的权限划分

国务院各部、各委员会、中国人民银行、审计署和具有行政管理职能的直属机构，可以根据法律和国务院的行政法规、决定、命令，在本部门的权限范围内，制定规章；省、自治区、直辖市和较大的市的人民政府，可以根据法律、行政法规和本省、自治区、直辖市的地方性法规，制定规章。

1. 规章规定的事项。部门规章与地方政府规章分别就以下事项作出规定：

（1）部门规章规定的事项：①属于执行法律或国务院行政法规、决定、命令的事项；②涉及两个以上国务院部门职权范围的事项，除了应当提请国务院制定行政法规外，由国务院有关部门联合制定规章。

（2）地方政府规章规定的事项：①为执行法律、行政法规、地方性法规的规定需要制定规章的事项；②属于本行政区域的具体行政管理事项。

2. 行政法规与部门规章的权限划分的一般做法。我国《立法法》对制定行政法规与制定规章的权限作了上述原则性规定和划分。根据行政立法实践，行政法规与部门规章在制定范围和调整对象上的区分大致有下列情形：

（1）涉及全局性问题或者涉及几个部门的问题，制定行政法规加以规定；仅涉及某一部分并属于某一部门职权范围的问题，由相应的部、委制定规章予以规定。

（2）涉及重大方针政策性问题，由行政法规加以规定；属于具体规划或标准性的问题，由相应部门制定规章予以规定。

三、行政法规的制定程序

根据《立法法》的规定，行政法规的制定经过起草、审查、决定、公布等阶段。制定行政法规应当根据国民经济和社会发展规划所确定的基本任务以及经济、社会形势发展的需要，来编制行政立法规划。编制行政法规立法规划包括行政法规的拟定、修改、补充、清理等几项工作。行政法规立法规划由国务院法制机构编制，报国务院审定，编制程序为：国务院各主管部门分别就本部门主管的行政事务提出立法建议；国务院法制局通盘研究，综合协调，拟定规划草案；国务院审议确定行政立法规划。行政法规立法规划由国务院法制机构负责组织实施和监督执行，在执行过程中，可根据实际情况和需要，对规划作适当调整。

（一）行政法规的起草

根据《立法法》第57条的规定，行政法规由国务院组织起草。国务院有关部门认为需要制定行政法规的，应当向国务院报请立项。为确保行政法规的科学性、民主性和可行性，起草过程可以吸收有关专家学者或社会组织的代表参加。需要制定实施细则的，应与行政法规的起草工作同步进行。

行政法规在起草过程中，应当征求有关部门的意见。对涉及几个部门的业务或与其他部门关系密切的规定，应当与有关部门协商一致，防止出现行政法规生效后互相推诿或争权现象。经过充分协商不能取得一致意见的，应当在上报行政法规草案时专门提出并说明情况和理由。

（二）听取意见

行政法规在起草过程中，为了能够反映和体现人民群众的意愿和利益，应当广泛听取有关机关、组织和公民的意见。对于涉及公民、组织合法权益的，在行政法规起草过程中，还可以通过适当形式公布草案的内容，充分听取各方面的意见和建议。听取意见可以采取座谈会、论证会、听证会等多种形式。

（三）审查

行政法规在起草过程中经过广泛听取意见，并与有关部门进行协商等工作完成后，起草单位应当将草案及其说明，各方面对草案主要问题的不同意见和其他有关资料送国务院法制结构进行审查。起草单位在报送行政法规草案时，应同时附送以下材料：①行政法规草案的说明和有关材料；②各方面对行政法规草案主要问题的不同意见；③行政法规草案如果作出了与现行行政法规不一致的规定，应附有情况说明和理由。

行政法规草案由国务院法制机构负责审查，审查的主要内容包括：制定该行政法规的必要性、可行性，草案的内容是否符合宪法、法律，规定的事项是否属于制定权限范围，内容是否与现行法律、法规相互重复、矛盾，是否明确、可行，行政法规的起草程序是否合法，各种手续是否完备。

行政法规草案经审查后，国务院法制机构应向国务院提出审查报告和草案修改稿，审查报告应当对草案主要问题作出说明。

（四）审议通过

行政法规的决定程序依据《国务院组织法》的规定，由国务院常务会议或全体会议对行政法规草案进行正式审议通过。

（五）公布

行政法规经审议通过后，由总理签署国务院令公布。行政法规签署公布后，及时在国务院公报和全国范围内发行的报纸上刊登。在国务院公报上刊登的行政法规文本为标准文本。

四、行政法规的制定技术

所谓行政法规的制定技术，是指国务院制定行政法规的名称、结构、形式、用语等应遵循的规则及使用的标准、方法、技巧的总称。

（一）行政法规的名称

根据《行政法规制定程序条例》的规定，行政法规的名称一般称"条例"，也可以称"规定"、"办法"等。国务院根据全国人民代表大会及其常务委员会的授权决定制定的行政法规，称"暂行条例"或者"暂行规定"。国务院各部门和地方人民政府制定的规章不得称"条例"。

（二）行政法规的结构

1. 外部结构。行政法规的外部结构根据内容的需要，一般采用章、节、条、款、项、目的形式。章、节、条的序号用中文数字依次表述，款不编序号，项的序号用中文数字加括号依次表述，目的序号用阿拉伯数字依次表述。

行政法规的用语应当准确、简洁,具有可操作性。

2. 内部结构。行政法规的内部结构,是指行政法规各部分之间的逻辑排列与配置。从法律规范的基本构成来看,行政法规的规范性内容由假定、处理和后果三部分构成。从行政法规所规定的主要内容来看,主要包括:①制定行政法规的目的、根据;②行政法规的适用范围;③行政法规的适用主体,包括执行行政法规的机关及被授权、委托执法的组织,以及遵守、执行行政法规的公民、组织;④适用行政法规的主体所享有的权利和应承担的义务;⑤法律责任;⑥施行的日期;⑦授权有关机关制定实施细则,以及行政法规的解释机构;⑧废止有关法规、规范性文件的规定等。

(三) 行政法规的公布形式

行政法规草案由国务院常务会议审议,或者由国务院审批。国务院法制机构应当根据国务院对行政法规草案的审议意见,对行政法规草案进行修改形成草案修改稿,报请总理签署国务院令公布施行。签署公布行政法规的国务院令载明行政法规的施行日期。

第三节　规　　章

一、规章的概念

规章亦称行政规章,是指行政机关根据法律和法规,依照法定权限和程序制定的具有普遍约束力的行政管理法律规范的总称。规章可以划分为部门规章和地方政府规章两大类。所谓部门规章,是指由国务院各部、委员会和具有行政管理职能的直属机构制定的规章。所谓地方政府规章,是指由省、自治区、直辖市和较大的市的人民政府制定的规章。规章具有以下基本特点:

1. 规章的制定主体是一定层级的行政机关。根据《宪法》第 90 条、《国务院组织法》第 10 条和《立法法》第 71 条的规定,国务院各部、委员会、中国人民银行、审计署和具有行政管理职能的直属机构,根据法律和国务院的行政法规、决定、命令,在本部门的权限范围内,制定规章。《地方各级人民代表大会和地方各级人民政府组织法》第 60 条和《立法法》第 73 条规定,省、自治区、直辖市和较大的市的人民政府,可以根据法律、行政法规和本省、自治区、直辖市的地方性法规,制定规章。因此,规章的制定主体是一定层级的特定行政机关,包括国务院各部、委和法律明确规定的省、市地方人民政府。除此之外，其他行政机关不具有规章的制定权。

2. 规章的制定根据是法律、行政法规、地方性法规以及上级的决定、命令。行政机关制定规章的职权，首先来源于《宪法》、《立法法》和有关组织法的规定。同时，行政机关在制定规章时，还应当有法律、法规的依据，在法定职权范围内制定规章。此外，行政机关还可根据全国人大及其常委会和国务院的决定、命令，制定规章。部门规章的制定依据是法律、行政法规以及国务院的决定、命令。地方政府规章的依据是法律、行政法规和地方性法规。

3. 规章依照法定程序制定。根据《立法法》第74条的规定，部门规章和地方政府规章的制定应当按照法定程序进行。有关规章制定程序的规范，应当遵循一定的步骤、方法和顺序，不能无规则地随意制定。目前，部门规章和地方政府规章的制定程序，参照《规章制定程序条例》的相关规定。

4. 规章具有法的效力。规章是我国法律规范的表现形式之一，属于法的范畴，具有法的基本属性和效力。规章是由享有行政立法权的行政机关制定的行政管理的法律规范性，它与法律、法规一样，体现了国家意志和社会公共利益，具有法的普遍性、规范性和强制性的特征。

二、规章的制定机关

（一）部门规章的制定机关

我国《宪法》第90条规定，国务院各部、各委员会根据法律和国务院的行政法规、决定、命令，在本部门的权限内，发布命令、指示和规章。《立法法》第71条规定，国务院各部、委员会、中国人民银行、审计署和具有行政管理职能的直属机构，可以根据法律和国务院的行政法规、决定、命令，在本部门的权限范围内，制定规章。据此，国务院的组成部门，即各部、委员会、中国人民银行、审计署和具有行政管理职能的直属机构，享有规章的制定权，是部门规章的制定主体。

（二）地方政府规章的制定机关

根据《地方各级人民代表大会和地方各级人民政府组织法》第60条和《立法法》第73条的规定，省、自治区、直辖市和较大的市的人民政府，可以根据法律、行政法规和本省、自治区、直辖市的地方性法规，制定规章。较大的市是指省、自治区人民政府所在地的市，经济特区所在地的市和经国务院批准的较大的市。所以，有权制定地方政府规章的行政机关可以划分为以下四类：

1. 省、自治区、直辖市的人民政府。

2. 省、自治区人民政府所在地的市的人民政府。

3. 经济特区所在地的市的人民政府。目前，我国的经济特区所在地的市有：深圳、珠海、汕头、厦门、海南等城市。其中，深圳、厦门也是经国务院批准的较大的市。

4. 经国务院批准的较大的市的人民政府。经国务院批准的较大的市主要有：齐齐哈尔市、吉林市、抚顺市、鞍山市、大连市、唐山市、邯郸市、大同市、包头市、青岛市、淄博市、洛阳市、淮南市、无锡市、宁波市、深圳市、厦门市等。赋予这些城市地方政府规章制定权，是由于这些城市的经济和社会发展具有一定规模，其可以通过制定地方政府规章及时调整有关的社会关系。

三、规章的制定权限

（一）部门规章的制定权限

制定部门规章是由《宪法》、《立法法》和有关组织法为国务院各部、委员会设定的职权，部门规章的制定依据是法律、行政法规以及上级的决定、命令。《立法法》第71条规定，部门规章规定的事项主要是为执行法律或国务院的行政法规、决定、命令需要制定规章的事项。

除了上述事项以外，部门规章规定的事项还有：法律或国务院行政法规、决定、命令规定由有关部委作出规定的事项；属于各部委本系统自身建设的事项；本系统的技术标准等需要制定规章的其他事项。

（二）地方政府规章的制定权限

1. 地方政府规章规定的事项。地方政府规章的制定权限是由《宪法》、《地方各级人民代表大会和地方各级人民政府组织法》和《立法法》设定的。根据《立法法》第73条的规定，地方政府规章主要就下列两大类事项作出规定：①为执行法律、行政法规、地方性法规的规定需要制定规章的事项。②属于本行政区域的具体行政管理事项。

2. 地方政府规章与地方性法规的权限划分。根据立法实践，地方政府规章与地方性法规在调整对象和范围上的主要分工是：①法律需要进一步明确、具体化的，制定地方性法规；行政法规需要进一步明确的，制定地方政府规章。②涉及公民权利、义务等重大问题的，制定地方性法规；有关具体行政管理事项的，制定地方政府规章。③需由司法强制力保障实施的，制定地方性法规；主要依靠行政强制力保障实施的，制定地方政府规章。④需要创设新的实体权利义务的，制定地方性法规；不需创设新的实体权利义务的，制定地方政府规章。⑤条件比较成熟的，制定地方性法规；条件尚不成熟而行政管理又急需的，制定地方政府规章。

四、规章的制定程序

根据《立法法》第74条和《规章制定程序条例》的规定，规章的制定主要经过以下几个阶段：

（一）立项

具有规章制定权的机关根据国家或地方经济和社会发展计划，编制规章制定工作计划，明确规章的名称、起草单位、完成时间等。规章在起草之前，起草单位应当向制定机关报请立项，说明制定该规章的必要性、所要解决的主要问题、拟确立的主要制度。

（二）起草

部门规章由国务院组织起草。地方政府规章由省、自治区、直辖市和较大的市的人民政府组织起草。规章在起草过程中，应当广泛听取有关机关、组织、公民的意见。对于涉及较多数公民切身利益的规章，起草单位可以举行由有关组织和群众代表参加的座谈会、论证会、听证会，听取意见。对于涉及专门技术问题或其他专业性较强的问题的规章，起草单位应举行由有关专家组成的论证会，提出论证意见。

（三）审查

规章草案起草工作完成后，起草单位应当将草案及其说明，各方面对草案主要问题的不同意见和其他有关材料，以及座谈会、论证会和听证会的意见和结论送制定机关的法制机构进行审查。法制机构应当认真研究各方面的意见，与起草单位协商后，对规章送审稿进行修改，形成规章草案和对草案的说明。说明应当包括制定规章拟解决的主要问题、确立的主要措施以及有关部门的协调情况等。规章草案和说明由法制机构主要负责人签署，提出提请本部门或者本级人民政府有关会议审议的建议。

（四）决定

规章草案必须经制定机关的有关会议讨论决定。部门规章应当经部务会议或者委员会会议决定；地方政府规章应当经政府常务会议或全体会议决定。

（五）公布

部门规章由部门首长签署命令予以公布。地方政府规章由省长或者自治区主席或者市长签署命令予以公布。部门规章签署公布后，及时在国务院公报或者部门公报和在全国范围内发行的报纸上刊登。地方政府规章签署公布后，及时在本级人民政府公报和在本行政区域范围内发行的报纸上刊登。在国务院公报或者部门公报和地方人民政府公报上刊登的规章文本为标准文本。

第四节　行政立法效力

一、行政立法效力的概念

行政立法效力，是指行政机关制定的行政法规、规章的法律规范性效果和强制约束力程度。行政立法所制定的法律规范，为行政法律关系的各类主体创设了权利和义务，这些权利、义务的法律效果如何，也就是这些权利、义务是否能够达到行政立法所预期的效果，能不能完全体现制定主体的意志，需要强制性和约束力予以保证。另外，行政立法具有多元性，是由多层级国家行政机关制定法律规范的活动，这种多元立法必然会产生所制定的行政法规、部门规章和地方政府规章在效力等级上的差别，会导致在适用范围上的不同，需要明确它们之间的效力差别。同时，各种行政法律规范在具体应用过程中还会出现法律规范之间的冲突，需要确定适用规则，明确有效的法律规范及其适用。

二、行政立法的效力等级

我国的法律体系是由宪法、法律、行政法规、地方性法规、自治条例和单行条例、规章等形式所构成的整体，各种形式的法律规范相互之间的效力等级是不同的。首先应当明确，宪法具有最高的法律效力，一切法律、行政法规、地方性法规、自治条例和单行条例、规章都必须符合宪法，不得同宪法相抵触；其次，最高国家权力机关制定的法律的效力，高于行政法规、地方性法规、规章。

国务院通过行政立法所制定的行政法规的效力，高于地方权力机关制定的地方性法规，也高于其他行政机关制定的规章；而地方性法规的效力则高于本级以及下级地方政府制定的规章。省、自治区人民政府制定的规章的效力，高于本行政区域内的较大的市的人民政府制定的规章；在部门规章之间、部门规章与地方政府规章之间，一般情况下它们的效力同等，不同的规章分别在各自制定机关的权限范围内施行。

三、行政立法的效力范围

行政立法制定的行政法规、规章的效力范围，是指其适用的地域范围和时间范围以及对人的约束力。具体包括地域效力、时间效力和对人的效力。

（一）地域效力

由国务院及其所属部委制定的行政法规、部门规章，它们的地域效力原则上适用于全国范围，包括我国的领土、领海、领空以及领土延伸部分的一切领域。但是，如果行政法规、部门规章规定了特别适用范围，那么，其效力则仅限于特别规定的地域。由地方人民政府制定的政府规章，地域效力则适用于制定机关所辖的行政区域范围，只在本行政区域内有效。

（二）时间效力

行政法规、规章的时间效力是指其开始生效和终止效力的时间。生效时间通常有两种情况：①自发布之日起开始生效；②特别规定生效的时间。效力终止的时间主要有：①新的行政法规、规章明令废止旧的行政法规、规章；②行政法规、规章本身规定终止效力日期；③因行政法规、规章所规定的社会关系事实已不存在而自然失效。

（三）对人的效力

行政法规、规章对我国公民、法人或其他组织均适用。一般情况下，对在我国境内的外国人、无国籍人、外国组织也同样适用，但依照国际惯例和法律、行政法规特别规定不适用的情形除外。

四、行政立法的效力规则

根据《立法法》的规定，行政法规、规章在适用过程中，应当遵循以下规则：

（一）一般情况下的适用规则

在一般情况下，依据特别法优于普通法、新法优于旧法的适用原则，对于同一机关制定的行政法规、规章，如果出现其中的特别规定与一般规定不一致时，应当适用特别规定；如果出现其中新的规定与旧的规定不一致时，应当适用新的规定。

（二）不溯及既往的效力规则

依据法律规范不溯及既往的适用原则，在一般情况下，行政法规、规章不溯及既往，即对其生效以前的情事不予追究和适用；但是，为了更好地保护公民、法人和其他组织的权益而作的特别规定除外。

（三）冲突法的裁决规则

1. 行政法规之间的冲突。当出现不同行政法规对于同一事项的新的一般规定与旧的特别规定不一致，不能确定如何适用时，由国务院裁决。

2. 规章之间的冲突。当出现部门规章之间、部门规章与地方政府规章之间，对于同一事项的规定不一致时，由国务院裁决。

3. 同一机关制定的规章内容冲突。当出现由同一行政机关制定的规章之间，对于同一事项的新的一般规定与旧的特别规定不一致时，由制定机关裁决。

4. 地方性法规与部门规章的冲突。当出现地方性法规与部门规章之间，对于同一事项的规定不一致，不能确定如何适用时，由国务院提出意见，国务院认为应当适用地方性法规的，应当决定在该地方适用地方性法规的规定；国务院认为应当适用部门规章的，应当提请全国人大常委会裁决。

5. 行政法规与法律的冲突。国务院根据授权制定的行政法规与有关法律的规定不一致，不能确定如何适用时，由全国人大常委会裁决。

第五节　行政立法监督

一、行政立法监督的概念

行政立法监督，是指对行政机关制定行政法规、规章等行政立法活动进行的监督。对于行政立法监督有广义和狭义两种理解，广义的行政立法监督，是指各种社会主体通过各种形式对行政立法活动进行的监督。监督的主体既有国家权力机关、国家行政机关等有权机关，也有人民群众、社会组织、社会舆论等其他社会主体。从监督的法律效力看，既有直接有效的监督，如通过对行政立法活动的合法性、公正性进行审查，采取有效措施排除违法或不当行政法规、规章，也有间接广泛的社会监督，如通过建议、批评、来信、来访、举报、控告等方式和途径，向有关部门反映，再由有权机关对行政立法活动实施审查，监督行政法规、规章的合法性、公正性。狭义的行政立法监督，专指具有监督权的国家机关对行政立法活动进行的能够直接产生法律效力的监督。

从有效监督的意义来看，对于行政立法的监督应当是具有法律效力的监督，行使监督权的主体能够直接审查行政法规、规章的合法性、公正性，依法采取有效措施变更或撤销不当或违法的行政法规、规章。根据我国《立法法》的规定，依法有权直接审查行政法规、规章的合法性和公正性，并能够排除不当或违法的行政法规、规章的国家机关是高一层级的国家权力机关和行政机关。因此，有效的行政立法监督通常是指上级权力机关或行政机关的监督。其他社会主体对于行政立法的监督，包括其他机关的监督、人民群众的监督、社会组织的监督、社会舆论的监督等。这些监督无论从监督的形式、内容，还是从监督的效力和后果来看，往往表现为效果间接、形式有限，一般不具有权力机关、行政机关的监督所具备的法律效力。有的监督需要借助有权机关的监督才能实现，有的监督仅仅作为有权机关监督的启动环节。虽然其他社会主体的监督在法律效力上不及有权机关的监督，但仍不失为一种监督形式，在社会生活中发挥着重要的作用。

由于行政立法所制定的行政法规、规章具有普遍约束力、执行力和强制性，一旦制定不当或者违法，就会危害公民或组织的权益，损害行政机关的公信力，造成政府形象的受损和社会的负面影响。因此，对行政立法活动进行监督，审查行政机关制定的行政法规、规章的合法性与公正性，防止行政立法中的不当或违法，及时撤销不适当的行政法规、规章，对于保障公民、组织的合法权益，维护行政立法的有效性，提高行政机关的社会评价效果非常必要。

二、行政立法监督的基本类型

（一）权力机关的监督

国家权力机关对行政立法的监督，按照法律规范是否生效为标准，分为对行政法规、规章生效前的监督，以及对行政法规、规章生效后的监督。

1. 生效前的监督。对行政法规、规章生效前的监督即对行政立法过程的监督，主要针对行政机关在进行行政立法的过程中，是否超越权限、是否违背法定程序、是否违反法定形式等。

行政机关无论是依法定职权进行执行性立法，还是根据权力机关的授权进行创制性立法，都应当严格按照行政立法的目的、性质和范围进行立法，不能超越权限。行政立法作为限制性立法，是在有限的范围内进行的，当行政机关根据授权进行创制性立法时，更应当严格限制行政立法的事项、范围、具体内容和裁量幅度等。要求授权机关不仅要明确授权的目的和范围，还必须对授权事项加以限制。如果无限制的授权，就会导致削弱权力机关的地位，出现行政专横现象。因此，在行政立法过程中，严格授权立法是权力机关对行政立法监督的一种重要形式。被授权的行政机关应当严格按照授权目的和范围进行行政立法，授权机关有权撤销被授权机关制定的超越权限范围或违背授权目的的行政法律规范。行政立法必须符合法定程序和形式，权力机关要加强对行政立法程序的监督，以保证行政立法的合法有效性。

2. 生效后的监督。对行政法规、规章生效后的监督，主要是审查行政立法所产生的行政法规、规章是否与宪法、法律以及上位法相抵触，所规定的内容是否适当。

《立法法》第89条规定，行政法规、规章应当在公布后的30日内，依照规定报有关机关备案。备案是权力机关对行政立法进行监督的一种形式，通过备案审查行政法规、规章的合法性、有效性。备案的具体规则是：行政法规报全国人大常委会备案，由国家最高权力机关进行审查；部门规章和地方政府规章报国务院备案外，地方政府规章应当同时报本级人大常委会备案，较大的市的人民政府制定的规章同时报省、自治区的人大常委会和人民政府备案。

根据《立法法》第87条的规定，行政立法过程中以及行政立法所产生的行政法规、规章有以下情形之一的，权力机关有权予以改变或撤销：①超越权限的；②下位法违反上位法规定的；③规章之间对同一事项的规定不一致，经裁决应当改变或者撤销一方的规定的；④规章的规定被认为不适当，应当予以改变或撤销的；⑤违背法定程序的。

（二）上级行政机关的监督

行政机关的上下级之间是领导与被领导、监督与被监督的关系。上级行政机关享有对下级行政机关立法的监督权。上级行政机关对下级行政立法的监督主要是通过备案的形式，即行政机关制定的规章不仅要报权力机关备案，接受其监督，而且还要报上级行政机关备案，接受上级行政机关的监督。根据《立法法》第89条的规定，部门规章、地方政府规章应当报国务院备案，地方政府规章应当同时报本级人大常委会备案；较大的市的人民政府制定的规章应当同时报省、自治区的人大常委会和人民政府备案。经过备案，上级行政机关对下级的行政立法活动进行审查，审查其制定的规章是否超越权限、是否违背法定程序、是否违反上位法规定、是否与同位法之间规定不一致，以及是否属于不适当的行政立法等。如果属于这些情况，上级行政机关有权予以改变或撤销。国务院有权改变或撤销不适当的部门规章和地方政府规章。省、自治区的人民政府有权改变或撤销下一级人民政府制定的不适当的规章。

（三）其他社会主体的监督

我国《立法法》第90条规定："国务院、中央军事委员会、最高人民法院、最高人民检察院和各省、自治区、直辖市的人民代表大会常务委员会认为行政法规、地方性法规、自治条例和单行条例同宪法或者法律相抵触的，可以向全国人民代表大会常务委员会书面提出进行审查的要求，由常务委员会工作机构分送有关的专门委员会进行审查、提出意见。"该条还规定，其他国家机关和社会团体、企业事业组织以及公民认为行政法规、地方性法规、自治条例和单行条例同宪法或者法律相抵触的，可以向全国人民代表大会常务委员会书面提出进行审查的建议。

人民法院具有依法审理行政案件、裁决行政争议的权限。由于人民法院在审理行政案件时要适用行政法规和参照行政规章，因此，必须对行政立法进行审查，以确定行政立法是否合法有效，是否越权，是否违反法定程序。人民法院通过审查，如果认为有关行政法规、规章的内容违法、越权或者违反法定程序和形式，可以向相应的行政机关或其上级机关以及权力机关提出撤销或改变的建议。人民法院在行政诉讼中，如果发现行政法规、规章与宪法、法律相抵触，可以不予适用。虽然人民法院没有撤销行政法规、规章的权力，但它对违法的行政法规、规章的审查和决定不予适用，从一定程度上起到了对行政立法的有效监督作用。

三、行政立法监督的主要形式

（一）效力裁决

行政立法所产生的行政法规、规章在适用过程中，遇有不同机关制定的法律规范之间的规定不一致或发生冲突时，以及同一机关制定的新的一般规定与旧的特别规定不一致时，应当如何适用，按照《立法法》第85条、第86条的规定，由有权机关进行裁决。之所以将对法律冲突的裁决作为行政立法监督的一种形式，因为一方面，裁决机关的裁决活动，不仅体现了有权机关的监督效力，它可以直接确认或废止被裁决的行政法规或规章的适用效力，改变其原有的效力作用；另一方面，裁决前对行政法规或规章进行的审查，起到了审查行政法规或规章是否合法和公正、有无违法或不当的监督作用。对冲突法律规范如何适用所作的裁决主要有以下几种：

1. 国务院的裁决。由国务院作出裁决的情形是：

（1）行政法规之间对同一事项的新的一般规定与旧的特别规定不一致，不能确定如何适用时。

（2）部门规章之间、部门规章与地方政府规章之间对同一事项的规定不一致时。

2. 全国人大常委会的裁决。由全国人大常委会作出裁决的情形是：

（1）地方性法规与部门规章之间对同一事项的规定不一致，不能确定如何适用时，由国务院提出意见，国务院认为应当适用地方性法规的，应当决定在该地方适用地方性法规的规定；认为应当适用部门规章的，应当提请全国人大常委会裁决。

（2）根据授权制定的行政法规与法律的规定不一致，不能确定如何适用时，由全国人大常委会裁决。

（二）改变或撤销

根据《宪法》第67条、第89条的规定，全国人大常委会有权撤销同宪法、法律相抵触的行政法规、决定和命令。国务院有权改变或撤销各部、各委员会发布的不适当的命令、指示和规章。《立法法》按照《宪法》规定的原则，对权力机关和上级行政机关具有监督作用的改变和撤销权加以重申和规定，同时对于这种监督权的适用，即对违法或不当的行政法规、规章如何行使改变和撤销权作了具体规定。

1. 权力机关作出的改变或撤销。根据《立法法》第87条的规定，对行政立法过程中以及行政立法所产生的行政法规、规章有以下情形之一的，权力机关有权予以改变或撤销：①超越权限的；②下位法违反上位法规定的；③规章之间对同一事项的规定不一致，经裁决应当改变或者撤销一方的规定的；④规章的规定被认为不适当，应当予以改变或者撤销的；⑤违背法定程序的。权力机关改变或者撤销行政法规、规章的具体权限是：

（1）全国人大常委会有权撤销与宪法、法律相抵触的行政法规。

（2）权力机关作为授权机关，有权撤销被授权行政机关制定的超越授权范围或者违背授权目的的法规，必要时可以撤销授权。

（3）地方人大常委会有权撤销本级人民政府制定的不适当的规章。

2. 行政机关作出的改变或撤销。根据《宪法》、有关组织法的规定，上级行政机关对下级行政机关行使监督权。《立法法》规定了上级行政机关对下级行政机关的行政立法活动有权进行审查，审查下级行政机关制定的规章是否超越权限、是否违背法定程序、是否违反上位法规定、是否与同位法之间规定不一致，以及被认为是属于同上位法相抵触或不适当的行政立法等。并且规定如果属于上述情况，上级行政机关有权改变或者撤销下级行政机关制定的规章。按照《立法法》第88条的规定，上级行政机关作出的改变或撤销

主要是:

(1) 国务院有权改变或撤销不适当的部门规章和地方政府规章。

(2) 省、自治区的人民政府有权改变或者撤销下一级人民政府制定的不适当的规章。

(三) 备案和审查

我国《立法法》规定,行政法规应当在公布后的 30 日内报全国人大常委会备案。部门规章和地方政府规章应当在公布后的 30 日内报国务院备案,地方政府规章还应当同时报本级人大常委会备案;较大的市的人民政府制定的规章还应当同时报省、自治区的人大常委会和人民政府备案。将已经公布的行政法规、规章报上级权力机关或行政机关进行备案,既是行政立法的后续阶段和备查的程序,又是上级机关监督行政立法活动的一种重要方式。通过备案可以使上级权力机关和行政机关对下级行政立法活动实施监督管理,从而确保行政立法所制定的行政法规、规章相互之间的协调,以及与其他法律规范的协调统一,维护国家法制的统一性。

《立法法》第 90 条规定,国务院、中央军事委员会、最高人民法院、最高人民检察院和各省、自治区、直辖市的人民代表大会常务委员会认为行政法规、地方性法规、自治条例和单行条例同宪法或者法律相抵触的,可以向全国人民代表大会常务委员会书面提出审查的要求,由常务委员会工作机构分送有关的专门委员会进行审查、提出意见。其他国家机关和社会团体、企业事业组织以及公民认为行政法规、地方性法规、自治条例和单行条例同宪法或者法律相抵触的,可以向全国人民代表大会常务委员会书面提出进行审查的建议。对此,由人大常委会工作机构进行研究,必要时送有关的专门委员会进行审查、提出意见。《立法法》第 91 条规定,全国人大专门委员会在审查中认为行政法规同宪法或法律相抵触的,可以向制定机关提出书面审查意见;也可以由法律委员会和有关专门委员会召开联合审查会议,要求制定机关到会说明情况,再向制定机关提出书面审查意见。制定机关应当在 2 个月内研究提出是否修改的意见,并向全国人大法律委员会和有关专门委员会反馈。全国人大法律委员会和有关专门委员会审查认为行政法规同宪法或法律相抵触而制定机关不予修改的,可以向委员长会议提出书面审查意见和予以撤销的议案,由委员长会议决定是否提请常务委员会会议审议决定。从坚持维护国家法制统一的原则出发,按照法定程序对行政法规、规章提起审议,这是法律赋予有权机关对行政立法活动进行监督的一种有效形式。

第六节　行政规范性文件

一、行政规范性文件的概念

行政机关除了制定行政法规、规章以外，依法制定和发布行政规范性文件也是其行使职权，履行行政管理职能的一种重要行为方式。行政机关的行政立法行为是一种抽象行政行为，制定和发布行政规范性文件的行为也是一种抽象行政行为。根据《宪法》和法律的规定，具有行政法规、规章制定权的行政机关在国家行政体系中是那些层级地位高的行政机关，它们仅仅是行政机关中的一少部分，而大多数行政机关没有行政立法权。但是，各级行政机关都具有制定和发布行政规范性文件的职权。行政规范性文件的制定主体众多，数量庞大，适用广泛，而且它还是行政机关实施行政行为的直接依据。因此，行政规范性文件在我国行政管理中具有不可替代的重要地位，在行政管理实践中发挥着十分重要的作用。

行政规范性文件具有行政性、规范性和适用性的特点。它是由行政机关制定的、适用于行政管理领域，对于公民、法人和其他组织具有普遍约束力的行为规则。行政规范性文件不仅是一个理论概念，也是一个法律用语，在我国《行政处罚法》第14条中使用了"规范性文件"一词，表明已从法律上界定了行政规范性文件不同于行政法规、规章。因此，我们对行政规范性文件进行研究，不仅具有理论研究的意义，而且具有重要的实际运用价值。

行政规范性文件，是指国家行政机关为执行法律、法规、规章，依法定权限制定和发布的具有普遍约束力的决定、命令。这个概念有以下几层含义：

1. 制定和发布行政规范性文件的主体是国家行政机关。根据《宪法》和有关组织法的规定，国务院可以规定行政措施、发布决定和命令；各部、委可以发布命令、指示；县级以上地方各级人民政府可以规定行政措施、发布决定和命令；乡、镇人民政府可以发布决定和命令。可见，几乎所有的行政机关都具有行政规范性文件的制定和发布权。

2. 制定和发布行政规范性文件不同于行政立法。虽然二者都是行政机关的抽象行政行为，但二者在制定主体、表现形式、规范的内容以及制定程序等方面存在着明显的区别。行政立法是指特定的国家行政机关制定行政法规、规章的活动；而制定和发布行政规范性文件的主体是各级行政机关，制定和发布的是除行政法规、规章以外的具有普遍约束力的决定、命令及行政措施等。

3. 行政规范性文件具有普遍约束力和反复适用性。行政机关制定行政规范性文件是针对普遍对象作出的抽象行政行为，虽然其效力低于行政法规、规章，但行政规范性文件仍是人们遵守的行为规则，具有普遍约束力，可以反复适用。

行政机关制定行政规范性文件的活动在行政管理实践中大量存在，现实社会中，行政规范性文件的数量大大超过行政法规和规章，它们对于有效地执行法律、法规和规章起着重要作用；对于规范政府行为、保障政令畅通、提高行政效率发挥着不可替代的作用；对于完善行政法治、及时调整和解决行政管理中的社会关系和出现的新问题起着积极的作用。

二、行政规范性文件的效力

行政规范性文件虽然不属于法的范畴，不具有法的效力，但它能为人们提供行政规则和行为模式，使得法律规范更加具体、明晰，因此它具有规范性和约束力。行政规范性文件的适用效力应当低于法律、法规和规章等各种法律规范；行政规范性文件内部也表现为层级效力关系，根据制定主体的不同，效力自上而下呈现多层级的特点，下级行政规范性文件不能与上级行政规范性文件的内容相抵触。

在行政管理过程中，依法制定的行政规范性文件对于行政相对人具有约束力和执行力。行政规范性文件一经颁布，其所及范围内的组织和个人都应当遵守，对所确定的义务必须履行。应当指出，行政规范性文件对行政机关本身亦有确定力，一经发布，行政机关非经法定程序不得随意撤销、改变或废止。行政规范性文件对制定机关及下级行政机关实施具体行政行为具有适用的效力，行政机关在实施具体行政行为或作出有关行政决定时，必须适用相关的行政规范性文件。

此外，根据《行政复议法》的规定，复议机关审理复议案件时，不仅要以法律、法规、规章为依据，还要以上级行政机关依法制定和发布的具有普遍约束力的决定、命令为依据。可见，行政规范性文件也可以作为行政复议机关审理复议案件的依据。同理，在行政诉讼活动中，人民法院对于具体行政行为的合法性进行审查时，应当同时判断该具体行政行为所依据的行政规范性文件的合法性、公正性，即判断该具体行政行为所依据的行政规范性文件是否合法、公正。

三、对行政规范性文件的监督

对行政机关制定和发布的行政规范性文件的监督主要通过两种方式：①行政机关内部监督；②外部监督。

上级行政机关发现下级行政机关制定和发布的行政规范性文件的内容与法律、法规、规章相抵触时，有权改变或撤销之。这种行政内部监督主要通过行政复议制度和备案审查制度进行。上级行政机关在审查复议案件时，如果发现具体行政行为所依据的行政规范性文件与法律、法规、规章或上级的决定、命令相抵触，可在其职权范围内依法予以改变或撤销。如果复议机关无权改变或撤销，则应提请上级行政机关或其他有权机关处理。下级行政机关制定和发布行政规范性文件后，应当向上级行政机关备案，接受备案机关的审查，经审查发现行政规范性文件与法律、法规、规章相抵触时，依法定权限予以改变或撤销。

外部监督，是指其他国家机关、社会组织和人民群众对行政规范性文件进行的监督。其中，司法审查监督是对行政规范性文件进行鉴别、评价和判断的有效监督方式。人民法院通过司法审查活动，在审查具体行政行为合法性的同时，要对作出该具体行政行为所依据的行政规范性文件的合法性进行评判。

思 考 题

1. 试析行政立法的性质。
2. 行政立法应当遵循哪些原则。
3. 试述行政法规、规章的制定主体及其制定权限。
4. 分析说明行政立法的效力范围与效力规则。
5. 行政立法监督有哪些主要形式。
6. 简述行政规范性文件的作用和效力。

第六章　行政给付与行政补偿

学习目的与要求

　　通过本章的学习，明确现代社会的行政给付和行政补偿是行政机关承担的社会保障和社会救助职责；了解行政给付与行政补偿的概念、特征、分类和主要内容；认识和把握行政给付与行政补偿的条件、范围、标准以及实施行政给付与行政补偿的形式和程序。

第一节　行政给付

一、行政给付的概念与特征

　　行政给付即行政物质帮助，亦称行政救助，是指行政机关基于法定职责或负有服务帮助的义务，在特定相对人处于失业、年老、疾病或丧失劳动能力以及其他特殊情况下，依照有关法律、法规、规章的规定，对其赋予一定的物质权益或给予相应的物质帮助的具体行政行为。

　　我国社会主义的国家性质决定了行政机关必须以维护广大人民群众的利益为己任，行政机关的根本宗旨是为人民服务，当人民群众遇到危难，需要救助或提供帮助时，作为负有法定职责的行政机关应当给予救济帮助。目前，我国有许多法律、法规对于行政机关的给付救助职责和行政给付内容作了规定，如《残疾人保障法》、《军人抚恤优待条例》、《防震减灾法》等法律、法规规定，人民政府对于特定相对人给予优抚和在特定情况下提供救助。行政给付是行政机关或法律、法规授权的组织在特定情况下，针对需要救助的特定对象实施的救助行为。行政给付具有以下特征：

1. 行政给付的主体是负有法定职责的行政机关和法律、法规授权的组织。行政机关是国家政务活动和财务管理的主体，代表国家执掌财政收支，具有支配国家财力的职能，行政机关依法具有行政给付的资格和权能。作为行政给付的主要实施者，大量的经常性的行政给付是由行政机关完成的，我国的行政给付主要是由行政机关中的民政和劳动保障部门实施的。其他社会组织一般情况下不负有行政给付的义务，它们只有在法律、法规授权其实施给付救助的情况下，才可以成为行政给付的主体。

2. 行政给付的对象是处于特殊情况下的特定相对人。这里所说的特殊情况主要是指，相对人的生活状况特殊，遇到了特殊的困难，例如，因失业、疾病、年老等丧失劳动能力而导致生活困难；因发生了自然灾害、意外事故以及险情等，致使生活陷入困境；因伤残、死亡、牺牲等符合法定优抚条件的。行政给付的对象是那些需要救助的特定公民，行政机关所实施的济困、救灾活动，只是针对需要救助的特定对象进行的。行政给付的对象主要是生活困难的公民个人，通常情况下，需要救济帮助的对象大多是个人。社会组织只是在一定的情况下，才可作为行政给付的对象，如因遇到自然灾害或发生意外事故而受到损失的单位，为了帮助其渡过难关，通过政府提供救助，给予一定的技术、资金帮助，使其重新恢复生产活动。

3. 行政给付是行政机关提供的无偿的物质帮助与救援。行政给付的内容是对需要救助的对象给付一定的金钱或实物，以及其他物质利益的救济，这是一种无偿的、无须回报的给付，目的在于使给付对象脱离困境。行政给付的表现形式主要有对特定人员发放抚恤金、救济金以及提供救济物品等，除此以外，还表现为为特定相对人提供与物质相关的权益，如提供就业安置、居住安置、免费教育、医疗优惠待遇等。

4. 行政给付是行政机关履行法定职责的具体行政行为，在实施方式上应当是积极地作为。行政给付是行政机关履行法定职责的一项重要活动，由此确立了行政机关与行政相对人之间行政给付法律关系的权利义务内容。这种法定职责的履行与否，决定着需要救济帮助的相对人的法定权利能否得到实现和保护，同时也表明行政机关是否完成自己的法定义务。所以说，行政机关的这种职责不仅是行政给付与其他社会组织所做的物质帮助的一个显著区别，更重要的是行政给付应当体现行政机关的服务宗旨和行为目的，对于法定的给付职责，必须积极作为和主动实施。只要出现法定的救助情形，行政机关就应当积极主动地实施给付。在特别紧急情况下，如发生了自然灾害或其他危险情况，无论行政机关通过何种途径获悉，都应当立即、主动地进行给付救助。

二、行政给付的分类与内容

（一）行政给付的分类

1. 依行政给付所根据的紧迫情形不同，可以分为平时行政给付和紧急行政救助。平时行政给付，是指行政机关对依法律、法规规定需要给付的特定对象，如伤残人员、死者家属、年老疾病或丧失劳动能力的人，给予常规性的物质帮助。平时行政给付的对象是特定的公民，以一定的物质帮助为内容，属于法律、法规规定的行政机关常规性的给付救助行为。紧急行政救助是指行政机关对于在紧急危难情况下需要救助的对象，依法给予的物质帮助以及与物质相关的权益。如发生海啸、地震、水灾、旱灾、火灾等自然灾害时，行政机关采取紧急救援措施所提供的救灾物资、金钱、居住安置等。紧急行政救助是针对突发事件采取的，给付的对象是特定事件中的特定人，主要是以金钱和物质帮助为内容，这是行政机关在特定紧急情况下实施的行政给付行为。

2. 依行政给付所采用的救助方式不同，可以分为物质给付和与物质相关的权益给付。物质给付，是指行政机关通过提供金钱或实物等物质，使需要救助的相对人得到一定的物质利益，从而摆脱困境。这种物质利益主要表现为具体的财物，如一定数额的货币、物品。与物质相关的权益给付，是指行政机关通过向相对人提供与物质相关的其他利益，使需要救助的对象获得帮助。这种与物质相关的权益主要表现为免费接受教育、免费或优惠医疗、免征某些费用、提供就业或住房等。除此以外，与物质相关的权益还应当包括行政机关采取救援措施以及提供的或代出费用的劳役、有偿服务等形式，如实施抢险救灾活动，解救处于危险的人，提供劳役恢复生产等。

（二）行政给付的内容

行政给付的内容，是指行政机关通过行政救助行为，赋予或保护给付对象一定的物质上的权益或与物质相关的权益。[1] 大致可以划分为以下两部分内容：

1. 物质上的权益。这是指行政机关通过采取救助行为赋予救助对象一定数量的实物，以帮助其解决困难和摆脱困境。物质上的权益表现为给付相对人一定数量的金钱或实物，例如，给付一定数额的货币或物品，抢救处于危

---

〔1〕　张正钊主编：《行政法与行政诉讼法》，中国人民大学出版社 1999 年版，第 138 页。

险中的财产等。

2. 与物质相关的权益。这是指行政机关通过采取救助行为赋予救助对象以一定的权利，而这种权利与物质利益有关。与物质相关的权益的表现形式比较多，如免费入学教育、免费医疗、免收税费、优先安置就业、提供居住条件、提供技术服务等，还包括行政机关采取措施保护救助对象的财产安全，使其财产免受损失等。

三、行政给付的条件

行政给付应当针对不同情况设置相应的条件，通常分为紧急情况下和平时状态下两种情况。在特殊紧急情况下的行政给付，一般是对处在危急情况下的相对人给予的救助，这是一种紧急情况下的行政给付行为。只要出现了法定的紧急事件，即行政给付对象处于法定的紧急状态，行政机关就应当立即采取救助给付行为。平时状态下的行政给付，是针对正常情况下的救助对象给予的给付，不具有紧迫性，因此，平时状态下的行政给付是行政机关的常规性工作，实施平时状态下的行政给付行为的条件主要有：

1. 属于法定的给付对象。行政给付对象必须是符合法定给付条件的相对人。我国有关行政给付的法律、法规，如《残疾人保障法》、《防震减灾法》、《军人抚恤优待条例》、《革命烈士褒扬条例》、《退伍军人安置条例》等，分别规定了不同的给付对象和给付形式。因此，行政给付的对象应当符合有关法律、法规规定的条件。

2. 属于行政给付机关的权限。不同的行政给付对象是由不同的行政机关实施给付的，行政给付机关针对哪些给付对象进行救助，行政给付机关有权采取哪些给付形式，都应当由相关的法律、法规加以规定。行政给付机关只能在法定的权限范围内实施给付行为。

3. 按照行政给付的程序进行。目前，我国的行政给付虽然没有程序方面的统一法律规定，但是，在相关的行政给付法律、法规中，有一些程序方面的规定。对于各种不同形式的行政给付程序，归纳起来大致有申请、审查、批准、实施等步骤和过程，一般要求采取书面形式。虽然申请行政给付是由相对人首先提出救助的要求，才启动行政给付的程序，但往往行政机关会根据救助对象的情况，依职权主动实施行政给付；审查是由行政机关对相对人的申请及其情况进行审查核对，确认其是否符合行政给付的条件；批准是行政机关对于应当给予救助的相对人所作的同意行政给付决定；实施是由有关部门向相对人具体支付和提供金钱、财物的活动。由于行政给付中的平时状态下的行政给付主要是财物，在程序上应办理一定的财务手续和物品登记、交接手续。

四、行政给付的形式

我国有关法律、法规对于行政给付形式的规定比较零散，各种具体的行政给付不仅名称、含义不尽一致，而且行政给付的形式也不统一，难以准确界定。根据现行有关行政给付的法律、法规规定，结合行政给付的实际情况，我们可将行政给付的形式归纳为以下几种：

1. 抚恤。这是行政机关给予相对人一定数量金钱的行政给付形式，具体表现为死亡抚恤金、伤残抚恤金等。抚恤是由行政机关对特定人员的家属、伤残者给予的物质帮助，具有抚慰性质。抚恤的对象包括：牺牲、病故的军人，人民警察，参战民兵，民工及党政机关工作人员的亲属，伤残军人和因公致残人员。

2. 补助。这是行政机关给予特定相对人一定数量生活费用的行政给付形式，具体表现为救济金、生活补助费、困难补助费、护理费、治疗费、安置费、伤残补助费等。这种行政给付主要是由民政部门依法对某些特定人员和生活困难的人给予一定数量的金钱，如对烈士军属、退伍军人给予的生活补助费、安置费，对无劳动能力的人发放的救济金、福利费，如对农村"五保户"、城市下岗职工发放的救济金、生活补助费等。

3. 安置。这种行政给付形式是指行政机关对特定人员的工作、生活、居住等方面给予的特别待遇和安排。具体表现为提供的就业安置、居住安置，发生危难给予的临时转移安置等。从长远的收益和生活考虑，人们更愿意接受这种给付形式，因此，安置在行政给付中所占的比重越来越大。

4. 收留救助。这种行政给付是由民政部门将生活困难或者有特殊要求的人员收留，并给予他们生活安排和医疗救治的救助形式。表现为一些部门对孤寡老人、孤儿、生活无着落人员的收容等，如政府设置并提供经费资助的社会福利院、敬老院、儿童福利院、救助站等。

5. 特别优待。这种行政给付是行政机关给予特定的救助对象非金钱或实物，而是给予其与物质相关的权益的救助形式。这种行政给付的表现形式多种多样，常见的有享受某种特别待遇，如免费接受教育、免费或优惠医疗、减免有关费用等。

6. 行为帮助。这种行政给付是行政机关在特殊情况下对救助对象给予的行为上的支持和帮助。如由行政机关提供的无偿的劳动力支持，给予的劳务帮助；发生水灾、火灾等自然灾害时给予的抢险救助等。

第二节　行政补偿

一、行政补偿概述

（一）行政补偿的概念

行政补偿，是指行政机关在进行社会公共事务管理过程中，因其合法的行政行为造成相对人合法权益的损害，或者相对人为了社会公共利益而受到损失时，依法由行政机关就相对人的损失给予补偿的一种具体行政行为。

对行政补偿问题的研究，国内学者大都从行政责任的角度论及，将其归入行政责任的范畴，认为行政补偿是一种特殊的行政责任[1] 行政补偿是国家补偿制度[2] 我们认为，科学合理地界定行政补偿究竟归属于责任制度的范畴，还是作为行政行为的一种方式，有助于明确行政补偿问题的研究方向，有利于加深对行政补偿问题的认识和理解，拓展对这一领域问题的研究。界定二者归属范畴的标准之一，是构成责任的条件或作为行为类型的基础究竟是什么。从行政补偿发生的原因和生成的条件来看，一是因行政机关的合法行为造成相对人权益的损害，二是因相对人为社会公共利益而受到损失。可见，行政补偿是以合法和公益为前提的，并不以行政违法或过错为条件。对有关相对人因社会公益而受到的损失给予行政补偿的情况，也不是以因果关系作为条件的，例如，公民在协助民警抓获歹徒时，受到歹徒的伤害，其伤害结果虽是因歹徒造成的，但行政机关依法应当给予行政补偿；一些地方的野生动物肆意损害村民的庄稼、财产，甚至攻击和伤害村民的身体健康，出于对野生动物的保护，人们没有伤及它，但这种动物造成村民的损害，我国《野生动物保护法》明确规定由行政机关给予补偿。由此可见，行政补偿的条件与一般意义上的行政责任是不同的，特别是关于行政责任通常所具备的违法、过错、侵权损害、因果关系等构成要件，行政补偿却不要求具备。因此，将行政补偿纳入具体行政行为的研究范畴更为科学适当。

行政补偿作为具体行政行为中的一种救济行为，其目的在于保障相对人

---

[1]　姜明安：《行政法与行政诉讼》，中国卓越出版公司1990年版，第355页。
[2]　叶必丰主编：《行政法与行政诉讼法》，中国人民大学出版社2003年版，第262页。

受到损害后，其合法权益能够得以恢复。从行为性质来看，行政补偿虽然表现为行政机关依法实施的具体行政行为，反映出它的职权性，但需要指出的是，行政补偿不仅明确体现了行政机关所负有的职责和义务，而且还直接体现了相对人依法应当享有的权益。当相对人的权益因合法行政行为而受到损害，或者为了国家和社会公共利益而受到损失时，根据公平的原则，相对人理应得到合理的补偿。为此，国家需要通过行政补偿这种方式给予相对人物质救济和精神补偿。对那些为了社会公益而承担特别义务和受到损失的相对人给予必要经济补偿，不仅是对相对人财产损失的弥补和精神损害的慰藉，更重要的是对公平、合理原则的彰显。

行政补偿已经成为当今世界各国普遍适用的国家补偿制度，许多国家通过立法确立了行政补偿制度。《日本宪法》规定，私有财产，只有在正当补偿之下，才能为公共利益使用；《美国宪法》规定，凡私有财产，非有适当补偿，不得收为公用。新中国成立以来，我国的行政补偿制度逐步得以确立和发展，特别是改革开放以来，为适应经济建设和社会发展的需要，国家通过立法出台了一大批有关行政补偿的法律、法规，基本形成了我国的行政补偿制度体系。在我国相继制定的《国家建设征用土地条例》、《土地管理法》、《消防法》、《草原法》、《矿产资源法》、《野生动物保护法》等法律、法规中，规定了土地征用补偿、资源开采利用造成损失的补偿、消防行为造成损失的补偿、野生动物造成损害的补偿等，并对行政补偿的内容、形式、标准和程序等问题都有相应的规定。另外，对于相对人因社会公共利益或协助公务受到损失、损害的，许多国家通过立法或采用判例的形式，确定了国家补偿的原则和具体补偿制度。我国的《消防法》、《野生动物保护法》等法律、法规中，也不乏类似的规定，如《人民警察法》第34条规定，公民和组织因协助人民警察执行职务，造成人身伤亡或者财产损失的，应当按照国家有关规定给予抚恤或者补偿。

（二）行政补偿的特征

1. 行政补偿是以合法、正当的行政行为为前提的。导致行政机关实施行政补偿行为的前提条件，是因行政机关的合法行为或相对人为了社会公益所做的正当行为而遭受损失。行政补偿与因行政违法、不当致使相对人受到损害而承担行政赔偿责任不同，违法的行政行为或相对人不当的行为，不能够产生行政补偿。行政违法可以构成行政赔偿责任。另外，行政机关的民事行为和公务员的个人行为也不能导致行政补偿。[1]

2. 行政补偿是针对相对人受到的特别损失。这种损失并非一般性的社会成员所负担的义务，而是特定相对人因合法行政行为遭到侵犯或因维护公共利益所遭受的特别损失，并且特别损失是由法律、法规专门加以规定的。

3. 行政补偿的目的是为了实现对相对人的合法权益的正当补偿。确立行政补偿制度的目的在于保护相对人的合法权益，行政补偿是行政机关实施的一种体现公平正义的行政救济措施。这种行为对相对人来说，既不具有惩戒性，也不具有强制性。相反，行政补偿对于行政机关却具有拘束力，是相对人实现救济权利和行政机关履行补偿义务的有机统一。

4. 行政补偿的方式具有多样性。由于行政补偿的种类繁多，行政机关在具体实施行政补偿时，采用的方式呈多样性。一般情况下，金钱补偿是行政补偿的主要方式。此外，还可采用实物补偿、劳务补偿以及通过就业安置、安排居住、指导生产、服务生活等多种形式实现补偿。关于行政补偿的标准，目前实行的是按照不同的补偿类型，由相关的法律、法规分别确定行政补偿的标准，如土地征用补偿、房屋拆迁补偿、迁移安置补偿以及其他补助费用等，有的规定有明确的补偿标准，有的则可以参照相关的补偿、赔偿标准执行。实践中存在着行政机关与相对人之间共同协商确定补偿费的情况，这种协商确定补偿费用首先应当遵循公平、正当的补偿原则，在相对人依照补偿标准应获补偿费用的基础上进行，是在法定范围以及法定补偿原则的前提下协商确定。

5. 行政补偿是行政机关的主动行为。行政补偿是行政机关主动实施的一种具体行政行为，它既是行政职权，也是行政职责。行政行为一旦致损，并符合行政补偿的条件，行政机关就应当主动进行补偿，这也是积极的行政权力与积极的行政义务在行政补偿中相统一的体现。

（三）行政补偿与行政赔偿的区别

行政补偿与行政赔偿是两种救济制度，有相似之处，它们都是行政机关对相对人的损失、损害给予的救济。但二者存在着明显的不同，主要区别是：

1. 引起的原因不同。行政补偿是对因行政机关的合法行政行为造成损害或因相对人为社会公益而受到的损失所给予的补偿，其前提是致害行为的合法性、正当性；而行政赔偿是对因行政违法或不当，致使相对人受到的损害所给予的赔偿，前提是行为的违法性。

---

[1] 叶必丰主编：《行政法与行政诉讼法》，中国人民大学出版社 2003 年版，第 262 页。

2. 救济的目的不同。行政补偿主要是对相对人的损失给予合理补偿，体现公平原则；而行政赔偿是对行政违法侵权行为给予的惩戒以及对相对人合法权益的保障，体现正义的原则。

3. 行为的性质不同。行政补偿是一种损害与恢复权益的交换性行为，属于合法行政行为的范畴；而行政赔偿是一种惩罚性的责任形式和惩戒行为，属于行政责任的范畴。

4. 数额标准不同。行政补偿的数额标准一般是以直接损失额为依据，适用公平、适当的原则；行政赔偿的数额标准一般以直接遭受的损失损害额为底线，通常赔偿额要大于损失额，行政赔偿兼有惩戒性。

5. 适用的程序不同。行政补偿一般适用行政程序；行政赔偿既有行政程序，又有司法程序。

二、行政补偿的范围

行政补偿的范围，是指相对人获取行政补偿的具体情形，也是行政机关实施行政补偿所针对的情形。从行政补偿产生的前提条件和形成的原因来看，行政补偿可以分为因行政机关合法行为造成损失的补偿和因相对人为社会公共利益而遭受损失的补偿两类情况。

（一）因行政行为致损的行政补偿

1. 土地征用补偿。为了国家和社会公共利益的需要，在经济建设和社会发展过程中，基于修建道路、机场、公共设施以及城市建设改造等需要征用由相对人所有或使用的土地，并对土地的所有者或使用者进行补偿。我国《土地管理法》等有关法律、法规确认了国家出于公共利益的需要可以对土地实行征用的制度，同时规定在进行土地征用时，应当依法向被征地的单位支付相应的补偿费。根据法律规定，土地征用的补偿，一般是按照被征用土地的原来用途所产生的损失给予补偿。

2. 房屋拆迁补偿。因市政规划、城市改造、道路建设、市容环保等方面的需要，根据法规、政策和建设规划，对相对人的房屋进行拆除，并对房屋所有者或使用者进行安置和给予相应的补偿金。纳入行政补偿中的房屋拆迁补偿，主要是针对那些出于市政基础设施建设、公共设施建设以及其他公益事业的需要而进行的房屋拆迁活动。关于商业活动的房屋拆迁是一种民事行为，不属于行政补偿的范围。

3. 公共征用调用补偿。这是指行政机关出于国家和社会公共利益的需要，在非常时期或紧急状态下，依法强制取得相对人的财产或者劳务，并对财产的所有者和付出劳务者给予的补偿。如为了抢险救灾的需要，行政机关依法征用调用公民、组织的船只、车辆、机械和劳务等，并给予相应的补偿。

4. 紧急行政行为致损补偿。这是指行政机关为了处置突发事件或紧急情况、消除紧急危险和避免重大损失，需要采取一定的应急措施和紧急处置行为，而这些紧急行为可能造成相对人合法权益的损失。一旦相对人因紧急行政行为而受到损失、损害，行政机关就应当给予补偿。我国相关法律、法规对紧急行政行为致使相对人损失、损害给予行政补偿作了规定，如根据《人民警察法》的规定，公安机关因履行职责的紧急需要，可以优先使用相对人的交通工具、通信工具、场地和建筑物，用后应及时归还，并支付适当费用；《消防法》规定消防机关为防止火灾蔓延、避免重大损失，拆除毗连火场的建筑物和构筑物，由此造成相对人损失的，应当给予合理补偿。

5. 其他行政行为致损补偿。这是指行政机关的其他合法行政行为致使相对人受到损失时，应当给予行政补偿。主要表现形式有：行政机关由于法律的修改或政策的变化，废止原行政行为而对相对人造成的损失，如行政机关因法定事由变更或终止行政合同，造成相对人损失的补偿；行政机关及其工作人员执行职务过程中，造成相对人合法权益的损害给予的补偿；行政机关及其工作人员的紧急避险行为，造成相对人合法权益的损害给予的补偿等。

(二) 相对人因公益而受损的补偿

1. 协助公务受损的补偿。行政机关及其工作人员在执行职务过程中，经常需要公民、组织的协助。公民在主动协助行政机关执行公务的过程中，致使其人身或财产遭受损失时，应当给予行政补偿。如国家对见义勇为公民给予的表彰和补偿。我国《人民警察法》规定，公民和组织因协助人民警察执行职务，造成人身伤亡或者财产损失的，应当给予抚恤或者补偿。

2. 为了社会公益受损的补偿。这是指公民、组织为了国家和社会公共利益而遭受损失或伤害时，行政机关应当给予补偿。如公民为了抢救国家财产奋不顾身或者为了制止违法犯罪行为挺身而出，致使人身受到伤害或财产遭受损失，行政机关应当给予补偿。

3. 高度危险活动致损的补偿。公民、组织从事有益于国家和社会公共利益的高度危险性活动，因此而受到损害的，行政机关应当给予补偿。例如，公民或组织从事由行政机关组织实施的生产、运输、储存有高度危险性的物品，受到了损害，行政机关应当给予补偿。对此，许多国家采用法律加以专门规定，给予因从事高度危险性活动的受害者适当的赔偿或补偿。近年来，随着我国经济建设的发展，各种高度危险活动和危险物品的类型越来越多，因此，对于从事放射性、危险性物品的生产、运输、储存等可能受到损害的人员以及对从事核电站生产等活动的人员，需要通过法律、法规加以专门规定，给予致害补偿。

除上述行政补偿情形外，对因国家行为，如外交、军事行为而造成公民、法人或其他组织损失损害的，国家也应当给予补偿，大都采用行政补偿的形式。对于因战争、骚乱而导致公民、法人或组织损失损害的，有些国家也是通过行政补偿的方式来实现相对人权益的。

三、行政补偿的方式

行政补偿的方式，是指行政机关通过何种方法和途径实现对相对人的损失损害的补偿。行政补偿采用何种方式首先取决于法律、法规的规定和限制，另外，损失、损害的性质、程度也对行政补偿所采用的方式有着一定的影响。

行政补偿主要有直接补偿和间接补偿两种形式[1]直接补偿是以金钱或实物的方式，直接支付给受害人，用以弥补其损失。直接补偿所产生的效果直接，一次就可以完成，可以尽快解除因损害给相对人带来的困境。间接补偿则是通过给予受害人某种特殊权利或利益的方式来弥补其损失的行政补偿。这些特殊权利或利益表现为减免税费、安排就业、提供优惠商品、带薪休假等。间接补偿是通过给予特殊利益而非金钱、实物的方式来补偿受害人损失的，只有受害人接受这种利益才能实现补偿的效果。

直接补偿主要包括：①金钱补偿，即以金钱的形式补偿受害人的损失。一般情况下，行政机关向受损失损害的相对人采用的行政补偿方式是支付补偿金。②返还财产，即行政机关将相对人的财物返还受害人。特别是对于征用征调相对人的财产、物品等实物的，能够返还财产的，应当返还财产，并支付相应的使用费。③恢复原状，即行政机关对相对人所受的损害进行修复，使之恢复到致害以前的功能和状态，对于因使用相对人的财产造成损坏能够恢复原状的，应当恢复原状。

间接补偿的方式多样，通常采用的补偿形式有：①减免税费；②在人、财、物的使用调配上给予优惠；③赋予某些与物质利益有关的权利；④优先安排就业、住房；⑤优先给予晋职、晋级等。间接补偿在使用过程中有较大的余地和灵活性，能够弥补因直接支付金钱的不足。而且间接补偿可以与直接补偿配合使用，部分采用支付补偿金的形式，其他可采用给予某些优惠或

---

[1]　叶必丰主编：《行政法与行政诉讼法》，中国人民大学出版社 2003 年版，第 268 页。

权利的形式，当事人容易接受。

四、行政补偿的标准

关于行政补偿的标准，在理论上讨论得较为激烈，从基本概念到理论观点，众说纷纭，争论颇多。特别是对于如何确立补偿的标准，应当遵循什么补偿原则等问题，存在着不同的观点和争议。归纳当前有关行政补偿标准的学说，主要有两种观点，一种是完全补偿说，认为对于行政致害损失，应当对受害者给予全额补偿，除此以外还应当对致害行为所产生的一切附带损失给予补偿。另一种是适当补偿说，认为不一定要全额补偿，而是应按照客观、公正、妥当的计算标准予以补偿。与行政补偿标准密切相关的一些原则，如正当补偿的原则、适当补偿的原则、公平补偿的原则等，也是学界讨论的热点。

目前，我国还没有统一的行政补偿法律规定，在现行有关的法律、法规中也缺乏关于补偿标准的统一规定。在一些专门性的法律、法规中，规定了某些种类补偿的范围和标准，例如，《土地管理法》等法律规定了对国家建设征用土地的补偿、城市房屋拆迁的补偿，《石油地震勘探损害补偿规定》对专业勘探造成相对人损害的，规定了补偿的范围和标准等。而其他大量的行政补偿标准的确定，尚缺乏明确的法律规定。由于行政补偿对象的有些损失是难以计算的，因此，支付补偿金从一定意义上讲，具有象征性和对于相对人的公益行为的肯定。但是，如果能够计算出相对人的实际损失，就应当如数支付补偿金。如造成相对人身体伤害的，应当支付医疗费；造成相对人财产损坏不能恢复原状的，应当按损坏程度支付补偿金。

我国现行的行政补偿标准之一的征地补偿标准，是根据《土地管理法》规定的补偿计算标准，在征用土地时，按照被征用土地的原来用途给予补偿。征用耕地的补偿费用由土地补偿费、安置补助费以及土地上的附着物和青苗损失补偿费等几部分构成。①征用耕地的土地补偿费，为耕地被征用前3年平均年产值的6倍~10倍。②征用耕地的安置补助费，按照需要安置的农业人口计算。需要安置的农业人口数，按照被征用的耕地数量除以征地前被征用单位平均每人占有耕地的数量计算。每一个需要安置的农业人口的安置补助费标准，为该耕地被征用前3年平均年产值的4倍~6倍。但每公顷被征用耕地的安置补助费，最高不得超过被征用前3年平均年产值的15倍。征用其他土地的土地补偿费和安置补助费标准，由省、自治区、直辖市参照征用耕地的土地补偿费和安置补助费的标准规定。③被征用土地上的附着物和青苗的补偿标准，由省、自治区、直辖市规定。另外，征用城市郊区的菜地，用地单位应当按照国家有关规定交纳新菜地开发建设基金。依照土地法的规定支付土地补偿费和安置补助费，尚不能使需要安置的农民保持原有生活水平的，经省、自治区、直辖市人民政府批准，可以增加安置补助费。但是，土地补偿费和安置补助费的总和不得超过土地被征用前3年平均年产值的30倍。

我国现行的城市房屋拆迁补偿标准，根据《城市房屋拆迁管理条例》的规定，主要采用货币补偿的形式，具体补偿金额要根据被拆迁房屋所处的区位、用途、建筑面积等因素，以房地产市场评估价格确定。按照该条例的规定，拆迁租赁房屋，被拆迁人与房屋承租人解除租赁关系的，或者被拆迁人对房屋承租人进行安置的，拆迁人对被拆迁人给予补偿。拆迁人应当提供符合国家质量安全标准的房屋，用于拆迁安置，拆迁人应当对被拆迁人或者房屋承租人支付搬迁补助费。在过渡期限内，被拆迁人或者房屋承租人自行安排住处的，拆迁人应当支付临时安置补助费。被拆迁人或者房屋承租人使用拆迁人提供的周转房的，拆迁人不支付临时安置补助费。搬迁补助费和临时安置补助费的标准，由省、自治区直辖市人民政府规定。对于因拆迁非住宅房屋造成停产、停业的，拆迁人应当给予适当补偿。

五、行政补偿的程序

行政补偿的程序，是指实施行政补偿行为的过程和步骤。行政补偿程序包括行政程序和司法程序，可以分别适用这两种程序。在实际运用过程中，应当遵循行政行为实施的基本程序，将行政程序作为司法程序的前置程序。从行政补偿的实施过程来看，一般是由行政机关主动进行补偿，行政补偿应当是行政机关的主动行为。如果有法定的补偿范围和标准的，应当依法予以补偿。在法律规定的补偿范围、标准比较原则的情况下，行政机关也可与相对人进行协商，确定补偿标准。如果协商不成，行政机关应单方面依法或参照相关规定作出补偿决定。在行政机关作出主动补偿行为之前，相对人提出补偿请求的，行政机关不得拒绝，应当立即给予补偿。相对人如果对行政机关的行政补偿行为有异议，可以通过行政复议、行政诉讼的途径求得解决。

补偿的行政程序主要包括以下阶段：①公告。行政机关应当将补偿的范围、标准和程序等有关事项通过一定的方式予以公布，便于相对人了解行政补偿的有关情况。②登记。相对人认为自己符合行政补偿的条件，向行政机关提出补偿请求时，行政机关应当以登记的形式予以受理。③审查。行政机关对相对人进行登记后，根据当事人提供的证据材料进行审查，可采用书面审查和实地勘察的方式，以确认证据材料的真实性。④决定。行政机关对符合行政补偿条件的相对人作出给予补偿的决定，对于不符合条件的当事人作出不予补偿的决定。⑤执行。行政机关作出补偿决定后，执行支付和发放补偿费，应当及时通知当事人在规定的期限内，到指定地方接受行政补偿费。

补偿的司法程序不是行政补偿的必经程序，只是在特定情况下才适用。相对人不服行政机关就其补偿申请作出的决定，可以向人民法院提起行政诉讼，从而启动司法程序。

思 考 题

1. 试述行政给付的概念与特征。
2. 简述行政给付的条件与形式。
3. 说明行政给付应当遵循的程序。
4. 试述行政补偿的概念与特征。
5. 试述行政补偿的范围与方式。
6. 如何确定行政补偿的标准。

第七章　行政征收与行政许可

学习目的与要求

　　通过本章的学习，理解行政征收与行政许可的概念、特征；了解行政征收的类型、设定、具体方式以及适用程序；理解和掌握行政许可的设定事项、设定行政许可的主体和行政许可的法律形式；明确行政许可的实施机关、实施程序以及监督检查和法律责任。

第一节　行政征收

一、行政征收的概念

　　行政征收，是指行政机关为了国家和社会公共利益的需要，根据法律、法规的规定，通过采取强制的方式，无偿收取负有法定缴纳义务的相对人一定金钱或实物的具体行政行为。

　　赋予行政机关行政征收职权和确立行政征收制度，是出于国家和社会公共利益的需要。国家政务活动的推行和社会公共事业的发展以及国家机器的正常运转，需要大量的财力、物力的支持保障，而国家财政收入则主要通过行政征收的方式得以实现。可见，行政征收是保证国家财政收入取得的必要手段。虽然我国尚未制定统一的行政征收法，但是，有关行政征收的单行法律、法规、规章数量可观，行政征收的范围较广，种类繁多，各种具体的行政征收制度主要通过相关的法律、法规加以规定，如《税收征收管理法》、《土地管理法》、《建筑法》、《公路法》、《环境保护法》以及有关资源管理、环境保护、工商管理的法律、法规中，都规定有行政征收的具体内容。有关法律、法规对于行政征收机关的资格和职责，负有缴纳义务的相对人的条件，行政征收的范围和类型，行政征收的方式和程序等作了规定，明确了涉及税收征收、土地使用费征收、资源补偿费征收、建设费征收、排污费征收、管理费征收等各种征收项目。世界各国对于行政征收行为通过法律加以规范，普遍认为对于公民私有财产的征收，必须以为公共利益的使用为目的，强调依法确定征收的范围、项目、方式、数量等，并且由专门行政机关依法进行征收。

行政征收是行政机关代表国家依法无偿取得相对人的财产权益，是行政机关依法针对特定的相对人实施的具体行政行为。行政征收的效力在于，行政机关将负有法定缴纳义务的相对人的财产权益转归国家所有。行政征收对于保证国家政务活动的正常运行，发挥行政机关服务社会的功能，有效地实现宏观调控，以及促进经济和社会的发展都有着重要意义。行政征收通常是以强制的方式作为其实现的重要手段，直接强制性表现得更为明显，当法定义务人不主动履行缴纳义务时，行政机关可以采取强制征收。

政征收制度在我国由来已久，由于征收范围广、征收项目多，征收主体涉及工商、税务、公安、交通、城建、土地、教育、卫生、环保等多个部门，因此，在行政征收中存在着许多问题，有的已成为社会所关注的热点。目前存在的主要问题是：①征收主体不规范，多头征收、重复征收、无征收权的组织和个人随意设定或实施征收的现象时有发生；②征收的程序、措施不完善，有些行政征收方式和程序缺乏明确规定；③所征收的费款管理不善，使用、支出随意性大，管理制度不规范；④相对人不服行政征收而采取的法律救济、保障措施不够完善等。因此，尽快健全和完善我国的行政征收法律制度、规范行政收费已成为当务之急。有权机关应通过行政征收专项立法规范行政收费体系，对管理体制、征收程序等加以规定，对违反行政征收的法律责任和不服行政征收行为的救济途径、方式等作出规定。此外，应向社会公布行政收费管理目录，只有目录确定的项目才能收费，实行征收公开，便于社会监督。

二、行政征收的特征

1. 行政征收由特定的行政主体实施。行政征收是行政机关针对相对人实施的行政行为，实施行政征收的主体是那些依法享有行政征收职权的行政机关，其他的机关、组织在没有法律、法规授权的情况下，不能实施行政征收行为。所以，只有特定的具有法定征收资格的行政机关，才能够进行行政征收活动。

2. 行政征收对象负有法定义务。从行政征收行为针对的相对人来看，行政征收的对象是那些负有法定缴纳义务的特定公民、组织。行政征收必须以相对人负有行政法上的缴纳义务为前提，行政机关只能对负有法定缴纳义务的相对人实施行政征收。

3. 行政征收的目的具有社会公共性。法律赋予行政机关实施行政征收职权的目的是为了国家和社会整体利益，并以此来保证各项社会公益事业的发展。从行政征收的内容看，有的征收项目是为保证国家管理和社会发展的需要，国家参与相对人财产收入的分配，以行政征收的方式取得财政收入，如税费的征收、管理费的征收等，用以推进社会公益事业的发展；有的征收项目是因相对人违反法律规定，造成社会公共利益或他人合法权益的损害，依法应当缴纳补偿费，如征收排污费、资源补偿费等，用以补偿和弥补造成的损害，这种行政征收兼有补偿性和惩戒性，目的是为了保护有限的公共资源，维护社会公共利益，促进社会的可持续发展。

4. 行政征收的内容具有财产性。行政征收是行政机关依法取得相对人财产权益的具体行政行为，其法律后果是相对人的财产权益依法转归国家所有。行政征收的内容一般限于财产权益，具有财产性质。

5. 行政征收方式带有强制性。行政征收的实质在于国家以强制方式无偿取得相对人的财产权益。行政征收行为的强制性表现在，它是行政机关借助国家的强制力，以强制方式最终实现征收内容。当然，这种强制性的征收以相对人负有缴纳义务为前提，并且是在法定义务人不主动履行义务的情况下采用的。

三、行政征收与相关概念的关系

（一）行政征收与行政征用

行政征用，是指行政机关为了国家和社会公共利益的需要，依照法定程序，强制性使用相对人财产或者劳务的一种具体行政行为。行政征用与行政征收都是行政机关针对特定相对人实施的具体行政行为。二者的区别在于：

1. 范围不同。行政征用的内容既包括相对人的财产权益，也包括相对人提供的劳务或行为上的作用；而行政征收的内容一般只限于相对人的财产权益。

2. 适用情形不同。行政征用具有临时性、应急性，是在特殊紧急情况下适用的；行政征收则是在正常情况下适用的，具有固定性、延续性，一般不能随意变更。

3. 法律后果不同。行政征用的财产是行政机关为了应急所用，只是暂时取得财产的使用权，并不发生财产所有权的转移；行政征收的结果则是将相对人的财产权益因征收而转归国家所有，所有权发生根本改变。

（二）行政征收与行政征购

行政征购，是指行政机关通过合约的方式取得相对人财产权益的具体行政行为。行政征购的本质是一种行政合同，在行政征购关系中，行政机关的意思表示占主导地位，相对人的意思表示则受到一定程度的限制。一般情况下，行政征购关系的发生、变更和消灭带有一定的行政强制性。行政征购与行政征收二者的目的是相同的，并且都具有行政强制性和财产性。二者的主要区别在于：

1. 行为的性质不同。行政征购是双方行为，属于行政合同行为，尽管相对人的意思表示受到一定程度的限制，但行为的成立仍是行政机关与相对人的合意；而行政征收是行政机关的单方行政行为。

2. 权利义务关系不同。在行政征购关系中，行政机关与相对人的权利义务在合同成立后应是对等的，行政机关在取得相对人财产权益的同时，必须承担相应的给付义务，相对人在付出财产权益的同时应当获得相应的利益；而在行政征收关系中，行政机关与相对人之间的权利义务是不对等的，行政机关依法享有征收权，相对人则依法负有缴纳义务。

3. 行为的拘束程度不同。行政征购行为作为双方合意行为，有一定的灵活性、可变动性，而且在一定条件下，行政机关可以变更、终止行政征购合同，因此，行政征购行为的拘束程度相对较差；而行政征收行为是以相对人负有法定缴纳义务为实施条件的，行政机关只能依法实施，不得随意变更或者取消，具有较强的拘束性。

四、行政征收的分类

（一）以行政征收发生的原因或条件为标准进行的分类

1. 因法律、法规确定的义务而引起的行政征收。这类征收的目的是为了保证国家财力，增加国家对社会公益事业和重点项目建设投入的实力，是以国家强制力无偿地参与公民、组织的收入分配，取得国家财政收入的一种方式。它的特点是行政机关必须以国家法律、法规的明确规定为征收依据，征收的项目、数量具有确定性，属于羁束的行政征收行为。如税费的征收、建设资金费的征收等。

2. 因国有资源、资产的使用而引起的行政征收。这类征收是相对人使用国有资源或资产的结果，行政机关代表国家通过行政征收的方式，取得国有资源、资产的收益，其特点是以相对人使用、利用国有资源、资产为前提条件，以法定项目、数额、限度、方式为行政征收的依据。如矿产资源费的征收、水资源费的征收、公路养路费的征收、房屋使用费的征收等。

3. 因行政机关提供服务进行管理而引起的征收。这类征收是行政机关在依法行使职权的过程中，因必要的管理付出或其他法定事由，依法收取相对人合理、适当的费用。其特点是以行政机关为相对人提供服务或给予其他付出为条件，在行政管理中，依法规定应当由相对人缴纳费用。如工商注册费的征收、市场管理费的征收、勘验鉴定费的征收等。

4. 因相对人违反法定义务而引起的行政征收。这类征收是在相对人负有某种法定义务，而其违反法律规定，在不履行义务的情况下实施的行政征收。其特点是促使相对人依法履行义务，兼有强制执行和惩戒的性质。但它不属于行政强制和行政处罚，仍属行政征收的范围。如排污费的征收，是因相对人违反环保规定，未按规定治理污染，行政机关为此作出限期治理并征收排污费的决定。

（二）以行政征收内容的不同为标准进行的分类

1. 税款的征收。我国法律规定的税款包括国税、地税、关税三大类，具体税费有数十种。税费征收是行政征收中最主要的内容，是实现国家财政收入的最重要的形式。

2. 资源费的征收。根据我国法律规定，个人和组织在开采、利用矿藏、草原、水流、滩涂等自然资源时，必须依法向国家缴纳资源费。如矿产资源费、水资源费等。

3. 使用费的征收。对有些国有资源、资产，依法实行有偿使用的原则和办法，相对人应向国家缴纳使用费。如土地使用费、车辆通行费和公路养路费的征收等。

4. 管理费的征收。一些行政机关依法可以向相对人征收管理费，用以管理支出和为相对人提供服务，有的也作为国家财政收入的一项来源。如工商管理费的征收、城建管理费的征收等。

5. 环保费的征收。如环保部门对排污费、治理费的征收，市容卫生部门对卫生费的征收等。

6. 建设基金的征收。为保证国家重点项目的建设、解决重点建设资金的不足，国家通过法律、法规或专门决定的形式，向相对人征收重点建设基金，如重点水利、电力建设项目的基金征收，重点能源项目、交通项目的建设基金征收等。

（三）以行政征收是否给予补偿为标准进行的分类

1. 无偿行政征收。无偿行政征收是行政主体依法向相对人实施行政征收后，不需向被征收者支付费用或物质代价，即无须对其给予补偿，而是无偿取得被征收者的财产利益。无偿行政征收包括行政征税和行政收费两大类。行政征税，是指税务机关依法应用国家权力，从纳税义务人的经济利益中，无偿取得一定比例，使之成为国家财政收入的一种活动。我国行政征收的种类和形式比较多，税收是国家财政的主要来源。行政收费，则是指依法享有行政收费权的行政主体，向负有缴费义务的特定行政相对人收取一定数额费用的活动。一般情况下行政收费所收取的费用，主要用于国家公共建设支出的补偿。我国行政收费的涉及面比较广，常见的收费项目有道路养护费、通行费、排污费、公共设施的使用费等。

2. 有偿行政征收。有偿行政征收是指行政主体依法向相对人实施行政征收之后，给予被征收者一定利益的补偿。行政征收既有无偿征收，也有偿征收。目前常见的有偿征收主要有：国家对组织或个人的通讯交通工具、动产或不动产设施的有偿使用等。以往行政主体侧重于无偿征收，忽略了有偿征收，缺乏对相对人的合理补偿。相对人的财产一旦被征收，就成为公共财产的一部分，转为国家所有，由国家控制和支配。以前制定的一些法规、规章同样忽视了行政征收之后对相对人予以补偿的规定，所以在一定程度上也反映出行政主体对相对人合法权益的漠视。近年来，这种现象得到了改变，行政机关不仅在行政征收的理念上注重保护、平衡国家利益、社会公共利益和组织及个人利益之间的关系，而且在立法上明确规定一些行政征收的有偿性，强调了相对人合法权益的保障，完善了有偿行政征收制度，把合理补偿作为行政征收的条件。

五、行政征收的设定

行政征收的设定，是指创设和规定行政征收的内容、项目、标准、形式等。由于行政征收是行政机关以强制的方式无偿取得相对人财产权益的一种行政行为，它表现为改变原属于相对人的财产权益而使其归国家所有，是对相对人财产权益的直接占有，关系到相对人向国家转移自己财产权益的义务。这种行政行为如果使用不当，极易侵犯相对人的合法权益，造成行政侵权或滥用职权的后果。因此，依法设定行政征收行为，严格规范行政征收的主体、条件、范围和标准，规范行政征收的程序等非常必要。只有这样，才能保证行政征收的合法、有效，使得国家在取得财政收入的同时，较好地维护相对人的合法权益。

（一）设定机关

有权设定行政征收的国家机关应当是法律确定的高层级的国家机关，并且具有行政征收设定权的机关必须通过制定法律、法规设定行政征收。行政征收设定机关的层级地位、行政征收设定权范围的大小，不仅关系到国家行政管理和法制的统一，也关系到行政征收设定机关的管辖权限和立法权限。同时，有关行政征收设定权的范围，还应当考虑现行管理体制以及经济与社会发展的需要，考虑不同区域经济发展的不平衡性以及相对人的承受能力等因素。在我国目前尚未出台统一的行政征收法的情况下，现行的行政征收活动主要是通过各种单行的行政征收法律、法规加以推行和实现的。

（二）设定的内容

目前，从有关法律、法规规定的行政征收设定内容来看，可以归纳为行政征税和行政收费两大类型。

1. 行政征税。税收是国家财政的主要来源，是国家机器和政务活动得以运行的根本物质保证，也是国家经济建设和社会各项公共事业发展的基础。改革开放以来，我国的税收体制进行了较为深刻的改革，包括税收的归类、征收、监管、管理体制、征收范围和内容的设定等，均有较大幅度的调整。强调国家税收管理的严肃性、权威性，不仅税收管理体制由分散逐步趋于统一，而且税收立法和税收的设定集中由国家最高权力机关行使。根据《立法法》第 8 条的规定，"基本经济制度以及财政、税收、海关、金融和外贸的基本制度"只能制定法律。对于全国性的税种的设定权和立法权，包括中央税和在全国范围内征收的地方税的立法权，以及税种的开征、停征权，属于全国人大及其常委会。经全国人大及其常委会的授权，全国性税种可以先由国务院制定行政法规，条件成熟后再制定法律；经全国人大及其常委会的授权，国务院可以制定税法的实施细则，可以增减税目和调整税率；经全国人大及其常委会的授权，国务院对税法进行解释，经国务院授权，国家税务管理部门对税收条例和实施细则进行解释。省级地方人民代表大会及其常委会根据本地区实际情况，在不违反国家统一税法的前提下，制定开征全国性税种以外的地方税种征收的地方性法规，对地方税种进行解释，制定税法实施细则，调整税目和税率。

2. 行政收费。收税与收费是两种不同的行为，行政收费作为行政征收的重要组成部分，在现实生活中应用得比较普遍，涉及的范围广，收费的部门多，收费的种类繁杂。由于我国没有统一的行政收费法律，缺乏对行政收费范围、项目、标准的严格法律限定，特别是有些地方或部门滥用行政收费权，把行政收费作为获取部门或地方利益以及创收的一种手段，从而导致一些地方因行政收费过多过滥而引发的社会矛盾突出，成为群众关注的一大社会问题。当前，依法规范行政收费行为，依法设定行政收费的范围、种类和标准，特别是严格限制设定行政收费的机关的资格权限，显得尤为重要。目前，我国行政收费的设定主要依据有关的单行法律、法规和规章的规定，并通过有权机关制定法规、规章以及规范性文件的形式确定行政收费的内容。具体情况主要有：

（1）法律对行政收费作出原则性规定，授权国务院及其主管部门或地方有权机关制定具体实施办法，如有关资源补偿费的征收，特殊物品购置费、使用费的征收等。

（2）行政法规、地方性法规对行政收费的规定，国务院以及地方权力机关通过制定专门性的行政法规、地方性法规，对有关行政收费作出具体规定。

（3）部门规章和地方政府规章对行政收费作出具体规定。

（4）行政规范性文件对行政收费的规定，在法律、法规和规章没有规定的情况下，依据规范性文件规定行政收费项目并实施行政收费的现象比较普遍，这种情况是行政收费领域的一个比较突出的问题，也是产生滥收费的主要原因之一，依法对行政规范性文件设定收费的情况加以限制并进行严格规范已成为当务之急。

六、行政征收的方式和程序

（一）行政征收的方式

行政征收的方式大致有两种情形：一种是相对人主动缴纳，自觉履行征缴义务；另一种是行政机关采取强制征收。在征收过程中，相对人依照法定期限全部主动履行了缴纳义务的，行政征收即告结束；若相对人未能按照法定期限、数额履行缴纳义务时，行政机关即采取强制征收，并可以依法实施相应措施。如《税收征收管理法》规定的强制措施有：查封、扣押商品和货物、通知银行暂停支付并从存款中扣缴税款、拍卖财产抵缴税款等。

行政征收关系到国家的财政收入和相对人的经济利益，关系到社会的稳定和发展，因此，采取科学、合理、有效的征收方式非常重要。行政征收一般实行一处缴费制度，任何单位和个人不得重复征收。相对人按规定缴清应缴费用的，征收机关应当发给缴纳凭证。负有法定缴纳义务的相对人向征收机关按规定标准缴纳，征收标准应有法律、法规的明确规定。行政机关除采取查账征收、稽查征收、查验征收、定期定额征收等直接征收形式外，依法可以委托其他组织和个人代征、代扣，相对人依照法律规定也可以委托他人代缴。

（二）行政征收的程序

行政征收的程序，是指行政机关应通过何种方式、步骤进行征收。目前我国尚未制定统一的行政征收程序法，有关行政征收的程序性规定散见于一些法律、法规、规章之中。行政机关应当在其权限范围内实施行政征收，依照法定职权和程序，按照法定征收机关的地域管辖权或行业管辖权，在依法确定的征收标准的范围内进行征收。行政征收的程序从类型上可以分为行政征税的程序和行政收费的程序，它们分别有着各自具体的征收方式和相应程序。总的来看，行政征收大致应经过以下步骤：

1. 进行行政征收登记。凡从事属于国家征收事项的公民、法人或其他组织，都应当到有关行政机关进行征收事项的登记。行政机关要及时准确地记载有关内容，以便掌握征收项目和税费来源情况。

2. 作出缴纳鉴定。行政机关依法对相对人应当缴纳的款项的种类、比率、缴纳环节、征收方式等进行鉴定，从而确定相对人缴纳的具体内容，也是行政机关实施征收的标准和依据。

3. 提出缴纳申报。相对人根据有关法律、法规的规定，在法定期限内到指定的行政机关进行缴纳申报。

4. 实施款项征收。相对人依法足额向行政机关交付金钱或物品，履行交纳义务，行政机关依法予以征收。如果相对人不履行法定缴纳义务，未按照法定数额和法定期限履行义务，行政机关依法可以采取强制征收，通过实施查封、扣押、冻结等手段进行征收，以确保行政征收内容的实现。

第二节 行政许可

一、行政许可概述

（一）行政许可的概念

行政许可，是指行政机关根据公民、法人或者其他组织的申请，经依法审查，准许其从事特定活动的行为。[1] 这是我国《行政许可法》规定的行政许可的法律概念。从实质来看，行政许可就是准许或确定相对人所具有的从事某种行为的资格和条件，使其获得某种权利能力和行为能力的具体行政行为。行政许可既有职权性，又有职责性。表现为它不仅是行政机关的一种调节、控制权力，又是行政机关对依法应得到许可利益的相对人所具有的一种职责和义务。

行政许可制度是规定许可证申请、核发、使用和监督管理的有关法律规范的总和。它包括规定许可机关、许可权限、许可范围、许可申请和审查，以及许可证的颁发、变更、撤销及其程序、方式、条件、期限和许可监督检查等内容的各种法律规则。行政许可通常以行政机关颁发许可证、执照等法律凭证作为其基本表现形式，这些法律凭证统称许可证。在人们日常生活中常见的许可证有经营许可证、使用许可证、开采许可证、生产许可证、卫生许可证、持枪证、驾驶执照、护照等。目前我国大量的法律、法规规定有行政许可，绝大部分行政管理部门依法享有行政许可职权，通过实施行政许可行为准许相对人从事某种活动或赋予相对人某种权利，行政许可已成为国家行政管理中的一种不可或缺的重要手段。随着社会经济的发展，行政许可的运用将更加广泛，行政许可制度也将会更加完善。

（二）行政许可的特征

1. 行政许可是一种依申请的行政行为。行政机关实施行政许可行为必须以相对人提出申请为前提，没有相对人的申请，行政机关不能主动实施许可行为。因为行政许可是对特定人解除禁止的行为，特定相对人要解除某种禁止，获得某种资格或权利，就必须首先向行政机关提出申请，作出相应的意思表示。行政机关只有在相对人提出申请的前提下，才能对符合法定许可条件的相对人作出许可行为。

2. 行政许可是赋予相对人某种法律资格或法律权利的授益性具体行政行为。如赋予相对人开业、经营、生产的许可，能使相对人获得某种法律上的权利；赋予相对人从事律师、会计、统计等活动的资格，则使相对人获得了某种法律上的资格。

3. 行政许可是通过颁发许可证、执照等形式实施的行政行为，这决定了行政许可的形式必须采用特定的法律形式，即必须是要式行为，否则，不能

---

[1] 参见《中华人民共和国行政许可法》第 2 条。该法已于 2003 年 8 月 27 日由第十届全国人民代表大会常务委员会第四次会议通过，自 2004 年 7 月 1 日起施行。

产生法律效力。这种特定的形式要件主要是许可证、执照的批准文件、审批表、登记等。

（三）行政许可与行政确认的关系

行政许可和行政确认这两种具体行政行为比较相近，二者既有联系又有区别。它们的联系表现在：①确认与许可经常是两个密切相关的具体行政行为，一般是确认在前，许可在后；确认是许可的前提，许可是确认的后果，如颁发食品卫生许可证，首先要确认相对人是否符合食品卫生条件；颁发营业执照，首先要确认相对人是否具备经营活动的资金、能力等条件。②确认与许可有时则是两个重合的具体行政行为，如颁发建筑企业营业执照，既是对该企业具有的等级、技术、能力和资格的确认，又是对其从事建筑经营活动的许可。

行政许可与行政确认的主要区别表现在：①内容不同。行政确认是确认相对人的法律地位、权利义务关系和法律事实是否存在；而行政许可是使相对人获得某种权利或实施某种行为的能力和资格。②法律效果不同。行政确认是对相对人的有关资格能力、权利义务、法律事实的确定和认可，其法律效果既有前溯性，又有后及性；而行政许可是准许相对人从事某种对一般人禁止的行为，其法律效果仅具有后及性。

二、规范行政许可的意义

行政许可制度是当今世界各国普遍建立的一种法律制度。它广泛运用于国家行政管理的各个领域，在政治、经济、文化、教育等许多方面，行政机关通过实施许可行为，控制和调节各种社会活动，规范和调整人们在社会生活中的权利义务，以维护国家和社会公共利益，建立和维护良好的经济秩序、社会秩序，保护相对人的合法权益。我国《行政许可法》的制定目的非常明确，就是"为了规范行政许可的设定和实施，保护公民、法人或者其他组织的合法权益，维护公共利益和社会秩序，保障和监督行政机关有效实施行政管理"[1] 进一步完善行政许可法律制度的意义在于：

1. 有利于行政许可的设定和实施。行政许可是现代国家管理的一种重要手段，它广泛地运用于许多行政管理领域。近年来，行政许可制度得到了迅速推行，它与我国经济和社会发展的关系愈加密切，在国家行政管理中的作用愈加重要。应当指出，在我国《行政许可法》实施以前，行政许可在实际

---

[1]　参见《中华人民共和国行政许可法》第1条。

应用过程中存在着许多问题，某些方面存在着随意设定许可、许可范围过宽、许可程序不完善、对许可的监督补救措施不完备等。因而，往往会发生滥用行政许可和不当运用许可侵害相对人合法权益的现象。凡此种种，不利于公平竞争，造成了资源的浪费，影响经济效益的提高，有碍经济与社会的发展。

2. 有利于保护相对人的合法权益。相对人一旦获得某种许可，即可从事与许可事项有关的活动，并依法享有了相应的权利，其行为受法律保护，对此，任何组织和个人不得非法干预。同时，行政机关则负有保护相对人合法权益的职责，对于侵犯相对人合法权益的行为，行政机关必须加以制止，以保证相对人在法定许可范围内的权益不受侵犯。《行政许可法》规定，公民、法人或者其他组织对行政机关实施行政许可，享有陈述权、申辩权；有权依法申请行政复议或者提起行政诉讼；其合法权益因行政机关违法实施行政许可受到损害的，有权依法要求赔偿。公民、法人或者其他组织依法取得的行政许可受法律保护，行政机关不得擅自改变已经生效的行政许可。

3. 有利于维护公共利益和社会秩序。行政机关通过运用行政许可措施，对一些涉及公共利益、公共安全的行业实施有效管理，避免和防止各种危害社会秩序和公共安全的事件发生，以实现对社会公共利益和公民合法权益的有效保护。如对食品、药品、各类危险品的生产、运输、保管、销售实行许可制度，以维护社会秩序和保障公共安全。根据《行政许可法》的规定，行政许可所依据的法律、法规、规章修改或者废止，或者准予行政许可所依据的客观情况发生重大变化的，为了公共利益的需要，行政机关可以依法变更或者撤回已经生效的行政许可。

4. 有利于保障和监督行政机关有效实施行政管理。随着我国社会主义市场经济的建立，政府的管理模式由直接管理逐步转为间接管理、宏观调控，而行政许可则是间接管理的一种重要手段。行政机关可以通过行政许可制度有效地控制社会的生产、经营规模，调整产业结构，有效地利用资源，保护自然环境，保护经济、社会协调稳步地发展，防止不正当竞争，维护市场秩序。

我国《行政许可法》的施行，为今后行政机关设定和实施行政许可提供了法律依据，对于进一步健全和完善我国的行政许可制度奠定了基础。根据《行政许可法》的规定，[1] 行政机关设定和实施行政许可，应当严格依照法定的权限、范围、条件和程序；应当遵循公开、公平、公正的原则，将有关

---

[1]   参见《中华人民共和国行政许可法》第4~6条。

行政许可的规定予以公布，对行政许可的实施和结果，除涉及国家秘密、商业秘密或者个人隐私的外，也应当公开；只要符合法定条件、标准，申请人有依法取得行政许可的平等权利。行政机关实施行政许可时，应当遵循便民的原则，提高办事效率，提供优质服务。行政机关实施行政许可应当接受监督，不断加强对行政机关实施行政许可的监督检查。

三、行政许可的分类

（一）一般许可与特殊许可

以行政许可的范围为标准，划分为一般许可和特殊许可。一般许可，是指行政机关对于符合法定条件的申请人直接给予的许可，这种许可对申请人及申请事项没有特殊的限制。如驾驶许可、生产许可、经营许可等，大多数工商营业许可属于一般许可。特殊许可，是指除了符合一般许可的条件外，对申请人或申请事项还规定有特别限制的许可。这种许可又称特许。如持枪许可，只有符合特定法律规定的特殊人员方可获得持枪许可。

（二）排他性许可与非排他性许可

以行政许可享有的程度为标准，划分为排他性许可与非排他性许可。排他性许可又称独占许可，是指某一相对人获得该项许可之后，其他任何组织或个人均不能再获得该项许可。如专利许可、商标许可等属于排他性许可，只能为某一相对人所独占。非排他性许可又称共存许可，是指可以为具备法定条件的任何相对人所申请并获得的许可，如经营许可、驾驶许可等，大部分行政许可是非排他性许可，一般情况下不具有排他性。

（三）独立许可与附文件许可

以行政许可能否单独使用为标准，划分为独立许可和附文件许可。独立许可，是指该许可证件已规定了所有许可内容，不再需要其他文件作补充说明的许可。如卫生许可证、采伐许可证、驾驶证等，许可证件中有关许可的范围、事项等内容明确，不用再附加说明。附文件许可，是指由于某些特殊条件的限制，许可证件需要附加文件予以说明的许可。这种许可在申请、审批或使用时，应在许可证件后附加文件作补充说明，否则，许可证件无法使用。如商标许可、专利许可等许可的证件，应当附带有解释和说明该商标、专利的设计图样、照片或说明书等；建筑许可证件应当附有建筑设计图纸及其他相关的说明。

（四）无条件放弃的许可与有条件放弃的许可

以获得行政许可后是否附条件放弃许可权利为标准，划分为无条件放弃的许可和附条件放弃的许可。无条件放弃的许可，是指申请人取得行政许可后并不承担一定要作为的义务，可以放弃被许可的权利，且不因此承担法律责任的许可。如排污许可、狩猎许可、捕鱼许可、资源开采使用许可等。附条件放弃的许可，是指被许可人获得许可的同时亦承担作为的义务，即必须在一定期限内从事许可事项的义务，否则须承担相应法律责任的许可。如国防、军事项目产品的生产许可，烟草、盐业等特种商品的生产许可和专卖许可等。

（五）长期许可与有期限的许可

以行政许可的存续时间为标准，划分为长期许可和有期限的许可。长期许可，是指被许可人取得许可后，只要本人不放弃或不因法定事由被终止，将能长期持续有效的许可。如生产某种产品的许可，经营某类业务的许可，一般情况下可以长期有效。有期限的许可，是指只能在一定的时间内有效，逾期将失去效力的许可。这种附有一定时间限定的许可，在行政许可中所占的数量比较多。这些行政许可有的附有明确规定的使用期限，如专利许可、食品卫生许可等；有的许可虽然本身未作明确期限规定，但该许可事项完结后，便自行失去许可效力，如出入境许可等。

（六）行为许可与资格许可

以行政许可的目的和形式为标准，划分为行为许可和资格许可。行为许可，是指允许符合条件的申请人从事某种活动的许可。这类许可在内容上仅限于被许可人进行某种行为活动，不包含资格权能的特别证明内容，对被许可人不进行资格能力方面的考核。如开业、生产、经营许可等。资格许可，是指行政机关对相对人的申请，经过一定的考核程序后，核发一定的证明文书，允许其享有某种资格或具有某种能力的许可。这种许可一般也同时包含了对被许可人相关行为的许可。如会计资格许可、教师资格许可、律师执业资格许可等。

（七）各种行业性行政许可

以行政许可的目的和行政管理的具体内容为标准，划分为各种行业性许可，大致包括以下许可：①保障公共安全的许可。如出入境许可，边境通行许可，特种行业生产、经营许可，娱乐场所经营许可等。②保障身心健康的许可。如食品生产许可，行医许可，药品生产、使用许可等。③维护交通安全的许可。如车辆驾驶、行驶许可，车船使用许可，特种车辆生产许可等。④维护社会风尚的许可。如书刊出版、发行许可，广告发布许可，音像制品生产、经营许可等。⑤保护资源环境的许可。如采矿许可，林木采伐许可，土地使用许可，水资源使用许可等。⑥保护相对人合法权益的许可。如专利许可，商标许可等。⑦维护经济秩序的许可。如质量、计量许可，烟草、盐业专卖许可，进出口货物许可，外资、合资企业设立许可等。⑧市政管理许可。如城市建筑许可，道路占用许可等。

四、行政许可的原则

（一）法定原则

这项原则是指行政许可应当依法设定和实施，不能违反法律规定。《行政许可法》第4条规定："设定和实施行政许可，应当依照法定的权限、范围、条件和程序。"这表明无论是设定行政许可，还是实施行政许可，都必须依法进行。设定行政许可时，应当由有权设定的机关在法定权限范围内，按照法律规定的许可事项，并且依照法定程序设定；实施行政许可时，应当在法定权限内，按照法律规定的许可种类、许可条件、许可方式和程序进行，不能增加新的项目，也不能减少法定的条件，更不能违反法定的程序实施行政许可。

（二）公正原则

这项原则是指行政许可必须体现公平正义，要求行政机关在设定和实施行政许可时应当做到公开、公正。不仅行政许可的过程公开，其结果也要公开；不仅行政许可的形式应当公平，其实质更应当公平；不仅行政许可的内容要公正，其程序也需要体现公正。法律规定涉及公共利益的重大行政许可事项，应当向社会公告，并举行听证；行政机关的准予行政许可决定，应当予以公开，公众有权查阅；保证相对人在申请和获得行政许可方面，有着同等的权利和义务；行政机关作出行政许可决定，应当基于正当的动机并进行综合全面的考虑。

（三）效率原则

这项原则是指行政许可应当依法及时有效地设定和实施，体现便民和服务的宗旨，注重社会效益，降低行政成本。效率原则不仅体现了行政机关为人民服务的根本目的，而且也反映了以人为本的思想理念；不仅要求行政许可做到高效便捷，而且要求行政机关在实施许可时，应当减少消耗和降低成本。行政机关对于行政许可申请，应当尽可能做到当场受理、当场决定；对于可以联合办理、集中办理的行政许可事项，尽量避免和减少多头审批；为提高效率，依法可以将行政许可权相对集中行使等。

（四）保障原则

这项原则是指行政机关因违法或不当设定或实施行政许可，致使相对人合法权益造成损害的，行政机关应当予以纠正，并对所造成的损害予以赔偿、补偿。《行政许可法》要求行政机关实施行政许可时，给予相对人陈述、申辩等发表意见的权利；要求听证的权利；申请行政复议和提起行政诉讼的权利；因行政机关违法实施行政许可而受到损害的，依法要求赔偿的权利等。行政机关不得擅自改变已经生效的行政许可。行政机关因变更或撤销已经生效的行政许可，而给相对人造成财产损失的，应当依法给予补偿。

（五）监督原则

这项原则是指行政机关应当对其设定和实施行政许可的活动进行监督，依法对相对人从事的行政许可事项进行监督，以保障行政许可的合法性、正确性和有效性。《行政许可法》规定，应当建立健全对行政机关实施行政许可的监督制度，行政机关应当加强对相对人从事行政许可事项活动的监督。这两个方面监督的目的是一致的，就是为了保证行政许可正确、有效地实施，及时纠正行政许可活动中的违法行为，切实维护社会公共利益，保护相对人的合法权益。

五、行政许可的设定

（一）行政许可的设定范围

行政许可的设定范围即行政许可的范围，是指对于哪些事项可以设定行政许可，哪些事项不宜或不能设定行政许可。根据《行政许可法》的规定，设定行政许可应当遵循经济和社会发展规律，有利于发挥公民、法人或者其他组织的积极性、主动性，维护公共利益和社会秩序，促进经济、社会和生态环境协调发展。下列事项可以设定行政许可：[1] ①直接涉及国家安全、公共安全、经济宏观调控、生态环境保护以及直接关系人身健康、生命财产安全等特定活动，需要按照法定条件予以批准的事项；②有限自然资源开发利用、公共资源配置以及直接关系公共利益的特定行业的市场准入等，需要赋予特定权利的事项；③提供公众服务并且直接关系公共利益的职业、行业，需要确定具备特殊信誉、特殊条件或者特殊技能等资格、资质的事项；④直接关系公共安全、人身健康、生命财产安全的重要设备、设施、产品、物品，需要按照技术标准、技术规范，通过检验、检测、检疫等方式进行审定的事

---

[1]　参见《中华人民共和国行政许可法》第12条。

项；⑤企业或者其他组织的设立等，需要确定主体资格的事项；⑥法律、行政法规规定可以设定行政许可的其他事项。

对于通过下列方式能够予以规范的事项，可以不设行政许可：[1] ①公民、法人或者其他组织能够自主决定的；②市场竞争机制能够有效调节的；③行业组织或者中介机构能够自律管理的；④行政机关采用事后监督等其他行政管理方式能够解决的。

（二）行政许可的设定机关

1. 国家最高权力机关。作为国家最高权力机关的全国人大及其常委会是设定行政许可的法定机关，其通过制定法律设定行政许可。法律可以设定各种事项的行政许可。

2. 国务院。国务院是国家最高权力机关的执行机关，是国家最高行政机关。国务院对于尚未制定法律的事项，通过制定行政法规设定行政许可。行政法规可以在法律设定的行政许可事项范围内，对实施该行政许可作出具体规定。

必要时，国务院可以采用发布决定的方式即制定规范性文件的方式，设定行政许可。实施后，除临时性行政许可事项外，国务院应当及时提请全国人民代表大会及其常务委员会制定法律，或者自行制定行政法规。除此以外，其他规范性文件一律不得设定行政许可。

3. 地方权力机关。省、自治区、直辖市和较大的市的权力机关，对于尚未制定法律、行政法规的事项，可以制定地方性法规设定行政许可。地方性法规可以在法律、行政法规设定的行政许可事项范围内，对实施该行政许可作出具体规定。

4. 省级人民政府。对于尚未制定法律、行政法规和地方性法规的，因行政管理的需要，确需立即实施行政许可的，省、自治区、直辖市人民政府通过制定规章，可以设定临时性的行政许可。临时性的行政许可实施满1年需要继续实施的，应当提请本级人民代表大会及其常务委员会制定地方性法规。[2] 规章可以在上位法设定的行政许可事项范围内，对实施该行政许可作出具体规定。

为维护国家法制的统一性，保护公民、法人或者其他组织享有的宪法和法律赋予的基本权利，地方权力机关制定的地方性法规和省、自治区、直辖

---

[1] 参见《中华人民共和国行政许可法》第13条。
[2] 参见《中华人民共和国行政许可法》第15条。

市人民政府制定的规章，不得设定应当由国家统一确定的公民、法人或者其他组织的资格、资质的行政许可；不得设定企业或者其他组织的设立登记及其前置性行政许可。而且为避免地方保护主义，地方性法规、地方政府规章设定的行政许可，不得限制其他地区的个人或者企业到本地区从事生产经营和提供服务，不得限制其他地区的商品进入本地区市场。

法规、规章为实施上位法设定的行政许可作出的具体规定，不得增设行政许可；对行政许可条件作出的具体规定，不得增设违反上位法的其他条件。

（三）设定行政许可的程序

设定行政许可，应当依照《行政许可法》规定的以下程序进行：[1]

1. 听取意见。在起草法律草案、法规草案和省、自治区、直辖市人民政府规章草案的过程中，拟设定行政许可的，起草单位应当采取听证会、论证会等形式听取意见。公民、法人或者其他组织可以向行政许可的设定机关就行政许可的设定提出意见和建议。

2. 说明情况。起草单位应当向制定机关说明设定该行政许可的必要性、对经济和社会可能产生的影响以及听取和采纳意见的情况。

3. 定期评价。设定机关经法定形式设定行政许可后，应当定期对其设定的行政许可进行评价。行政许可的实施机关可以对已设定的行政许可的实施情况及存在的必要性适时进行评价，并将意见报告该行政许可的设定机关。

4. 修改或废止。制定机关对已设定的行政许可，认为通过当事人自主决定的方式、市场调节、行业自律、事后监督等方式能够解决的，应当对设定该行政许可的规定及时予以修改或者废止。

六、行政许可的实施

（一）行政许可的实施机关

1. 具有行政许可权的行政机关。行政许可作为一种具体行政行为，实施的机关首先是具有行政主体资格的行政机关，而且，只能由具有行政许可权的行政机关在其法定职权范围内实施。

2. 法律、法规授权的具有管理公共事务职能的组织。经法律、法规授权的具有管理公共事务的组织，取得了行政主体的资格，它们在法定授权范围内，以自己的名义实施行政许可。

3. 受委托行政机关。具有行政许可权的行政机关在其法定职权范围内，

[1]　参见《中华人民共和国行政许可法》第19、20条。

依照法律、法规、规章的规定，可以委托其他行政机关实施行政许可。委托机关应当将受委托行政机关和受委托实施行政许可的内容予以公告。

委托行政机关对受委托行政机关实施行政许可的行为应当负责监督，并对该行为的后果承担法律责任。受委托行政机关在委托范围内，以委托行政机关的名义实施行政许可。受委托行政机关不得再委托其他组织或者个人实施行政许可。

4. 被决定的行政机关。经国务院批准，省、自治区、直辖市人民政府根据精简、统一、效能的原则，可以决定一个行政机关行使有关行政机关的行政许可权。[1]

行政许可需要行政机关内设的多个机构办理的，该行政机关应当确定一个机构统一受理行政许可申请，统一送达行政许可决定。行政许可依法由地方人民政府两个以上部门分别实施的，本级人民政府可以确定一个部门受理行政许可申请并转告有关部门分别提出意见后统一办理，或者组织有关部门联合办理、集中办理。[2]

（二）实施行政许可的职业规范

1. 杜绝不正当的要求。行政机关实施行政许可，不得向申请人提出购买指定商品、接受有偿服务等不正当要求。

2. 不得谋取非法利益。行政机关工作人员办理行政许可，不得索取或者收受申请人的财物，不得谋取其他利益。

3. 严格遵循技术规范。对直接关系公共安全、人身健康、生命财产安全的设备、设施、产品、物品的检验、检测、检疫，除法律、行政法规规定由行政机关实施的外，应当逐步由符合法定条件的专业技术组织实施。专业技术组织及其有关人员对所实施的检验、检测、检疫结论承担法律责任。

七、行政许可的实施程序

行政许可的实施程序，是指行政机关实施行政许可的步骤、顺序、方式和时限等，它是行政许可制度中不可缺少的重要组成部分。行政许可的实施程序作为行政程序中的一种重要程序，在保障依法行政方面的作用，已为人们所认识。鉴于行政许可直接影响相对人权益的得失，关系到相对人能否取得某种权利或资格，能否从事某项活动，行政许可的程序显得尤为重要。根

---

〔1〕　参见《中华人民共和国行政许可法》第25条。
〔2〕　参见《中华人民共和国行政许可法》第26条。

据我国《行政许可法》的规定，行政许可活动大致有以下几个阶段：

（一）申请与受理

1. 提出申请。行政许可的前提是相对人提出行政许可的申请，申请是启动行政许可活动的第一步。行政许可是一种依申请的行政行为，当公民、法人或者其他组织需要从事特定活动、取得行政许可时，应当依法向行政机关提出申请，一般是向有权颁发申请事项许可证件的行政机关提出。申请应当以书面形式提出。申请书需要采用格式文本的，行政机关应当向申请人提供行政许可申请书的格式文本。但是，申请书的格式文本中，不得包含与申请行政许可事项没有直接关系的内容。

申请人应当具备申请行政许可事项所要求的资格条件和行为能力。申请人可以自己直接提出，也可以委托代理人提出行政许可申请。但是，依法应当由申请人到行政机关办公场所提出行政许可申请的，不得委托代理。行政机关应当创造条件、提供方便，以便申请人及时、有效地提出行政许可申请。申请人可以通过信函、电报、电传、传真、电子数据交换和电子邮件等方式提出行政许可申请。

行政机关应当将法律、法规、规章规定的有关行政许可的事项、依据、条件、数量、程序、期限以及需要提交的全部材料的目录和申请书示范文本等在办公场所公示，以方便申请人了解情况和提出申请。如果申请人要求行政机关对公示内容予以说明、解释的，行政机关应当说明、解释，提供准确、可靠的信息。申请人申请行政许可，应当如实向行政机关提交有关材料和反映真实情况，并对其申请材料实质内容的真实性负责。行政机关不得要求申请人提交与其申请的行政许可事项无关的技术资料和其他材料。

2. 受理。行政机关收到行政许可申请后，针对申请人提出的行政许可申请，应当根据不同情况分别作出处理：①申请事项依法不需要取得行政许可的，应当即时告知申请人不受理；②申请事项依法不属于本行政机关职权范围的，应当即时作出不予受理的决定，并告知申请人向有关行政机关申请；③申请材料存在可以当场更正的错误的，应当允许申请人当场更正；；④申请材料不齐全或者不符合法定形式的，应当当场或者在 5 日内一次告知申请人需要补正的全部内容，逾期不告知的，自收到申请材料之日起即为受理；⑤申请事项属于本行政机关职权范围，申请材料齐全、符合法定形式，或者申请人按照本行政机关的要求提交全部补正申请材料的，应当受理行政许可申请。[1]

行政机关受理或者不予受理行政许可申请，应当出具加盖本行政机关专用印章和注明日期的书面凭证。

（二）审查与决定

1. 审查材料。行政机关应当对申请人提交的申请材料进行审查。申请人提交的申请材料齐全、符合法定形式，行政机关能够当场作出决定的，应当当场作出书面的行政许可决定。行政机关受理申请后，根据法定条件和程序，需要对申请材料的实质内容进行核实的，应当指派两名以上工作人员进行核查。

依法应当先经下级行政机关审查后报上级行政机关决定的行政许可，下级行政机关应当在法定期限内将初步审查意见和全部申请材料直接报送上级行政机关。上级行政机关不得要求申请人重复提供申请材料。

2. 告知并听取意见。行政机关对行政许可申请进行审查时，发现行政许可事项直接关系他人重大利益的，应当告知该利害关系人。申请人、利害关系人有权进行陈述和申辩。行政机关应当听取申请人、利害关系人的意见。

3. 作出决定。行政机关对行政许可申请进行审查后，除当场作出行政许可决定的外，应当在法定期限内按照规定程序作出行政许可决定。对于申请人的申请符合法定条件、标准的，行政机关应当依法作出准予行政许可的书面决定。否则，作出不予行政许可的书面决定。行政机关作出的准予行政许可决定，应当予以公开，公众有权查阅。行政机关依法作出不予行政许可的书面决定的，应当说明理由，并告知申请人享有依法申请行政复议或者提起行政诉讼的权利。

4. 颁发行政许可证件。行政机关作出准予行政许可的决定，需要颁发行政许可证件的，应当向申请人颁发加盖本行政机关印章的下列行政许可证件：[2] ①许可证、执照或者其他许可证书；②资格证、资质证或者其他合格证书；③行政机关的批准文件或者证明文件；④法律、法规规定的其他行政许可证件。

对于由行政机关实施检验、检测、检疫的，可以在检验、检测、检疫合格的设备、设施、产品、物品上加贴标签或者加盖检验、检测、检疫印章。

由法律、行政法规设定的行政许可，适用范围没有地域限制的，申请人

---

[1]　参见《中华人民共和国行政许可法》第32条。
[2]　参见《中华人民共和国行政许可法》第39条。

取得的行政许可在全国范围内有效。

（三）受理的期限

除了行政机关依法可以当场作出行政许可决定的以外，对于行政许可申请，应当自受理之日起 20 日内作出行政许可决定。20 日内不能作出决定的，经本行政机关负责人批准，可以延长 10 日，并应当将延长期限的理由告知申请人。法律、法规另有规定的，依照其规定。

对于采取统一办理或者联合办理、集中办理的行政许可，办理的时间不得超过 45 日；45 日内不能办结的，经本级人民政府负责人批准，可以延长 15 日，并应当将延长期限的理由告知申请人。

依法应当先经下级行政机关审查后报上级行政机关决定的行政许可，下级行政机关应当自其受理行政许可申请之日起 20 日内审查完毕。法律、法规另有规定的，依照其规定。

行政机关作出准予行政许可的决定，应当自作出决定之日起 10 日内向申请人颁发、送达行政许可证件，或者加贴标签、加盖检验、检测、检疫印章。

行政机关作出行政许可决定，依法需要听证、招标、拍卖、检验、检测、检疫、鉴定和专家评审的，所需时间不计算在规定的期限内。行政机关应当将所需时间书面告知申请人。

（四）听证

行政许可作为一种使当事人获得某种资格或权益的行政行为，为保证其公平合理地实施，避免在向某一相对人授予利益的同时，影响或侵害公共利益或其他人的合法权益，有必要设定听证程序。根据规定实施行政许可应当听证的事项，或者行政机关认为需要听证的其他涉及公共利益的重大行政许可事项，行政机关应当向社会公告，并举行听证。

除了依法或依行政机关的决定举行的听证外，当行政许可直接涉及申请人与他人之间重大利益关系时，行政机关在作出行政许可决定前，应当告知申请人、利害关系人享有要求听证的权利，申请人、利害关系人可以提出听证申请。申请人、利害关系人在被告知听证权利之日起 5 日内提出听证申请的，行政机关应当在 20 日内组织听证。申请人、利害关系人不承担行政机关组织听证的费用。听证按照下列程序进行：

1. 行政机关应当于举行听证的 7 日前将举行听证的时间、地点通知申请人、利害关系人，必要时予以公告。

2. 听证应当公开举行。

3. 行政机关应当指定审查该行政许可申请的工作人员以外的人员为听证

主持人，申请人、利害关系人认为主持人与该行政许可事项有直接利害关系的，有权申请回避。

4. 举行听证时，审查该行政许可申请的工作人员应当提供审查意见的证据、理由，申请人、利害关系人可以提出证据，并进行申辩和质证。

5. 听证应当制作笔录，听证笔录应当交听证参加人确认无误后签字或者盖章。行政机关应当根据听证笔录，作出行政许可决定。

（五）变更与延续

1. 变更。变更是指行政许可的事项因故发生变化。被许可人要求变更行政许可事项的，应当向作出行政许可决定的行政机关提出申请；符合法定条件、标准的，行政机关应当依法办理变更手续。

2. 延续。延续是指对有期限的行政许可因故给予的延长。被许可人需要延续依法取得的行政许可的有效期的，应当在该行政许可有效期届满30日前向作出行政许可决定的行政机关提出申请。法律、法规、规章另有规定的，依照其规定。

行政机关应当根据被许可人的申请，在该行政许可有效期届满前作出是否准予延续的决定；逾期未作决定的，视为准予延续。

（六）特别规定

实施行政许可，适用《行政许可法》规定的程序；国务院实施行政许可的程序，适用有关法律、行政法规的规定。

对于有限自然资源的开发利用、公共资源配置以及直接关系公共利益的特定行业的市场准入等需要赋予特定权利事项的行政许可，行政机关应当通过招标、拍卖等公平竞争的方式作出决定。法律、行政法规另有规定的，依照其规定。

对于行政许可赋予公民特定资格，依法应当举行国家考试的，行政机关根据考试成绩和其他法定条件作出行政许可决定；赋予法人或者其他组织特定的资格、资质的，行政机关根据申请人的专业人员构成、技术条件、经营业绩和管理水平等的考核结果作出行政许可决定。法律、行政法规另有规定的，依照其规定。

对于直接关系公共安全、人身健康、生命财产安全的重要设备、设施、产品、物品等事项的行政许可，应当按照技术标准、技术规范依法进行检验、检测、检疫，行政机关根据检验、检测、检疫的结果作出行政许可决定。

行政机关实施检验、检测、检疫，应当自受理申请之日起5日内指派两名以上工作人员按照技术标准、技术规范进行检验、检测、检疫。不需要对检验、检测、检疫结果作进一步技术分析即可认定设备、设施、产品、物品是否符合技术标准、技术规范的，行政机关应当当场作出行政许可决定。

对于企业或者其他组织的设立等需要确定主体资格事项的行政许可，申请人提交的申请材料齐全、符合法定形式的，行政机关应当当场予以登记。需要对申请材料的实质内容进行核实的，行政机关应当派人进行核查。

对于有数量限制的行政许可，两个或者两个以上申请人的申请均符合法定条件、标准的，行政机关应当根据受理行政许可申请的先后顺序作出准予行政许可的决定。法律、行政法规另有规定的，依照其规定。

（七）行政许可的费用

行政机关实施行政许可和对行政许可事项进行监督检查，不得收取任何费用。但法律、行政法规另有规定的，依照其规定。行政机关提供行政许可申请书格式文本，不得收费。

行政机关实施行政许可，依照法律、行政法规收取费用的，应当按照公布的法定项目和标准收费；所收取的费用必须全部上缴国库，任何机关或者个人不得以任何形式截留、挪用、私分或者变相私分。财政部门不得以任何形式向行政机关返还或者变相返还实施行政许可所收取的费用。

八、对行政许可的监督检查

（一）监督检查的内容

加强对行政许可活动的全过程的监督检查，是完善行政许可制度，保证行政许可内容得以实现的重要环节。监督检查的对象和内容包括：监督有行政许可设定权的机关的有关行政许可设定情况，监督行政许可实施机关的有关行政许可实施情况，监督被许可人从事许可活动的情况，监督其他相对人违反行政许可的情况。行政机关是行政许可的设定和实施机关，既是监督检查的主体，又是监督检查的对象。上级行政机关应当加强对下级行政机关实施行政许可的监督检查，及时纠正行政许可实施中的违法行为。

为了规范被许可人从事的行政许可活动，行政机关应当建立健全监督制度，通过核查反映被许可人从事行政许可事项活动情况的有关材料，履行监督责任。行政机关依法对被许可人从事行政许可事项的活动进行监督检查时，应当将监督检查的情况和处理结果予以记录，由监督检查人员签字后归档。公众有权查阅行政机关的监督检查记录。行政机关实施监督检查，不得妨碍被许可人正常的生产经营活动，不得索取或者收受被许可人的财物，不得谋取其他利益。

取得直接关系公共利益的特定行业的市场准入行政许可的被许可人，应当按照国家规定的服务标准、资费标准和行政机关依法规定的条件，向用户提供安全、方便、稳定和价格合理的服务，并履行普遍服务的义务；未经作出行政许可决定的行政机关批准，不得擅自停业、歇业。对直接关系公共安全、人身健康、生命财产安全的重要设备、设施，行政机关应当督促设计、建造、安装和使用单位建立相应的自检制度。行政机关在监督检查时，发现直接关系公共安全、人身健康、生命财产安全的重要设备、设施存在安全隐患的，应当责令停止建造、安装和使用，并责令设计、建造、安装和使用单位立即改正。

（二）监督检查的措施

1. 行政许可的撤销。作出行政许可决定的行政机关或者其上级行政机关，根据利害关系人的请求或者依据职权，对于有下列情形之一的，可以撤销行政许可：[1] ①行政机关工作人员滥用职权、玩忽职守作出准予行政许可决定的；②超越法定职权作出准予行政许可决定的；③违反法定程序作出准予行政许可决定的；④对不具备申请资格或者不符合法定条件的申请人准予行政许可的；⑤依法可以撤销行政许可的其他情形。

被许可人以欺骗、贿赂等不正当手段取得行政许可的，应当予以撤销；被许可人基于该行政许可取得的利益不受保护。对于依照《行政许可法》第69条第1、2款的规定撤销行政许可，可能对公共利益造成重大损害的，可以不予撤销。依照《行政许可法》第69条第3款的规定撤销行政许可，被许可人的合法权益受到损害的，行政机关应当依法给予赔偿。

2. 行政许可的注销。行政许可有下列情形之一的，行政机关应当依法办理有关行政许可的注销手续：[2] ①行政许可有效期届满未延续的；②赋予公民特定资格的行政许可，该公民死亡或者丧失行为能力的；③法人或者其他组织依法终止的；④行政许可依法被撤销、撤回，或者行政许可证件依法被吊销的；⑤因不可抗力导致行政许可事项无法实施的；⑥法律、法规规定的应当注销行政许可的其他情形。

九、违反行政许可的法律责任

除了对于违反法律规定设定的行政许可，有关机关应当责令设定该行政

---

[1] 参见《中华人民共和国行政许可法》第69条。
[2] 参见《中华人民共和国行政许可法》第70条。

许可的机关改正，或者依法予以撤销以外，《行政许可法》对违反行政许可法律规范的行为，分别规定了行政责任、刑事责任和赔偿责任等责任形式。

对于行政机关及其工作人员违反规定的，由其上级行政机关或者监察机关责令改正；情节严重的，对直接负责的主管人员和其他直接责任人员依法给予行政处分。行政机关工作人员办理行政许可、实施监督检查，索取或者收受他人财物或者谋取其他利益，构成犯罪的，依法追究刑事责任。

行政机关实施的行政许可，违反法律规定，由其上级行政机关或者监察机关责令改正，对直接负责的主管人员和其他直接责任人员依法给予行政处分；构成犯罪的，依法追究刑事责任。行政机关在实施行政许可时，擅自收费或者不按照法定项目和标准收费的，由其上级行政机关或者监察机关责令退还非法收取的费用；对直接负责的主管人员和其他直接责任人员依法给予行政处分。截留、挪用、私分或者变相私分实施行政许可依法收取的费用的，予以追缴；对直接负责的主管人员和其他直接责任人员依法给予行政处分；构成犯罪的，依法追究刑事责任。

对于行政机关违法实施行政许可，给当事人的合法权益造成损害的，应当依照《国家赔偿法》的规定给予赔偿。

对于行政许可申请人隐瞒有关情况或者提供虚假材料申请行政许可的，行政机关不予受理或者不予行政许可，并给予警告；行政许可申请属于直接关系公共安全、人身健康、生命财产安全事项的，申请人在 1 年内不得再次申请该行政许可。

被许可人以欺骗、贿赂等不正当手段取得行政许可的，行政机关应当依法给予行政处罚；取得的行政许可属于直接关系公共安全、人身健康、生命财产安全事项的，申请人在 3 年内不得再次申请该行政许可；构成犯罪的，依法追究刑事责任。被许可人有涂改、倒卖、出租、出借行政许可证件，或者以其他形式非法转让行政许可的；或者超越行政许可范围进行活动的；或者向负责监督检查的行政机关隐瞒有关情况、提供虚假材料或者拒绝提供反映其活动情况的真实材料的，行政机关应当依法给予行政处罚；构成犯罪的，依法追究刑事责任。

公民、法人或者其他组织未经行政许可，擅自从事依法应当取得行政许可的活动的，行政机关应当依法采取措施予以制止，并依法给予行政处罚；构成犯罪的，依法追究刑事责任。

思 考 题

1. 试述行政征收的概念与特征。
2. 试述行政征收的种类。
3. 行政征收应当如何设定。
4. 试述行政许可的概念与特征。
5. 简述设定和实施行政许可的原则。
6. 简述行政许可的设定机关和设定事项。
7. 试述实施行政许可的程序。

第八章　行政确认与行政裁决

学习目的与要求

　　通过本章的学习，明确行政确认与行政裁决的概念、特征；了解行政确认是行政机关依法对相对人的资质、资格、事实、法律关系、法律地位等进行的甄别、确定和证明行为；掌握行政确认的分类、形式、范围、程序以及应用；了解行政裁决是行政机关对平等主体当事人之间发生的、与行政事务密切相关的、特定的民事纠纷进行审查和公断的行为；认识行政裁决在现实社会中解决特定纠纷的作用；理解行政裁决的原则、分类，明确行政裁决的程序以及适用。

第一节　行政确认

一、行政确认概述

（一）行政确认的概念

　　行政确认，是指行政机关依法对相对人的法律地位、权利义务和相关的法律事实进行甄别，予以确定、认可、证明并宣告的具体行政行为。这一概念包括以下几层含义：

　　1. 行政确认的主体是特定的行政主体。作出行政确认的行政主体是行政机关以及法律、法规授权的组织，它们是依法取得行政确认资格的特定的行政主体，在其职权范围内，依照法定程序和方式进行行政确认。

　　2. 行政确认的内容是特定的事项。行政确认主要用于确认或者否定相对人的法律地位、权利义务以及有关法律事实，是针对特定相对人所涉及的特定确认事项作出的。通常是对特定的法律事实、法律关系和法律地位所作的认可、确定、证明，目的在于确定相对人权利义务或法律地位是否存在或是否具有。如对相对人土地使用权的确认，对婚姻关系的确认，对收养关系的确认等，是为了确定其是否具有相应的权利义务。

3. 行政确认的性质是具体行政行为。行政确认是由特定的行政主体针对特定的相对人或特定事项实施的，它是行政机关代表国家所作的权威性认定。因此，行政确认行为不同于公民个人的作证行为以及非行政主体的技术鉴定行为，虽然作证、鉴定行为也具有认定事实的作用，但它们不具有行政行为的效力，缺乏行政确定力和拘束力。在实践中，行政确认是具有法定确定力和拘束力的具体行政行为，有关公民、组织和其他相对人应当承认和服从。

（二）行政确认的特征

1. 行政确认是要式行政行为。鉴于行政确认的直接表现形式是对特定的法律事实或法律关系是否存在的甄别和宣告，所以，行政主体在作出确认行为时，必须采用书面的形式，并按照特定的技术规范要求作出确认。参与行政确认的有关人员应当在确认文件上签名，由进行确认的行政主体加盖印章。

2. 行政确认是羁束行政行为。行政确认的目的是为了确定相对人的法律地位及其权利义务，这是一项严肃的法律行为，应当具有严格的规范性。而且，行政确认所宣告是否存在的法律事实或法律关系，是由客观事实和法律规定决定的，并且受到各种技术性规范的制约。所以说，行政主体在进行确认时，只能严格地按照法律规定和技术规范进行操作，不能随意裁量。

3. 行政确认是作出其他行政行为的前提。行政确认往往是行政机关作出其他行政处理决定的前提条件，是确定相对人权利义务的必要条件之一。在一般情况下，行政机关的行政确认与作出行政处理是两个密切相关的具体行政行为，首先进行行政确认，然后作出行政处理决定。这就使得行政确认有了鉴定、检验等甄别活动的内涵。

（三）行政确认的作用

1. 有利于保护相对人的合法权益。行政确认既有对现已存在的法律关系的确认，也有对当事人权利义务发生争议所作的确认，这些都与相对人的合法权益有关。如对合同的鉴证，对社会组织或企业性质的认定等，是属于事先对已经存在的法律关系的确认，如果对权属争议进行确认，则属于事后确认。

2. 有利于预防纠纷的发生。经过行政确认，可以明确当事人的法律地位、权利义务关系和法律事实，可以预防、减少或消除因法律关系、法律地位等含糊不清或不稳定状态而发生的纠纷，对于维护社会稳定有着重要的作用。

3. 有利于行政机关进行科学管理。现代行政管理离不开确认，确认是国家行政管理和国家维护经济秩序、社会秩序的一种重要手段。确认的实质在于使个人、组织的法律地位和权利义务取得法律上的承认。有了这种法律承认，个人和组织才能申请各种应有的利益，才能保护各种已经存在或已经取得的权利，并且使其权利为他人所承认。

4. 有利于有关机关解决争议和处理案件。通过行政确认，可以明确相对人的法律地位，确定行为性质，肯定合法行为，维护法律关系。这就为有关机关处理和解决当事人之间的争议和纠纷提供了准确、可靠的客观依据，以利于及时、有效地处理案件和正确地适用法律。

二、行政确认的分类

（一）依职权的行政确认和依申请的行政确认

根据相对人是否提出申请，可以分为依职权的行政确认和依申请的行政确认。

1. 依职权的行政确认。依职权的行政确认，是指行政机关依据法定职权，无须相对人提出申请，主动实施的确认。依职权的行政确认不以相对人的申请为必要条件，实践中这种确认应用较普遍，如纳税鉴定、计量鉴定、审计鉴定等，都是行政机关依职权主动进行的确认。

2. 依申请的行政确认。依申请的行政确认，是指必须由相对人提出申请后，行政机关才能够进行的确认。这种确认必须以相对人申请为条件，如果相对人没有提出申请，行政机关则不能够进行确认。如工商登记、婚姻登记、授予商标或专利证书等，都是在相对人提出申请之后，行政机关所作的确认。

（二）独立的行政确认和附属的行政确认

根据确认的事项与另一行为是否存在依赖关系，可以分为独立的行政确认和附属的行政确认。

1. 独立的行政确认。独立的行政确认，是指行政确认的事项，不依赖另一种行政行为而能够独立存在。这种确认不是另一种行政行为成立的前提，也不是另一种行政行为的补充，它有其自身独立的法律效果。各种行政证明行为就是如此。

2. 附属的行政确认。附属的行政确认，是指行政确认的事项以及作出确认行为的目的，并不能单独存在或为了自身而存在，这种行政确认是为了另一种行政行为的成立，或者是作为另一种行政行为的补充，它的法律效果应当归属于另一种行政行为。所以，这种确认实质上是为了实现另一行政行为，是作为实施另一行政行为的前提条件。如行政机关对于所有权、使用权等权属争议的处理，首先要确认权属，确认权属是解决争议的前提；行政机关颁发营业执照，首先要确认相对人的资格，确认是许可相对人从事经营活动的前提。

（三）对身份的行政确认、对能力或资格的行政确认、对有关法律事实的行政确认、对有关法律关系的行政确认及对权利归属的行政确认

根据行政确认的内容不同，可分为对身份的行政确认、对能力或资格的行政确认、对有关法律事实的行政确认、对有关法律关系的行政确认以及对权利归属类型的行政确认。

1. 对身份的行政确认是行政机关对相对人在法律关系中地位的确认。如颁发身份证、护照、学历和学位证书等。

2. 对能力或资格的行政确认是行政机关对相对人是否具有从事某种行为的能力或者资格的证明。如授予技术等级、专业技术职称，对从事驾驶、医务、建筑设计、会计、导游等的能力、条件、资格的认可。

3. 对有关事实的行政确认是行政机关对与相对人的权利义务有密切关系的客观事实的认定，即对某项事实的性质、状态、质量、规格、等级、数量等的确认。如对相对人具体行政违法行为性质的认定，对产品质量的检验认证等。

4. 有关法律关系的行政确认是行政机关对相对人权利义务是否存在或者是否合法、有效的确认，以及对相对人权利义务关系性质的确认。如行政机关对收养关系的鉴证、对经济合同的鉴证等。

5. 对权利归属的行政确认是行政机关对相对人是否享有某项权利，以及对具体权利内容的确认。权属确认适用的主要情形有：①对所有权的行政确认。指行政机关对相对人所有的财产包括动产与不动产，依法核发所有权证书的确定、证明行为。如对相对人所有的资源、财产，个人所有的房屋、财物等的确认。②对使用权的行政确认。指行政机关对相对人依法享有土地、山林、草原、水流、矿产等国有资源的使用权颁发使用证的行为。③对经营权的行政确认。指行政机关对相对人在经济活动中享有的生产经营权给予确定、认可的行为，如进行营业登记、核发营业执照等行为。④对知识产权的行政确认。指有关行政机关对相对人的专利权、商标权、著作权等知识产权

依法颁发专利、商标等专用证明，以及确定、证明著作权人等行为。

三、行政确认的范围

行政确认在国家行政管理中被广泛运用，涉及许多行政管理部门，是行政机关履行职责、行使行政职权的重要行为方式。行政确认适用的范围主要有：

1. 经济管理中的确认。包括对产品质量的确定、认可，对计量器具标准化的认证、鉴定，对商标、专利权的认证，对财产、资源所有权、使用权的确认，对著作权属的确认，对无效经济行为的确认等。

2. 公安、司法行政管理中的确认。包括对是否符合消防规范标准的确认，对身份、出生、死亡的证明，对交通事故等级、责任的认定，对有关精神病状态的司法鉴定，对有关文件的真伪、法律效力的鉴定等。

3. 劳动、人事管理中的确认。包括对工伤事故原因、责任的确认，对特别重大事故的技术鉴定，对技术等级、技术职称的确认等。

4. 民政管理中的确认。包括对公职人员死亡和伤残的性质、等级的确认，对革命烈士的确认，对结婚、离婚条件的确认，对婚姻状况事实的证明等。

5. 卫生管理中的确认。包括对医疗事故等级的鉴定，对药品的鉴定，对人员、物品的检疫鉴定，对食品卫生状况的检验证明等。

6. 环保管理中的确认。包括对污染状况的确认，对环境资源损害程度的鉴定等。

四、行政确认的形式

从法律规定和行政管理的实际情况看，行政确认主要通过以下形式来实现：

1. 确定。这是行政机关对个人、组织法律地位与权利义务的确定。如颁发房屋产权证、土地使用证、宅基地使用证等。

2. 认可。即认证。这是行政机关对个人、组织已有的法律地位和权利义务是否符合法律要求的认定。如对无效合同或行为的认定，对企业性质的认定，对产品质量的认定等。

3. 证明。这是行政机关明确证明对象的法律地位和权利义务的真实性的行为。如对身份、学历、资格的证明，对婚姻关系、收养关系、亲属关系的证明等。

4. 登记。这是行政机关应相对人的申请，在法定的规范性登记形式中，记载相对人的某种情况或事实，以确认其法律地位和权利义务。如对工商企业的注册登记，对产权、婚姻、户籍的登记等。

5. 鉴证。这是行政机关对某种法律关系的合法性予以审查后的确认。如工商机关对经济合同的鉴证等。

6. 鉴定。这是行政机关对特定的法律事实的性质、状态、质量等进行的检验评定。如技术监督机关对产品质量的鉴定，税务机关的纳税鉴定等。

五、行政确认的程序

目前，我国的行政确认尚没有统一的程序性规定。从有关法律规定和确认必经程序来看，大体上包括确认申请、确认审查、作出确认决定并制作、送达确认文书等过程。

1. 确认申请。行政确认可以分为依申请的确认和依职权的确认。凡规定应依申请确认的事项，需先由相对人提出要求行政机关进行确认的申请，申请应采用书面形式。凡规定属依职权确认的事项，行政机关则应主动进行确认。

2. 确认审查。这是行政机关对确认事项所作的审查、审核。它包括对相对人申请的确认事项是否属于行政确认的范围，是否属于受理申请的行政机关管辖的审查；对申请人的要求是否合法、合理的审查；对有关证据、材料的审查等。

3. 作出确认决定。行政机关经审查，在充分调查、研究和掌握证据的基础上，应依法作出行政确认决定。

4. 公布确认决定。行政机关通过一定的形式公布行政确认决定，并按法定形式制作相应的确认文书，及时送达有关当事人。

行政确认是行政机关运用国家行政权的活动，具有确定力和强制性。同时，行政确认作为一种具体行政行为，必然会对相对人的权利义务产生影响，当事人对行政确认有异议时，享有申请救济的权利，当事人可以通过行政复议或行政诉讼的途径获得救济。

第二节　行政裁决

一、行政裁决的概念

行政裁决，是指行政机关依照法律授权，对平等主体当事人之间发生的、与行政事务密切相关的、特定的民事纠纷进行审查，并作出裁决的具体行政行为。

在通常情况下，平等主体当事人之间发生的民事纠纷，应当向法院提起诉讼，由法院作出裁判，法院具有民事纠纷的管辖权。也就是说，传统解决民事纠纷的途径是司法诉讼和法院裁决。但是，随着时代的发展，特别是21世纪以来，社会经济迅速发展，社会经济关系呈现出复杂化、多样性，需要行政机关运用国家权力对社会经济生活进行干预的领域越来越多，行政管理与社会经济发展的关系越来越密切。于是，某些传统上由法院处理的民事纠纷，往往需要由行政机关先行处理，而某些民事纠纷经由行政机关处理更为适当便捷，许多法律授权行政机关对某些民事纠纷进行裁决。目前的实际状况是，行政裁决已成为国家行政管理的一种重要手段。当今，行政机关裁决平等主体当事人之间的民事纠纷这样一种行政活动方式，已为人们所接受。

目前，使用裁决的方式解决平等主体当事人之间民事争议的途径有两种，即法院裁判和行政裁决。由行政机关裁决某些民事纠纷的原因在于：一方面，由于经济和社会事业的迅速发展，大量的民事纠纷随之不断涌现，这是一种不可避免的社会现象。如各种民事侵权纠纷、权属纠纷、知识产权纠纷、环境污染纠纷、产品质量纠纷、社会保障纠纷、劳动关系纠纷等现象的出现，都是与当今迅速发展的社会经济密切相关的。对于这些纠纷，有的直接可由法院进行裁判，了断争议。但是，对于某些专业性和技术性程度较高的争议，相对于法院来说，由负责管理这些事务的行政机关去处理，显得更为适宜。另一方面，平等主体之间的某些民事争议与国家行政管理事务密切相关，它们发生在行政管理的过程中，这些事项涉及国家和社会公共利益，所产生的后果不限于纠纷当事人之间。所以，应当选择由行政机关进行干预和处理。但是，究竟哪些争议由法院裁判，哪些争议由行政机关裁决，目前还未形成统一的界定标准。通常做法是，对于由行政机关进行裁决的事项，必须由法律加以具体规定。对此，行政法学通说认为，行政机关裁决的民事纠纷应当由法律列举规定，未列入法定行政裁决范围的民事纠纷，则应纳入法院的管辖范围，行政机关无权处理。[1] 目前，我国对民事争议的行政裁决，采取的是由法律列举规定的方式。

行政裁决就其性质来讲，是一种具体行政行为。当事人对行政机关的裁决可以提起行政诉讼。如行政机关依据《土地管理法》、《食品安全法》、《环境保护法》等法律、法规，对土地使用权争议、产品质量争议、环境污染争议等所作的行政裁决，当事人可以依法提起诉讼。需要注意的是，当事人依法就行政裁决行为提起行政诉讼时，虽然行政裁决行为源于民事争议，但诉讼客体已经成为具体行政行为，此争议转为行政争议，人民法院直接审查的是行政机关裁决行为的合法性，而不是民事争议当事人之间的民事权利义务关系。在行政诉讼中，原民事争议当事人之间的民事争议仍然存在，人民法院在处理行政争议时，必然会涉及原民事争议，需要查明、确认争议的事实。但判决只能就导致行政争议的具体行政行为作出，而不能直接就民事争议作出。由此可见，亟须规范、完善行政附带民事诉讼，以便人民法院在审理行政案件的同时，一并对民事争议作出裁决。

二、行政裁决的特征

1. 行政裁决的主体是特定的行政机关。行使行政裁决权的主体是对与民事纠纷有关的行政事务具有管理职权的行政机关。而且，只有经法律专门规定的行政机关，才具有对某项民事争议的行政裁决权。

2. 行政裁决的对象是特定的民事争议。大多数民事争议的处理与裁决属于司法权范畴，通常是通过司法途径解决纠纷的。只有法律明确规定的那些特定的、与行政管理事务有关的民事争议，行政机关才能进行裁决。

3. 行政裁决具有裁判性。行政裁决是行政机关依法行使行政裁决权的活动，行政裁决权已成为国家行政权中的重要组成部分。行政机关既是以第三者、公断人的身份居间裁决民事纠纷，又是以管理者的身份裁决争议，因此，行政裁决具有准司法裁判的性质。而且，无论民事争议的当事人是否接受或同意裁决，都不影响行政裁决的实施和成立，也不影响行政裁决应有的法律效力。

4. 行政裁决的性质是一种具体行政行为。行政裁决权是法律授予特定行政机关的法定职权，行政机关依照法律针对特定的民事争议实施的裁决，是

---

[1]　叶必丰主编：《行政法与行政诉讼法》，中国人民大学出版社 2003 年版，第 169 页。

对已发生的民事争议依行政职权给予法律上的判定，具有具体行政行为的基本特性。

三、行政裁决的作用

目前，我国有许多法律规定有行政机关裁决民事争议的具体内容。行政裁决活动主要涉及治安管理、土地管理、食品卫生管理、质量监督管理、医疗卫生管理、工商管理、知识产权管理、资源管理等许多行政管理领域。行政裁决作为一种解决平等主体之间纠纷的行政法律制度，与社会经济发展和行政管理的目标相适应，在调整社会关系、解决社会纠纷中越来越显现出重要的作用。随着经济和社会的发展，各种社会主体参与社会活动日益频繁，平等主体之间的纠纷越来越多，各种新类型的民事纠纷不断涌现，诸如土地所有权、使用权纠纷，商标权、专利权纠纷，医疗、交通等事故引起的赔偿纠纷，环境污染、产品质量引起的赔偿纠纷等。对于这些纠纷的解决，完全依赖传统的司法审判程序由法院进行裁判，显然不能适应当今社会发展的要求，原因在于：①司法审判程序的时间长、成本高。民事诉讼程序要求规范，诉讼周期相对较长，手续比较繁杂，需要当事人付出一定的金钱和时间代价，不仅诉讼成本高，更重要的是不能及时解决纠纷。②法院审判资源有限。目前法院的诉讼数量多，审判能力不足，特别是涉及专业性、技术性较强以及需要管理部门进行确认、鉴定的案件，缺乏专门手段，显得力不从心，容易导致久拖不决。行政机关的行政裁决恰恰能够克服和弥补司法裁判的不足，这使得行政裁决处理特定的民事纠纷成为可能。行政裁决的主要作用表现为：

1. 有利于维护当事人的合法权益，及时解决纠纷。行政机关通过处理和裁决与行政事务密切相关的民事纠纷，可以确认相应的法律事实，明确一定的法律关系，有效地制止和处理侵权行为，使受害人的合法权益得以及时恢复和保障，能够减轻当事人的费用，降低处理纠纷的成本，减轻法院的审判压力，促进社会的稳定、和谐与进步。

2. 有利于发挥行政机关的优势，提高效率。行政机关在处理和裁决发生在行政管理过程中的民事纠纷时，可以充分地发挥和利用其专业特长和管理能力，因为当今大部分的这类纠纷，都与行政管理事务密切相关，行政机关的专门性、技术性手段在此可以得到展现，有实力保证行政裁决的公平、公正，能够及时、准确地解决纠纷，

四、行政裁决的原则

行政裁决的原则是行政机关在行政裁决的过程中应当遵循的准则。这些原则也是行政机关在正确、有效地处理和解决与行政管理事务有关的、平等主体当事人之间的民事纠纷的过程中，应当奉行的基本理念和行为准则。行政机关在坚持依法实施行政裁决的前提下，其进行行政裁决活动还应当遵循以下两项原则：

（一）公开、公平、公正的原则

行政裁决应当坚持公开、公平、公正的原则，行政机关作为当事人之间纠纷的裁决者、公断人，在法律上处于独立的第三人的地位。这就要求行政机关在裁决纠纷时必须做到：保证纠纷的当事人双方享有平等的权利，使他们在行政裁决过程中平等地主张权利和承担义务，享有同样的陈述权、申辩权和监督权，行政机关不得歧视任何一方当事人，确保双方在法律面前地位平等；除涉及国家秘密、商业秘密或者个人隐私的外，应当公布有关行政裁决的所有事实、依据、标准、过程以及结果，做到行政裁决程序公开；实行严格的回避制度，准确认定事实，正确适用法律，做到依法公正适用行政裁决权。

（二）及时、便民的原则

确立行政裁决制度的一个重要目的就是为了及时解决纠纷，减少当事人的消耗和费用，提高办事效率。行政机关在实施行政裁决的过程中，应当遵循及时、便民的原则，裁决程序上要体现高效率、低成本；树立服务意识，充分考虑当事人的实际情况和切身利益，尽可能地采取简便、迅速、灵活的裁决程序；为方便当事人，在行政裁决的各个环节上，简化手续，缩短周期，减少开支，降低费用，减轻当事人不必要的支出。

五、行政裁决的类型

根据有关法律规定，我国的行政裁决主要分为以下几种类型：

1. 对权属纠纷的裁决。这是指行政机关对发生在平等主体之间、与行政管理有关的财产所有权、使用权的归属争议所作出的确定性裁决。如行政机关对土地使用权纠纷的裁决，对矿产资源利用、开采权纠纷的裁决，对土地附着物所有权纠纷的裁决等。

2. 对损害赔偿纠纷的裁决。这是指行政机关对发生在行政相对人之间的赔偿争议所作的裁决。例如，在治安管理中，行政相对人违反治安管理并造成他人合法权益损害的，公安机关根据《治安管理处罚法》有关因民间纠纷引起的打架斗殴造成的损失损害赔偿的规定，对侵害人进行处罚的同时应当就赔偿问题进行裁决；在环境保护管理中，对因违反环保规定排放污染物造成他人合法权益损害而引起的赔偿纠纷，由环保机关所作的裁决等。在行政管理中发生的这类民事损害赔偿纠纷数量比较多，通过行政裁决，可以确认赔偿责任，使合法权益受损害的当事人能够及时获得赔偿。

3. 对侵权纠纷的裁决。这是指行政机关对当事人与行政管理有关的合法权益受到他人侵犯并发生争议时，为制止侵权行为而作出的裁决。如版权管理机关对著作权纠纷所作的裁决，知识产权管理机关对专利权、商标权纠纷所作的裁决等。这类纠纷涉及的权利，通常具有排他性，是法律特别规定的专有权，因此，这类纠纷是一种侵权纠纷。行政机关对这类纠纷的裁决通常与损害赔偿裁决一起使用，而且以确认权属为前提。裁决侵权纠纷的目的在于制止侵权行为，保护受害当事人的合法权益。

六、行政裁决的程序

行政裁决作为解决特定民事纠纷的一种有效方式，在诸多专业性、技术性较强的行政管理领域适用。它可以及时有效地解决当事人之间的民事争议，保护当事人的合法权益，适应现代行政管理和社会经济发展的需要。目前我国的行政裁决制度尚不够完善，有关法律、法规的规定比较零散，不够统一，特别是对行政裁决程序的规定更显得欠缺。由于行政裁决的程序直接关系到行政裁决的具体实施，影响着行政裁决的目标与功能的实现，所以，完善行政裁决制度绝不可忽视行政裁决程序这一重要问题。结合我国现行法律、法规的规定和行政裁决的实践，行政裁决程序规则的步骤、方式大致有以下阶段：

1. 申请。争议当事人应当首先向有权行政机关提出申请，要求行政机关对已发生的争议作出行政裁决，以保护自己的合法民事权益。申请应当符合的条件是：①申请人必须是民事权益发生争议的当事人或其法定代理人；②申请必须向有管辖权的行政机关提出；③申请必须在法定期限内提出；④申请必须符合法定形式，即一般须提交书面申请，载明双方当事人的基本情况、争议事项、请求以及根据和理由等。

2. 受理。行政机关收到当事人的申请后，应当对申请内容进行初步审查，如果符合申请条件的，应当受理；如果认为不符合申请条件的，行政机关应及时通知当事人并说明理由。

3. 审查。行政机关受理当事人的申请后，即开始对当事人的争议进行审查，包括对有关事实和证据进行查证、核实，召集当事人进行调查、询问、辩论和质证，向有关证人了解情况，必要时可以组织勘验、鉴定。如证据不足，行政机关有权责令当事人举证，也可自行依法组织调查、取证。

4. 裁决。行政机关经过审查认为事实清楚、证据充分的，应当及时作出行政裁决。裁决书应载明争议双方当事人的基本情况、争议的内容、裁决机关认定的事实以及裁决的根据和理由等。并应告知当事人对此裁决能否申请复议或提起诉讼以及复议或诉讼的管辖机关。如果属于最终裁决，则应当告知当事人履行裁决的期限等。行政裁决作出后，裁决书应当及时送达双方当事人。

思 考 题

1. 简述行政确认的概念与特征。
2. 试述行政确认的分类与形式。
3. 如何确定行政确认的范围。
4. 试述行政裁决的概念与特征。
5. 行政裁决应当遵循哪些原则。
6. 分析比较行政裁决与司法审判的关系。
7. 试述实施行政裁决的程序。

第九章　行政处罚

学习目的与要求

　　通过本章的学习，认识和理解行政处罚的概念、特征、种类和主要形式，掌握行政处罚的原则，明确行政处罚的设定主体和法律规范的设定形式；理解和掌握行政处罚的实施主体及其管辖，以及行政处罚的适用对象、适用效力和适用原则；能够熟知和掌握行政处罚的决定程序和执行程序。

第一节　行政处罚概述

一、行政处罚的概念

（一）行政处罚的含义与特征

　　行政处罚，是指行政主体依照法定权限和程序，对违反行政法规范的公民、法人或其他组织所实施的行政制裁。从行政处罚的性质来看，它是具有行政处罚权的行政主体履行职责、行使职权所实施的一种具体行政行为，也是被处罚对象因行政违法而引起的一种法律后果和承担责任的形式。行政处罚具有以下特征：

　　1. 实施行政处罚的主体是行政主体。行政处罚的这一主体特点，使它区别于人民法院所实施的刑事制裁和民事制裁。行政处罚是由具有法定处罚权的行政主体实施的，行政处罚权是因行政管理的需要依法为行政主体配置的，主要赋予行政机关在一定情况下，经由法律、法规授权或受行政机关委托的组织也可成为实施行政处罚的主体。这一特点同时表明，实施行政处罚的主体并非是所有的行政主体，享有行政处罚权的行政主体只能是由法律、法规明确规定的，它必须依照法定权限和程序实施处罚。

2．行政处罚的对象是违反了行政法规范的行政相对人。作为行政处罚对象的相对人是公民、法人或其他组织，他们是行政管理的对象，实施行政处罚是行政主体基于其同行政相对人之间已经存在的外部行政管理关系。这一特点表明，行政处罚不同于行政机关基于内部行政隶属关系对其公务人员所作的行政处分。

3．实施行政处罚的目的是惩戒行政违法。行政主体实施行政处罚是因为相对人有行政违法行为，即相对人违反了有关行政法律、法规、规章规定，或没有履行其负有的法定义务，构成了行政违法；行政处罚也是相对人因行政违法所引起的一种法律后果。

4．行政处罚的性质是一种制裁性的具体行政行为。行政处罚属于行政制裁范畴，具有惩戒性质。从制裁程度和制裁方式上看，行政处罚与刑事制裁、民事制裁相比较，程度不同，方式各异。行政处罚既是行政主体的一种行政法律制裁行为，也是被处罚的相对人因行政违法而承担的接受惩戒的法律责任。行政处罚的制裁性表现为对于行政违法相对人权益的限制、剥夺，或者对其科以新的义务。

（二）行政处罚与相关概念的区别

将行政处罚与相关概念进行比较分析，认识它们之间的联系和区别，便于理解和把握行政处罚的概念。

1．行政处罚与行政处分。行政处分，是指行政机关对其所属公务人员违法违纪而实施的一种内部惩戒行为。行政处罚与行政处分的实施主体都是行政机关，二者都属于行政性质的制裁行为，也都是行政违法行为引起的法律后果。但是，它们存在着明显的区别：

（1）隶属关系不同。这是指实施制裁的主体与被制裁者之间存在着不同的管理关系和行政隶属关系。实施行政处罚的行政主体与被处罚的行政相对人之间是基于行政主体履行行政管理职能，构成的外部行政管理关系；而实施行政处分的主体与受处分人之间一般存在着内部行政隶属关系。

（2）制裁对象不同。行政处罚是针对违反行政法律规范，构成行政违法的公民、法人或其他组织的，处的对象是外部行政相对人；而行政处分的对象限于违法违纪的行政机关内部公务人员，处分的对象是内部行政相对人。

（3）制裁依据不同。实施行政处罚的依据是国家有关管理社会的行政法律规范；实施行政处分除了依据国家有关行政法律、法规、规章外，主要是依据行政机关内部管理的法律规范或纪律、制度等。

（4）制裁的形式不同。行政处罚的形式和种类比较多，有涉及相对人的财产权益、行为能力和人身自由等方面的处罚形式，诸如警告、罚款、没收财物、吊销许可证和执照、责令停产停业、行政拘留等，也有不涉及财产、行为和人身自由的警戒罚，如警告等；行政处分的形式主要有警告、记过、记大过、降级、撤职和开除六种，一般不涉及被处分相对人的财产权益和人身自由。

（5）保障救济的途径不同。外部行政相对人不服行政处罚的，依法可以向上级机关申请行政复议或向人民法院提起行政诉讼，保障自己的合法权益；内部相对人不服行政处分的，依法只能向主管行政机关或专门的行政监察机关提出申诉，以求得解决，不能申请行政复议和提起行政诉讼。

2. 行政处罚与刑罚。刑罚是人民法院代表国家实施的用以惩罚犯罪行为人的刑事制裁。行政处罚与刑罚都是具有强制力的国家制裁方法，是用以追究违法行为人的法律责任形式。但二者有着明显的不同：

（1）制裁性质不同。行政处罚属于行政性质的制裁，是行政主体的一种具体行政行为，行使行政处罚权属于行政权的范畴；刑罚属于刑事司法性质，是人民法院行使国家审判权的重要内容，实施刑罚的权力属于审判权的范畴。

（2）实施主体不同。实施行政处罚的主体是行政主体，行政处罚只能由具有外部行政管理职权的行政主体实施；实施刑罚的主体是人民法院，其他任何机关、组织或个人均不享有司法审判权，都无权对公民适用刑罚。

（3）适用对象不同。行政处罚的适用对象是违反行政法规范，构成行政违法的行政相对人；刑罚的适用对象则是违反刑事法律规范，构成刑事犯罪的刑事被告人。

（4）制裁形式不同。行政处罚的形式和种类比较多，除了由《行政处罚法》统一规定的警告、罚款、没收、责令停产停业、暂扣或吊销许可证和执照、行政拘留等种类外，还有其他单行行政法律、法规规定的适用于部门行政处罚的制裁形式，如《治安管理处罚法》规定的吊销公安机关发放的许可证，对违反治安管理的外国人附加适用的限期出境或驱逐出境等处罚形式；刑罚的种类和制裁形式是由《刑法》统一规定的，包括管制、拘役、有期徒刑、无期徒刑、死刑等主刑，以及罚金、剥夺政治权利、没收财产、驱逐出境等附加刑。

（5）适用的程序不同。行政处罚是行政主体依照行政处罚的程序实施的，主要根据《行政处罚法》以及其他行政法律、法规规定的处罚程序；刑罚则是人民法院根据刑事诉讼程序作出的，依照《刑事诉讼法》的规定适用刑罚。

二、行政处罚的原则

行政处罚的原则，是指由法律规定的设定和实施行政处罚必须遵循的基本准则。行政处罚的原则应当体现行政处罚法律规范的制定宗旨和实施目的，规范行政处罚的设定和实施，贯穿于行政处罚的全部过程，对于整个行政处罚活动具有普遍指导意义。根据我国《行政处罚法》的规定，行政处罚应当遵循以下原则：

（一）处罚法定原则

处罚法定原则，是指设定和实施行政处罚必须依法进行。因为行政处罚涉及相对人的人身权、财产权等基本权利，会对相对人的权益产生影响，为了保障相对人的合法权益不受非法侵犯，防止发生随意限制或损害相对人合法权益的情形，必然要求在设定和实施行政处罚时，应当有法律明确的规定。只有法律规定哪些行为属于行政违法并给予何种处罚，并且明确授权行政主体实施处罚的情况下，才能实施处罚。处罚法定原则的主要内容是：

1. 行政处罚应当由有权设定处罚的国家机关在法定职权范围内设定，不得越权设定，并且要按照法定的形式和程序制定、公布。无权设定行政处罚的机关、组织不得设定行政处罚。根据《行政处罚法》的规定，具有立法权的国家机关通过制定法律、行政法规、地方性法规和规章的形式，分别设定不同种类的行政处罚。

2. 实施行政处罚的主体必须是依法具有行政处罚权的行政主体，并且只能在法定职权范围内实施处罚，其他不具有处罚权的机关和组织不得实施处罚。

3. 实施行政处罚必须有法定依据，法无明文规定不予处罚。只有在法律、法规、规章明确规定相对人的某种行为属于行政违法行为并应予处罚、给予何种处罚时，行政主体才能对其实施处罚。

4. 行政处罚必须遵循法定程序。程序是保障行政处罚做到公正、合法的基本条件，行政主体实施行政处罚不仅要遵守实体法的规定，同时要遵守程序法的规定，违反法定程序实施行政处罚是无效的。

（二）公正、公开原则

行政处罚应当遵循公正、公开的原则。公正即公平、正义、正直、无私。公正原则，是指设定和实施行政处罚时，不仅要求形式合法，具有法律依据和按照法定程序，而且要求内容合法，符合法律精神和行政目的。它是处罚法定原则的必要补充。公开原则，是指一切有关处罚的规定都应公开，行政处罚应当公开实施，处罚过程应当让相对人了解和参与。只有公开才能保证相对人对行政处罚活动的监督，才能促使行政机关依法、公正地行使处罚权，保障相对人的合法权益。行政处罚的公正、公开原则，是行政合法性原则与行政合理性原则在行政处罚活动中的综合体现。这项原则的主要内容是：

1. 设定和实施行政处罚必须符合法律的精神，反映立法旨意，符合行政目的。

2. 设定和实施行政处罚必须以事实为根据，处罚的轻重程度应与违法行为的事实、性质、情节以及危害程度相适应。

3. 实施处罚必须建立在正当考虑的基础上，不应考虑不相关的因素，要合乎理性，不能违背共同的准则。

4. 行政处罚是行政自由裁量权的具体运用，要求行政主体在行使自由裁量权时，更应坚持公正、公开原则，裁量的种类、形式都要做到合理、适当，在法定幅度范围内实施处罚。

《行政处罚法》规定的保障行政处罚公正、公开的具体制度主要有：执法人员表明身份制度，告知当事人权利制度，听证制度，处罚决定与处罚执行相分离制度等。

（三）处罚与教育相结合的原则

处罚与教育相结合的原则，是指实施行政处罚纠正行政违法行为时，应当坚持处罚与教育相结合，教育相对人自觉守法。要认识到行政处罚既是制裁行政违法的手段，也是纠正违法行为，对违法者以及其他人进行教育的一种形式。行政处罚虽然是一种惩罚，但它本身不是目的，不是单纯为了惩罚而处罚。行政处罚的目的在于纠正行政违法行为，并教育当事人和其他人自觉地遵守和维护法律。虽然处罚本身也包含着教育，但在处罚的过程中还必须辅以教育，把教育违法行为人和其他人自觉守法贯穿于整个处罚活动。坚持处罚与教育相结合的原则，既要克服在行政处罚中不进行宣传教育，只注重单纯处罚的惩罚主义倾向，又要避免以教育代替处罚，对应当受到处罚的违法行为迁就放任的现象。因此，处罚与教育二者不可偏废，行政机关在对违法者给予处罚的同时，主动进行法制教育，增强和提高相对人的法律意识和守法的自觉性，从而达到制止、预防违法的目的。

（四）违法程度与处罚相适应的原则

这项原则亦称过罚相当的原则，是指对违法行为人适用行政处罚时，处罚的严厉程度要与相对人违法行为的事实、性质、情节及危害程度相当，适用行政处罚形式、种类和幅度要与违法行为人的过错程度相适应，既不能轻过重罚，也不能重过轻罚。实施行政处罚要做到相对人违法行为的过错有多大，就应当给予其多重的处罚。如果处罚过轻，未能触动违法行为人的思想和切身利益，就不能起到制裁和惩戒违法的目的，违法行为人还有可能重犯。特别是对于涉及财产利益方面的违法，如果处罚结果轻微，远不及违法行为人所获的利益，那么违法行为就难以制止；如果处罚的程度过重，容易造成被处罚的相对人合法权益的侵害，引起不满情绪，背离了设定和实施处罚的目的。

坚持违法程度与处罚相适应的原则，是设定行政处罚和实施行政处罚都必须遵循的原则。在设定行政处罚时应当做到，设定处罚的种类应与行政违法行为的性质、情节及社会危害程度相适应，例如，对于以营利为目的的违法行为，不能缺乏对违法行为人经济利益和财产性内容的处罚种类和形式；对于相对人以某些资格、权能为条件而实施的行政违法，应当设定对违法相对人限制或剥夺该资格、权能的处罚种类和形式等。在实施行政处罚时应当做到，查明和证实违法事实和违法行为，全面掌握和证实行政违法行为人的目的、动机、手段和危害后果等，准确选择适用法律、法规，正确地运用自由裁量权，在法定范围内选择、确定适当的处罚种类、形式和幅度。

（五）保障相对人合法权益的原则

这项原则亦称处罚救济原则，是指行政主体实施处罚时，必须保障相对人的合法权益不被侵犯，为其提供法律救济的途径，使其合法权益获得保障救济，否则不能实施处罚。行政机关实施的行政处罚，直接作用和影响着相对人的切身利益，如果处罚违法或者不当，就会使相对人的合法权益造成损害。为此，应当为相对人提供一条申诉、控告的渠道，允许相对人对于行政处罚是否合法与公正发表意见，使其有提出批评和监督行政主体执法活动的渠道。目前，已经建立了行政复议、行政诉讼和国家赔偿等多种法律救济制度，要充分发挥这些制度的作用。

我国《行政处罚法》专门规定了相对人对于行政机关实施的处罚，享有陈述权和申辩权；如果对于行政处罚不服，有权依法申请行政复议或提起行政诉讼；相对人因行政机关违法实施处罚而受到损害的，有权依法要求行政赔偿。法律还规定了行政处罚程序中的听证、回避和办案公开等制度。通过采取这些保障救济措施，有利于行政机关正确实施行政处罚，即使因行政机关违法或不当的行政处罚而导致相对人合法权益受到损害的，亦可获得行政救济，使相对人的合法权益从法律制度上得到有效的保障。

第二节　行政处罚的种类与设定

一、行政处罚的种类

行政处罚按照性质和内容的不同，通常划分为申诫罚、财产罚、能力罚和人身自由罚四类。

（一）申诫罚

申诫罚又称声誉罚、精神罚。这类行政处罚是对违法行为人的名誉、声誉予以谴责和警示，也是对相对人精神上的惩戒。其目的在于引起被处罚人对其违法行为的认识和警惕，使其停止违法行为并且不再重新违法。申诫罚不具体限制或剥夺相对人的实体权利，属于行政处罚中程度最轻的处罚类型。这类处罚的适用对象没有特别限制，包括各种行政相对人。处罚的主要形式有警告、通报批评、责令改正、责令悔过等。

1. 警告。警告是申诫罚中最常用的一种形式，《行政处罚法》将警告列为行政处罚的种类之一。警告是行政主体对违法行为人实施的谴责和告诫，主要以书面形式作出。警告不同于一般的口头批评教育，它是对违法行为人发出的警戒，具有惩戒性质，一般适用于行政违法行为轻微或未造成实际危害后果的相对人。警告既可单处也可并处。

2. 通报批评。通报批评是行政主体以书面形式公开对行政违法相对人进行的谴责和告诫，影响相对人的声誉，使其精神上受到压力。通报批评的特点是公开程度高，造成的影响较大，不仅教育本人，而且可以广泛地警示和教育他人。

3. 责令改正。责令改正是由行政主体对违法行为人实施的一种书面形式的谴责和告诫。它是向违法行为人发出警戒并要求其予以改正，令其停止违法行为，并且减轻或挽回因违法造成的损失。

4. 责令悔过。这也是一种申诫罚，是由行政机关对违法行为人实施的谴责和告诫。要求违法行为人纠正违法，并且保证以后不再发生类似的违法行为。

（二）财产罚

财产罚是行政主体对违法行为人科以财产给付义务，或者剥夺违法行为人一定财产利益的处罚。财产罚在行政处罚中的适用比较广泛，也是最常见的一类行政处罚。它只是强令相对人缴纳一定数额的金钱或者剥夺其一定的财产利益，不影响相对人的人身自由和其他权利。这类处罚主要适用于有一定资产和经济收入的组织和公民个人，针对其从事经营违法活动或以牟利为目的的违法行为。通过剥夺相对人的财产经济利益，以补偿违法行为对国家利益、社会公共利益和他人合法权益造成的损害。财产罚的主要形式有罚款、没收违法所得以及没收非法财物等。

1. 罚款。罚款是行政主体对违法行为人科以金钱给付义务，强令其限期交纳一定数额款项的处罚。罚款是一种有着经济内容的行政制裁，明确规定了所罚款项的数额和交纳的期限，必须以书面形式作出。罚款与刑罚中的罚金不同，罚金是刑罚附加刑的一种，由人民法院作出，适用的对象是构成犯罪的刑事被告人。

2. 没收。没收包括没收违法所得和没收非法财物。它是行政主体针对违法行为人的违法所得或非法占有的财物，作出将其收归国家所有的处罚形式。违法所得包括行为人违法取得的金钱、财产及其他物质利益，非法财物包括非法获取和占有的金钱、物品以及没有合法来源的财物或其他物质利益。另外，非法财物还包括违禁物品和违法行为工具，如赌资、赌具、走私物品、武器弹药和管制刀具等。行政处罚中的没收与刑罚附加刑中的没收财产不同，没收财产是一种刑罚制裁方法，由人民法院判决将犯罪分子个人所有的一部分或全部财产，强制无偿收归国家所有。

（三）能力罚

能力罚又称资格罚，是行政主体实施的、用以限制或剥夺违法行为人某种行为能力或资格的处罚。这类处罚的严厉程度高于申诫罚和财产罚，适用对象既可以是个人，也可以是组织。它的主要形式有责令停产停业、暂扣或者吊销许可证、执照等。

1. 责令停产停业。这是由行政主体依法实施的、用以限制违法行为人从事生产、经营活动的处罚。这种处罚一般附有改正违法行为的期限要求或其他条件，受处罚人在规定的期限内纠正了违法行为以及满足了附加条件的，经法定机关认可，可恢复生产、经营活动。责令停产停业适用的对象是从事生产、经营活动的组织或个人，其适用原因是由于违法行为人实施了与生产、经营活动有关的违法行为，并对国家、社会及他人的权益造成了损害。

2. 暂扣或者吊销许可证、执照。许可证、执照是相对人依法取得的某种特许权利或资格的凭证。吊销许可证、执照，是行政主体依法取消违法行为人已获得的从事某种特许权利或资格的凭证，禁止其从事与该权利或资格有关的活动。这种处罚的目的在于取消违法行为人原来享有的某种资格，限制或剥夺其原获得的某种特许权利，使其丧失从事这种特许活动的能力。

暂扣许可证、执照是行政主体依法暂时中止违法行为人从事某项活动的权利或资格，并在一定时间内留置其许可证、执照，待作进一步处理。一般情况下，经过一定期限或者等待行为人纠正违法之后，发还许可证、执照。如交通管理中一定期限的暂扣驾驶证。在行政执法实践中，也有暂扣许可证、执照之后又作出其它处罚的，如暂扣卫生许可证后，当事人没有改正的，作出吊销许可证的处罚。

暂扣、吊销许可证或执照是一种较为严厉的行政处罚，其是在对违法行为实施其他处罚形式不足以实现制裁目的，而且需要禁止或限制违法行为人从事某种活动的资格或能力的情况下，才作出的处罚。

（四）人身自由罚

人身自由罚，是指由行政机关依法实施的、在短期内限制违法相对人的人身自由的处罚。这类处罚是行政处罚中最严厉的种类，主要针对违反社会治安管理的行政违法行为，适用对象只能是公民个人，不适用于法人。人身自由罚的主要形式有：行政拘留、限期出境和驱逐出境等。

1. 行政拘留。行政拘留是主管行政机关依法对行政违法行为人实施的、在短期内限制其人身自由的处罚。实施行政拘留的机关是特定的行政机关，依照法律规定仅限于警察机关，其他行政主体不能作出行政拘留处罚。行政拘留只能针对自然人适用，拘留的期限有严格限制，《治安管理处罚法》规定拘留为1日以上15日以下，合并执行的期限不能超过20天。行政拘留不同于刑事拘留、司法拘留，它们在实施的主体、适用的对象、法律依据、执行方法以及法律后果等方面明显不同。

2. 限期出境、驱逐出境。这是两种涉及人身自由权利的行政处罚的形式，是由特定的行政机关对违反出入境管理法的外籍人实施的行政处罚。根据《外国人入境出境管理法》的规定，对于非法入境出境的，在中国境内非法居留或停留的，未持有效证件前往不对外国人开放的地区旅行的，以及伪造、涂改、冒用、转让入境出境证件的外国人，公安机关可以处以限期出境或驱逐出境的处罚。这两种处罚的对象是违反出入境管理法的外籍人，是对违法行为人在我国境内居留和活动的权利予以限制或取消的行政处罚。被处罚人接到限期出境的处罚决定书后，应在处罚决定书确定的期限内自动离境，如果拒绝出境，则由所在地公安机关强制其出境。被处罚人在接到驱逐出境处罚决定书后，由所在地公安机关依法执行驱逐出境。行政处罚中的驱逐出境不同于刑罚附加刑中的驱逐出境，在制裁性质、实施机关、适用对象、法律依据等方面，二者存在着明显区别。

二、行政处罚的设定

（一）行政处罚设定的含义

行政处罚的设定，是指有关国家机关依照法定职权，在其制定的法律、法规、规章中，创设行政处罚的活动。我国《行政处罚法》对于行政处罚的设定作了明确的规定，只有依法享有行政处罚设定权的国家机关，才可以通过制定法律规范的形式创设行政处罚。

行政处罚设定权是指创设行政处罚的权力，属于行政立法权范畴。根据《行政处罚法》的规定，行政处罚设定权分为创设权和规定权，由具有行政立法权的机关行使。创设权属于自主性立法权，是制定机关不受其他法律规范的制约、限制，自行作出行政处罚的行为、种类、形式和幅度的规定。制定机关根据创设的范围，可以创设行政处罚的所有行为、种类、处罚形式和幅度，或者依照权限，创设行政处罚的行为、种类和幅度的一部分。规定权属于执行性立法权，是制定机关在上位法规定的行政处罚的行为种类、形式和幅度的范围内，作出具体的规定。它是在上位法的范围内，不增设处罚的行为种类，将处罚的违法行为、处罚的幅度具体化、详细化。

由此可见，设定行政处罚的机关只能是有行政立法权的国家机关。由于行政处罚直接关系到相对人的人身、财产等权利，设定行政处罚必须有法律明确规定的条件和限制。行政处罚的设定具体表现为：不同层级的法律规范，分别设定对不同行政违法行为种类、不同处罚形式和幅度的不同规定，各种行政法律规范分别在各自的创设权和规定权的范围内，创设和规定各种行政处罚的行为种类、处罚形式和处罚幅度。

（二）行政处罚设定的形式

根据我国宪法规定的立法体制，我国行政处罚设定的主体，是依宪法、法律或者授权而享有法律、法规、规章制定权的国家机关。其他任何不享有行政立法权的机关、组织和个人都不能作为行政处罚设定的主体，均不得设定行政处罚。行政处罚的设定形式为：法律、行政法规、地方性法规、规章。除法律、法规、规章外的其他任何规范性文件，均不是行政处罚的设定形式。

1. 法律。法律是由最高国家权力机关即全国人民代表大会及其常委会制定的，层级效力最高。法律可以设定任何种类和形式的行政处罚。《行政处罚法》规定，限制人身自由的行政处罚只能由法律设定，行政法规、地方性法规、部门规章和地方政府规章均无权设定。因为人身自由权是公民最基本、最重要的权利，限制人身自由的行政处罚是最严厉的行政处罚，只能由法律设定。

2. 行政法规。行政法规是由国家最高行政机关即国务院制定的，层级效力仅低于法律，高于其他法规、规章。行政法规除了不能设定限制人身自由的行政处罚种类外，可以设定警告、罚款、没收违法所得、没收非法财物、责令停产停业、吊销许可证或执照等其他种类的行政处罚。如果法律对违法行为已经作出行政处罚规定，行政法规需要作具体规定的，必须在法律所规定给予行政处罚的行为、种类和幅度的范围内加以规定。行政法规所作的具体规定，不能超越法律规定的限度，否则无效。

3. 地方性法规。地方性法规是由地方省级和部分市级国家权力机关即地方人民代表大会及其常委会制定的，层级效力低于法律、行政法规。地方性法规可以设定除限制人身自由、吊销企业营业执照以外的行政处罚，即可以设定警告、罚款、责令停产停业、暂扣或吊销许可证、暂扣执照、没收违法所得、没收非法财物等行政处罚。如果法律、行政法规对违法行为已经作出行政处罚规定，地方性法规需要作具体规定的，必须在法律、行政法规规定的给予行政处罚的行为、种类和幅度的范围内规定，不能超越法律、行政法规规定的限度。

4. 规章。规章包括部门规章和地方政府规章，是由国务院各部门、地方省级和部分市级人民政府制定的，层级效力最低。规章可以在法律、法规规定的给予行政处罚的行为、种类和幅度的范围内作出具体规定，尚未制定法律、法规的，规章可以设定警告或一定数量罚款的行政处罚。部门规章设定罚款的限额由国务院规定；地方政府规章设定罚款的限额由地方省级人大常委会规定。由于规章的制定主体较多，其效力层级较低，为防止规章对行政处罚的设定过多、过滥，《行政处罚法》仅规定对于尚未制定法律、法规的，规章可以设定警告和一定数量罚款这两种行政处罚。

有关规章规定的罚款数额，部门规章与地方政府规章的规定有所不同。对于部门规章设定罚款的，由国务院对此规定限额，目前的具体做法是：①对非经营活动中的违法行为，设定罚款不超过1000元。②对经营活动中的违法行为，没有违法所得的，设定罚款不超过10 000元；有违法所得的，设定罚款不超过违法所得的3倍，但最高不超过30 000元。若超过上述限额的，应报国务院批准。关于地方政府规章设定的罚款限额，尚没有全国的统一规定，而是由地方省级人大常委会根据本地区的情况作出具体规定，且不受部门规章有关罚款数额规定的限制。目前各地对此的规定和做法不尽相同。

第三节　行政处罚的管辖与适用

一、实施行政处罚的机关

实施行政处罚的机关，是指具有行使行政处罚权的资格，依法定权限对违法行为实施制裁的机关。它包括具有行政处罚权的行政机关，法律、法规授予行政处罚权的组织，依法接受委托行使行政处罚权的组织等。在行使行政处罚权的机关、组织中，依法接受委托行使行政处罚权的组织，不具备行政主体资格，并非行政主体，它的行政处罚权来源于有权机关的委托。而行政主体的职权包括行政处罚权，则来源于《宪法》和有关组织法的直接规定，或者来源于其他法律、法规的授予。行政主体能以自己的名义行使权力和承担相应的法律后果，受委托行使行政处罚权的组织实施行政处罚的后果，由委托的行政机关承担。由此可见，实施行政处罚的机关不等同于行政主体。

（一）具有行政处罚权的行政机关

在实施行政处罚的机关中，具有行政处罚权的机关最主要的是行政机关。国家行政机关是法律、法规明确授予行政处罚权的机关。我国行政机关包括各级人民政府及其职能部门，它们的层级地位、职责范围和管理权限等的不同，特别是在政府中，有对外行使管理权的职能部门，也有不具有外部管理职能的部门。而行政处罚权属于行政机关的外部管理职权，只能由承担外部管理职能的行政机关行使。此外，即使行政机关具有行政处罚权，但由于它们层级地位、管理权限的不同，各类行政机关所具有的行政处罚权的内容并不完全相同。《行政处罚法》第15条规定："行政处罚由具有行政处罚权的行政机关在法定职权范围内实施。"既明确规定了行政机关实施行政处罚的基本条件，又确定了各行政机关的行政处罚权只能在其职权范围内实施。具有行政处罚权的行政机关具备的条件是：

1. 履行外部行政管理职能。一般来说，只有履行社会公共事务管理职责的行政机关才可以享有行政处罚权。负责行政机关内部管理事务的行政机关，原则上不具有行政处罚权。

2. 经法律特别授予行政处罚权。行政机关的行政处罚权必须经法律、法规特别授予，虽然作为概括性的行政职权包括了行政处罚权，但就某一具体行政处罚而言，还须经法律明确授权，如《治安管理处罚法》明确赋予公安机关实施行政拘留、吊销公安机关颁发的许可证等治安处罚权。

3. 在法定职权范围内实施处罚。行政机关应当在其法定职权范围内实施行政处罚，不得超越法定权限。各级各类行政机关的行政处罚权限，要与其法定职权范围相一致，与其行政管理权限相一致。

（二）综合执法行政机关

综合执法行政机关，是指经特别决定获得行政执法权的国家行政机关。《行政处罚法》第16条对于相对集中行政处罚权作了规定，经国务院决定或者经国务院授权省级人民政府决定，某一行政机关可以行使其他有关行政机关的行政处罚权。这是以法的形式确认相对集中行政处罚权，即由一个行政机关行使有关行政机关的行政处罚权。但是限制人身自由的行政处罚权只能由公安机关行使。设置综合执法行政机关以相对集中行政处罚权，是现代行政管理的需要，有利于协调各行政职权关系，提高行政效率，减少因职权交叉产生的纠纷。综合执法行政机关设置的条件是：

1. 必须经国务院决定或者经国务院授权的省级人民政府决定设置。综合执法行政机关的设置属于国务院的专有权，其他任何机关无权设置。

2. 一般在综合管理领域设置。对于行业管理相对单一、专业性、技术性比较强的领域，则不宜设置。

3. 按照法定权限和程序设置。

综合执法行政机关具有相对集中行政处罚权，使得某一个行政机关在享有自己职责范围内权力的同时，又获得了原来并不属于自己享有的行政处罚权。该机关能以自己的名义行使所有被授予的权力，并承担由此而产生的法律后果。应当注意的是，综合执法行政机关不能享有法律赋予特定行政机关的专属处罚权，不得违背有关专属管辖及处罚的规定，如法律规定限制人身自由的行政处罚就是一种专属处罚权，只能由公安机关行使。

（三）法律、法规授权实施行政处罚的组织

根据《行政处罚法》第17条规定，法律、法规授权的具有管理公共事务职能的组织可以在法定授权范围内实施行政处罚。由此可见，行政处罚的实施机关除了上述行政机关之外，还包括法定授权组织，这些组织应当具有管理公共事务的职能。虽然具有管理公共事务职能的组织在性质上不属于行政机关，但经过授权，它们可以获得实施行政处罚的主体资格，成为行政处罚的实施机关，从而可以以自己的名义实施处罚，并承担由此产生的法律后果。这种经授权取得行政处罚权的组织，应当符合以下条件：

1. 必须经法律、法规的授权。包括最高国家权力机关制定的法律、国务院制定的行政法规、地方国家权力机关制定的地方性法规。规章以及其他规范性文件不能授权。

2. 只能授权给具有公共管理职能的组织。只有具备管理公共事务职能的组织才可获得授权，不能授权给没有管理公共事务职能的组织。

3. 被授权的组织只能在授权范围内实施行政处罚。获得授权的组织应当依照授权法律、法规的规定实施行政处罚，不能超越授权范围，否则处罚无效。

（四）依法受委托实施行政处罚的组织

根据《行政处罚法》第18条的规定，行政机关依照法律、法规或规章的规定，可以将其拥有的行政处罚权委托给符合法定条件的组织行使，该组织即为受委托实施行政处罚的组织。受委托实施行政处罚的组织在委托范围内，以委托行政机关的名义实施行政处罚，但是，委托处罚的法律后果由委托的行政机关承担。

受委托行使的处罚权，并非法律、法规的直接授予，而是来源于拥有行政处罚权的行政机关的委托。因此，受委托实施行政处罚的组织不具有行政处罚主体资格，不能以自己的名义实施处罚；同时，也不承担相应的法律后果。受委托实施行政处罚的具体条件是：

1. 行政机关必须依照法律、法规或规章的规定委托。不能根据其他规范性文件委托，也不得无依据地自行委托。

2. 行政机关必须在自己的法定权限范围内进行委托。委托行政机关不得越权委托，所委托的处罚权应当是自己拥有的行政处罚权，并在此权限范围内委托。

3. 行政机关必须委托符合法定条件的组织实施行政处罚。不得委托不具备法定条件的其他组织或者个人。根据《行政处罚法》第19条的规定，受委托实施行政处罚的组织应当符合的条件是：①是依法成立的管理公共事务的事业组织；②具有熟悉有关法律、法规、规章和业务的工作人员；③具有对违法行为进行技术鉴定、检查的条件和能力。

4. 委托行政机关应依法监督被委托的组织实施行政处罚。委托行政机关不仅要监督受委托的组织实施处罚，而且要对受委托组织在委托权限范围内的处罚行为负责，承担相应的责任。

5. 受委托的组织必须在委托范围内，以委托行政机关的名义实施行政处罚。而且，受委托的组织不得再行委托其他组织或者个人实施处罚。

6. 委托行政处罚关系具有行政合同性质。委托行政处罚是委托行政机关与被委托的组织双方意思表示一致形成的，并且是以书面形式确定的委托关系。

二、行政处罚的管辖

行政处罚的管辖，是指具有行政处罚权的行政机关之间，对于行政违法案件确定管辖和对违法相对人实施行政处罚的权限和分工。确定行政违法案件管辖的目的在于，解决对某一行政违法行为应由哪级、哪个行政机关实施处罚。行政机关实施行政处罚的管辖包括地域管辖、级别管辖、职能管辖、指定管辖以及移送管辖等情况。

（一）地域管辖

地域管辖是根据行政机关管理的行政区域范围，来确定不同地域行政机关实施行政处罚的权限和分工。根据《行政处罚法》第20条的规定，行政处罚由违法行为发生地的具有行政处罚权的行政机关管辖。这是确定行政处罚地域管辖的原则性规定，目的在于解决行政违法案件发生后，由哪一个行政机关对违法行为行使行政处罚权。所谓违法行为发生地，是指实施行政违法行为的地点，包括违法行为的预备地、实施地和危害结果的发生地。也就是说，行为人在哪个地方实施了违法行为，就应由该地的行政机关行使行政处罚权。如果几个行政机关都有管辖权，一般应由最先发现违法行为的行政机关管辖。

（二）级别管辖

级别管辖是根据行政机关之间的级别，来确定不同级别行政机关实施行政处罚的权限和分工。这是划分上下级行政机关之间实施行政处罚的权限，目的在于解决不同级别的行政机关分别对哪些行政违法行为实施行政处罚。《行政处罚法》第20条规定，除法律、行政法规另有规定外，对于行政违法行为为由县级以上地方人民政府具有行政处罚权的行政机关管辖。这明确了行政处罚的级别管辖只能是具有行政处罚权的县级以上人民政府及其职能部门。一般情况下，县级以上各级行政机关确定级别管辖实施行政处罚的根据是行政违法案件影响的严重程度、危害后果的大小、被处罚对象身份地位的高低以及处罚适用的种类和幅度等因素。

（三）职能管辖

职能管辖是指按照具有行政处罚权的行政机关负责管理的不同事项，即各类行政机关法定的职责范围，来确定对某一类行政违法行为应当由哪些行政机关实施行政处罚的权限和分工。职能管辖与行政机关的职权范围相联系，有关行政管理部门或行业性的法律、法规对职能管辖有着具体的规定。如治安管理法规规定公安机关对治安违法行为实施处罚，工商管理法规规定工商机关对工商违法行为实施处罚。职能管辖的目的在于，解决不同职能的行政机关对于不同类型的行政违法实施行政处罚。职能管辖的基本要求是：①实施行政处罚的机关必须具有行政处罚权，无处罚权的机关不能实施行政处罚；②具有行政处罚权的机关必须在自己的职权范围内实施处罚，不能越权处罚。

（四）指定管辖

指定管辖，是指上级行政机关以行政决定的方式，指定其所属的下级行政机关对某一具体行政违法案件及其违法行为实施行政处罚而产生的管辖权。指定管辖通常是在发生行政处罚管辖争议的情况下，或者因行政机关的特殊原因无法行使管辖权时，由上级行政机关指定所属的下级机关进行管辖。行政处罚的管辖争议往往表现为两个以上的行政机关对同一行政违法案件都认为自己有管辖权，或者都认为自己没有管辖权。无论出于何种情况，根据《行政处罚法》第21条的规定，对管辖发生争议的，报请它们共同的上一级行政机关指定管辖。行政处罚管辖发生争议主要有以下情况：①违法行为涉及几个地区；②由于行政区划发生变动；③因对管辖存在不同理解；④因涉及地区、部门的实际利益等。

（五）移送管辖

行政处罚的移送管辖，是指某个行政机关对已经受理的行政违法案件，发现违法行为已构成犯罪或者不属于自己管辖时，将案件移送给司法机关或有管辖权的行政机关。移送管辖包括两种情况：①受理行政处罚案件的行政机关发现违法行为已经构成犯罪时，应当移送司法机关依法追究刑事责任；②对于行政机关已受理的但不属于自己管辖的行政违法案件，移送给有管辖权的行政机关实施行政处罚。

三、行政处罚的适用

行政处罚的适用，是指具有处罚权的行政机关对行政违法行为人具体运用行政处罚法律规范，实施行政处罚的活动。行政处罚的适用是将行政处罚法律规范所确定的原则、形式、方法以及程序等精神和内容，加以具体运用的过程。

（一）行政处罚的适用原则

行政机关实施行政处罚除了遵循行政处罚的一般原则之外，还应当遵守以下具体原则：

1. 一事不再罚原则。一事不再罚是指行政机关对于相对人的某一违法行为，只能给予一次处罚，不得给予两次以上同种类的处罚。此外，对于相对人违反一种行政法规范时，只能由一个行政机关作出一次处罚，不得由几个行政机关分别作出数次处罚。确立一事不再罚原则的目的，是为了解决行政处罚实践中出现的重复处罚和多头处罚问题。一事不再罚的主要含义是：

（1）对于相对人的一个行政违法行为，只能作出一次处罚。如某人违反计划生育规定，主管机关只能对其作出一次处罚，而不能每年都对该行为进行处罚。

（2）相对人的一个行为违反了某一种行政法规范时，只能由一个行政机关作出一次处罚。如某企业违反规定，擅自生产、销售专卖产品，应当由负责专卖管理职能的行政机关对其实施处罚，而其他行政机关则不应再施处罚。

（3）相对人的同一个违法行为，不得给予两次以上罚款的行政处罚。这是指相对人的一个行为同时违反了两个以上法律、法规，可以分别给予两次以上的处罚，但如果实施处罚的种类是罚款，也只能一次性处罚，不得作两次以上罚款处罚。如果当事人的一个行为违反某一法律、法规的规定，依法可以并处两种以上的处罚，如可以没收非法所得以及并处罚款的，或者吊销许可证、执照以及并处罚款的，行政机关这样实施并处的情形，没有违背一事不再罚的原则。

2. 行政处罚不能替代其他法律责任的原则。这项原则是指相对人因行政违法行为受到行政处罚，承担了行政责任，但该行为依法还应当承担其他法律责任的，接受行政处罚并不能免除其应当承担的其他法律责任。行政处罚不能替代其他法律责任的主要内容是：

（1）相对人受到行政处罚，不能替代其依法承担的民事责任。由于行政处罚是行为人对国家承担的行政法律责任，而行为人对他人造成损害的则属于民事法律责任，两种责任的性质不同，不能相互替代，更不能"以罚代赔"。

（2）当事人的违法行为构成犯罪，应当追究刑事责任的，不得以行政处罚代替刑罚，即不能"以罚代刑"。反之，司法机关依法追究当事人的刑事责任时，如果其违法行为还应当受到行政处罚的，行政机关则应予以处罚。

3. 纠正违法的原则。这项原则是指行政机关在对行政违法行为人实施行政处罚时，应当要求其改正违法行为，不再重犯。《行政处罚法》第23条规定，行政机关实施行政处罚时，应当责令当事人改正或者限期改正违法行为。

这表明行政机关实施行政处罚不是目的，而是手段。行政机关追求的真正的目的，是纠正违法行为，并使违法行为人以后不再重犯。因此，把纠正违法作为行政机关实施行政处罚的一个原则，可以促使行政机关在实施处罚的过程中，明确处罚的目的，把纠正违法作为行使行政处罚权的一项重要内容，切不可为了处罚而处罚。

4. 行政处罚折抵刑罚的原则。这项原则是指违法行为构成犯罪的，在执行刑罚时，对于当事人已经执行的行政处罚予以相应折抵。根据《行政处罚法》第 28 条的规定，当事人的违法行为构成犯罪，人民法院判处拘役或者有期徒刑时，行政机关已经给予当事人行政拘留的，应当依法折抵相应刑期。违法行为构成犯罪，人民法院判处罚金时，行政机关已经给予当事人罚款的，应当折抵相应罚金。这是一事不再罚原则的延伸和在适用时的具体化，体现了执行刑罚的公正性，可以避免重复执行，保障了违法行为人的合法权益。但是这种折抵仅适用于行政拘留和罚款这两种处罚种类。

（二）行政处罚的适用条件

行政机关实施行政处罚时，应当符合一定的适用条件。是否具备行政处罚的适用条件，决定着行政机关实施的行政处罚是否合法、有效。行政处罚主要有以下适用条件：

1. 处罚机关处罚的主体资格。行政处罚必须由享有法定行政处罚权的适格主体实施。

2. 当事人行为的行政违法性。行政处罚必须以行政违法行为的客观存在为前提，当事人实施了行政违法行为。

3. 明确的法律依据。行政机关实施行政处罚必须以有关行政处罚的法律规范为依据。

4. 处罚对象具备责任能力。行政处罚的对象必须是违反行政管理秩序的行政违法行为人，当事人达到法定责任年龄，具备责任能力。《行政处罚法》将处罚对象的责任年龄规定为 14 周岁，不满 14 周岁有违法行为的，不适用行政处罚。并且，对处罚对象的责任能力也作了规定，当事人有正确辨认自己行为后果的能力，以及控制自己行为的能力。

5. 符合法定追究时效。根据《行政处罚法》的规定，违法行为在 2 年内未被发现的，不再给予行政处罚。这是行政处罚适用的基本时效条件。除此之外，有些法律、法规对于行政处罚还规定有特别时效，如《治安管理处罚法》第 22 条规定，违反治安管理的行为在 6 个月内没有被公安机关发现的，不再处罚，明确规定治安处罚的追究时效为 6 个月。

（三）行政处罚的适用方法

行政处罚的适用方法，是指行政机关将行政处罚具体运用于不同的行政违法案件和违法行为人的各种方法，也是实施行政处罚的裁量方法。行政机关在适用行政处罚时，应当区别不同情况，运用不同的处罚方法。

1. 不予处罚。不予处罚是指当事人实施了行政违法行为，因为有法定事由的存在，对违法行为人不适用行政处罚。不予处罚的情形主要有：①不满14周岁的人有违法行为的；②精神病人在不能辨认或不能控制自己行为时有违法行为的；③由于生理缺陷的原因违反有关法律规定的；④属于正当防卫行为的；⑤属于紧急避险行为的；⑥违法行为轻微并及时纠正，没有造成危害后果的；⑦超过法定追诉时效，等等。

2. 从轻、减轻处罚。从轻处罚，是指在法定处罚种类和幅度内，因某种法定情形，行政机关对行政违法行为人选择适用较轻种类和较低幅度的处罚。减轻处罚，是指行政机关在法定处罚幅度的最低限以下，对行政违法行为人适用处罚。从轻、减轻处罚的情形主要有：①已满14周岁不满18周岁的人有违法行为的；②违法行为人主动消除或减轻违法行为危害后果的；③当事人受他人胁迫有违法行为的；④当事人配合行政机关查处违法行为有立功表现的；⑤由于生理缺陷的原因违反有关法律规定的；⑥主动投案，如实陈述自己的违法行为的；⑦其他依法应当从轻、减轻处罚的。

3. 从重处罚。从重处罚是指在某种法定情形下，行政机关在法定的处罚种类和幅度内，对行政违法行为人选择适用较重种类和较高幅度的处罚。根据《治安管理处罚法》等法律、法规的规定，行政机关因某种法定原因，依法对于违法行为人从重适用行政处罚。从重处罚的情形主要有：①违法行为的情节恶劣，后果严重的；②多次违法，屡教不改的；③在结伙实施违法行为中起主要作用的；④胁迫、诱骗他人违法或者教唆未成年人违法的；⑤抗拒、阻碍执法人员执行职务的；⑥隐匿、销毁、伪造证据，企图逃避法律追究的；⑦利用职权实施违法行为的。

4. 分别处罚。分别处罚是指政机关对同一违法行为人的多个违法行为，以及对于同一违法行为中的多个当事人，分别予以确定和实施行政处罚。分别处罚的情形主要有：

（1）对两人以上共同实施同一个违法行为的，根据他们在违法行为中所起的作用、违法情节和危害后果，行政机关分别给予处罚并且分别执行处罚。

（2）对一人同时实施了两个或两个以上不同种类的违法行为的，行政机关对违法行为人分别适用处罚，合并执行。

（3）根据有关法律、法规的规定，对于法人、组织实施行政违法的，行政机关对法人、组织及其主管人员和直接责任人分别处罚，并分别执行。

5. 行政处罚竞合适用。这是指发生了法条竞合，即当事人的同一行为既违反行政法规范，又触犯了刑事法律规范时，行政机关对其实施处罚的竞合适用。如当事人实施了交通肇事、偷税漏税等行政违法行为，当违法行为达到一定严重程度时，这种行为就构成了犯罪，对当事人不仅要由司法机关处以刑罚，还要由行政机关处以吊销其驾驶或营业执照等形式的行政处罚。对于这类违法行为，行政法律规范和刑事法律规范分别规定了对行为人科以行政处罚和刑罚，从而产生了两种性质制裁的竞合适用。行政处罚竞合适用的情形主要有：

（1）适用严厉的刑罚。对行为人科以刑罚就足以达到惩处和预防行政违法和犯罪的目的，则没有必要对其再科以行政处罚。如对违法行为人判处拘役或有期徒刑的，就没有必要再对其处行政拘留。

（2）刑罚与行政处罚双重适用。指对违法行为人除由法院判处刑罚外，有关行政机关还应给予行政处罚。由于行为的双重性，某些违法行为所导致的刑事责任和行政责任均不得免除。而且刑罚与行政处罚在种类及功能上存在的差异，也决定了在适用刑罚的同时还应适用行政处罚，以弥补适用刑罚之不足。如对于交通肇事罪由法院处以刑罚的同时，还必须由行政机关再对其处以吊销驾驶执照的行政处罚。

（3）适用行政处罚。这是对免于刑罚的违法行为人，行政机关应给予行政处罚，不能因其免于刑事责任而放弃追究其行政违法应当承担的行政责任。

第四节　行政处罚的程序

行政处罚的程序，是指行政机关实施行政处罚的步骤、方法、时限和过程。行政处罚的程序可以划分为行政处罚的决定程序和行政处罚的执行程序。

一、行政处罚的决定程序

行政处罚的决定程序包括简易程序、普通程序和听证程序。

（一）行政处罚的简易程序

行政处罚的简易程序也称当场处罚程序，是指在特定条件下，由执法人员当场作出行政处罚决定，并当场执行行政处罚的程序。简易程序是简便易行的处罚程序，其特点是：适用的范围和条件受到严格限制，有利于提高行政管理的效率，节省人力、物力和时间，能够保证当事人的合法权益不受损害。

1. 适用范围和条件。根据《行政处罚法》的规定，简易程序的适用范围仅限于对公民处以 50 元以下罚款，对法人或其他组织处以 1000 元以下的罚款以及警告。简易程序适用的基本条件是，违法事实确凿，并有法定依据，即案情简单，违法事实清楚，证据确凿，并且作出当场处罚的决定，有法律、法规或规章的明确规定。

2. 适用的具体步骤。根据《行政处罚法》的规定，适用简易程序的具体步骤是：

（1）表明身份。执法人员应向当事人出示执法身份证件或委托书。

（2）说明理由。执法人员应主动向当事人说明其违法行为的事实，违反的法律规范以及给予行政处罚的理由和依据。

（3）告知权利。执法人员应告知当事人有陈述、申辩的权利，允许其陈述、申辩，并告知当事人有申请复议、提起诉讼和要求赔偿的权利。行政机关不能因当事人的申辩而加重对其的处罚。

（4）制作笔录。执法人员应当场对当事人的违法行为状态作出笔录。

（5）制作当场处罚决定书。行政处罚决定书应当载明当事人的违法行为、处罚依据、处罚种类或罚款数额、时间、地点以及行政机关名称，并由执法人员签名或盖章。行政处罚决定书应当场交付当事人。

（6）当场执行。对当事人决定处以罚款的，可令其到指定的金融机构缴纳，也可由执法人员代收。

（7）备案。执法人员当场作出的处罚决定，必须向所属行政机关备案，以便接受监督检查。

（二）行政处罚的普通程序

普通程序又称一般程序，是行政处罚决定的基本程序。普通程序具有过程完整，手续严格，适用广泛的特点。除了法律规定可以当场处罚的情况以外，行政处罚决定都应当适用普通程序。普通程序主要有以下步骤：

1. 立案。立案是行政处罚的启动形式，是普通程序的开始。立案是行政机关对已经发生的违法行为，按照主管和管辖范围进行审查后，决定列为行政处罚案件并确认应予以调查的活动。立案要填写立案报告表，并经主要负责人批准。

2. 调查取证。调查取证是案件承办人员对于案件事实进行调查核实、收集证据的过程。在调查或者进行检查时，执法人员不得少于 2 人，并应向当事人或有关人员出示表明身份的证件。为了解违法情况和违法事实，行政机关有权依法传唤违法行为人，对其进行讯问。讯问应当制作笔录，经当事人核对后签字或盖章。行政机关有权向其他组织或个人进行调查和收集证据，有关单位和人员有义务予以支持和协助。

行政机关在调查取证时，可依法暂扣违法行为人的物证、书证，根据需要还可进行鉴定、勘验。执法人员如果与案件当事人有直接利害关系的，应当申请回避。

3. 告知。行政机关在调查取证之后和作出处罚决定之前，应履行告知义务，听取当事人的陈述、申辩。

4. 审查。行政机关在调查取证的基础上，对案件事实和有关证据材料进行审查，从而确认违法行为，查明案件真实情况。然后由案件承办人员提出事实结论和处理意见，行政机关负责人对调查结果、事实情况和适用法律进行审查，根据不同情况，分别作出行政处罚、不予行政处罚或移送司法机关等决定。对于重大或复杂的案件，应当由行政机关集体讨论作出决定。

5. 作出处罚决定。行政机关依法给予违法行为人行政处罚的，应当制作行政处罚决定书。行政处罚决定书应当载明下列事项：①当事人的姓名或者名称、地址；②违反法律、法规或规章的事实和证据；③行政处罚的种类和依据；④行政处罚的履行方式和期限；⑤不服处罚决定，申请复议或提起诉讼的途径和期限；⑥作出处罚决定的行政机关名称和日期。行政处罚决定书必须盖有作出处罚决定的行政机关的印章。

6. 处罚决定书的送达。行政处罚决定书制作后，应当对当事人宣告并当场交付当事人。如果当事人不在场，行政机关应在 7 日内依照《民事诉讼法》第 7 章的有关规定，将处罚决定书送达当事人。在实施治安管理处罚时，根据《治安管理处罚法》第 97 条的规定，如无法当场宣告处罚决定的，应当在 2 日内送达被处罚人。决定给予行政拘留处罚的，应当及时通知被处罚人家属。

（三）行政处罚的听证程序

我国《行政处罚法》确立的听证程序，属于行政处罚普通程序中一个环节，是专门设置的一种调查证明程序。它不能独立存在，依附普通程序，不是一个完整的行政处罚程序。听证程序，是指行政机关在作出某些行政处罚决定之前，组织由案件调查人员和有关当事人参加的听证会，在专门人员的主持下，调查人员提出指控和处罚意见，当事人进行申辩、质证，以进一步查明事实，核实证据，听取意见的一种专门程序。设立听证程序的目的，是为了保证行政处罚的公正、合理，使行政处罚活动做到民主、公开，可以起到监督行政机关依法实施处罚，有效维护相对人合法权益的作用。

1. 听证程序的适用范围。听证程序在行政处罚中并不是普遍运用的程序，不能针对所有的行政处罚种类，只在一定条件下才能适用。根据《行政处罚法》的规定，听证程序适用于几种重大的行政处罚种类，具体适用于三种情形：①责令停产停业的行政处罚；②吊销许可证或执照的行政处罚；③较大数额罚款的行政处罚。对于较大数额罚款的标准确定，由省级人大或政府具体规定，属部门行业管理的，由国务院有关主管部门具体规定。根据《治安管理处罚法》第 98 条的规定，在作出 2000 元以上罚款的治安管理处罚决定前，应当告知当事人有权要求举行听证。

2. 听证的步骤。行政机关根据调查的结果，要对违法行为作出上述三种行政处罚决定之前，应当告知当事人有要求听证的权利。当事人要求听证的，应当组织听证。具体的听证程序为：①当事人要求听证的，应当在行政机关告知后 3 日内提出；②行政机关应当在听证的 7 日前，通知当事人举行听证的时间、地点；③除涉及国家秘密、商业秘密或个人隐私外，听证应公开举行；④听证由行政机关指定的非本案调查人员主持，当事人对主持人有权申请回避；⑤当事人可以亲自参加听证，也可以委托 1～2 人代理；⑥举行听证时，由调查人员提出当事人的违法事实、证据和处罚建议、理由，当事人进行申辩和质证，双方进行辩论，当事人有权作最后陈述；⑦听证应制作笔录，并交当事人审阅无误后签字或盖章。

3. 听证后的处罚决定。听证本身并不作出处罚决定，行政机关在听证结束时也不需要表示处罚意见。在听证结束之后，行政机关通过调查、取证，且听取了当事人的申辩、质证和陈述后，应进一步审查确认违法事实是否存在，证据是否确凿。对于当事人在听证中提出的事实、理由和证据，认为有道理的，予以采纳。然后可依法并根据情节轻重及具体情况作出处罚决定。

二、行政处罚的执行程序

行政处罚的执行程序，是指行政机关对其作出的已发生法律效力的行政处罚决定，予以执行的程序性活动。执行程序是行政处罚程序中的重要组成部分。根据《行政处罚法》的规定，行政处罚的执行包括两方面内容：①行政处罚决定作出之后，负有履行义务的当事人，在法定期限内依照法定方式自动履行处罚决定；②当事人无正当理由逾期不履行处罚决定的，行政机关依法强制执行。

行政机关实施的行政处罚作为一种具体行政行为，依法具有执行力，除法律另有规定外，不因当事人申请行政复议或提起行政诉讼而停止执行。所谓法律另有规定的，主要是指在一些法律、法规中规定了关于暂缓执行行政处罚的特别情形，如《治安管理处罚法》第107条规定，被处罚人不服行政拘留处罚决定，申请行政复议、提起行政诉讼的，可以向公家机关提出暂缓执行行政拘留的申请。公安机关认为暂缓执行行政拘留不致发生社会危险的，并且符合缴纳保证金、提供担保人条件的，行政拘留可以暂缓执行。我国《行政处罚法》对于行政处罚的执行规定有以下程序和具体制度：

（一）罚缴分离的程序

罚缴分离，是指作出罚款处罚决定行政机关，与收缴罚款的机构相分离。根据《行政处罚法》的规定，除了按规定当场收缴罚款的外，作出行政处罚决定的行政机关及其执法人员，不得自行收缴罚款，被处罚人应当到指定的金融机构缴纳罚款，金融机构将收缴的罚款直接上交国库。据此规定，当事人应当在自收到罚款行政处罚决定书之日起15日内，到指定的金融机构缴纳罚款。

（二）当场收缴程序

当场收缴，是指行政机关及其执法人员在作出一定幅度罚款的行政处罚决定后，当场收缴罚款。这是一种行政处罚的执行程序，即当场执行程序。实行罚缴分离是执行行政处罚的一般情形，但并不完全排除在某些特殊情况下保留当场收缴罚款的制度。当场收缴的条件是：①依法处以20元以下罚款的。②不当场收缴事后难以执行的。③在边远、水上、交通不便地区，当事人向指定银行缴纳罚款确有困难，经当事人提出，可以当场收缴罚款。

行政机关及其执法人员当场收缴罚款的，必须向当事人出具省级财政部门统一制发的罚款收据；否则，当事人有权拒绝缴纳罚款。执法人员当场收缴的罚款，应当自收缴之日起2日内，交至行政机关；在水上当场收缴的罚款，应当自抵岸之日起2日内交至行政机关；行政机关应当在2日内将罚款缴付给指定的银行。

（三）强制执行程序

对于当事人逾期不履行行政处罚决定的，作出处罚决定的行政机关可以采取以下措施：①到期不缴纳罚款的，每日按罚款数额的3%加处罚款；②依法将查封、扣押的财物拍卖或将冻结的存款划拨抵缴罚款；③申请人民法院强制执行。

如果当事人确有经济困难，一时难以缴清罚款的，经申请并由行政机关批准，可以暂缓或分期缴纳。

（四）罚没物品款项的处理程序

根据《行政处罚法》第53条的规定，对于行政处罚中所罚的款项以及没收的违法所得、非法财物，应当按照法定的方式处理。

1. 对于没收的非法财物，除依法应当予以销毁外，其它物品必须按国家规定公开拍卖或按照国家有关规定处理。依法应当销毁的物品一般指违禁品、劣质药品、食品等。其它物品则应以拍卖或者其他法定方式处理，禁止任何形式的截留、私分或低价处理。

2. 对于罚款、没收违法所得或没收非法财物拍卖的款项，必须上缴国库，任何行政机关或个人不得以任何形式截留、私分或者变相私分；财政部门不得以任何形式向处罚机关返还罚款、没收违法所得或拍卖非法财物的款项。

思 考 题

1. 简述行政处罚的概念和特征。
2. 简述行政处罚的原则。
3. 试述行政处罚的种类及其设定形式。
4. 试述行政处罚的适用条件与适用方法。
5. 简述行政处罚的简易程序和普通程序。
6. 试述行政处罚的听证程序。
7. 简述行政处罚的执行程序。

第十章　行政强制

学习目的与要求

　　通过本章的学习，理解行政强制的基本概念、特征和类型；掌握行政强制措施与行政强制执行的内容、实施条件和程序；了解申请人民法院强制执行的条件和程序；明确行政强制在行政机关调查案情、保全证据、保护公共利益和公民的人身财产权中的作用。

第一节　行政强制概述

一、行政强制的概念与特征

　　行政强制，是指行政机关根据法律赋予的强制权，依法对行政相对人采取的强制性行政行为。行政强制包括行政强制措施和行政强制执行，是这两种强制行为的合称。

　　行政强制措施，是指行政机关为制止、预防违法行为或者在紧急情况下依法采取的对有关对象的人身、财产和行为自由加以暂时性限制，使其保持一定状态的方式和手段。行政强制执行，是指有关国家机关对不履行行政机关依法作出的行政处理决定中规定的义务的行政相对人，采取强制手段，强迫其履行义务，或达到与履行义务相同状态的行为。行政强制有如下几个特征：

　　1. 行政性。行政强制主要是由行政机关实施的一种具体行政行为，目的在于履行行政职能，实现行政管理的目标。行政强制的方法和手段主要是行政方法和手段，而申请人民法院强制执行仅是一种特殊方式。

2. 强制性。行政强制表现为通过强制手段迫使相对人履行行政义务，当相对人负有行政义务而不主动履行时，行政机关有权通过强制的方法实现该项义务。无论是行政强制措施，还是行政强制执行，均体现了明确的强制性。

3. 非制裁性。行政强制通常作为一种暂时的、执行的措施和方法，而不是最终的处理决定，因此不具有制裁性，不同于制裁性的行政处罚。行政强制涉及相对人的人身或财产的方法和手段，虽然会限制相对人的权利，但并非是对其权利的最终处分。

4. 从属性。行政机关的行政强制行为，通常是为了实现或保证其他行政行为的有效实施而采取的，是其他行政行为的从属性行为，如对人身采取的即时拘留、强行带离，对财物采取的扣押、查封等措施，往往是为了有效实现行政处罚做准备，是行政处罚行为的从属行为。

二、行政强制的作用

行政强制措施和行政强制执行，是保证行政机关顺利履行法定职责，维护社会经济秩序，保护公共利益和公民权益方面的两项十分必要的法律制度。行政强制措施是行政机关调查案情、保全证据、保护公共利益和公民人身权、财产权的强有力手段，很多行政机关需要有运用行政强制措施的权力，否则将无法履行其法定职责；行政强制执行则是行政权行使的最后阶段，也是行政权的保障，没有行政强制执行制度，行政决定将最终沦为一句空话。但是也应该看到，在所有行政行为中，行政强制要用国家机器的强力直接干预公民的权利义务，因而是最严厉的一种手段。行政强制制度能够正确运用，令行禁止，就能保证有良好的法治秩序。反之，行使不当，就将给公民、法人和其他组织带来巨大损害，影响政府形象。正因为如此，在立法授权时，必须权衡利弊，不能不给行政机关以必要的强制权，但必须适度，并加强法律监督。对此，各国都有一些成熟的做法可供我们借鉴。

三、行政强制的基本原则

行政强制的基本原则是行政机关依法实施行政强制应当遵循的根本准则，是衡量行政机关执法行为是否合法的基本依据。实施行政强制应当遵循以下基本原则：

（一）行政强制法定原则

行政强制权并非行政管理权的自然组成部分，而是一种专门独立的权力。它必须有法律的设定或专门授予。行政强制授权包括行政强制的主体、内容、范围、方式、程序等。行政机关实施行政强制必须有法律依据，必须严格按照法定的强制权以及行政强制的种类、方法实施强制，没有法律依据或者违反法定程序的行政强制无效。

（二）行政强制适当原则

这项原则也称为比例原则、禁止过分原则、最小损害原则等。适当就是要兼顾公共利益和公民、法人和其他组织的权益，行政机关不得滥用行政强制权；在实施行政强制时，强制程度与违法行为性质、危害性基本相适应；选择行政强制的种类或方法，以达到实现行政管理目的为限度；可以用间接强制方法的，则不能采用直接强制手段。

（三）行政强制公正原则

行政机关在实施行政强制过程中，应当做到公正、公平、公开、合理，对同样的情况同样对待，对不同的情况不同对待；要让相对人了解行政强制的法律依据、事实根据和强制程序，知道自己享有的各项权利；行政机关应当保障相对人的合法权益，接受社会对行政强制的监督。

（四）行政强制救济原则

在实施行政强制前，行政机关必须向当事人说明理由，相对人有知情权；在行政强制过程中，相对人有权陈述和申辩；对于不当或违法的行政强制，相对人有权申请复议或提起诉讼；因行政机关的不当或违法行政强制给相对人造成损害的，应当予以赔偿。

四、有关行政强制程序的问题

行政强制的程序是行政机关依法实施行政强制的过程和步骤，它对于行政机关实施行政强制具有法律约束力。只有遵循法定程序，才能保证行政机关的强制行为合法。否则，就会造成程序违法，而程序违法则往往导致行政强制行为无效甚至违法。下面针对几个有关行政强制程序的问题予以说明。

（一）关于申请人民法院强制执行的问题

人民法院对行政机关的申请应该是实质审还是形式审，一直有争议。如果作形式审，法院就成了行政机关的执行机关。如果是实质审，就需要有一个提交法院后，由法官主持双方质证的程序问题。由于行政机关的决定是经过比较严格的程序作出的，因此，这一审查可以比较宽松一些，一般只要合法合理就可以决定执行。但在审查时如发现有必要质证，或被执行人有异议要求质证时，可以在此设置简易程序，进行质证，然后作出决定。法院的审查时间要有适当的限定，不能漫漫无期，影响效率。执行收费不能仿照民事执行，要有严格限制。同样，如果裁执分离，也要有严格限制。

（二）关于行政强制书面形式问题

所有的行政强制执行，都应该有作为执行根据的、使相对一方承担义务的行政处理决定书和行政强制执行决定书。行政强制措施除法律规定的即时强制外，都要有强制措施的决定书。所有的决定书都要有机关首长的批准；行政强制一般都要有告诫程序，有些甚至要数次告诫；强制决定必须送达，只有在确实无法用其他方法送达时，方可公告送达；由于强制措施很多情况下是在检查、调查过程中采取的，行政强制法对此应该有较细的程序规定。

（三）关于行政强制的救济程序

在行政强制的过程中，要充分听取相对一方的意见；不服行政强制的，可以申请复议或提起诉讼；造成损害的，根据《国家赔偿法》予以赔偿。

第二节　行政强制措施

一、行政强制措施的概念

行政强制措施，是指行政机关为制止、预防违法行为或者在紧急情况下依法采取的对有关对象的人身、财产和行为自由加以暂时性限制，使其保持一定状态的各种方式和手段。行政强制措施有如下几个特点：

1. 行政强制措施的目的在于预防、制止或控制危害社会行为的发生。行政强制措施带有明显的预防性、制止性。

2. 行政强制措施常常是行政机关作出最终处理决定的前奏和准备。在很多情况下，行政强制措施是在行政处理决定作出前的调查阶段，为保全证据或保持一定状态而采取的措施，有时则是强制执行的前奏和准备，因此，行政强制措施带有明显的临时性和中间性。

3. 由于行政强制措施是运用国家力量对个人、组织采取的强力行为，因此，采取行政强制措施必须十分谨慎。行政机关采取行政强制措施，必须有法律的授权，并严格依照法定程序实施。

二、行政强制措施与相关概念的区别

（一）行政强制措施与行政处罚的区别

1. 实施的目的不同。采取行政强制措施的目的是为了预防或制止违法行为的发生或继续，以及为查明案件事实或情况。实施行政处罚的目的是为了惩戒行政违法，使违法行为人承担相应的法律责任。

2. 实施的情形不同。行政强制措施一般是在发生某种紧急情况下，采取的临时应急性方法，一旦法定事由消除，行政强制措施即可结束。行政处罚是在认定行政违法行为后所作的最终处理结果，是对违法行为人的行政制裁。

3. 适用对象不同。实施行政强制措施不仅针对某些违法行为，而且还针对某些妨害行政管理秩序和危害社会的状态。行政处罚仅适用于制裁行政违法。

4. 行为种类不同。行政强制措施的种类主要有强制戒毒、收容教育、强制隔离、强制治疗、强制约束等对人身自由采取的强制措施，以及查封、扣押、冻结、收缴、划拨等对财产采取的强制措施。行政处罚的种类包括警告、罚款、没收、责令停产停业、吊销许可证或执照、行政拘留等。

5. 法律后果不同。行政强制措施的适用是为了保障行政执法目的得以实现，其本身不对相对人科以或增加义务。行政处罚在内容上则表现为科以或增加违法行为人的义务，使其承担新的法律义务的后果。

（二）行政强制措施与刑事强制措施的区别

1. 实施主体不同。行政强制措施由具有行政强制权的行政机关实施，除了限制人身自由的行政强制措施只能由特定机关适用外，适用其他强制措施的行政机关相对较多。而刑事强制措施的实施主体仅限于特定的国家机关，即公安机关、检察机关、审判机关，其他机关、组织无权实施。

2. 适用对象不同。行政强制措施主要适用于行政违法相对人，范围限于为预防或制止违法行为发生或继续的行政管理领域。而刑事强制措施适用于触犯刑律的犯罪嫌疑人，适用的范围是为防止犯罪嫌疑人逃避侦查、审判或预防发生新的犯罪后果的刑事司法领域。

3. 适用的法律依据和程序不同。实施行政强制措施的依据是行政法律规范，适用的是行政程序。刑事强制措施依据刑事法律规范，适用刑事诉讼程序。

4. 适用的种类和法律后果不同。行政强制措施的种类与刑事强制措施中的拘传、取保候审、监视居住、刑事拘留、逮捕等明显不同。而且行政强制措施具有可诉性，相对人不服行政强制措施可依法提起行政诉讼，刑事强制措施则不具有这一性质。

（三）行政强制措施与行政诉讼强制措施的区别

行政诉讼强制措施是人民法院在行政诉讼中，依法对妨碍诉讼秩序的人采取的强制手段。它与行政强制措施的主要区别为：

1. 行为主体和性质不同。行政强制措施是由行政机关实施的，是具有行政性质的具体行政行为；行政诉讼强制措施是由人民法院实施的，属于司法性质的司法行为。

2. 适用的目的和对象不同。实施行政强制措施的目的主要在于预防和制止行政违法，以及排除危害行政管理秩序和危及社会的状态，其适用的对象是行政相对人；实施行政诉讼强制措施的目的在于排除妨碍行政诉讼秩序的行为，其适用的对象主要是行政诉讼参与人等。

3. 适用的法律依据和种类不同。采取行政强制措施的依据是行政法律规范；而采取行政诉讼强制措施的依据是行政诉讼法律规范。行政强制措施的种类较多，适用的具体条件不一；而行政诉讼强制措施的种类是训诫、责令具结悔过、罚款和司法拘留等，《行政诉讼法》对其适用条件有明确规定。

三、行政强制措施的种类

（一）预防性和制止性行政强制措施

根据实施行政强制措施的目的不同，可以将行政强制措施划分为预防性行政强制措施和制止性行政强制措施。

1. 所谓预防性行政强制措施，是指行政机关对可能发生危害社会的状态，以及危害行政管理秩序的行为，依法采取的应急性强制措施。如对醉酒的人采取的约束，对某些传染病人采取的强制隔离和强制治疗，对非法的武器、管制刀具、危险物品采取的强行收缴等。预防性强制措施是在危害社会的行为或事件发生之前采取的，以防止危害结果的发生。

2. 所谓制止性行政强制措施，是指行政机关对正在实施危害行政管理秩序的行为采取的即时性强制措施。如对违法行为人采取的收容教育、强制戒毒，对违反有关法规，不服从命令解散的行为人采取的强行驱散、强行带离现场，对违法行为人的财物采取的查封、扣押等。制止性强制措施的特点是，相对人危害社会的行为已经发生，采取强制措施是为了制止违法行为或危害社会的状态继续和发展。

（二）限制人身自由和限制财产使用的行政强制措施

根据实施行政强制措施的内容不同，可以将行政强制措施划分为限制人身自由的行政强制措施和限制财产使用的行政强制措施。

1. 所谓限制人身自由的行政强制措施，是指特定的行政机关为预防或制止违法行为或危害社会的状态，实施的限制相对人的人身自由的行政强制方法。这类强制措施的实施主体仅限于公安、国家安全、海关等行政机关，其内容是对违法行为人的人身自由实行暂时性限制。根据有关法律、法规的规定，限制人身自由的强制措施主要有：

（1）强制戒毒。强制戒毒是指由公安机关实施的对吸食、注射毒品成瘾人员，在一定时期内通过行政措施对其强制进行药物治疗、心理治疗和法制教育，使其戒除毒瘾。根据《禁毒法》规定，强制戒毒的期限为两年，对于需要延长戒毒期限的人员，经过法定程序，最长可延长一年。执行强制戒毒一年后，对于戒毒情况良好的戒毒人员，可以提前解除强制戒毒的措施。

（2）强行驱散、强行带离现场。根据《人民警察法》和《集会游行示威法》的规定，对严重危害社会治安秩序的突发事件，公安机关可以对不服从命令解散的行为人采取强行驱散、强行带离现场的行政强制措施。

（3）强制隔离、强制治疗。根据《传染病防治法》的规定，对于某些患有传染性疾病者应予隔离治疗，如果拒绝隔离治疗或者隔离期未满擅自脱离隔离治疗的，可以由公安机关协助治疗单位采取强制隔离治疗。根据有关法规的规定，对患有性病的卖淫嫖娼违法行为人可以采取强制检查治疗。

（4）强制约束。根据《人民警察法》的规定，公安机关对严重危害公共安全或他人人身安全的精神病人，可以采取保护和约束措施。根据《治安管理处罚法》的规定，公安机关对醉酒的人可以约束其至酒醒。

除上述行政强制措施外，限制人身自由的行政强制措施还包括公安机关对卖淫嫖娼违法行为人采取的强制收容教育，国境卫生检疫机关对某些患性传染疾病嫌疑人采取的强制检疫，海关对走私嫌疑人采取的扣留等行政强制措施。

2. 所谓限制财产使用的行政强制措施，是指行政机关为防止与违法行为或所查案件有关的财产被转移、流失、处分，以及为查明案件或事实情况，依法采取的限制财产使用的行政强制方法。这类行政强制措施相对于限制人身自由的强制措施而言，有权实施的行政机关较多，许多具有行政处罚权的行政机关大都有权对财产采取强制措施。根据有关法律、法规的规定，限制财产使用的行政强制措施主要有：

（1）查封。查封是行政机关对违法行为人的财产或与案件有关的财产实行就地封存，以防止有关人员对财产任意使用、处分的行政行为。被查封的财产包括动产和不动产。一般是就地查封，财产不发生异地转移。

（2）扣押。扣押是行政机关为了防止案件当事人处分、转移财产，对涉案财产采取扣押的行政行为。被扣押的财产一般是动产，即可移动的物品。

实施扣押的行政机关将财产置于自己的控制之下，这是扣押与查封的主要区别。

（3）冻结资金。这是行政机关为防止违法行为人转移资金，将其在金融机构的款项予以冻结，不允许动用的行政行为。

（4）强行收缴。根据《枪支管理法》及有关刀具、爆炸物品管理的法律、法规的规定，公安机关对于私自保存、藏匿枪支弹药、爆炸物品、管制刀具等不依法上缴的，可以强行收缴。

除以上行政强制措施外，限制财产使用的行政强制措施还有行政机关对私自种植罂粟的强行铲除，对妨碍灭火救灾建筑物的强行拆除，对违章占道车辆、物品的强行拖移，以及行政机关实施的强制收购、强制扣缴、抵缴等。

（三）一般行政强制措施和紧急行政强制措施

以实施行政强制措施的紧迫性程度的不同，可以将行政强制措施划分为一般行政强制措施和紧急行政强制措施。

1. 所谓一般行政强制措施，是指行政机关按照一般的程序要求，依职权对强制对象的人身、财产或行为采取暂时性限制的强制措施，如强制传唤、强制隔离戒毒、查封物品等。这种行政强制措施不具有紧迫性的实施条件，采取行政强制措施一般要依照法律事先确定的程序进行。

2. 所谓紧急行政强制措施，是指行政机关在特殊紧急情况下，依照法定强制措施权直接采取的强制措施。通常的特殊紧急情况包括，遇到重大灾害事故，以及其他严重影响国家、社会公共利益和公民合法权益的情况。如公安机关在消防灭火时紧急拆除妨碍灭火的建筑物，对严重危害社会治安秩序的突发事件中的违法行为人采取即时拘留等。

需要说明的是，各种行政强制措施都具有紧迫性，但紧迫性程度是有差别的。相对来说，紧急行政强制措施的紧迫性程度更为迫切，必须当机立断，马上采取措施，否则后果不堪设想。并且紧急行政强制措施由于情况紧急，在程序上相对简化，一般只要符合法定条件，即可立即实施，没有先行程序的要求，不同于采取一般行政强制措施时必须经过批准、书面决定等法定程序。但是为了保证紧急行政强制措施的合法性，在可能的情况下，应尽可能实行事先报批手续。来不及事先报批时，也应在采取即时强制措施后补办手续。紧急行政强制措施的内容有：①对人身的即时强制。如《人民警察法》规定的即时拘留，对醉酒者的强制约束，对严重危害社会治安秩序的突发事件中的违法行为人，采取的强制驱散、强行带离现场等。②对财产的即时强制。如强行拆除火灾现场的毗邻建筑，强行拖移违章占道的车辆，强行清除影响河道行洪的障碍物等。

四、行政强制措施实施的条件和程序

（一）实施行政强制措施的条件

1. 实施机关必须是具有法定行政强制措施权的行政主体。由于实施行政强制措施直接关系到相对人的人身权和财产权等重要权利，而且行政强制措施往往具有应急性，这就要求实施机关要有较高的执法水平，有相应的条件和能力。为此，法律对具有该项权力的行政主体有严格的限定，并非所有行政机关都享有行政强制措施权。

2. 行政强制措施的适用对象是法定的行政相对人。由于行政强制措施是在特定的行政管理过程中运用的一种行政强制方法，其目的是为预防、制止或控制违法行为或危害社会的状态发生、发展。虽然违法行为继续发展可能会导致行为性质发生变化，但行政强制措施的适用，限于特定的领域和特定的相对人，不能用行政强制措施替代其他法律强制措施。

3. 行政强制措施只能在法定情形下适用。行政机关采取行政强制措施往往带有紧迫性，特别是即时强制更具有紧迫性，是为预防、制止危害社会行为或事件的发生或蔓延而采取的。因此，只有在符合法定情形时，才可实施行政强制措施。

4. 行政强制措施必须按照法定的种类适用。行政强制措施的种类方式，一般由单行法律、法规加以明确的列举规定。具有行政强制措施权的行政机关必须按照法定的种类实施，不能超越法定适用的种类和范围，也不能随意创设新的强制措施种类。

（二）实施行政强制措施的程序

行政强制措施适用的应急性，决定了它在实施程序上与行政处罚相比较为简便。但简便并不等于没有程序，实施行政强制措施仍需履行必要手续。行政强制措施的程序大致也可分为立案、调查、决定和执行四个阶段。有些程序之间相互衔接密切，界限并不十分明显。一些情况下，可能在立案时就即行开展调查，也可能在调查前或调查中，就需要作出行政强制措施决定，有时作出决定与执行可能同时进行。

行政机关在实施行政强制措施时，必须办理一些必要的手续，严格按照法定期限进行。如实施强制措施的人员应向相对人表明身份，当场宣布强制措施决定，说明实施强制措施的原因、理由、法律依据、执行机关和日期等。对财产的强制措施应填写财物清单，载明理由、依据、财物的名称、数量等，

交付当事人留存。在作出行政强制措施决定前，需经行政机关内部的首长批准。此外，实施行政强制措施还必须遵守法定期限。

第三节　行政强制执行

一、行政强制执行的概念

（一）行政强制执行的含义

所谓行政强制执行，是指公民、法人或其他组织不履行行政机关依法作出的行政处理决定中规定的行政义务，有关国家机关依法定职权强制其履行义务或达到与履行义务相同状态的行为。这一定义包括以下四个方面的内涵：

1. 实施行政强制执行的前提是相对人不履行行政义务。行政机关在行政管理活动中依法作出的行政处理决定，是其履行法定职责的重要依据。而行政处理决定内容的实现，特别是其中规定的相对人行政义务的实现，主要通过两种途径：①负有行政义务的相对人主动自觉履行；②有关国家机关采取强制执行方式迫使义务人履行或达到与履行义务相同的状态。可见，采取行政强制执行的前提是负有行政义务的相对人逾期不履行义务。如果义务人自动履行了义务，就没有必要实施行政强制执行，也不可能产生行政强制执行的后果。行政义务又称行政法上的义务，可以将其分为作为义务和不作为义务。如税务处理决定中纳税的义务，行政处罚决定中缴纳罚款的义务、责令拆除违章建筑的义务等，均属于作为义务；行政处罚决定中责令停产停业，不得从事生产经营活动的义务，则属不作为义务。相对人不履行义务通常是故意不履行，即不愿或拒绝履行，而不是不知道或由于某种客观原因不能履行。对于有正当理由和原因不能履行义务的，行政机关不应采取行政强制执行。

2. 实施行政强制执行的目的在于迫使相对人履行行政义务或达到与履行义务相同的状态。这就是说，行政强制执行应以规定的行政义务为限，不能超过相对人所负的行政义务范围。行政义务包括法律、法规、规章直接规定的义务，如纳税的义务等，但这类义务在采取行政强制执行前，必须是行政机关以某种行政处理决定的方式向相对人发出过催告；行政义务还包括行政机关依法作出的行政处理决定中要求相对人履行的义务，如行政处罚决定中要求履行缴纳罚款的义务、停产停业的义务等，这类义务的内容是通过行政处理决定直接规定的。所谓达到与履行义务相同的状态，是指法定义务人可以通过其他合法形式实现义务内容，或者在义务人不履行或不完全履行义务时，而该项义务可以通过其他方式实现并能达到同样效果的，则可采用其他方式实现义务内容。如相对人负有财物给付义务，在法律允许的范围内，可以通过金钱给付实现义务；相对人逾期不履行拆除违章建筑的义务，该义务由他人代为拆除能达到同样目的，可由他人代为履行，但义务人要承担履行费用。

3. 行政强制执行以行政处理决定为直接根据。行政义务既有法律、法规、规章的直接规定，也可由行政机关依法通过处罚、裁决等行政处理决定形式作出。对于法律、法规、规章直接规定的行政义务，通常在义务人不履行的情况下，还须行政机关以行政处理决定的方式加以明确，并催告义务人履行。因此，行政强制执行的直接根据是有关的行政处理决定。从现行法律规定和行政强制执行的实践来看，采取行政强制执行所依据的行政处理决定主要有：①行政处罚决定，如对于处以罚款、责令停产停业、行政拘留等处罚决定的执行；②行政裁决决定，如对于确权、认定责任、行政复议等决定的执行；③要求相对人履行法定义务的行政决定，如纳税义务、服兵役义务等决定的执行。需要指出的是，并非所有的行政处理决定都能产生行政强制执行的法律后果，只有那些依法科以相对人履行一定义务的行政处理决定，才是行政强制执行的根据。

4. 行政强制执行的主体是行政机关和司法机关。关于行政强制执行的主体仅限于行政机关，还是包括司法机关，学术界有不同的看法。但从现行法律规定和执行的实践来看，目前对履行行政义务的行政强制执行有两种模式：①由行政机关依照法律授予的强制权，对义务人直接采取行政强制执行；②由作出行政处理决定的行政机关申请人民法院采取强制执行。有关行政机关的强制执行与司法机关的强制执行的关系，现行法律、法规作了概括性规定。《行政诉讼法》第66条、《行政处罚法》第51条等法律、法规规定，对于行政机关的行政处理决定，可以申请人民法院强制执行，或者行政机关依法强制执行。因此，可以认为，行政强制执行的主体是行政机关和司法机关。行政强制执行制度可以归纳为：以申请人民法院强制执行为原则，以行政机关自行强制执行为例外。但是，司法机关作为执行主体所执行的内容，仍是行政机关的行政处理决定，并要以行政机关的申请为条件。

（二）行政强制执行的特点

行政强制执行，是指有关国家机关对不履行行政机关依法作出的行政处理决定中规定的义务，采取强制手段，强迫其履行义务，或达到与履行义务相同状态的行为。行政强制执行有以下特点：

1. 行政强制执行以相对一方的个人、组织不履行行政义务为前提，在一般情况下，这种不履行还必须有不履行的故意。不履行行政义务大致有两种情况：一种是从事法律所禁止的行为；另一种是不履行法律规定的必须履行的义务。

2. 行政强制执行的目的在于强迫相对一方履行行政义务，直接影响着相对一方的权益，因此，强制执行的内容与范围应以行政义务为限，以最小损害相对一方权益为原则。

3. 拥有强制执行权的是有关国家机关。这里的有关国家机关是既指行政机关，也指司法机关。这里有两个问题需要解释：①行政强制执行权是指最后决定是否需要采取强制执行的权力，而不是指具体操作强制执行措施的机关。世界各国按照"裁执分离"的原则，作出强制执行决定与具体采取强制执行措施的机关都是分离的。一般来说，由于采取强制执行措施是一种行政方式，因此大都由专门的行政机关执行，如美国就由司法部设执行署执行。②行政强制执行权的归属，两大法系有较大区别。英美法系把行政强制执行权作为司法权的一部分，只有法院才有权决定是否需要强制执行；大陆法系则把行政强制执行权看成是行政权的一部分。

（三）行政强制执行与相关概念的区别

1. 行政强制执行与行政处罚的主要区别。

（1）执行的主体不完全相同。行政处罚只能由享有处罚权的行政主体实施，包括行政机关和法律、法规授权的组织；而实施行政强制执行的主体是具有强制权的行政机关和司法机关。

（2）适用的目的不同。行政处罚的目的在于对违法行为人进行惩戒，使其承担相应的法律责任，教育其不再违法；而行政强制执行的目的是强迫负有行政义务的相对人履行义务或达到与履行义务相同的状态。

（3）适用的直接依据不同。行政处罚是直接根据法律、法规、规章的规定采取的；而行政强制执行的直接依据通常是行政机关依法作出的行政处理决定。

（4）内容不同。行政处罚是对违反行政法义务的行为人科处新的义务，如对违反纳税义务的行为人科处罚款，罚款处罚则是对其新增加的义务；而行政强制执行是对不履行义务的当事人强迫其履行原来的义务。

（5）适用的种类不同。行政处罚的种类主要有警告、罚款、没收财物、吊销许可证或执照、责令停产停业、行政拘留等；而行政强制执行的种类有代执行、执行罚、强制征收、直接强制等。

（6）法律后果不同。相对人对行政处罚不服的，可以申请行政复议或提起行政诉讼。而相对人对行政强制执行不服的，一般不能申请行政复议或提起行政诉讼。

2. 行政强制执行与行政强制措施的主要区别。

（1）目的不同。实施行政强制措施的目的，是为了预防、制止和控制违法行为或危害社会的状态的发生和扩展，以及为保全证据，确保案件的顺利进行；而采取行政强制执行的目的是为了促使负有行政义务的相对人履行义务。

（2）适用的根据不同。适用行政强制措施是根据有关法律、法规、规章的规定；而采取行政强制执行则依据行政机关的行政处理决定。

（3）适用的条件不同。行政强制措施是对已经发生或将要发生的违法行为或危害社会的状态采取的，以预防、制止、控制其发生和继续，并不一定以某种义务的存在为前提条件；而实施行政强制执行则是以相对人不履行行政义务为前提条件。

（4）执行的主体不完全相同。行政强制措施由具有强制权的行政机关实施；而行政强制执行的主体除了行政机关外，还有司法机关。

（5）适用的种类不同。行政强制措施的种类主要有对人身的强制措施和对财产的强制措施；而行政强制执行分为间接强制执行和直接强制执行，并有其具体的执行形式和方法。

（6）法律后果不同。行政强制措施具有可诉性，相对人对行政强制措施不服的，可以申请行政复议或提起行政诉讼；而行政强制执行一般不具有这一特性。

3. 行政强制执行与民事强制执行的主要区别。

（1）执行的主体不同。民事强制执行的主体只能是司法机关；而行政强制执行的主体除人民法院外，也可以是行政机关。

（2）执行的依据不同。民事强制执行的依据是已经生效的判决、裁定或调解书等法律文书；而行政强制执行的依据则是行政处理决定。

（3）适用的对象不同。民事强制执行的对象一般仅限于财物和行为；而行政强制执行的对象则比较广泛，除了物、行为外，还包括人身自由。

（4）法律后果不同。民事强制执行过程中可以执行和解以结束执行；而行政强制执行则不存在执行和解，只能强迫义务人履行义务，完成执行。

二、行政强制执行的种类和方法

（一）行政强制执行的种类

行政强制执行依执行以是否可由他人代替法定义务人履行义务为标准，分为间接强制执行和直接强制执行两类。

1. 间接强制执行。是指执行机关通过某种间接强制手段迫使法定义务人履行义务或达到与履行义务相同的状态。它可以分为代执行和执行罚两种方式。

（1）代执行。又称代履行，是指义务人不履行法定义务，而该义务可由他人代为履行并能达到同样目的时，执行机关可以让他人代替法定义务人履行义务，由法定义务人承担后果并支付履行费用的一种强制执行方式。如法定义务人不履行拆除违章建筑的义务，执行机关可请人代为拆除，并由义务人负担拆除费用。

代执行的基本要件是：①代执行的义务必须是能够由他人替代履行的义务。代执行一般适用于作为的义务，对于不作为的义务不存在代替履行的问题，如对责令停产停业处罚的义务履行，他人不可替代。而且，在作为的义务中，对于他人不能替代的某些义务，也不能适用代执行，如接受行政拘留处罚的义务、受教育的义务、服兵役的义务等，只能由特定相对人履行，不能采取代执行的方法。②代执行中的由他人代为履行，这里的"他人"既包括作为执行主体的国家机关，也包括其他第三人。③代执行应当由法定义务人负担代执行费用。

代执行的程序一般为告诫、代执行和收取费用三个阶段。

（2）执行罚。又称强制罚，是指法定义务人不履行义务，而该义务又不能由他人代为履行，执行机关依法对义务人科以新的给付义务，从而促使义务人履行义务的一种强制执行方式。例如，对逾期不履行纳税义务的，依税法规定每日加处税款2%的滞纳金；根据《行政处罚法》的规定，对逾期不缴纳罚款的，每日按罚款数额的3%加处罚款。执行罚的目的在于促使义务人自动履行原有的义务。由于执行罚通常以科处义务人新的金钱给付义务为主要形式，因此也称为强制金。执行罚除了科处金钱给付的形式外，也有其他形式，如《治安管理处罚法》规定，拒绝交纳罚款的，可以处15日以下拘留，罚款仍应执行。这是以对义务人科以人身自由罚的形式，促使其履行缴纳罚款义务的执行罚。

执行罚的基本要件是：①执行罚一般适用于他人不能代替履行的行政义

务，对于用其他执行方式可以实现义务的，则不采用执行罚；②执行罚的具体形式和数额比例必须有法律的明确规定，执行主体不能随意创设；③给付义务形式的执行罚一般可以反复适用，这是其与行政处罚中罚款的明显区别。

执行罚的程序一般经过事先告诫，并附有期限，义务人如不按期履行，则开始执行，直到义务人履行了义务时为止。一旦义务人履行了义务，执行罚则不再执行。

2．直接强制执行。是指法定义务人逾期不履行义务，执行机关依法对其直接采取强制方法，迫使其履行义务或达到与履行义务相同状态的一种执行方式。直接强制执行包括对法定义务人财产的强制执行、对法定义务人行为的强制执行和人身的强制执行。如强制拆除违章建筑、强制履行服兵役、强行扣留物品、强制拘留等。

直接强制执行是迫使法定义务人履行义务的有效方法，它适用的范围比较广，形式比较多，能够直接、有效地实现行政目的。但由于直接强制执行易于造成对公民合法权益的冲击或损害，因此采取直接强制执行应当慎重，对实施条件应加以严格限定。一般认为，只有在无法采取代执行、执行罚等间接强制方法时，或者虽然可以采用间接强制，但难以达到执行目的时，才能采取直接强制执行。而且，对直接强制执行的程度应有一定限制，以能达到履行义务的状态为限，不能扩大义务范围，并尽可能采取强度较轻的执行方法，避免对相对人造成不必要的损害，同时要对直接强制执行的程序作严格、明确的规定。

（二）行政强制执行的方法

行政强制执行的方法，是指执行主体采取行政强制执行的具体形式或手段。根据执行对象的不同，可以将行政强制执行的方法分为对财产的执行方法、对人身的执行方法和对行为的执行方法三类。

1．对财产的强制执行方法。这类执行方法主要有：

（1）滞纳金。这是指负有金钱给付义务的相对人逾期不履行义务时，执行机关除了令其限期履行外，按日连续加处义务人一定数额金钱的执行方法。

（2）加处罚款。这是对受到罚款处罚的相对人逾期不缴纳罚款的，执行机关按日加处一定数额比例罚款的执行方法。

（3）强行划拨。这是对于逾期不履行财产或金钱给付义务的相对人，执行机关依法强行通知划拨其在金融机构账户的款项，用以实现其义务的一种执行方法。

（4）强制抵缴。这是执行机关依法采取强制手段，将义务人的财产或金钱予以变换，抵缴其所负的金钱给付义务的执行方法。

除以上强制执行方法外，对财产的强制执行还有税务机关对不履行纳税义务的相对人实行的强制扣缴、食品卫生机关对变质食品实行的强制销毁、土地管理机关对违法占用土地实行的强制退还等。

2.对人身的强制执行方法。这类执行方法主要有：

（1）强制传唤。根据《治安管理处罚法》第82条第2款的规定，对无正当理由不接受传唤或逃避传唤的，公安机关可以强制传唤。

（2）强制拘留。这是对已被公安机关处以行政拘留的相对人，逾期不到指定场所接受拘留的，公安机关采取强制拘留。

（3）强制履行。这是指执行机关对于负有某种行为义务的相对人，在其逾期不履行义务时，依法采取强制手段迫使其履行作为的义务。如《兵役法》规定，对拒绝和逃避服兵役义务的相对人，可采取措施强制其服兵役。

此外，还有强制遣送、遣返，强制检疫等。

3.对行为的强制执行方法。这类执行方法主要有：

（1）强行拆除。这是执行机关对负有拆除行为义务的相对人在其不履行义务时，依法采取强行拆除的执行方法。如对违章建筑的拆除。

（2）强制许可。这是执行机关依法对具备许可条件的义务人，采取的强制许可。如《专利法》规定专利实施义务的强制许可。

（3）强制清障。这是执行机关对负有清除障碍物义务的相对人，采取强制其履行清障义务的执行方法。如道路清障、河道清障的执行。

（4）强制检定。如《计量法》规定，行政机关依法对计量器具实行强制检定。

三、行政强制执行的程序

行政强制执行的程序，是指执行机关实施行政强制执行的方式和步骤。由于我国行政强制执行的主体是行政机关和司法机关，行政强制执行分为两种模式。因此，在执行程序上有两种不完全相同的程序。

（一）行政机关的强制执行程序

行政机关实施行政强制执行大致经过调查取证、作出执行决定、预先告诫、实施强制执行等过程。

1.调查取证并作出执行决定。在作出强制执行决定前，必须进行调查取证，查明法定义务人是否故意不履行义务，掌握证据材料。在调查掌握情况的基础上，由有关部门进行审查，决定是否采取行政强制执行。当义务人逾期拒不履行其应履行的义务时，具有强制执行权的行政机关就可以作出执行决定，从而开始执行程序。

2. 通知和告诫。行政机关在正式实施行政强制执行之前，应再次向法定义务人发出通知和进行告诫，要求义务人自动履行义务，并最后确定其履行义务的时限。告诫应采用书面形式。告诫被认为是实施强制执行的必要程序，它为法定义务人再一次提供了主动履行义务的机会，有利于保护义务人的合法权益。

3. 实施行政强制执行。法定义务人经告诫仍不履行义务，在超过法定时限后，行政机关即可依法采取强制执行。在执行时，执行人员应向义务人出示证件或文件，明确表示身份，表明具有执行权，并说明执行依据和理由，如果义务人不在现场，应请有关人员到场作执行证明人。执行完毕后，应制作执行笔录。在执行过程中，如果需要有关机关、组织予以协助的，应事先或事中提出协助请求。有义务协助的机关、组织应当予以协助。如遇有妨碍执行的情况，执行机关可依法予以排除。

（二）人民法院的强制执行程序

根据有关法律、法规的规定，具有行政强制执行权的行政机关限于公安、工商、海关、税务等少数几个行政机关，大部分行政机关不具有强制执行权。因而，许多强制执行案件是通过申请人民法院执行的。人民法院的强制执行大致经过以下几个阶段：

1. 提出执行申请。需要人民法院强制执行的，行政机关依法向有管辖权的人民法院提出书面执行申请，并提交有关执行的依据和事实材料，如行政处理决定书及有关材料等。

2. 审查立案。人民法院在收到行政机关的强制执行申请及行政处理决定和其他有关材料后，应从申请程序、事实理由和法律根据等方面进行审查，全面了解案情，明确执行事项。对申请强制执行是否合法，内容是否明确，法律文书、材料是否齐备，有无法律根据，以及被执行人有无履行能力等情况进行认真的审查确认。如果认定不具备立案条件的，不予立案。认定符合执行条件的，应立即立案并及时执行。

3. 通知履行。对确定立案执行的，人民法院应正式通知被执行人，使其明确履行期限，要求其按期履行义务。

4. 实施强制执行。执行由人民法院主持进行，必要时可请有关机关、组织予以协助。执行结束后，应将执行情况书面通知申请执行的行政机关。

思 考 题

1. 试述行政强制的含义与特征。
2. 简述行政强制的原则。
3. 如何理解行政强制的作用?
4. 简述行政强制措施的含义与特点。
5. 简述行政强制措施的种类。
6. 简述行政强制执行的含义与特点。
7. 试述行政强制执行的种类与方法。

第十一章　行政合同与行政指导

学习目的与要求

　　通过本章的学习，了解行政合同和行政指导的概念、特征、原则、种类和内容等基本问题；理解行政合同主体双方的权利义务，掌握行政合同的缔结、变更和解除的原则、方式和具体情形，明确行政合同的法律救济途径；明确行政指导的依据、条件和相关的法律责任。

第一节　行政合同

一、行政合同的概念与特征

　　行政合同又称行政契约，是指行政主体为了行使行政职能、实现特定的行政管理目标，而与公民、法人和其他组织，经过协商，相互意思表示一致所达成的协议。[1]

　　行政合同属于一种双方行政行为。这种行政行为的特殊性表现在，行政机关在执行公务时需要与相对方协商，相互意思表示一致后，才能实施相应行为。与其他行政行为相比，行政合同行为是通过契约的方式将国家所要达到的行政管理目标固定化、法律化，并在合同中规范双方当事人的权利和义

---

〔1〕　罗豪才主编：《行政法学》，中国政法大学出版社 1999 年版，第 252 页；王连昌主编：《行政法学》，中国政法大学出版社 1999 年版，第 258 页；姜明安：《行政法与行政诉讼法》，北京大学出版社 1999 年版，第 251 页；杨海坤主编：《中国行政法基础理论》，中国人事出版社 2000 年版，第 258 页。

务。相对于单方行政命令而言，行政合同较能发挥相对人的积极性和创造性，因而在现代行政管理中被国家行政机关越来越广泛地运用。

行政合同是以契约的形式规范行政主体之间或行政主体与行政相对方之间权利义务的一种协议。与一般民事合同相比，行政合同具有如下特征：

1. 行政合同的当事人一方必定是行政主体。行政合同是行政主体行使行政权的一种方式，因此，行政合同只能在行政主体与相对方之间或行政机关之间签订，而不能在公民之间签订。

2. 行政合同签订的目的是为了行使行政职能，实现特定的国家行政管理目标。行政合同的签订，其目的都是为了执行公务，实现特定的国家行政管理目标。行政合同是执行公务的一种手段，其最终目的是为了实现国家的利益。因而行政合同的内容必须符合法律、法规的规定，双方都无完全的自由处分权。

3. 签订行政合同的双方当事人地位不同。行政合同在成立之前，双方处于领导与被领导地位，行政合同的成立一般基于管理与被管理的关系。双方当事人地位不同的特点在行政合同的其他特征中也有明显反映。

4. 行政合同以双方意思表示一致为前提。行政合同属于双方行政行为。单方行政行为仅有行政主体的意思表示即可成立，双方行政行为则须以双方意思表示一致为前提。当然，在履行行政合同的过程中，行政机关具有某些单方面的特权，如监督权、指挥权、合同变更权、解除权等。相对方只要签订的是行政合同，即使在具体的合同中未规定行政特权条款，也应视为其已就上述内容与行政机关协商一致。当然，双方意思表示一致并不等于双方的目的相同，行政主体签订行政合同的目的是为了执行公务，行政相对方则是为了营利。

5. 在行政合同的履行、变更或解除中，行政机关享有行政优益权。行政合同中双方当事人不具有完全平等的法律地位，行政机关可以根据国家行政管理的需要，单方依法变更或解除合同，而作为另一方当事人的公民、法人或其他组织则不享有此种权利。行政机关之所以享有行政优益权，主要是因为行政合同的最终目的是为了国家的、公共的利益，国家为了保障行政机关有效地行使职权，履行职责，通过法律赋予行政机关以种种职务上的优益条件，以保证行政合同的正确履行。当然，行政主体单方面解除合同的权利的行使是有条件的，要受公平、合理、合法原则的支配。所谓"有条件"，是指合同缔结后出现了妨碍合同目的实现的客观条件。此外，行政机关要单方面解除合同，必须要有职权和法律上的合理根据，并受公平、合理、合法原则的支配。行政机关非因相对方的过错而解除合同，导致相对方财产上受到损失的，应予以合理的补偿。

6. 行政合同纠纷通常通过行政法的救济途径解决。在我国，民事合同发生纠纷，由人民法院民事审判庭处理。在行政合同方面，由于尚未建立完善的法律制度，其纠纷处理途径尚未明确，但根据行政法原理，行政合同发生争议，应通过行政法的救济解决，人民法院行政审判庭应有最终处理权。

二、行政合同的作用

行政合同是一种富有弹性和灵活性的管理形式，它既不像行政命令行为那样僵硬，以免窒息相对方的主动性和创造性，也不像民事合同行为那样自由随便。行政合同虽有双方当事人的自由协商，但又以保留行政机关必要的行政优益权为其条件，它是对行政命令、行政处罚、行政强制等管理手段的重要补充形式。因此，在各国行政管理实践中得到了广泛的应用。行政合同的作用主要表现在：

1. 从行政机关方面来说，订立行政合同既可以更好地行使行政职能，保证国家行政目标的实现，又可以因合同双方权利义务关系的明确性而避免相互扯皮、推诿，杜绝不负责任的官僚主义作风。

行政合同不同于一般的民事合同，行政机关作为实施国家行政权的机关，在行政合同的订立或履行过程中起主导作用，它可以将国家要达到的行政目标通过行政合同的形式依法予以落实。在行政合同的履行过程中，行政机关可以根据实际情况的变化单方修改、中止甚至撤销已经订立的行政合同，以保障行政目标的实现，而作为合同相对方的当事人则没有此项权利。但行政机关在行使这种特权时必须十分慎重，以尽量避免损害合同对方当事人的利益。

订立行政合同能使行政机关与行政相对方的权利义务关系相对确定和明晰。合同内容对于双方均是一种限制和制约。虽然行政机关在行政合同的签订和履行中享有行政优益权，但它也不能无视合同的规定而任意行为。即使由于种种原因需要变更或中止合同时，它也要给相对人以相应的补偿。这样，既保证了国家行政目标的实现，也便于恰当合理地处理双方的责、权、利关系，以避免相互扯皮、相互推诿和不负责任的现象。

2. 从相对方来说，订立行政合同既可以使他们更好地发挥积极性和创造性，又可以使合同争议发生后控告有门，解决有据。

在行政管理领域内正确运用行政合同这一法律形式，既可以保证行政权的正确运用，也可以充分发挥行政相对方的积极性和创造性。尤其在文化、科研、教育、资源开发等方面，用简单、强硬的行政命令手段往往难以奏效，因而在这些行政管理部门采用行政合同的管理方式就显得更为必要。

此外，订立行政合同可以使当事人双方一旦发生争议时控诉有门，解决有据。因为，通过签订行政合同，使二者的地位明确，各自的权利义务得以明晰，如果在履行合同中发生争议，当事人可以据此向人民法院提起诉讼，寻求法律保护或救济。

三、行政合同的种类与内容

（一）行政合同的种类

1. 内部合同与外部合同。根据合同所基于的行政关系的范围，行政合同分为内部合同与外部合同。前者指行政机关相互之间或行政机关与其公务员之间签订的合同，后者指行政机关与公民、法人或其他组织之间签订的合同。

2. 承包合同、转让合同和委托合同。根据合同的内容，行政合同分为承包合同、转让合同和委托合同。承包合同指个人或组织承揽某些行政事务的合同；转让合同指行政主体向对方当事人转让某种财产所有权或使用权的合同；委托合同指行政主体将自己的某些事务委托其他行政主体或个人、组织办理的合同。

3. 有金钱给付内容的合同与无金钱给付内容的合同。根据合同是否涉及金钱给付，行政合同可以分为有金钱给付内容的合同和无金钱给付内容的合同。

4. 各种专业合同。根据合同事项所涉及的行政管理领域，行政合同分为工业、交通、农业、科技、教育等不同领域的专业合同。目前，在我国的行政管理实践中，行政合同主要有粮食订购合同、行政协作合同、国有企业租赁承包经营合同、治安管理承包合同、卫生管理承包合同、财政包干合同、经济协作合同、科技协作合同、人事聘用与人员培训合同等。

（二）行政合同的内容

1. 科研合同。科研合同是指行政机关与其下属科研机构之间，为实行某种技术经济责任制，并完成一定的技术开发项目，而确立双方权利义务关系所签订的合同。这类合同是行政合同在科技领域中的具体运用。其与民法所调整的技术开发合同、技术转让合同、技术咨询合同、技术服务合同不同，它是一种对科研实行的从外到内、自上而下的集中管理，它通常是由国家下达指令性科研计划。目前，科研合同制度在国内外都比较盛行，如美国的核反应堆、波音 747 飞机、星球大战计划都采取了由政府牵头，通过指令签订合同的形式进行。我国目前也采取了这种方式，如国务院发布的《关于科学技术拨款管理的暂行规定》要求，国家重大科技项目普遍实行合同制，用于这些项目的科技立项费目在有偿使用的情况下，科研开发单位与委托单位（主持项目的部门）之间是合同关系。

2. 国家订货合同。国家订货合同是指行政机关基于国防与社会保障等方面的需要，与对方当事人签订的订购有关物资、产品的合同。与一般买卖、加工承揽合同不同，国家订货合同表现为行政主体方的意思表示具有不可拒绝性，即相对方必须接受并且履行订货单中规定的任务。当然，双方对完成工作的费用，双方的权利、义务、责任等事项，可以协商。国家军用物资和其他有关重要物资的订购通常都采用此种合同。此外，目前在我国农村广泛实行的粮棉订购合同亦具有这一特征。农民必须根据合同完成耕作任务和提供农产品，国家有义务收购并按照合同规定向农民提供平价的化肥、农药、柴油等。

3. 公用征收合同。公用征收是指国家行政机关为了社会公共利益，在依法给予补偿的前提下，通常与相对方签订合同，对相对方的财产实行强制取得。公用征收合同也是行政合同的一种，且广泛运用于交通运输、城市建设、土地管理等领域。《土地管理法》、《水法》以及国务院颁布的有关行政法规中均对此做出过明确规定。

4. 国有土地使用合同。在我国，国有土地使用合同是指国家以土地所有者身份将土地使用权在一定期限内出让与土地使用者，并由土地使用者向国家支付土地使用权出让金的行为。土地使用权出让在我国是由市、县人民政府土地管理部门与土地使用者签订合同，政府管理部门既是出让方，又是监督方。其权利为：①出让；②对未按合同规定的期限进行开发、利用、经营的，有权予以纠正，并可进行行政处罚；③批准改变土地用途。

5. 企业承包管理合同。承包合同的出现使得国家、企业和个人之间的关系契约化，从而使得三者之间的单纯行政管理关系演变成了法律上的权利义务关系。国家行政管理部门与国有企业承包经营者签订的企业承包合同是一种行政合同，这表现在：①发包方（行政机关）对承包方的生产具有监督权。很显然，这种监督权并非一种民事权利，而是一种行政权。②在履行义务中，出租方应为租赁企业的生产发展提供必要的服务。根据承租方的要求，出租方应会同有关部门协助租赁企业解决经营活动中的困难。

四、行政合同主体双方的权利与义务

（一）行政机关的权利与义务

1. 行政机关的权利。行政机关在行政合同中主要有以下权利：

（1）选择合同相对方的权利。行政机关在订立行政合同时，可以根据实际情况和要求选择适当的合同相对方，对于某些行政合同，作为行政相对方的组织和个人如果没有法律规定的理由和依据，一般不能拒绝行政机关选择其为相应行政合同的当事人。

（2）对合同履行的监督权和指挥权。行政机关在行政合同中具有双重身份，既是合同的一方，受合同的约束，同时它又代表国家行使行政管理权利。在执行合同的过程中，行政机关对合同的履行不仅有监督和控制的权力，而且在某些情况下对合同的具体执行有指挥权。

（3）单方面变更或解除合同的权利。在行政合同的履行过程中，行政机关根据国家法律、政策或计划的变更，以及公共利益的需要，有权变更或解除合同，不必取得相对方的同意。但是，这种权利的行使不是没有限制的：①这种权力只能在公共利益需要的限度以内行使；②不能变更或解除与公共利益无关的条款；③对相对方因变更或解除合同所受到的损失应予以补偿；④行政机关多方面的变更超过一定的限度或接近一个全新的义务时，相对方可以请求另订合同。

（4）对不履行或不适当履行合同义务的相对方的制裁权。如果相对方违反合同，行政机关具有制裁的权力。行政机关行使这一权力的目的，不仅是处罚违反合同的当事人，更主要的是为了保证公务的实施。因此，制裁权是行政机关保障行政合同履行的一种特权。行政机关的制裁权是一种当然的权力，不论合同中有无规定，它都可以依照职权行使。

2. 行政机关的义务。行政机关在行政合同中主要有以下义务：

（1）依法履行合同的义务。行政机关作为行政合同的主要一方当事人，本身具有优越的地位。这种优越的地位不意味着行政机关可以不依法履行义务。在行政合同的履行中强调行政机关依法履行合同义务具有重要意义。

（2）保证兑现其应给予合同相对方的优惠或照顾的义务。在行政合同中规定的优惠或照顾条件，对于相对一方履行合同义务极其重要，也是行政主体吸引相对方的有利条件。因此，一旦以合同形式将其确定下来，行政机关就有义务保证其兑现，不允许随意更改或打折扣。

（3）给予相对方物质损害赔偿或补偿的义务。在履行行政合同过程中，

凡是因行政机关的原因引起合同的变更、解除，从而使相对方受到物质损害的，行政机关有义务根据有关规定和实际损害情况进行赔偿或补偿。

（4）按照合同规定给付价金的义务。

（二）相对方的权利和义务

1. 相对方的权利。行政相对方在行政合同中主要有以下权利：

（1）取得报酬权。相对方的报酬通常是在合同中规定的，也可能直接由法律、法规规定。行政合同中的报酬，通常是为相对方提供的服务或产品的价金。此外，行政合同也可能给予相对方以其他形式的报酬，例如，可以在合同中规定允许相对方利用行政机关的公房、设备或资料；在相对方需要大量投资而本身不能解决时，行政机关可以协助其解决。行政合同还可以规定给予相对方价金以外的其他经济利益，如贷款、津贴、提供担保，减轻或免除赋税。行政合同的报酬条款和其他关于公务的组织和执行的条款不同，不能由行政机关单方面变更。

（2）损害赔偿请求权和特权行为损害的补偿权。损害赔偿请求权是类似于民事权利的一项权利。相对方由于行政机关的过失受到损害时，可以请求人民法院判决行政机关赔偿损失。所谓特权行为损害的补偿权，是指行政机关在签订合同以后，由于公共利益的需要，单方面变更或终止合同的特权行为造成相对方损害时，相对方以其损失为由提出要求行政机关予以补偿的权利。相对方由于行政机关的特权行为而增加的全部负担（损害），不论合同中有无具体规定，都可以请求行政机关予以补偿。享有这种补偿请求权是行政合同制度的一个重要原则。它既是维护当事人经济利益平衡的需要，也是公共利益的需要。当然，相对方补偿权的范围只能以实际损失为限，不能期求过高的利益。为了避免计算实际损失困难起见，也可以在合同中先规定一个补偿数额。

（3）不可预见的困难情况的补偿权。行政合同在履行的过程中，有时可能出现当事人订约时所不能预见的情况或困难，从而使合同的履行虽然不是不可能，但已使相对方遭受极大的损失，使履行合同极端困难，这种情况或困难称为不可预见的情况或困难。例如，在公共工程进行中遇到当初所不可预见的地质结构变化；在农产品订购合同的履行中，遇到当初所不可预见的特大洪涝灾害等。相对方在履行行政合同中遇到不可预见的情况或困难时，有权请求行政机关共同承担损失，或请求行政机关予以补偿。

2. 相对方的义务。相对方在行政合同中主要有以下义务：

（1）按照合同规定的要求和期限认真履行合同的义务。

（2）接受行政机关管理、监督和指挥的义务。

五、行政合同的缔结、变更、解除

（一）行政合同的缔结原则与方式

1. 行政合同的缔结原则。行政合同由于其行政性和合意性的双重性，使其在整个缔结过程中都区别于民事合同的成立过程而带有自身的特征。行政机关缔结行政合同应遵循以下原则：

（1）适应行政需要的原则。行政机关缔结行政合同不能随心所欲，而必须出于行政需要，符合行政目标。这种需要并非由法律、法规明确规定，而是行政机关根据法律、法规的精神结合具体情况具体分析而决定的。订立行政合同既要符合公共利益的要求，又要照顾到相对方的合法利益；既要严密谨慎，又要大胆创新。

（2）不超越行政权限的原则。行政机关缔结行政合同，不能超出自己管辖的事务范围和权限范围。否则即属于无效合同。

（3）合同内容合法的原则。行政合同对于国家法律和政策明令禁止的事项不得加以规定，行政机关不得就这些事项与管理相对方缔结行政合同。例如，国家已明令压缩的基本建设项目，行政机关不得与相对方就重建这些项目缔结行政合同。

2. 缔结行政合同的方式。行政合同的缔结方式主要有招标、拍卖、邀请发价、直接磋商等。

（1）招标。是指行政机关通过一定方式，公布一定的条件，向公众发出的以订立合同为目的的意思表示。招标人在发出招标的公告前或公告后需要制定标底，标底不能公开。相对人按照招标人公布的资格和条件进行投标。行政机关经过评议后与提出最优条件的投标人签订合同。在行政合同相对发达的法国，招标是最常用的订立行政合同的方式。[1] 我国政府在国有土地有偿转让和公路工程建设过程中，也经常采用招标方式订立行政合同。以招标方式订立行政合同对行政相对一方来说拥有较大的自由选择权，但行政机关也可通过设定资格来限制行政相对一方参加招标。对行政机关来说，确定的行政合同的缔约人只能是中标人，不能是中标人外的其他行政相对人，以保护中标的行政相对人的合法权益。招标这种缔结行政合同的方式，可以防止营私舞弊和财政经费的浪费。国务院《科学技术拨款管理的暂行规定》、《中

---

〔1〕 王名扬：《法国行政法》，中国政法大学出版社 1989 年版，第 183 页。

华人民共和国城镇国有土地使用权出让和转让暂行条例》等法律、法规中均规定了这种缔约形式。

（2）拍卖。这是指由行政机关通过预设的拍卖程序，由竞拍人参与竞拍，最后与出价最高者订立行政合同的一种方式。拍卖与招标形式不同，但其性质基本一致。两者的区别在于相互竞争的竞拍人彼此知道其他竞拍人的条件，可以随时改变自己要约的内容，最后由条件最优的竞拍人与拍卖人订立合同。从我国行政合同实施中看，招标与拍卖适用的法律程序是不同的，选择订立行政合同的行政相对一方也是有差别的，拍卖通常仅适用于国有资产的出让。

（3）邀请发价。行政机关基于政治、经济、技术等方面的原因，在招标时不一定与要价最低的相对方缔结合同，而是可以邀请他认为适当的人发价，而行政机关在参加投标的企业中有选择合同当事人的自由。这种程序一般也是采取公开的方式。

（4）直接磋商。在某些特定情况下，行政机关可以直接与其他组织或公民进行协商，签订合同。这种方式在民事合同中较为常见，而在行政合同的签订过程中则必须受到法律、法规的限制。例如，法国有关法律就直接规定，直接磋商方式主要用于下列事项：研究、试验和实验合同；招标和邀请发价没有取得结果的合同；情况紧急的合同；需要保密的合同；只能在某一地方履行的合同；需要利用专利权和其他专有权利的合同；需要利用特殊的高度专门技术的合同。

（二）行政合同的变更

行政合同的变更，是指现存行政合同基于行政机关的裁量或其他法律事实，在不改变现存合同性质的基础上，对涉及合同主体、客体、内容的条款作相应的修改、补充和限制。行政合同的变更主要基于以下理由：①行政机关为满足公共利益的需要行使裁量权，单方面变更合同；②因一定的法律事实的出现而导致行政合同的变更，如不可抗力等。

行政合同变更后，原合同不再履行，双方当事人按变更后的权利义务关系行使权利，履行义务。行政机关单方面变更行政合同的，行政机关应对相对方因此受到的损失进行补偿。

（三）行政合同的解除

行政合同的解除，是指行政合同当事人一方尚未履行或尚未全面履行时，双方当事人提前结束约定的权利义务关系。行政合同的解除方式有两种：①单方解除，即行政机关基于自己单方意思表示即可产生解除效力的解除方式；②协议解除，即相对方提出解除合同的意思表示，在征得行政机关同意后提前终止行政合同的效力。

行政合同解除后双方当事人之间的合同关系终止，彼此不再享有原合同规定的权利和承担相应的义务。行政机关单方面解除行政合同的，应对相对方因此受到的损失进行补偿。行政合同的终止主要有以下情形：①合同履行完毕或者合同期限届满；②双方当事人同意解除；③行政机关依法律或政策规定以及出于公共利益的需要，单方面解除合同；④因不可抗力导致合同履行已不可能；⑤行政机关因相对方的过错而宣布解除合同；⑥因行政机关存在严重过错，法院可根据相对方的申请依法判决解除合同。

六、行政合同的法律救济

在我国，由于对行政合同这种管理手段的运用起步较晚，在理论和实践性上的探索也较为肤浅，因而还没有形成一整套较为完备的制度和程序。根据我国目前解决行政争议的体制，行政合同纠纷解决的途径主要两种：①由行政机关处理的途径。在我国，这种途径适用于对内部行政合同纠纷的处理，主要是通过行政调解、行政复议或者行政裁决三种具体方法来解决。②由司法机关处理的途径。在我国，这种途径多适用于外部行政合同纠纷的解决。《行政诉讼法》第 11 条明文规定了这一内容。在司法实践中，法院裁决是解决行政合同纠纷的主要方法。

从一些国家的经验来看，通过协商、仲裁或行政机关内部裁决等方式来解决由于行政合同缔结或履行产生的争议，往往是比较成功的。在我国以往的解决行政合同纠纷的实践中，由双方协商或者由政府出面调处，作为非制度化的解决方法具有重要的意义。有关司法解释要求在处理农村承包合同纠纷中应当发挥有关农村基层组织以及承包合同管理部门的调处作用，就是一例。因此，在司法外救济制度的构建上，这种处理纠纷的方式应得到充分的肯定和延续。同时应在行政机关体系内建立独立的行政合同仲裁机构，专门用来处理行政机关之间及行政机关与其所属下级机构或公务员之间缔结的特定种类的行政合同纠纷。还应对《行政复议法》作相应的修改，制定专门解决行政合同纠纷的特别规则，也就是在行政复议制度原有的单向性救济结构中建立专门解决行政合同纠纷的双向性救济结构，将绝大多数行政合同纠纷都纳入行政复议救济范围，从而在协商与政府出面调处的基础上，形成以行政复议为主要救济方式、以行政仲裁为解决特定种类行政合同纠纷的司法外救济制度模式。

现行行政复议制度主要是从保障相对人权益的角度出发的，只允许相对人提出复议申请，在复议裁决的基础上只审查行政机关的具体行政行为，在复议裁决的结果上就是针对行政机关做出处理决定。而在行政合同中，行政机关尽管在合同缔结与履行中拥有主导性权利，但是这些权利的行使要受到公共利益必需原则的限制，不是在任何时间与场所都能行使的，因此，行政机关的预期不能完全通过单方意思表示直接在相对一方身上实现。所以，在纠纷中要求解决争执（如在赔偿问题上）的一方不一定就是相对一方，也可能是行政机关，这就要求法律提供一个可供双方都能主动申请解决问题的场所与制度，而且解决问题的基础应建立在对双方行为的审查上，处理结论也是针对双方中违约一方（既可能是相对一方，也可能是行政机关）做出。因此，在原有的仅对相对人的单向性救济的基础上，构建专门适用于解决行政合同纠纷的双方性救济结构，应当成为行政复议制度改革乃至行政合同救济制度构建的题中应有之义。

在对行政合同纠纷进行司法救济上，则应肯定行政诉讼制度是唯一的司法救济途径，这是由我国法律体系的划分和行政合同的性质所决定的。但也要看到，在行政诉讼制度构建之初，缺乏对行政合同这种双方行政行为特征的深入认识和考虑，表现在具体制度的构建上就是仅对相对人进行单向救济，例如，行政诉讼仅受理行政机关实施的侵犯相对人合法权益的单方具体行政行为；诉讼只能由受行政机关具体行政行为侵害的相对人提起；在诉讼中被告行政机关负主要举证责任；不得提出反诉；在对案件的审查上也主要审查行政机关所认定的事实是否正确，证据是否确凿；行政机关所采取的行政行为是否符合实体法与程序法的要求等。但行政合同争议是在双方约定条款的基础上产生的，要求解决争议的一方并不仅限于相对人，行政机关由于在行政合同中除行使主导性权利外不能像在实施单方行政行为时那样将自己的意志强行贯彻到对方身上，因此也存在要求法院裁决是非、并通过法院判决强制相对方履行义务的要求，现行的行政诉讼制度的单向性构造不能满足行政合同救济的需要，而必须针对行政合同纠纷的特点进行重构，即在原有单向性构造的行政诉讼制度框架中针对行政合同的特点建立专门适用于解决行政合同纠纷的双向性构造的诉讼结构，反映在具体制度与规则的构建上，就是修改有关具体行政行为的司法解释，将行政合同纳入具体行政行为的界定范围之内；在行政诉讼中专门规定解决行政合同纠纷的特别规则，包括允许行政机关起诉的条件、调解原则、举证责任、确认合同效力以及对违约责任处理的判决形式等。

第二节　行政指导

一、行政指导的概念与特征

（一）行政指导的含义

随着福利国家和社会国家观念的确立，特别是第二次世界大战后，行政机关的任务不断增加，其性质也发生了变化，导致国家与私人新型关系的形成，许多与公共福利有关的任务需要私人的配合方能完成，公共事业与私人活动的界限在许多场合变得模糊不清了。过去那种以行政机关与私人的不平等原则为基础的管理关系，已经无法确保行政目的的实现。行政机关所发布的许多命令，不再以单方面决定的形式出现，而是更多地采取与相关个人或企业协商的形式。在法国、英国、奥地利等世界发达国家，行政指导已成为重要的行政管理方法，进而成为行政管理学和行政法学的重要研究领域之一。

行政指导，是指行政主体在其职责任务或其所管辖的事务范围内，为适应复杂多变的经济和社会生活的需要，基于国家的法律原则和政策，适时灵活地采取非强制手段，在行政相对方的同意或协助下，指导行政相对人采取或不采取某种行为，以有效地实现一定的行政目的，不直接产生法律效果的行为。[1] 行政指导是行政机关的一种重要的行为形式，以行政指导方法调整行政机关同行政相对人之间的关系，形成行政指导关系。

1993 年《日本行政程序法》将行政指导界定为："行政指导是指行政机关在其职权或其管辖的事务范围内，为实现一定的行政目的，要求特定人为一定的作为或不为一定作为的指导、劝告、建议以及其他不属于处分的行为。"1996 年《韩国行政程序法》对行政指导的界定是："行政指导是行政机关为实现一定的行政目的，在所管辖事务范围内为使特定人做或不做一定行为而进行的指导、劝告及指教等行政作用。"我国台湾地区在 1999 年 2 月正式通过的"行政程序法"中，界定行政指导为"行政机关在其职权或所掌事务范围内为实现一定的行政目的，以辅导、协助、劝告、建议或其他不具法

---

[1]　罗豪才主编：《行政法学》，中国政法大学出版社 1999 年版，第 286 页；王连昌主编：《行政法学》，中国政法大学出版社 1999 年版，第 274 页；姜明安：《行政法与行政诉讼法》，北京大学出版社 1999 年版，第 247 页。

律的强制力之方法，促请特定人为一定作为或不为一定作为之行为"。基于上述各种观点，行政指导的概念应有以下含义：

1. 行政主体实施行政指导是根据其职责和承担的具体任务的要求进行的，只要属于其管辖范围的事务，行政主体均可实施行政指导。

2. 实施行政指导的原因和目的是适应现代市场经济条件下日益复杂多变的社会、经济生活对行政管理的要求，以弥补传统行政的不足。

3. 有一些行政指导行为有具体的法律依据，但多数行政指导行为则是基于法律原则以及行政组织法上的职能规定作出的，有的则是直接根据国家政策而适时灵活地作出的。

4. 行政指导行为不具有强制力，行政相对方可自主决定接受或配合与否，因而不直接产生行政法律后果，这使它明显区别于行政立法、行政命令、行政强制、行政裁决等行为。

新中国建立以来，我国长期实行传统的计划经济，政府主要依靠行政指令（命令）手段管理经济，并实行严格的社会管制，在这种高度集中的计划经济体制下，政府职能从总体上可以说只有管制职能而没有指导职能，相对人只有尽责任之份而难以运用权力，只有履行义务而难以行使权利。

在我国向市场经济转轨的过程中，转变政府职能、完善调控方式的问题被提上了议事日程，将单一地运用行政权力手段进行管理，转变为综合运用经济、法律以及必要的行政手段进行管理，已经成为人们的共识。与此相适应，指导性计划、规划、劝告、建议、指导、协调等非强制性行政活动方式越来越受到重视，并在一些法律和政策中规定下来。我国《宪法》第11条第2款规定："国家保护个体经济、私营经济等非公有制经济的合法的权利和利益。国家鼓励、支持、引导非公有制经济的发展，并对非公有制经济依法实行监督和管理。"又如1984年的《中共中央关于经济体制改革的决定》中，就明确规定"社会主义国家机构必须……对企业进行必要的管理、检查、指导和调节"，政府应指导企业的重大决策和指导市场的合理运作。但是，由于认识不一致、改革未到位等原因，在一些地方或部门存在着指导性计划、产业政策、行政鼓励、行政劝告、行政建议、行政信息等非强制性行政方式，没有得到充分有效的运用，或者存在变形走样的现象。

中共十四大明确提出建立社会主义市场经济体制的改革目标模式后，特别是八届全国人大一次会议将其载入《宪法》后，人们对政府职能和调控方式等问题的认识大大提高并统一起来，已认识到市场应起基础性调节作用，政府应转变职能，将积极引导、指导、协调经济与社会发展作为重要职责，应在市场失效之处进行必要的干预。而且，已经进一步认识到：在经济与社会管理过程中，行政机关应注重运用非权力强制性的行政调控方式（包括属于广义行政指导内容的指导性计划、规划和产业政策在内）进行适度干预。例如，1991年4月9日第七届全国人大四次会议通过的《中华人民共和国国民经济和社会发展十年规划和第八个五年计划纲要》中的提法是"适当缩小指令性计划的范围，适当扩大指导性计划的范围"。但仅两年后，由中共十四届三中全会通过的《中共中央关于建立社会主义市场经济体制若干问题的决定》中，就规定了"国家计划要以市场为基础，总体上应当是指导性的计划"，人们的认识大大前进了一步。显然，在摒弃"指令行政"模式的基础上，按社会主义市场经济和行政管理民主化的要求建构起"指导行政"模式（当然不是完全排斥行政指令措施），是深化行政改革、转变政府职能的客观要求。

适应经济与行政体制改革的要求，我国法律法规对行政指导已经作过一些规定：

1. 从宪法层次来看。我国现行《宪法》第8条第3款规定："国家……鼓励、指导和帮助集体经济的发展。"宪法修正案第1条规定："国家……对私营经济实行引导、监督和管理。"宪法第26条第2款规定："国家组织和鼓励植树造林，保护树木。"此外，现行《宪法》中还有多处以引导、提倡、帮助、鼓励、奖励等提法，对各层次含义的行政指导做出了规定。

2. 从法律层次来看。例如，1993年10月31日第八届全国人大常委会第四次会议通过的《中华人民共和国注册会计师法》第5条规定："国务院财政部门和省、自治区、直辖市人民政府财政部门，依法对注册会计师、会计师事务所和注册会计师协会进行监督、指导"。再如，1993年7月2日八届全国人大常委会第二次会议通过的《中华人民共和国农业法》第37条第2款规定："国家鼓励和引导农民从事多种形式的农产品流通活动"。该法还采用鼓励、支持等提法，对农业行政指导作了多处规定。又如，1994年7月5日第八届全国人大常委会第八次会议通过的《中华人民共和国劳动法》，在第5条、第6条、第10条、第11条、第67条、第75条等多处，采用提倡、表彰、奖励、支持、鼓励等提法，对行政指导作了规定。

3. 从行政法规层次来看。例如，1993年5月1日起施行的《国有企业职工待业保险规定》第17条第2款规定："县级以上地方各级人民政府劳动行政主管部门负责……指导待业保险机构做好待业保险基金的筹集、管理和发放以及待业职工的组织、管理等工作"。又如，1993年9月15日起施行的

《城市民族工作条例》第 22 条规定："城市人民政府应当在少数民族中加强计划生育的宣传、教育和指导工作。"又如，1994 年 1 月 10 日起施行的《地震监测设施和地震观测环境保护条例》第 4 条规定："县级以上人民政府管理地震工作的部门对地震监测设施及其观测环境的保护工作负责监督、检查、指导和协调"。

此外，在地方性法规、自治条例和单行条例、部门规章、地方政府规章等层次法规性文件中，则有更多关于行政指导的规定。

（二）行政指导的特征

1. 行政指导是行政主体的社会管理行为，是一种外部行为。只有具有行政主体资格的行政机关和法律法规授权的组织才能实施行政指导行为。行政指导是行政主体对行政相对方做出的行为。行政机关内部虽然也存在指导关系，如上下级业务部门的业务指导关系，但行政指导不同于行政组织系统内部上下级行政机关之间基于行政隶属关系、监督关系而产生的指导、监督等内部行为。

2. 行政指导适用的范围极其广泛，其方法多种多样。法律对行政指导的具体方法没有作出明确的羁束性规定，而是由行政主体根据法定的职责任务和管辖事务的范围灵活采取具体的指导方法，如引导、劝告、建议、协商、示范、制定导向性政策、发布官方信息等。

3. 行政指导属于"积极行政"的范畴，符合积极的法治原则，是对传统的"消极行政"和传统上依法行政原则的必要的补充。传统行政主要是"消极行政"，政府扮演"守夜人"的警察角色，对社会生活尤其是经济活动很少主动干预。在现代市场经济条件下，社会经济生活日趋势复杂化和多样化，政府为了平衡社会整体利益和个人利益，兼顾公平与效率，注重降低社会成本和增进社会福利，消极行政已不能满足客观需要。这就要求行政主体从实现一定的行政目的，特别是从社会经济发展的目的出发，实施积极的行动，包括采取行政指导方式，补充单纯法律强制手段的不足。行政指导行为是在不违背法律原则和精神的前提下，为实现一定的行政目的而做出的，符合积极的法治原则，是对传统上依法行政原则的一种必要补充。

4. 行政指导是行政主体单方面的意思表示，属于单方行为。行政主体实施行政指导的目的在于取得行政相对方的同意与协助，实现其所期望的行政目标，其意志实现的方式既区别于行政合同那样的双方意思达成一致才告成立的双方行为，也区别于行政命令以法律后果的威慑强制相对方采取某种行为，行政指导行为不直接引起相对方必须履行某一相应的义务。

5. 行政指导是一种不具有法律强制力的行为。与具有强制力的行政命令行为不同，行政指导主要以指导、劝告、建议、鼓励等柔性的、非强制性的方式进行，并辅以利益诱导机制，向特定行政相对方施加作用和影响，以促使其为或不为一定行为，从而达到一定的行政目的。行政指导由行政主体做出后，相对方如不服从，通常不适用行政处罚或行政强制执行等处理手段。

（三）行政指导的性质

从性质上讲，行政指导属于非强制性的诱导式的权力性行政行为。这可以从以下几个方面来理解：

1. 行政指导既是一种行政行为，又是一种行政手段。行政指导不应当只被理解为一种行为，作为一种指导性行政手段，它几乎适用于所有行政领域，而且在市场经济条件下，行政机关应谨慎地考虑运用法律强制手段。"行政指导作为一种新型的行政手段，广泛地运用于各个行政领域，是市场经济条件下政府施政的中心。"[1] 目前，我国已初步形成了一种以指导性法律、政策、计划为主要依据的行政指导体制，指导性法律与政策在农业、国有企业、对外贸易与经济合作等领域被作为最重要的施政依据和施政手段。

2. 行政指导的对象不限于特定的行政相对方。制定诱导性产业政策、计划、纲要及诸如《乡镇企业法》之类的法律，这类"抽象行政指导"面向全局、针对不特定的多数人，又称"宏观行政指导"或"普遍的行政指导"。

3. 行政指导不具有法律强制力，但通常有事实上的强制力。如在日本，政府施行行政指导，相对方若不接受，就会有遭到某种制裁，乃至其他不利益待遇的可能。所以，绝大多数相对方是义不容辞地听从行政指导的。再如，我国《90 年代中国产业政策》（1994 年）和《指导外商投资暂行规定》（1995 年）关于"限制"类产业就有提高税率、控制流动资金贷款等行政、经济手段运用的规定。当然，对行政指导服从的任意性，仅限于原则而言，实践中的行政指导，并不都具有服从的任意性。关于助成性行政指导，无论原则上还是实际中，是否服从，都是任意的。而规制性行政指导和调整性行政指导，尽管原则上是否服从是任意的，但是，实际上往往不能由相对人任意选择。为达到一定的行政目的，有必要追求行政指导的实效性，行政机关以其法律上的权限为背景，实际上要求相对人必须服从其行政指导的情形普遍存在。可见，助成性行政指导具有服务行政的性质，而规制性行政指导和调整性行政指导具有权力规制"代用物"的特征。

---

〔1〕 罗豪才、甘雯："行政法的'平衡'及'平衡论'范畴"，载《中国法学》1996 年第 4 期。

4. 行政指导属于权力性行为。凡行政行为均属权力性行为，行政指导的作出以及指导赖以发挥实效的诸种措施都是基于行政权力。行政指导与行政许可、行政处罚等其他权力性行为的区别在于，行政指导属于诱导式的、不具有直接的法律强制力的行为，即不能直接以不服行政指导为由付诸强制手段。

5. 行政指导不属于事实行为。行政指导的宗旨是为了实现一定的行政目的，它积极引导相对人形成一定的行政秩序，一旦指导和被指导关系成立，那么，在指导者被指导者之间就形成了行政法上的权利与义务关系。

二、行政指导的原则

在我国实施行政指导，无疑应以邓小平同志建设有中国特色社会主义理论和党在社会主义初级阶段的基本路线为指导，始终坚持以"三个有利于"作为实施行政指导并判断其利弊得失的根本标准，也就是该行政指导措施"是否有利于发展社会主义生产力，是否有利于增强社会主义国家的综合国力、是否有利于提高人民生活水平"。由于行政指导是当代市场经济和行政法制不断发展的产物，是富有特点和效用的行政活动方式，所以，在社会主义市场经济条件下实施行政指导，除应遵循政治和法制上若干最一般的指导原则，如法律面前人人平等原则以外，还应遵循另一些与行政指导不可分离的原则。其中包括：

1. 合法原则。这条原则总的要求是行政指导不得违反法的原则精神和具体规范，不得违反基本法理。具体要求包括：①任何层次的专门法律规范如果已就行政指导作出具体规定，则应从其规定；②如无此种具体规定，行政机关可按行政组织法的一般规定，在其职责任务或管辖事务范围内实施行政指导；③如连此种一般规定也没有，行政机关可依据宪法和有关法律就行政机关及该领域事务做出的最一般规定或立法目的、精神而实施行政指导；④实施行政指导不得违背基本的法理，如比例原则、诚信原则、禁止反言原则等，必须具有合理性。

2. 符合政策原则。所谓政策，有政党的政策，也有国家的政策等，这里特指执政的中国共产党和国家政权机关的政策。符合政策原则的主要含义是：当随着经济与社会不断发展而新出现某种特殊的公共管理需求时，如果对此恰好还没有任何适当的法律规范进行调控，行政机关则可依据中共中央和国家政权机关的有关政策规定实施行政指导予以及时调整。需要说明的是，由于中国共产党在国家生活中处于领导地位，其在宪法和法律范围内制定出来的政策是工人阶级和广大人民群众意志的体现，因此依据政策实施行政指导不仅是必要的，而且实际上也应当是合法的。这条原则对于行政指导来说，具有一种特殊而重要的意义。

3. 民主自愿原则。此原则要求行政机关实施行政指导时，不能像采取单方性的法律强制行为那样可以不考虑相对人的意愿，而必须充分尊重相对人的自主权利，只能采取辅导、说理、对话、沟通、建议等非强制方式，通过相对人自愿同意或协力去达到行政目的。也就是说相对人服从行政指导与否听凭其自愿，由相对人自主决定是否为一定作为或不作为。这也是当今世界出现的经济行政民主化潮流提出的要求。而且实践证明，行政机关在实施行政指导时如果忽视这一原则，极易构成违法侵权行为。

4. 及时灵活原则。这是行政指导的一条富有其行为特色的重要原则。它要求行政机关必须善于判断、捕捉最佳时机，应根据客观情势和行政目的而及时采取指导措施，对公共行政管理的紧急特殊要求做出有效反应，而不能消极无为、坐视不管，或按部就班、坐失良机，以致增大社会成本。同时，行政指导的操作形式可灵活多样，除前述形式以外，诸如座谈、开会、个别交谈等（这些正是我国各级行政管理者比较擅长的工作方法），都可不拘一格地采用。而且，必要时也可采取口头形式进行指导。当然，实施行政指导时不得采取违法、违反政策和违背善良风俗的方式方法，而且其方式方法也应逐步走向合理的规范性。

三、行政指导的意义与作用

（一）行政指导的意义

1. 补充现行法律之不足。在现代市场经济条件下，行政管理渗透于整个经济与社会生活领域。但是，立法活动因其周期、费用和知识等局限，不可能完全满足行政管理对立法的需求，难以十分周全地为"依法行政"设定面面俱到的法律依据和具体对策。因此在出现社会迫切需要行政管理而法律调整又不能及时跟上的情况下，主管相应公共事务的行政机关即应当及时、灵活地采用行政指导等措施实施管理，这种管理是对传统的"依法行政"的有效补充。

2. 替代管理手段之缺陷。对于某些行政事项，虽有作出行政处理、采取强制行政行为的具体法律依据，但由于该具体事项的特殊性，机械地采取强制性措施可能会导致某些负效应。僵硬的法律手段是有缺陷的，它可能引起相对方的抗拒和对立，而行政指导正好可以弥补强制法律手段的缺陷，采取行政指导这种柔性措施往往会取得较好的综合效果。

3. 推进行政管理民主化。传统的行政管理具有明显的纵向管理即"命令—服从"关系特征，尽管具有"依法行政"的外壳，但本质上是一种与管制经济相适应的命令行政。随着战后特别是近二三十年来各市场经济国家出现的经济民主化倾向，相应地产生了行政管理民主化的趋势。与强制性法律手段相比，行政指导显然更具民主性，因为行政机关的行为是在行政相对方自愿同意和协助之下进行的。行政机关采用行政指导手段，更符合行政相对方的意愿，从而更有利于减少相对方对行政管理的阻力，更有利于行政管理任务的完成。

（二）行政指导的作用

1. 补充和替代作用。我国现阶段经济和社会生活迅速发展和变化，难免会出现立法跟不上、存在"法律空白"的现象。为补充法律手段之不足，行政机关有必要及时灵活地采取行政指导措施调整有关事项。即使在某些已有具体法律规定的场合，如采用法律强制手段尚不必要或可能效果较差，可以采取行政指导措施来替代法律手段进行调整，以更为有效地实现行政目标。

2. 引导和促进作用。由于行政机关在掌握知识、信息、政策等方面的优越性，其实施行政指导能有效地引导行政相对方进行有关行为的正确选择，从而有利于促进社会经济与科技的健康发展。特别是在目前我国向市场经济体制的转轨过程中，行政指导更具有一种导向和促进作用，能够合理引导、影响行政相对方的行为选择，保障社会主义市场经济顺利进行。

3. 协调和疏导作用。社会生活的多元主体之间的利益矛盾和冲突是难免的，为避免这种利益矛盾和冲突对正常社会经济秩序的干扰和破坏，需要通过各种途径和手段对之进行协调，而行政指导正是一种灵活有效的协调手段。由于行政指导的非强制性和自主抉择性，使其在缓解和平衡各种利益主体间的矛盾与冲突中具有特别有效的作用。尤其是对于社会经济组织之间的冲突，更需要通过指导进行协调和斡旋。此外，对于某些一时发生隔阂、阻碍的社会关系，也需要采取行政指导及时地予以疏通和调停。

4. 预防和抑制作用。在现实生活中，某些社会组织和个人往往存在一种为增加自身利益而不惜损害社会利益的倾向。对此需要通过某种外在影响力加以适当抑制。在损害社会利益的行为尚处于萌芽状态时，最宜采用行政指导这种非强制性的积极行政方式进行调整。实践证明，行政指导对于可能发生的妨害社会经济秩序和社会公益的行为，可以起到防患于未然的作用；对于刚萌芽的妨害行为，则可以起到防微杜渐的抑制作用。

四、行政指导的种类

1. 有学者根据行政指导有无法律依据和具有何种功能两个标准对行政指导进行了分类。[1] 按行政指导有无具体法律依据，可划分为以下三类：

（1）有行政指导的具体法律依据，可采取劝告、鼓励、建议等行政指导行为。

（2）无行政指导的具体法律依据，但就该事项来说已有可做出行政命令、许可、认可的具体法律依据，故可在行使行政权而做出命令、许可、认可行为之前，先行采取行政指导行为，以期更简便地达到行政目的，降低社会成本。此即把行政指导行为作为一种行政命令行为的非法定前置程序（弱行为顺理前置现象）。

（3）就该事项来说，无任何法律依据（即所谓的"法律空域"），但属于行政机关的职责和管辖事务范围内之事项，则可基于行政组织法的一般授权，而实施辅导、劝告、建议等较为温和的行政指导。

2. 按照行政指导具有何种功能，可划分为如下三类：

（1）规制性或抑制性的行政指导。即对于妨害公共秩序或公益之行为，加以预防或抑制。如抑制物价暴涨和违章建筑所采取的提醒、告诫等行政指导行为。规制性行政指导又可分为独立行政指导和附带行政指导两种。前者是指与权力性规制无关，独立进行的行政指导；后者是指在权力性规制的同时附带进行的行政指导。

独立行政指导又分为应急性行政指导和代替性行政指导。在没有法律根据便无法进行权力性规制的情况下，为应急而进行的行政指导，称为应急性行政指导。在制定法律、法规和条例等法律根据之后再实行权力性规制，不如通过行政指导更能满足行政需要的情况下，代替权力性规制而实施的行政指导，称为代替性行政指导。

附带行政指导又分为事前指导、更正指导和对申请人的指导三种。事前指导是指行政机关在法律上具有发布命令的权限，而在发布命令之前，对相对人进行的有关采取或不采取某种行为的行政指导。发布命令权，只是在相对人不接受行政指导的情况下才予以行使。更正指导是指存在违反法律规定标准的状态时，劝告相对人更正该状态的行政指导。存在违反法律规定标准的状态时，命令相对人更正该状态的行为，称为更正命令。更正命令属于权

---

[1] 林纪东：《行政法》，三民书局1988年版，第437~438页。

力行为，其发布需要有法律根据。而更正指导则是在没有法律根据的情况下进行的，或者虽然有关于更正命令的法律规定，但在实际的行政实践中，一般事前进行更正指导，相对人不接受更正指导时，才发布更正命令。对于相对人要求行政机关采取许可、确认等一定的授益行为的申请，行政机关认为其不符合有关法律规定时，有权予以拒绝。行政机关以此权限为背景，对申请人或者准备申请的人进行撤回申请、变更申请或不申请等的指导，称为对申请人的指导。若相对人不接受行政机关的指导，并不发生任何法律效果。但是，只要具备一定的条件，行政机关有权拒绝相对人的申请。可见，对申请人进行的指导，是在行使申请的权限之前，试图达到与行使该权限相同效果的行政指导，是一种事前指导。

（2）调整性或调停性的行政指导。即相对人之间发生争执又协商不成时，行政机关出面调停以求达到妥协。如某城市的公共汽车公司之间发生利害冲突又协商不成以致影响公交时，所采取的行政调解、劝告等指导行为。此种行政指导，以行政机关在法律上对当事人某方或双方有一定的权限为基础。

（3）促进性或辅助性的行政指导。即为了促使相对人的行为合理性而给予的行政指导。它是行政主体为相对人即公民、法人和其他组织出主意的行政指导，故又称为出主意的行政指导。如为了推进中小企业的合理化、现代化，以实现社会平衡协调发展所实施的各种指导措施。此类行政指导方式很多，农业经营指导、职业指导、行政鼓励、行政奖励、导向性政策等都属此类。当相对人提出申请，要求给予辅助性行政指导时，只要没有正当理由，行政机关不得拒绝，必须一律公平对待。

日本著名行政法学家原田尚彦，根据行政指导的性质，将其划分为助成性行政指导和规制性行政指导两大类。[1] 助成性行政指导又可划分为信息服务性指导和技术帮助性指导两种。规制性行政指导又可划分为有具体法律依据的指导和无具体法律依据的指导两类。其中，有具体法律依据的指导还可分为直接规定型指导和前置程序型指导两种；无具体法律依据的指导还可分为协调解纷型指导和积极能动型指导两种。

在上述各类行政指导分类中，最大量的是规制性行政指导。其中，无具体法律依据的行政指导又占大多数，特别是积极能动型指导又占多数。从实践情况看，在各类行政指导行为中，最易引起行政纠纷和产生法律问题的是规制性行政指导中的告诫、劝告等伴有某种实际影响力和无形压力的行政指

---

〔1〕〔日〕原田尚彦：《行政法要论》，日本学阳书房1984年版，第164页。

导行为。

3. 目前国内学界对行政指导主要有以下分类方法：

（1）行政指导以有无法律根据为标准分为有法律根据的行政指导和无法律根据的行政指导。前者是指法律、法规、规章明文规定的行政指导，后者指没有法律明文规定的行政指导。前者如《全民所有制企业法》第56条规定，政府要指导企业制订发展规划；《全民所有制工业企业转换经营机制条例》第43条规定，政府要利用经济杠杆引导企业行为，运用产业政策引导企业组织结构调整；《地震监测设施和地震观测环境保护条例》第4条规定，县级以上人民政府管理地震工作的部门，对地震监测设施及其观测环境保护工作负责监督、检查、指导和协调等。无法律依据的行政指导在实践中则更为普遍。例如，行政机关通过召开会议，发布座谈纪要或者公布某种信息情报；或者对相对方直接提出某种建议、劝告，引导相对方的行为符合行政机关的某种行政意图，等等。

（2）行政指导以其指导层次为标准，分为宏观行政指导和个别行政指导。宏观行政指导是指行政机关对不特定的行业和相对方进行的行政指导。如1989年3月15日《国务院关于当前产业政策要点的决定》和1994年4月国务院发布的《90年代产业政策纲要》，就属于对我国整个国民经济产业结构进行调整的宏观指导。个别行政指导指针对特定的行业、地区和相对方进行的行政指导，如某行政机关针对某企业经营不善或不良行为，在尚未达到违法或违法情节极为轻微的情况下提出劝告、希望或警告等，即属于个别指导。

（3）行政指导以其作用的性质为标准，分为促进性指导和限制性指导。促进性指导，是指行政机关通过采取鼓励性措施等方式，促进行政相对方积极作为而进行的指导。限制性指导，是指行政机关以限制行政相对方的行为为目的而进行的指导。例如，国家计划委员会1994年颁布的《汽车工业产业政策》，分别规定了应予支持、扶植、限制或禁止的汽车生产、经营的种类和范围；国家计委、经贸部等联合颁布的《指导外商投资方向暂行决定》，明确了外商投资的项目种类，尤其具体了鼓励类、限制类和禁止类的范围。

（4）行政指导以行业或部门管理领域为标准还可分为教育、科技、商业、对外贸易等若干类别。如国家教委1991年发布的《教育督导暂行规定》，1992年发布的《关于加快改革和发展成人高等教育的意见》、《关于加快改革和积极发展普通高等教育的意见》等，均属于教育行政指导；国家计委1994年通过的《汽车工业产业政策》则属于产业行政指导。

（5）行政指导以其功能为标准，分为管制性行政指导、调整性行政指导、促进性行政指导。管制性行政指导，是指对于妨害秩序或公益的行业加以预防或抑制。调整性行政指导，是指相对方相互之间发生争执，自行协商不成时由行政机关出面调停以达到妥协。促进性行政指导，是指行政主体为了促使行政相对方的行为合法化而给予的行政指导。

五、行政指导的内容

行政指导是行政机关适应日益复杂多样化的经济、社会管理需求而主动采取的指向行政相对人但不具有法律强制力、不直接产生法律效果的合法行为。它既不同于设立规范的行政立法（抽象、创制）行为，也不同于有国家强制力的行政执法（命令、处分）行为，又区别于直接产生法律效果的行政合同行为。而所有这些行为方式相辅相成，共同构成当代行政活动的基本方式，各有所长地配合着调整经济、社会生活，从而稳健高效地实现行政目标，促进经济、社会协调发展。同时，行政指导又是适用范围相当广泛和方法种类灵活多样的行为。由于行政机关的职责任务和管辖事务范围由行政组织法做出了一般规定，所以，即便没有行政活动法的具体规定，行政机关也可根据"法定职责任务和管辖事务范围"这一联系因素，灵活采用各种具体的行政指导措施，对社会公共管理需求做出及时灵活的反应，以降低社会成本，提高行政效率。目前我国行政指导的内容主要有：

1. 指导、引导、辅导。由行政机关给予行政相对人以具体的指示教导、指点带领、指导帮助，使其自愿按符合行政目标的方向去做出行为和发展。

2. 劝告、劝导、规劝。行政机关通过讲道理，启发、开导行政相对人，劝其改正错误或接受意见，包括在特殊情况下以郑重规范的方式加以劝告。

3. 告诫、劝诫、提醒。行政机关以恳切而严厉的态度劝告、提醒行政相对人改正缺点错误，避免将来再犯类似错误；或把行政相对人没有想到或想不到的问题和事项提出来，促使其加以注意和警惕，避免不必要的错误和损失。

4. 建议、意见、主张。行政机关根据社会管理需要和实现行政目标的要求，向行政相对人提出建议，供其选择采纳；或面向社会公开发表自己的意见和主张，听凭行政相对人接受和采纳。

5. 商讨、协商、沟通。行政机关为了社会公益而与行政相对人商量讨论、交换意见，以便取得一致意见，从而解决某些较大、较复杂的问题，求得行政相对人对行政机关某些活动的理解和主动配合。

6. 赞成（或反对）、表彰、提倡。行政机关针对行政相对人的某种言行，公开表明赞同与否的态度，或对本行政区域内出现的好人好事公开赞扬，指出其优点，鼓励大家学习和实践，从而形成一种官方导向。

7. 示范、推广、宣传。行政机关做出或选择某种可供学习的具体典范，向行政相对人说明讲解，使其相信并自愿照着去做，以榜样的力量来扩大某种事务推行的范围或起作用的范围及其效果。

8. 鼓励、勉励、奖励。行政机关采取精神的或物质的手段，来激发、鼓励行政相对人自愿按照符合社会公益、有利于实现行政目的，同时也符合相对人的长远、总体利益的方向去努力。

9. 调解、协调、斡旋。行政机关主动或根据行政相对人的要求采取某些措施来协调争执双方的关系，劝说发生争执的行政相对人各方消除误解、做出让步、达成妥协，从而化解纠纷、达成共识，促进社会稳定与协调发展。

10. 指导性计划、规则。市场经济并不一概排斥行政计划，特别是指导性计划的作用不可替代和忽视。指导性计划、规划是广义行政指导的内容和主要方式。

11. 导向性政策。行政机关为促进经济与社会发展，专门发布某项行政政策，如产业政策、财政政策、货币政策等，在一定时期内实施于本行政区域，通过利益诱导机制来影响行政相对人的行为。

12. 发布官方信息。现代社会是信息社会，及时、准确、系统的信息对于行政相对人来说至关重要。由具有信息收集、整理和运用等方面优势的行政机关发布官方信息，提供优质的信息服务，这无疑有利于正确引导行政相对人的行为选择，保证经济与社会生活的健康运行。

六、行政指导的依据和条件

(一) 行政指导的法律根据

关于行政指导是否需要有法律根据的问题，人们有不同的看法。有人认为，所有行政指导都需要有法律上的根据。只要没有法律根据，任何行政指导都不得实施。也有人认为，至少行政指导中实质上规制相对人的权利和自由的规制性行政指导，需要有法律根据，其他行政指导的法律依据可以不作要求。换言之，规制性行政指导的实质形态是权力作用，因此，要实行这种权力作用，仅有组织法上的权限规范还不够，还需要有行为规范作为其基础。根据这种观点，规制性行政指导，在法律上有行政行为的根据时，除了正式行使行政行为的事前阶段，由行政机关以行政指导（事前的、代替性的）代替行政行为外，只有在法律上有关于行政指导的独立根据时，才能进行行政指导。也就是说，为了防止行政指导的任意专横，应通过法律的明文规定来拘束规制性行政指导。

但是，如前所述，行政指导的优点在于补充法律的不完备，机动而敏捷地应对新的行政需要，以更好地完成行政任务。若要求所有行政指导都必须在有相应的法律根据时才能实施，便会抹杀行政指导的优点。并且，假设给行政指导设置法律根据，那也不过是抽象的、概括性的规定，不可能事无巨细地、面面俱到地作出规定，那是不会有多大意义的。进一步说，对于行政指导，若没有适当而充分的救济手段，即使要求行政指导有法律根据，也不会收到理想的效果。并且，要求有法律根据的话，往往导致行政指导的非公开化，行政机关为了逃避法律责任而以隐蔽、秘密的方式进行行政指导。综合考虑上述诸种情况，一般来说，要求行政指导有法律根据，不允许进行法定外的行政指导的观点，只能是违反行政实际的观念论，是不会有什么实际效益的空谈。所以，即使是法定外的行政指导，只要其内容不违反法令，并且不是采取实质上等于强制的不正当手段，就应该充分承认。

其实，我国在政治、经济和社会生活方面，早已存在大量的行政指导，并且具有大量的政策和法律依据。"从群众中来，到群众中去"，是中国共产党一贯倡导和诚实履行的工作方法。党和政府在管理国家事务中，强调从实际出发，实事求是，注重调查研究，并通过先行试点，分类指导，总结推广等步骤来推动各项工作。

改革开放以来，党和国家十分重视理顺党政关系和政企关系。除了对国有企业实行行政指导外，在管理集体经济、中外合资经济、私营和个体经济等领域，行政指导均得以广泛地运用，并且在我国的宪法和法律中得以充分地确认。1982 年《宪法》第 8 条第 3 款规定："国家保护城乡集体经济组织的合法的权利和利益，鼓励、指导和帮助集体经济的发展。"第 11 条第 2 款规定："国家保护个体经济、私营经济等非公有制经济的合法的权利和利益。国家鼓励、支持和引导非公有制经济的发展，并对非公有制经济依法实行监督和管理。"《宪法》的上述规定，为更好地适应经济发展的需要，由国家采取行政指导的手段提供了最高的法律依据。

我国行政指导不仅广泛存在于错综复杂的经济管理领域，而且在科技、教育等管理领域也得以不断推广。1982 年《宪法》第 19 条第 4 款规定："国家鼓励集体经济组织、国家企业事业组织和其他社会力量依照法律规定举办各种教育事业。"《中共中央关于科学技术体制改革的决定》指出，当前科技体制改革的主要内容，包括在运行机制方面克服单纯依靠行政手段管理科技工作，国家管得过多、过死的弊病，必须通过扩大研究机构的自主权，改善政府机构对科技工作的宏观管理，通过制定发展战略相关政策指导科技工作的发展。《中共中央关于教育体制改革的决定》也强调，实行简政放权，扩大学校办学自主权，在国家统一的教育方针和计划的指导下，发展教育事业，使高等学校具有主动适应我国经济和社会发展需要的积极性和能力。近年来，科技、教育、文化等管理领域中的行政指导，已经或正在显示出其巨大的作用。

在群众自治方面，我国法律明确规定，城市和农村按居民居住地设立的居民委员会或者村民委员会是基层群众性自治组织。这表明行政机关与基层群众性自治组织之间不是上下级直接的行政隶属关系，而是明确的行政指导关系。群众性自治组织要自觉接受政府机关的各项指导活动，政府机关则应尊重群众性自治组织的创造性，并予以科学、有效的指导。《中华人民共和国民族区域自治法》第14条规定："民族自治地方的建立、区域界线的划分、名称的组成，由上级国家机关会同有关地方的国家机关，和有关民族的代表充分协商拟定……确实需要……变动的，由上级国家机关的有关部门和民族自治地方的自治机关充分协商拟定，按照法定程序报请批准。"

综上所述，行政指导在我国已广泛而深入地运用于政治、经济、文化和科技等各个领域，并且我国法律、法规中已存在大量有关行政指导的规定。认真而深入地展开对行政指导的研究，不仅对丰富和发展我国的行政法学具有深远的意义，而且对为科学、准确、全面而及时地进行行政指导提供法律依据和理论基础，对于社会主义现代化建设，具有极其重要的意义。

（二）实施行政指导的条件

不论行政指导是否须有明文的法律依据，行政主体实施行政指导，均涉及实施行政指导的条件。无论是哪类行政指导的进行，都必须符合下列条件：

1. 行政指导必须是属于该行政机关权限范围内的事项。

2. 行政指导也要服从法律优先的原则，不能与法律明文规定及法律的一般原则相抵触。

3. 行政指导要求相对人协助具有任意性，所以，对相对人可以任意放弃或处分其利益进行限制的行政指导，即使是法定外的行政指导，也应予以允许。这一点与通过权力性行为科以法定外的义务不同。但是，即使是行政指导，也不允许要求相对人对以其自由意志不能放弃和处分的权利及利益进行让步。要求对人身自由及精神自由加以法定外的限制的行政指导是违法的。

4. 当行政指导的要件在法律中有规定时，行政指导的权限自身受法律制约，因此，不能允许进行违反该法定要件的行政指导。

七、行政指导的法律责任

1. 指导方的法律责任。现代行政是责任行政，行政指导也不例外。尽管行政指导行为不具有国家强制力，接受指导与否听凭行政相对人的自愿，但如果行政指导措施本身违法，违反政策或不当，而行政相对人在接受指导时未能识别判断出这一点，因此接受指导并产生了危害后果，其责任由行政指导方即实施该行政指导措施的行政机关承担（包括承担赔偿责任）；如果理应实施行政指导却害怕承担责任而不做出行政指导行为，则该行政机关就未能尽其职责，应当承担违背行政组织法不履行职责的责任；如果行政指导措施既不违反法律和政策，又无不当之处，一切后果均由自愿接受指导的行政相对人承担。

2. 接受指导方的法律责任。行政机关在行政相对人可能做出违法行为时，对之进行劝告、告诫、建议等行政指导，如果行政相对人不接受指导，仍然实施了违法行为，一切责任当由行政相对人承担，这一点毫无疑问。但如果行政相对人在接受行政指导时已识别判断出该行政指导措施违法、违反政策或不当，却自愿接受指导并产生了危害后果，其责任主要由接受指导方即该行政相对人承担；如果该行政相对人能提供行政机关实施行政指导时实际上已为此采取了变相的强制措施来迫使自己接受的证据，则可免责。

3. 应建立行政指导责任制度。按照现代法治的要求，"有损害必要救济"。行政指导行为与强制行政行为一样，难免会发生失误和造成损害，因此必须建立相应制度，以确定责任和实施救济。承担责任的原因、条件和形式是多种多样的，救济渠道和方式也应是多种多样的，如苦情申诉、赔偿、补偿等，有的还可以提起诉讼。建立行政指导的责任制度和救济制度的目的，是保护行政相对人的合法权益，同时要保护和监督行政机关实施行政指导，以维护社会公益的积极性。

思 考 题

1. 试述行政合同的概念与特征。
2. 试述缔结行政合同的原则和主要方式。
3. 试述行政合同的变更的理由和解除的方式。
4. 试述行政合同的法律救济。
5. 试述行政指导的概念与特征。

6. 试述行政指导的类型。

7. 简述我国行政指导的主要内容与形式。

8. 简述行政指导的依据和条件。

第十二章　行政程序与监督行政

学习目的与要求

　　通过本章的学习，了解行政程序与监督行政的概念、分类、原则和具体制度；明确行政程序的运行过程和监督行政的主要形式以及对行政权进行监督的不同主体及其途径；充分认识对行政权的监督是行政法的核心任务，行政程序与监督行政的共同职能是对行政权的运行发挥监督作用；摒弃"重实体、轻程序"的观念，认识程序的价值，掌握行政程序法的基本知识。

第一节　行政程序

一、行政程序的概念和分类

（一）行政程序的概念

行政程序，是指行政主体行使行政权、实施行政行为时遵循的步骤、方式、顺序和时限的总和。这一概念包含以下几层含义：

1. 行政程序由一系列的步骤、方式、顺序和时限要素构成。步骤是指行政主体完成行政行为的若干个阶段，如行政许可程序由申请、审查和决定三个步骤构成。方式是指行政行为的外在表现，如口头形式或书面形式，特定形式或任意形式。顺序是指行政行为的步骤在时间上的先后次序。时限是指法定的或行政主体事先规定的完成某一行政行为的时间限度。行政程序就是由这四个要素构成的。

2. 行政程序是行政主体行使行政权，实施行政管理的程序。行政主体在不同的法律关系中处于不同的地位，其行为性质也各不相同。行政主体作为民事法律关系的主体时，其行为属于民事行为；作为行政法律关系的主体时，其行为属于行政行为；作为诉讼法律关系的主体时，其行为属于诉讼行为。并非行政主体的一切行为程序都可称作行政程序，只有行政主体实施行政行为的程序才是行政程序。

3. 行政程序是行政行为的必要组成部分，是判断行政行为是否合法的重要条件之一。行政行为由实体和程序两个方面组成，实体是指行为的内容，程序是指行为的外在表现，任何一方面的缺陷都会影响到行政行为的效力。程序合法是行政行为的合法要件之一，《行政诉讼法》第 54 条规定，人民法院判决维持具体行政行为的条件之一就是"符合法定程序"，如果具体行政行为违反法定程序，人民法院应当作出撤销判决。

（二）行政程序的分类

1. 以行政行为的抽象性和具体性为标准，行政程序可以分为抽象行政行为的程序和具体行政行为的程序。前者包括行政主体制定行政法规、规章和其他规范性文件的行为程序；后者是行政主体针对特定的人和事作出行为的程序，既包括行政执法行为的程序，也包括行政司法行为的程序。这两类行政行为由于内容不同，在程序上也有区别，如在听取意见时，抽象行政行为采用公听会程序，即广泛听取利害关系人意见的方式，而具体行政行为采用听证程序，即只听取特定的行政相对人意见的方式。由于听取意见的对象不同，因此具体的实施办法也不同。

2. 以行政关系是否有相对人参加为标准，行政程序可以分为内部行政行为程序和外部行政行为程序。二者都强调公平和效率，但也有一定的区别，如前者注重上下级的监督与控制，因此包含了汇报、检查、请示与审批等程序；后者注重保护相对人的合法权益，因此实行行政公开制度，设置了表明身份、咨询、告知权利、说明理由、回避等程序。

3. 以行政程序的必要性为标准，行政程序可以分为任意行政程序和必要行政程序。对于任意行政程序，行政主体可根据具体情况决定是否适用，若不适用也不影响行政行为的效力，如行政主体作出某一决定时，可以征求相对人的意见，也可以不征求意见，单方作出行政决定。对于必要行政程序，行政主体必须适用，否则会影响行政行为的效力，如行政立法必须要公布、行政处罚必须使用书面形式等。

4. 以行政程序适用的时间为标准，行政程序可以分为事前、事中、事后程序。它们分别是行政行为实施前、实施过程中和实施后应遵循的程序。事前、事中程序的意义在于保障行政行为客观、公正,如表明身份、调查、合议等程序;事后程序重在对已经实施的行政行为进行监督和救济,以纠正违法和不当行为,保护相对人的合法权益,如告知权利、行政复议等。

二、行政程序法概述

(一) 行政程序法的概念

行政程序法是调整行政主体行政行为的程序的法律规范的总和。对于这一概念,我们可以从以下几个方面理解:

1. 行政程序法的调整对象是行政主体行政行为的程序部分。行政行为的实体部分由实体法调整,行政程序法只调整行政行为的程序部分,而且,行政程序法原则上仅调整行政主体一方的行为程序,但有时它也调整行政相对人的行为程序,如行政许可的第一个步骤就是行政相对人的申请,《行政许可法》就规定了申请的方式。

2. 行政程序法的结构一般是以法典为核心,以单行法律中的程序规则为补充,由不同效力层次的法律组成的一个体系。许多国家已经陆续制定了行政程序法典,我国的行政程序法尚在起草酝酿之中。虽然行政程序法尚未出台,但这并不意味着我国没有行政程序法,我国的许多法律、法规和规章都规定有行政行为的程序规则,因此,可以说我国行政程序法目前处于分散状态。

3. 行政程序法只是重要行政程序的法律化。并非所有的行政程序都要由法律加以调整,行政行为种类复杂、数量繁多,法律不可能也没有必要事无巨细地对其程序都加以规定,只有那些关系到行政行为的公正与效率,影响相对人利益的行政程序才由法律加以调整,其他程序应当由行政主体在其自由裁量权范围内设定。

4. 行政程序法是法律性与科学性的统一。行政程序法是我国法律体系的组成部分,它与其他法律一样,具有法律性。同时,行政程序法还应当反映行政管理的客观规律,能够保障行政行为公正、廉洁、高效益和低成本,因为行政管理也是一门科学,有其规律可循,行政程序法就是将行政管理的客观规律转化为法律规范。因此,行政程序法不仅具有法律性,而且具有科学性,是法律性与科学性的统一。反之,如果立法者随意设立行政程序,违背行政管理的客观规律,这样的行政程序法既不利于行政管理,也不利于行政法治建设。

（二）行政程序法的制定

行政程序法的兴起和发展是 20 世纪行政法发展的重要内容之一，其主要原因是进入 20 世纪后，西方发达国家出现了生产的高度社会化和资本主义垄断，以及经济危机和科学技术的发展，它们对社会造成了极其深远的影响。这些现象的出现要求国家加强对社会生活尤其是经济生活的干预，于是，行政权迅速膨胀，延伸至每一个领域，涉及每一个公民和组织，其结果是行政权侵犯公民和组织合法权益的可能性大增，进而又出现了加强对行政权监督和控制的要求。各国都纷纷寻求有效的办法来监督行政权，保护公民和组织的合法权益，行政程序法和行政诉讼法被认为是最有效的法律措施，因而得到迅速发展。由此可见，行政程序法从产生之日起便以控制行政权力为其主要职能。

世界上第一部行政程序法是 1889 年由西班牙制定的。但最完备的当数美国于 1946 年制定的《联邦行政程序法》，该法以《美国联邦宪法》第 5 条、第 14 条修正案规定的"正当法律程序"为基础，建立了以听证为核心的行政程序制度。英、法虽然没有统一的行政程序法，但以法律原则和判例为基础确立的行政程序制度也相当完备。其他一些发达国家如德、日、葡、荷、韩等也先后制定了各具特色的行政程序法。不同时期、不同国家的行政程序法由于其内容和形式不同而体现为不同的模式。研究行政程序法的模式有利于各国根据自己的情况，在各种模式之间进行选择。

以立法的目标为标准，可将行政程序法的模式分为控制模式、效率模式和权利保障模式。控制模式的目标是加强中央对地方、上级对下级的控制，以实现权力的高度集中。效率模式以提高行政效率为目标。权利保障模式强调控制行政权，以保障公民和组织依法享有的权利。专制国家和处于战争状态的国家大多使用控制模式，同时兼顾效率；而民主国家一般选择权利保障模式，并吸纳效率模式的有关程序。

以立法的形式为标准，可将行政程序法分为分散模式和法典模式。分散模式是没有法典形式的行政程序法，程序规范散见于法律、法规、法律原则和判例、习惯之中，如英、法等国。法典模式则是制定统一的行政程序法法典，确立普遍性的程序规范，同时辅之以单行法律、法规中的特殊规则，如美、日等国。当今许多国家选择了后一种模式。

以立法的内容为标准，可将行政程序法分为单纯程序模式和程序实体合一模式。前者的内容仅限于行政程序方面，不涉及行政行为的实体内容，如美国、日本的立法；而后者不仅包括行政程序法，还包括了大量的实体法内容，程序法与实体法难分主次，有的几乎可以称作行政法法典，如德国、葡萄牙、西班牙和韩国的立法，而荷兰则直接称之为行政法法典。一些国家在新近的立法中，大多采用后一种模式。

三、行政程序法的地位和作用

（一）行政程序法的地位

行政程序法在各国的法律体系中处于不可缺少的地位。以法律的调整对象为标准，可以把法律分为实体法和程序法两部分。程序法又包括国家立法、行政和司法活动的程序法。有些人常常把程序法等同于诉讼法，其实诉讼法仅是司法机关司法活动的程序法。立法和行政活动的程序法同诉讼法一样重要。而且，由于行政主体数量众多，活动连续不断，因此，行政程序法要比诉讼法适用更广泛、更频繁。缺乏行政程序法的法律体系是不完整的。

在行政实践中，行政程序法和实体法处于同等重要的地位，二者相互配合，共同完成法律的使命。实体法确定了行政关系实体上的权利义务，但没有行政程序法作保障，实体法上的权利义务就只能停留在纸面上；反之，仅有程序法而没有实体法，则程序法也无法发挥其作用。在一些国家，特别是英美法系国家，行政程序法尤其受到重视。在过去很长一段时期，我国存在着"重实体、轻程序"的观念，认为行政程序是形式主义，这种观念对于依法行政是有害的。因此应当重新认识行政程序法的地位和作用，以充分发挥其监督、控制行政权的功能。

（二）行政程序法的作用

1. 监督、控制行政权的行使，保障行政行为的公正性。权力不受制约必然走向腐败。行政权作为国家政权的组成部分，必须受到监督和控制。法律手段是最重要的监督手段，而且，行政程序法的监控作用往往更为显著，如《行政处罚法》和有关的法律对处罚权的行使主体、处罚对象、处罚幅度等作出了明文规定；为防止滥用处罚权，《行政处罚法》确立了处罚机关与收缴罚款单位相分离的制度，这项程序能够有效地制止滥罚，其作用是实体法不可代替的。

2. 防止行政专断，促进民主决策。各国的行政程序法一般都设有防止行政垄断，保障民主决策的程序，如在行政立法中要广泛听取意见；在作出影响相对人利益的决定时，要给对方发表意见的机会；重大决策通过合议制组织合议。这些程序的制定扩大了公民参与行政的机会，尽可能避免行政主体独断专行，提高了行政的民主、公平、公正程度。

3. 降低行政成本，提高行政效率。行政成本是行政活动所消耗的人力、物力、财力、时间的总和，行政效率是单位时间内行政主体完成的工作量。行政程序法所规定的程序都是立法机关经过认真研究、精心设计的尽可能合理的程序，能够减少不必要的人力、物力、财力及时间的消耗，鼓励公民主动参与和配合行政行为，减少摩擦和阻力，提高行政效率。

4. 保护公民、法人和其他组织的合法权益。在行政法律关系中，行政主体和相对人是管理与被管理、命令与服从的关系，行政主体行使职权的行为容易侵犯相对人的合法权益，这就要求建立保护相对人合法权益的各种救济制度。这些救济制度不仅包括事后的行政复议、行政诉讼和行政申诉等，还包括事前和事中的预防和阻止行政主体违法行政的制度，如表明身份、合议、回避、听证、审批等程序。这些程序可以促使行政主体认真严格地行使职权，尽可能避免发生违法行为，同时也给相对人维护自身权益提供了机会。

四、行政程序法的原则

行政程序法的原则，是指贯穿于整个行政程序法之中，对行政程序法的制定和实施具有指导作用的准则。根据各国行政程序立法的发展趋势和我国的具体情况，我们认为行政程序法应当包括以下基本原则：

（一）程序法定原则

程序法定原则，是指行政行为的重要程序必须由法律加以规定，行政主体必须遵守法定程序，违反程序法同违反实体法一样，要承担相应的法律责任。其具体内容包括：

1. 立法机关在制定行政行为法时，要从实体和程序两个方面对行政行为进行规范，不应当忽视程序规范，要使行政行为在程序方面有法可依。

2. 行政主体在实施行政行为时，要严格遵守法定的方式、步骤、顺序和时限，在程序方面做到有法必依，执法必严。

3. 在没有法定程序时，行政主体应当遵循行政程序法的基本精神，以使行政行为公正、公开、高效，并注意保护相对人的合法权益。

4. 违反行政程序法的行政行为同违反实体法的行政行为一样，应予撤销，并且行政主体要承担相应的法律责任，给相对人造成损失的应承担赔偿责任。

（二）程序公正原则

程序公正要求行政主体的行政行为在程序上平等地对待各方行政相对人，正确处理国家利益和个人利益的关系，行政主体对待相对人应当一视同仁，不能有所偏袒、歧视，防止先入为主。这不仅要求行政主体在行政执法中平等地对待争议的双方当事人，还要求行政主体的执法行为在不同时间上平等对待情况相同的人，如在行政许可、处罚、奖励、征收等活动中，应当保持前后一致，不得或严或宽，变化无常。在作出影响相对人利益的决定时应排除偏见，如实行公务回避、不单方接触等程序制度。

（三）程序公开原则

程序公开原则，是指除法律规定应当秘密进行外，行政活动应当对社会、对行政相对人公开。程序公开有利于行政活动接受公众的监督，有利于防止内幕交易的发生。有西方谚语讲：路灯是最好的警察，阳光是最好的防腐剂。行政公开，腐败行为便难以实施，国家利益和公民个人利益便得以维护。

（四）效率原则

行政程序的设计应当有利于行政效率的提高。行政活动的根本目的是实现国家利益和社会公共利益，因此，行政效率比企事业单位的工作效率影响更广泛、更深远。行政程序法应当注重行政效率的提高，当然，提高行政效率应当以行政行为公正、合法为前提，不得为提高效率而降低行政行为的质量。否则高效率的行政行为是没有意义的。保障行政效率的程序措施主要是设定行政行为的时限和时效，要求行政行为在法定的时间内完成。

五、行政程序制度

为了保障行政程序法基本原则的实现，应当通过立法建立如下程序制度：

（一）表明身份制度

行政主体工作人员在执法活动开始时应当向行政相对人出示自己的工作证或有关证明，以证明自己具有某种行政职权和职务，促使相对人配合执法行为，同时也有利于行政相对人监督行政人员的执法活动，防止某些人假冒行政人员进行招摇撞骗活动。

（二）回避制度

行政程序中的回避比诉讼程序中的回避含义更广泛，它包括：①原籍地回避，即担任一定职务的行政工作人员不得在原籍地任职。②职务回避，即有近亲属关系的行政工作人员不应当担任相互间存在领导与被领导、监督与被监督关系的职务。③公务回避，即同行政相对方或行政事务有利害关系的行政工作人员不应当参与相关的行政活动。上述三种回避制度的共同目的是保障行政活动在程序上的客观公正，防止偏袒、打击报复、先入为主等现象。回避制度还有利于消除相对人和公众对行政人员的疑虑，有利于提高政府的威信。

（三）合议制度

合议制度，是指对于重大问题或专业性强的问题应当经过由若干名行政人员组成的会议或委员会讨论决定。行政管理本身的性质要求行政主体的决策灵活高效，所以我国各级行政主体实行首长负责制，但是少数人决策易于造成独断专行，决策失误。因此，重大问题应经一定的会议商讨、研究，与会人员各抒己见，行政首长博采众长，通盘考虑，从而使行政决定合法合理，切实可行。例如，《行政处罚法》第38条第2款规定："对情节复杂或者重大违法行为给予较重的行政处罚，行政机关的负责人应当集体讨论决定。"较重的行政处罚直接而严重地影响着受处罚人的利益，为了避免偏见和少数人的主观臆断，这种处罚应当由行政主体的负责人集体讨论决定，这是法定的必经程序，如果个别负责人独自作出决定，即使在事实认定和法律适用上是正确的，也会因为程序违法而导致处罚行为无效或被撤销。

（四）听证制度

听证即听取行政相对人的意见。在一些国家，听证是极其重要的程序。英国对于行政行为在程序上遵循传统的自然公正原则，包括两项规则：①任何人不能做自己案件的法官；②行政主体在作出影响相对方利益的决定时要听取相对方的意见。前者表现为回避程序，后者表现为听证程序。美国行政程序法典的核心部分之一是听证程序，在大部分情况下，行政主体采用非正式的听证方法，听取相对人的意见，在少数情况下采用正式的听证方法，类似于法院的审判活动，不同利益的相对人及其代理人在听证会上陈述自己的意见，反驳对方的观点，并提供相应的证据，听证的主持人将认定的证据记录在案，行政主体根据记录作出最终的决定。听证程序的应用使行政主体能够广泛听取各方面的意见，有利于行政主体作出公正的、切合实际的行政决定；有利于行政相对人参与行政决定，监督行政主体；有利于减少行政争议，提高行政效率。我国《行政处罚法》也规定了听证制度。

（五）调查制度

调查，是指行政主体为了使行政行为建立在事实基础之上而查明与行政行为相关的情况的程序。行政主体的活动和司法机关一样应以事实为根据、以法律为准绳。要做到以事实为根据，唯一的办法就是调查，调查的方式包括询问相对人，走访证人，勘验现场，对专门性问题进行鉴定，检查相关的物品、文书、身体和场所。调查程序广泛地运用于行政立法和行政执法之中，可以说，任何行政行为都离不开调查程序。调查程序对于保障行政行为的合法性起着至关重要的作用，行政行为的合法要件之一就是事实清楚，证据确凿，一个行政行为若没有建立在事实基础之上，即使适用法律正确，也是没有意义的。

（六）说明理由制度

行政主体对其所作的行政行为应当向相对人说明其事实根据和法律依据。说明理由一般应当使用书面形式，行政主体作出具体行政行为，应当对特定的行政对象说明理由；作出抽象行政行为，应当用公告的形式说明。说明理由有利于行政相对人了解和监督行政行为，并积极配合行政行为的实施，提高行政效率。

（七）告知权利制度

行政主体实施行政行为时应当告知相对人依法享有的权利，这些权利主要是指相对人若不服行政行为，可以通过何种途径来保护自己的合法权益。因为一国的法律制度内容庞杂，大多数公民不熟悉法律内容，由行政主体告知其权利，有利于公民运用法律武器保护自己，监督行政行为，如果法律规定告知权利为必要程序而行政主体并未告知，将导致行政行为的无效。

（八）时效制度

时效，是指能够引起法律关系产生、变更、消灭的时间期限。行政行为的全过程或各个阶段若法律规定了明确的时限，则行政行为必须在法定的时限内完成。否则，就可能引起行为的无效并由行政机关承担相应责任，有些情况下还会产生对相对人有利的后果。如有些国家的行政程序法规定，行政主体没有在法定的期限内许可相对人的请求，视为同意请求。时效制度是提高行政效率的重要措施。

（九）行政信息公开制度

行政信息，是指行政主体作出的各种决定、命令、规章制度。行政信息公开，是指行政信息除依法应当保密外，一律应当对社会公开，任何公民无须说明任何理由均可从行政主体那里自由获取所需信息，行政主体应当为公民获取信息提供方便。如在专门的地方存放信息并由专人管理，在存放处配备复印机供公民使用，但公民应支付有关的成本费。公民的知情权是公民监督政府的基础，不了解情况，监督就无从谈起。

（十）行政救济制度

行政救济是行政相对人对行政行为不服时向作出行为的机关或其他行政主体申诉或申请复议的制度。行政救济程序有利于维护相对人的合法权益，监督行政主体依法行政。

行政程序的具体制度多种多样，除以上列举外，还有一些程序制度，如咨询、辩论、不单方接触、职能分离、审批、保密等程序，这些程序对于实现依法行政都有积极的意义。

六、我国行政程序立法的展望

我国目前的行政程序法是处于分散状态的，分别规定于为数众多的单行法律、法规和规章之中。目前存在的问题较为明显，许多重要的行政程序尚未法律化，如行政强制执行程序等；有些方面虽已制定了法定程序，但是重事前程序，轻事中、事后程序；重保障行政权的程序，轻保护相对人的程序；重提高行政效率的程序，轻行政公正、公开的程序。这些问题的存在和我国重实体、轻程序的传统观念和高度集权的行政管理体制、公民自我保护意识淡薄有着密切联系。当前，完善我国的行政程序法律制度，应当从以下几个方面着手：

1. 转变观念，重新认识行政程序法的地位和作用。行政程序法有其独立的价值和地位，绝不是实体法能够替代的。

2. 加强对世界各国的行政程序法的学习和研究。西方法制比较健全的国家在程序立法和研究方面起步较早，并取得了丰硕的成果，这是人类文明发展的共同成果，我国应当立足国情，大胆借鉴。

3. 从诉讼法的理论和实践汲取经验。中外诉讼法，较行政程序法而言，历史悠久，内容完善，二者有许多共同之处。因此，行政程序法可以学习借鉴诉讼法的某些程序。

4. 制定统一的行政程序法。行政程序法法典能统领各种行政程序，全面贯彻行政程序法的基本原则，具有高度的权威性，是完善行政程序制度最有效、最快捷的途径。

第二节 监督行政

一、监督行政概述

（一）监督行政的概念

监督行政，又称行政法制监督，是指依法享有监督权的国家机关、社会组织和公民对行政主体和行政工作人员是否依法行政进行监督。

　　监督行政的主体相当广泛，依法享有监督权的主体有国家立法机关、司法机关、行政机关以及各党派、人民政协、社会团体、新闻媒体和全体公民。

　　监督的对象是掌握行政权力的行政主体和行政工作人员。行政主体依照法律的授权取得行政权，但行政管理的实现、行政权的具体实施要通过行政工作人员，因此，行政主体和行政工作人员都是监督的对象。

　　监督的目的是促使行政主体和行政工作人员按照法律的目的、原则、标准、程序和方式行使行政权，并认真地自由裁量，做到行政权的行使合法、适当，而不至于被滥用，侵犯公民和组织的合法权益。

　　监督行政不同于行政监督检查，行政监督检查是行政主体依法监督行政相对人是否遵守法律政策和行政决定命令的行为。其行为主体是依法享有监督检查权的行政主体，行为对象是行政相对人，它是行政主体行使行政权的一种具体行政行为。

　　因监督行政而产生的监督行政关系和行政监督检查关系正好相反，在行政关系中，行政方享有并行使行政权力，处于主动地位。相对人一方尽管也享有一定的权利，但由于权利义务的不对等性，总的来讲，处于被动地位。而在监督行政关系中，监督主体要依法审查和判断行政行为的合法性和适当性，并要纠正违法和不当的行政行为，甚至要追究有关的法律责任，因此监督主体处于主动地位，而行政主体和行政工作人员作为监督的对象，处于被动地位，这两种关系有机结合，共同保障行政职能的实现，没有行政关系，固然不能进行行政活动，但缺乏监督行政关系，也必然无法达到法律设定的行政目标。因此，二者相辅相成，缺一不可。

　　（二）监督行政的分类

　　1. 以监督主体的性质为标准，把监督行政分为国家监督和社会监督。国家监督，是指由国家机关实施的监督。国家机关是指依据宪法和组织法成立的，享有国家权力，以实现国家职能为目的的组织。我国的国家机关包括权力机关、行政机关、检察机关和审判机关，它们都依法享有对行政主体和行政工作人员实施监督的权力。而且，这类监督具有国家强制力，能直接产生相应的法律后果，因此是主要的监督方式。社会监督，是指由社会组织实施的监督。这类监督虽然也是依法进行的，但本身不具有国家强制力，它通过向国家机关反映情况，向被监督人提出建议和意见或通过社会舆论的影响来实现，这类监督被有关国家机关接受后，由有关国家机关作出处理决定，才能产生法律后果。其中，作为执政党的中国共产党的监督是最为有力的。

　　2. 以监督主体和监督对象之间的关系为标准，将监督行政分为内部监督和外部监督。内部监督，是指行政机关作为监督主体在行政系统内实施的监督，如上级行政机关对下级行政机关的监督，行政机关内行政首长对普通公务员的监督，以及行政系统内专设的监察机关和审计机关实施的监督。外部监督，是指行政机关以外的国家机关和社会组织对行政主体和行政工作人员的监督。内部监督特点是方式灵活、全面，效力直接、快捷，但是由于监督主体与对象往往存在共同的利害关系，因此公正性和公开性不足，而外部监督正好能弥补其不足，因此二者相辅相成，缺一不可。

3. 以监督的对象为标准，将监督行政分为对行政主体的监督和对行政工作人员的监督。这两类监督的内容是不一样的，对行政主体的监督是对行政主体所作的行政行为的合法性和适当性进行监督；对行政工作人员的监督除了要对它们代表行政主体所作的行为进行监督外，还要对他们的个人素质和表现进行监督，特别是对他们的思想品德进行监督。

4. 以监督目的为标准，将监督行政分为救济监督和非救济监督。救济监督，是指公民、法人或其他组织为了保护自身被损害的权益而实施的监督。在我国，行政相对人只有在自身利益受到侵犯时才有权提起行政复议和行政诉讼，所以，行政复议和行政诉讼属于救济监督。非救济监督，是指享有监督权的主体为维护国家的、社会的和他人的利益对行政主体和行政工作人员实施的监督，这类监督的监督主体并非为了维护自身利益，而是为了公共利益，为了维护正当的法律秩序而进行监督，如公民对国家机关和国家机关工作人员麻痹大意，不负责任，挥霍公款的不良作风进行批评、教育和建议等。

（三）监督行政的意义

1. 监督行政是实现依法行政的关键所在。"依法治国，建设社会主义法治国家"是我们的治国方略，实行这一方略是"发展社会主义市场经济的客观需要，是社会文明进步的重要标志，是国家长治久安的重要保障"。依法行政可谓是依法治国的核心与关键所在，行政主体是一个国家的枢纽部分，行政活动不能步入法治轨道，那么一个国家的各项事业是难以依法进行的。实现依法行政，固然要从多方面努力，加强对行政活动的监督毫无疑问是至关重要的，资产阶级启蒙思想家孟德斯鸠在《论法的精神》中论述监督权力的重要意义时指出，权力不受制约必然会走向腐败。实践证明，在社会主义国家，权力同样应当受到监督制约。江泽民同志在十五大报告中指出："我们的权力是人民赋予的，一切干部都是人民的公仆，必须受到人民和法律的监督。要深入改革，完善监督法制，建立健全依法行使权力的制约机制。"

2. 监督行政对于铲除腐败、建设廉洁高效的政府具有重要意义。在现代国家中，随着行政管理范围的不断扩大，行政权在不停地膨胀，行政主体滥用行政权的机会也就大增。尤其是我国目前正处于改革阶段，新旧体制交替尚未完成，市场经济体制尚未完全确立，权钱交易等腐败行为较为严重，行政主体及其工作人员在实施行政管理活动中"官气十足、动辄训人、打击报复、压制民主、欺上瞒下、专横跋扈、徇私行贿、贪赃枉法，等等"。[1] 廉政问题已成为全社会关注的焦点，解决这种情况依靠群众运动不可取，单用教育手段也不行，必须进行综合治理，其中完善监督机制、健全监督制度尤为重要。

3. 监督行政有利于切实保护行政相对人的合法权益，保障国家的根本利益。这个作用是十分明显的，通过监督行政，才能确定行政权的行使是否合法和适当，并纠正违法行为，追究有关人员的法律责任，从而保障相对人的合法权益和国家的根本利益。另外，监督行政制度的存在本身就能促使行政主体认真办事，预防侵权行为的发生，从而使公民和国家利益免受损害。

二、权力机关的监督

权力机关对行政主体和行政工作人员的监督是由《宪法》明确规定的。《宪法》第2条规定："中华人民共和国的一切权力属于人民。人民行使国家权力的机关是全国人民代表大会和地方各级人民代表大会。"第3条第1款规定："中华人民共和国的国家机构实行民主集中制的原则"，"国家行政机关、审判机关、检察机关都由人民代表大会产生，对它负责，受它监督。"这些规定奠定了我国政权结构的基本框架，人民代表大会是国家权力机关，行政机关是权力机关的执行机关，它们之间理所当然地存在监督和被监督关系。而且，由于权力机关在我国国家体制中处于至高无上的地位，所以权力机关的监督是保障法律实施最有权威的监督。权力机关的监督包含以下方式：

1. 全国人大及其常委会审议国务院提出的法律草案，省、自治区、直辖市的人大和省、自治区人民政府所在地的市和国务院批准的较大的市的人大审议同级人民政府提出的地方性法规草案。《全国人民代表大会组织法》第9条规定："国务院可以向全国人民代表大会提出属于全国人民代表大会职权范围内的议案……"；第32条规定："国务院可以向常务委员会提出属于常务委员会职权范围内的议案"。我国《地方各级人民代表大会和地方各级人民政府组织法》第18条规定："……本级人民政府，可以向本级人民代表大会提出

〔1〕《邓小平文选》，人民出版社1983年版，第287页。

属于本级人民代表大会职权范围内的议案……"。这些规定都是宪法原则的具体化，都表明权力机关有权通过审查同级政府的议案来监督政府工作。

2. 全国人大及其常委会有权撤销国务院制定的同宪法、法律相抵触的行政法规、决定和命令；地方各级人大和县级以上地方人大常委会有权撤销同级人民政府违法的决定和命令。

3. 审议政府工作报告。《宪法》第92条、第110条以及《地方各级人民代表大会和地方各级人民政府组织法》第55条分别规定，国务院向全国人大及其常委会报告工作，县级以上各级地方政府向同级人大报告工作，人大及其常委会通过听取和审议同级政府的工作报告对政府的工作进行监督。

4. 审议和批准政府提出的国民经济和社会发展计划和计划执行情况的报告。

5. 审议和批准同级人民政府编制的预算草案和预算执行情况的报告。

6. 质询和询问。质询是人大针对行政主体工作中的失误和不足要求有关机关进行答复并改进，带有批评性质。《宪法》第73条规定，全国人大代表和全国人大常委会委员有权依照法律规定的程序提出对国务院或者国务院各部、委的质询案。询问，是指人大代表因不清楚情况而要求有关行政主体进行说明和解释，以便更好地了解情况，作出正确的决定。

7. 选举和罢免政府组成人员。我国《宪法》、《全国人民代表大会组织法》、《地方各级人民代表大会和地方各级人民政府组织法》都规定，各级人民代表大会对同级人民政府组成人员有选举权和罢免权。

8. 检查、了解人民政府遵守和执行宪法、法律、法规和法律、法规性决议的情况。

9. 办理公民来信、来访和申诉。对行政主体和行政工作人员，公民依照《宪法》有提出批评和建议的权利和向有关国家机关提出申诉、控告或检举的权利，各级人大及其常委会对公民的来信、来访和申诉有权力也有责任进行调查并给予答复。

10. 组织调查委员会对特定的问题进行调查。《宪法》第71条规定，全国人大及其常委会认为有必要时，可以组织关于特定问题的调查委员会，并根据调查委员会的报告，作出相应的决议，这是监督行政的重要而灵活的措施，但是目前有关规定很不完善，亟待加强。

三、司法机关的监督

（一）检察监督

检察监督是国家检察机关对行政主体和行政工作人员是否存在违法行为实施的监督。《宪法》第129条规定："中华人民共和国人民检察院是国家的法律监督机关。"《人民检察院组织法》又详细地规定了检察机关的监督范围和方式。检察机关除了对公安机关和人民法院的司法活动进行监督外，还可以对行政主体的行政活动进行监督，其方式有：

1. 法纪检察。检察机关对严重破坏国家政策、法律、法规、政令统一实施的重大犯罪案件，侵犯公民民主权利案件和渎职案件行使检察权。

2. 经济检察。检察机关对贪污、行贿受贿、玩忽职守、重大责任事故等严重破坏经济秩序的案件行使检察权。

3. 监所、劳改监督。监狱管理机关是执行刑事判决、裁定的行政主体，检察院对监狱管理机关的刑罚执行活动实行监督。

总的来讲，检察机关侧重于对刑事案件（从侦查、审判到执行）进行监督，对于人民法院的民事、行政审判活动和行政主体的行政活动尚无细致、全面的监督制度。检察机关如何充分发挥监督职能，是我国法制建设面临的一个重要课题。

（二）审判监督

人民法院是我国的审判机关，通过审判活动，人民法院可以实现监督行政的职能。人民法院的审判活动，按照案件性质和审判程序，可以分为刑事审判、行政审判和民事审判。其中行政审判的对象就是行政主体的具体行政行为，因此行政审判是对行政活动最为直接有效的监督。另外，人民法院通过审理行政机关或行政工作人员作为当事人的刑事、民事和经济案件，追究他们相关的法律责任，促使他们模范地遵纪守法，维护国家机关的良好形象，实现监督行政的目的。

四、行政机关的监督

行政机关的监督，是指上级行政机关按照隶属关系对下级行政机关，以及专司监督职能的行政机关对其他行政机关实施的监督。

大多数行政机关是业务管理机关，这类机关的主要职能是对综合行政事务或某一行业进行行政管理，如各级人民政府及其职能部门。它们在管理行政事务的同时，有权对隶属的下级行政机关和行政工作人员进行监督，称之为一般行政监督。另外，还有少数行政机关不对任何行政事务行使管理职能，而是专门负责法纪和财政财务制度的监督工作，如行政监察机关和审计机关实施的监督。专司监督职能的行政机关实施的监督，称之为专门行政监督。

（一）一般行政监督

上级行政机关监督下级行政机关是宪法和有关组织法赋予的权力，《宪法》第3条第1款规定："中华人民共和国的国家机构实行民主集中制的原则"；第89条规定："国务院……统一领导各部和各委员会的工作，并且领导不属于各部和各委员会的全国性的行政工作"，"统一领导全国地方各级国家行政机关的工作"；第110条第2款规定："地方各级人民政府对上一级国家行政机关负责并报告工作。全国地方各级人民政府都是国务院统一领导下的国家行政机关，都服从国务院"。《地方各级人民代表大会和地方各级人民政府组织法》对此作了进一步的规定，共同构成上级行政机关监督下级行政机关的法律依据。

一般行政监督是行政系统内灵活快捷、普遍连续的监督方式，具体措施包括：

1. 听取报告。即上级行政机关听取、审查下级行政机关的工作汇报，以便了解情况，发现问题，纠正错误。工作报告既有定期报告，也有不定期报告；既有综合报告，又有专题报告；可以用书面形式，也可以用口头形式。

2. 检查工作。即上级行政机关主动了解下级行政机关工作情况的行为，检查包括全面检查和专项检查，书面检查和实地检查，定期检查和临时检查等方式，行政检查能产生明显的监督效果。

3. 审批。审批是上级行政机关按照法定的标准审查下级行政机关的请求并决定是否准许的活动。审批是一种事前监督的方式，一般要经过申请、审查和决定三个步骤，审批行为能够有效地控制和监督下级行政机关的活动。

4. 追究行政法律责任。上级行政机关对下级行政机关违法和不当的行为可以直接撤销和变更，还可以通报批评、责令整改，对于公务员可以批评教育，责令停职检查，并按照《公务员法》处以行政处分。

5. 人事任免。上级行政机关通过任命和免职使合格的人员担任一定的职务，不合格的人员离开其职位，从而控制和监督下级行政机关及其工作人员。

（二）专门行政监督

1. 行政监察。行政监察，是指国家行政监察机关对其他行政机关及其公务员和行政机关任命的其他人员执行国家法律政策和行政决定、命令的情况，进行监督检查并对违法行为进行惩戒的制度。

《行政监察法》规定监察机关实行双重领导体制，一方面要对本级人民政府负责并报告工作，另一方面要接受上级监察机关的业务指导，并向其报告工作。行政监察应遵循的基本原则是：监察机关依法独立行使职权，不受其他行政部门、社会团体和个人的干涉；监察工作坚持实事求是，重证据，重调查研究，适用法律和政纪人人平等；监察工作应当实行教育与惩处相结合，监督检查与改进工作相结合；行政监察应当依靠群众。

监察机关在案件管辖上的分工是：国务院监察机关监察国务院各部门及其国家公务员，国务院及国务院各部门任命的其他人员，省、自治区、直辖市人民政府及其领导人员。县级以上地方各级人民政府监察机关监察本级人民政府各部门及其国家公务员，本级人民政府及本级人民政府各部门任命的其他人员，下一级人民政府及其领导人员。

监察机关的职责包括：①检查国家行政机关在遵守和执行法律、法规和人民政府的决定、命令中的问题；②受理对国家行政机关、国家公务员和国家行政机关任命的其他人员违反行政纪律行为的控告；③调查处理上述人员违反行政纪律的行为；④受理受处分人的不服申诉和法律、行政法规规定的其他由监察机关受理的申诉。

行政监察机关应当按照法定的程序进行检查和调查处理，在检查和调查结束后应当作出监察建议或监察决定，监察建议一经提出，有关部门和个人如无正当理由应当采纳，监察决定一经作出就立即产生法律效力。对监察建议和监察决定不服，当事人可在法定的期限内向作出机关提出异议和复审请求，受理机关应当对异议回复，对复审请求作出复审决定。

2. 行政审计。行政审计，是指国家审计机关对国务院各部门和地方各级政府的财政收支，对国家的财政金融机构和企事业组织的财务收支进行审查监督的活动。

《中华人民共和国审计法》的制定，使审计工作步入法制化、规范化的轨道。按照审计法的规定，审计的主体是国家审计机关或政府授权认可的其他财务机构；客体是经济活动中的财政财务收支；手段是依法审核会计资料，如会计凭证、账簿、报表等；审计对象是各级行政机关、金融机构、国有企业、事业单位和国家投资建设的项目。

为了使审计机关充分发挥监督职能，审计法授予审计机关广泛的权力，审计机关有权要求被审计单位报送有关财政财务收支的资料并进行检查；就有关问题进行调查；制止正在进行的违规行为；向政府有关部门和社会公布审计结果；对违反国家规定的审计对象依法作出审计决定或者向主管机关提出处理、处罚意见。

　　审计监督的程序包括准备阶段、实施审计阶段和终结阶段。审计结束后，审计机关应当制作审计报告，对发现的问题提出处理意见，被审计单位有异议的有权依法提出复议和申诉。

五、社会监督

　　国家机关以外的执政党、民主党派和人民政协、社会舆论和公民个人对行政主体和行政工作人员实施的监督为社会监督。这类监督不能直接发生法律效力，必须通过国家机关或者和国家机关的监督相结合才能产生法律后果。

　　中国共产党是我国的执政党，《宪法》确认的四项基本原则之一就是坚持党的领导。党的领导权必然包括党对行政机关的监督权。党对行政机关的监督方式：①通过各级党组织对各级政府及其部门执行党的路线方针和法律、法规的活动进行监督；②通过法定程序推荐优秀党员担任行政领导职务，并监督政府中的全体党员执行党纪国法的情况。

　　政协和各民主党派依法有权参政议政，中共中央和国务院在制定方针、政策时应当征求民主党派的意见，民主党派和社会团体通过人民政协对国家重大问题进行政治协商，政协委员和民主人士有权视察政府工作并提出意见、批评和建议。

　　社会舆论和公民个人同样有权监督行政主体和行政工作人员，《宪法》第41条规定："中华人民共和国公民……对于任何国家机关和国家工作人员的违法失职行为，有向有关国家机关提出申诉、控告或者检举的权利……"这是公民监督权的宪法依据，而社会舆论的监督是公民监督的必然延伸。

思 考 题

1. 试述行政程序法的地位和作用。
2. 简述行政程序法的基本原则与制度。
3. 试述监督行政与行政监督检查的区别。
4. 试述对行政权进行监督的主体及其形式。
5. 试述我国专门行政监督的内容与形式。

第十三章 行政违法与行政赔偿

学习目的与要求

通过本章的学习，了解行政主体的行政违法的概念、特征和构成要件；认识行政违法的基本类型；理解行政责任的概念、特征、形式，行政赔偿的概念、构成要件和赔偿范围；明确行政赔偿的归责原则、赔偿的程序、行政赔偿请求人和赔偿义务机关；认识行政主体的行政违法、行政责任和行政赔偿之间的关系。

第一节 行政违法

任何权力不受监督制约，就必然会产生权力的滥用与腐败，为了保证行政机关依法行政，就必须建立对行政权的监督制约制度。现代政府应当是责任政府，即行政机关不仅享有行政权，同时还要承担相应的责任，行政机关应当是权力、义务和责任三位一体的。那么，如何监督制约行政权呢？其最主要的途径就是对违法的行政行为追究行政责任，从而促使行政机关严格按照法律的规定行使行政权。追究行政责任的前提是行政主体及其工作人员实施了违法的行政行为，合法的行为是不必要也不应当追究责任的，因此，我们要从行政行为的违法入手研究行政责任。

一、行政违法的概念与特征

所谓行政违法，是指行政主体实施的，违反行政法律规范的行为。行政违法实际就是因行政而违法，或者说是违法行政，只有行政权的运用才可产生违法行政。行政相对人没有支配他人的行政权力，其行为的不合法并不引起违法行政的问题，只有行政主体违反法律规定将行政权力施加于行政相对人权利时，才可产生违法行政。因此，行政违法与是否拥有行政职权和是否行使行政职权密切相关，如果不是因行政职权的运用而违反行政法律规范的行为的，对行政违法及其与行政责任关系的研究就失去了意义。将行政违法界定为行政主体的违法行为并与其应承担的法律责任联系起来，正是体现了行政主体的行政职权、职责的一致性。

行政违法主要有以下特征：

（一）行政违法是行政主体及其公务人员的违法

行政违法者包括行政主体及其公务人员。行政行为是以行政主体的名义实施的，行政主体的行为违反了行政法规范，就构成行政违法。同时，公务人员是行政管理活动的具体实现者，其基于职权的行为是代表行政主体对社会的管理行为，因此，公务人员的公务行为违反行政法规定，也构成行政违法。当然，非行政主体的一般公民、法人及其他组织的违法行为，也是违反行政法规范的行为，但其不是基于行政职权的行政行为，是出于个人或组织自己的故意或过失，不能构成行政主体直接承担行政责任的法律基础，因此，其不是行政违法主体。

（二）行政违法必须是违反行政法律规范的行为

违法就是违反法律规定。违反法律规定的行为种类很多，如犯罪行为，民事侵权行为等等，不同的违法行为受不同的法律规范调整，犯罪行为由刑法来调整，民事侵权行为由民法来调整，同样，行政主体及其公务人员的职权性违法行为只能是违反行政法规范的行为，由行政法来调整。违反行政法规范的行为很多，如超越权限、行政侵权、程序违法等，概括地讲，行政违法就是行政主体及其公务人员违反行政实体法规范和行政程序法规范，对这两种规范任何一种的违反就构成行政违法。

要准确理解行政违法，还需要把它和相近的概念相区分。相近的概念有两个，一是行政不当，二是行政侵权。行政不当是指行政主体及其公务人员合法但不合理的行政行为。行政不当与自由裁量权相关，是自由裁量权的不合理行使。因此，行政不当的形式只能是行政主体及其公务人员对自由裁量权的滥用而体现的形式。不当行政的形式主要有：①不合法律目的。②考虑不相关因素。③不合法的动机。④忽略正当因素。⑤不应有的迟延。⑥自由裁量权行使中的不一致。⑦程序的不适当。

行政侵权是行政违法当中的一部分，指行政行为违法并侵害行政相对人合法权益和公共利益造成损害后果的行为。与一般的行政行为相比，它不仅是违法的，而且造成了损害后果。由于这一特点，它的后果也就不同于一般的行政违法。一般的行政违法导致的仅是惩戒性责任，而行政侵权除了要承担惩戒性责任，还要承担赔偿性责任。

二、行政违法的构成要件

行政违法的构成要件是指由行政法律规范所规定的为行政违法所必须具备的一切客观和主观条件的总和。既然行政违法是行政主体及其公务人员违反行政法律规范的行为，其产生于行政职权的运用，而行政职权与职责具有法律规定上的重合性，行政违法的构成要件必然是行政主体对法定职责的违反，因此，行政违法应当具备下列构成要件：

（一）行政主体及其公务人员具有相关的法定职责

任何行政权都是通过法律授予而取得，当行政主体及其公务人员取得行政权力，即表明其同时负有相应的法定职责。进一步讲，行政权是依行政主体及其公务人员的性质、职位、职务等的不同而经法律规范授予行政主体，行政权在法律上就是行政职权。不同的行政主体及其公务人员享有不同的行政职权，负有不同的行政职责，若行政职责与行政主体的身份及权限范围无关，对该行政职责的不履行并不导致行政违法的产生。如果税务人员在征税过程中遇见甲、乙两人在打架斗殴而没有制止并不违法，因为税务人员不具有制止打架斗殴和维持社会治安的法定职责。故对行政主体及其公务人员行为而言，是否构成行政违法，首要的条件在于其是否具有法定职责。

（二）行政主体及其公务人员未履行法定职责

未履行法定职责表现为作为和不作为两种形式。不作为的主要表现为拒绝履行、拖延履行、不予答复等情形。拒绝履行就是行政主体负有法定职责（如颁发土地使用权证），但以拒绝的方式而不履行，这种不履行又没有正当的法律依据和事实理由；拖延履行就是负有法定职责的行政主体及其公务人员无法定事由的违反法律规范规定的履行期限；不予答复就是负有法定职责的行政主体纯粹地不作为，如对行政相对人的申请在法定的 60 日内未作出任何意思表示；作为形式表现为不合法履行，就是行政主体及其公务人员履行了职责但是不符合法定的条件和要求，例如，适用法律错误、证据不足、程序不合法、超越权限以及滥用权力等。法定职责必须履行，这正是"行政权是法律之下的权力"的基本要求，未履行法定职责即意味着行政权在法律所允许的范围和要求之外行使，如没有依据的罚款和收费，这种权力的行使就失去了法律上的合法性和正当性，因而不履行法定职责是行政违法的核心构成要件。

（三）行政主体及其公务人员的违法行为具有主观上的故意或过失

行政主体及其公务人员在实施行政行为的过程中，其有能力预见某种后果的发生而放任或希望这种后果的发生，即为故意行为；行政行为的实施应当预见违法后果的发生或者已经预见但轻信能够避免这种后果的发生而出现违法后果即为过失行为。故意和过失合称为过错。考察行政主体及其公务人员的主观过错是很重要的，只有对有过错的行为追究责任才有意义，如果行政行为客观上具有违法性，但是完全是出于意外或者不可抗力，追究其责任并不能达到杜绝违法现象发生的目的。另外，考察其主观过错的大小，还是追究责任轻重的一个依据。

三、行政违法的类型

研究行政违法的类型有助于确定行政违法，因此，依行政行为的合法性要求为标准，将行政违法分为实体违法和程序违法。

（一）实体违法

实体违法是指行政主体及其公务人员的行政行为违反行政法律规范的实质性要求的。主要表现形式为：

1. 主要证据不足。行政行为的作出应当遵循以事实为根据、以法律为准绳的原则。行政机关应当在证据确实充分、法律适用正确的基础上作出行政行为。如果主要证据不足，认定事实有误，即使准确适用法律，这个行政行为仍然是违法的。主要证据不足是指证据质和量两个方面存在缺陷。质的要求是对证据真实性、相关性等的要求，即证据是否具有证明力。量的要求是对证据证明力大小的要求，即证据的证明力是否够强。

2. 适用法律法规错误。行政主体及其公务人员作出行政行为的过程实际上就是一个法律法规适用的过程。法律法规适用错误是指行政主体及其公务人员在运用法律法规处理具体问题时，错误的引用了不该引用或者是没有引用应当引用的法律法规及其条款，或者是在运用具体条款时，对法律规则的适用条件和处理方式运用不当。

3. 行政失职。行政失职是指行政法律规范要求行政主体及其公务人员履行一定义务，但行政主体及其公务人员没有履行或延迟履行义务。这种违法行为是一种不作为性质的违法行为。如工商行政管理机关对申请人关于颁发营业执照的申请不予答复，公安机关对公民申请保护正在遭受非法侵害的人身权不予理睬等。

4. 行政越权。即行政主体实施行政行为超越权限。这是一种作为性质的行政违法行为。任何行政主体都有法律赋予的职权范围，超越这个范围就是越权。如下级行政机关行使了上级行政机关的权力；上级行政机关非经合法程序行使下级机关的权力；此行政机关行使了彼行政机关的权力；公务员个人超越权限范围行使了领导的权力；以及行使权力没有遵守法定的时效等。

5. 滥用职权。法律法规都是在一定的立法背景、立法宗旨下赋予行政机关特定行政职权。因此，行政机关行使行政权不仅要符合法律规则的具体规定，还要符合法律的目的、精神。所以滥用职权是指行政机关在不违反法律规则具体规定的形式下，而违背法律精神、目的而实施具体行政行为的情形。滥用职权是一种比较隐蔽的违法行为，其形式上的合法掩盖不了其实质上的违法，例如，利用处罚权打击报复他人或者包庇亲朋好友。

（二）程序违法

程序违法是指行政主体及其公务人员的行政行为违反行政法律规范的程序性要求。主要表现形式为：

1. 顺序不合法定程序。行政行为的作出应当依据一定的先后顺序作出，其最基本的顺序要求就是先取证后裁决，即首先调查取证，然后作出行政决定。有的行政行为违背这一顺序规则，如在作出处罚后才收集证据或者举行听证会，或者在行政立法时，先立法后调研，这都违背了法定的顺序，构成程序违法。

2. 步骤不合法定程序。指行政主体的行政行为没有经过法定的步骤，或者是附加违反法律目的的步骤。如行政复议行为没有按照行政复议法规定的程序作出，要求申请营业执照的人提供其住房面积的证明，等等。

3. 形式不合法定程序。行政行为的形式主要有两种：①口头形式；②书面形式。违反法律规定的形式要求就构成违法。如处罚决定必须以书面形式，对同意结婚的申请双方要颁发结婚证。用口头形式代替书面形式或者以默示形式代替明示形式等都构成违法。在要式行政行为中，行政主体对于行为形式没有裁量的余地，只能按照法定的形式作出行政行为，否则就构成形式违法。

第二节　行政责任

一、行政责任的概念与特征

"责任"一词最基本的词义不外乎两个方面：一是分内应做之事；二是

没有做好分内应做之事所承担的不利后果。前一意义与法律上的义务一词类同，这里所讲的法律责任是就后一种意义而言。行政责任作为一种法律责任，当然也不例外。因此，所谓行政责任就是行政主体及其公务人员因行政违法所应承担的法律后果。行政责任包含着这样的特征：

（一）行政责任是行政主体及其公务人员的责任

如前所述，行政行为直接导致了行政法律关系的发生，所以，行政责任产生于行政主体及其公务人员的行政违法行为，这一点决定了行政责任的承担只能是也应当是行政主体及其公务人员。应指出的是，行政法律关系的主体包括行政主体和行政相对人双方，但行政责任仅对行政主体及其公务人员而言，虽然有些时候，非行政主体的组织和一般公民因行政主体的委托而行使行政权，但严格讲，受委托行使行政权并不能取得行政主体资格，因而行政责任仅是行政主体及其公务人员行为的法律后果，若受委托的非行政组织和一般公民在委托权限内违法行政，应当由委托主体承担责任。

（二）行政主体及其公务人员的违法行为是产生行政责任的前提

由于权力固有的膨胀性和行使权力者的主观惰性，实施行政行为的过程必然有违法甚至对相对人带来侵害的可能性，于是就有可能产生行政争议。而行政争议裁决的法律效果无非是两个：①即行政方承担行政责任；②相对人承担行政行为所要求的行政义务。如果相对人的行政义务在争议裁决中无可非议，则这种义务的实现实质上是行政行为目的的实现，如人民法院对行政处罚决定予以维持等当属此类。这固然是行政法的目的之一，但不仅仅于此，行政法的核心是对行政权的法律调整。如果行政争议的裁决否定了行政行为，行政主体就得承担相应的法律后果，行政责任主要是解决此类问题。职权行为没有违法，行政主体及其公务人员就不承担行政责任。

（三）行政主体及其公务人员承担行政责任是基于法律的规定

首先，行政主体的行政责任是由法律所规定的，如同无权力不能实施行政行为一样，无法律规定，也不能追究行政责任。其次，行政主体及其公务人员承担行政责任与相对人履行行政义务具有法律上的平等性。尽管行政主体及其公务人员在行政法律关系中居主导地位，但在判断行政主体的职权行为是否违法与不当，与相对人是平等的，没有任何特权。再次，行政主体及其公务人员在不同的行政行为中，因违反不同的法律承担不同的行政责任。无法定的免责事由，行政主体必然依法律规定而承担行政责任。

（四）行政责任是独立的法律责任

行政责任的独立性表现在相对于其它法律责任来讲，是独立的，如不同于民事、刑事责任；相对于非法律责任，它更具有独立性。例如，行政责任不同于政治责任，在行政学中是将行政责任作为政治责任的一种来研究，但是行政法上的行政责任不同于政治责任。政治责任的主体是"政治人"，即依法选举产生担任国家职务的人，而行政责任主体是指行政主体及其公务人员；政治主体承担责任的方式是通过议会、选民提案的审查等会议以罢免、弹劾、受质询的方式承担，行政责任则不然，其主要通过行政的、司法的方式确定其是否承担责任。

二、行政责任的追究

行政责任的追究，是指有权机关依法律规定和法定程序对行政主体及其公务人员的行政责任进行认定和追究。行政责任的追究，首要的是对行政违法予以确认，这既是行政责任构成的前提条件，也是确认行政主体和公务人员应否承担行政责任的依据。追究行政责任必须要有法律依据。

（一）追究行政责任的原则

1. 责任法定原则。责任法定是指行政责任为法律规范所明确规定，确认和追究行政责任应有法律依据。如行政复议机关对行政责任追究要依据《行政复议法》，对具体行政行为合法性、适当性进行审查。烟草专卖机关对违法承运烟草的人所给予的处罚来自于《烟草专卖法》关于"明知"是无准运证的烟草而仍予以承运的法定事实的规定等。

2. 责任与违法情节相一致原则。行政责任应当与违法的实质和形式要件相一致。即行政责任的形式、强度、方式应与违法的结果、情节、责任能力相一致。如对于应当给予重罚但有立功表现的人可以从轻或减轻行政处罚。在行政诉讼中法院对于行政主体自由裁量权行使的轻微不当，一般不追究其行政责任，因为司法审查只限于对行政违法以及严重地、不适当地滥用职权的行政行为。

3. 补救、惩戒和教育相结合原则。行政责任制度从根本上说是一种行政救济制度。惩罚违法是必要的，但惩罚不是追究责任的根本目的。补救所受损害，教育行为人遵守法律规范，这才是追究行政责任的重要目的。只有补救、惩戒和教育的结合，才能最终建立良好的行政法制秩序。

（二）有权追究行政责任的机关

1. 权力机关。根据宪法、法律规定，权力机关有权对行政主体及特定的公务人员的行为进行监督。如通过专项执法检查，对行政主体的执法情况进行监督；通过审查或撤销行政主体的抽象行政行为对行政主体的决定、命令和规范性文件实施监督；通过罢免权的行使，对政府组成人员实施监督，等等。

2. 行政机关。专门行政监督机关，如监察、审计部门对行政主体及其公务员遵法守纪情况和执行财经纪律状况等实施的监督，复议机关通过审理复议案件对原具体行政行为的监督；上级行政机关对下级行政机关的监督，行政机关内部领导对下属的监督，等等。

3. 司法机关。人民法院依据《行政诉讼法》的规定，解决行政争议，审查具体行政行为是否合法，并作出相应的裁判；检察机关作为法律监督机关，通过对行政机关一起工作人员行使检察权也可以实现司法权对行政权的监督。

三、行政责任的形式

行政行为是以行政主体的名义作出的，因此，行政主体当然要对违法行为承担责任。但是，行政行为的直接实施者是行政公务人员，对违法行政行为负有责任的公务人员也应当承担相应的责任，所以，行政责任既应当包括行政主体的责任，还应当包括公务人员的责任，二者的责任形式并不相同，下面我们分别介绍。

（一）行政主体的行政责任形式

行政主体行政责任的形式取决于行政违法的内容，主要有：

1. 撤销违法的行政行为。即有权机关依法定程序使行政行为失去既有的法律效力，消除违法状态。

2. 确认违法。行政主体的行政行为撤销已无必要或不可能时，有权机关依法确认该行为违法，为消除违法状态或为追究其他行政责任提供条件。

3. 责令履行职责。负有法定职责的行政主体未依法履行职责，构成违法失职时，有权机关责令其以履行职责的方式承担行政责任。

4. 变更处罚决定。人民法院在司法审查中认为行政主体的处罚决定过重时，直接变更为较轻的处罚，使行政处罚的行为内容发生部分改变，行政主体由此承担其行为被变更的法律责任。

5. 赔偿损失。这是行政侵权行为承担行政责任的方式，具体有支付赔偿金，返还财产，恢复原状等。当然，还可以单独地或一并地以赔礼道歉、恢复名誉、消除影响等方式就精神损害承担行政责任。

（二）行政公务人员行政责任的形式

1. 行政处分。行政处分指有权机关依照公务员法律制度对违法的行政公务人员给予行政制裁的内部行政行为。行政处分的形式有警告、记过、记大过、降级、撤职、开除公职等形式。

2. 行政追偿。行政追偿指按照国家赔偿法的规定，行政公务人员在执行公务中有故意或重大过失的违法行为，国家为受害人承担赔偿责任后，向行政公务人员实施追偿的法律制度。行政追偿是一种内部责任，是国家对行政公务人员的经济制裁行为。

第三节　行政赔偿

有些违法行政行为会给行政相对人的合法权益造成损失，即构成行政侵权，这时不仅要对实施违法行为的行政主体及其公务员追究惩戒性责任，为了保护受害人的权利，还必须由国家对受害人的损失承担赔偿责任。为此，第八届全国人民代表大会常务委员会第七次会议于 1994 年 5 月 12 日通过了《国家赔偿法》，并于 1995 年 1 月 1 日起实施。2010 年 4 月 29 日，第十一届全国人民代表大会常务委员会第十四次会议通过了该法的修改决定，修订后的《国家赔偿法》自 2010 年 12 月 1 日起施行。

我国的国家赔偿制度由行政赔偿与司法赔偿两部分组成，本书仅对其中的行政赔偿加以介绍。

一、行政赔偿概述

《国家赔偿法》第 2 条规定："国家机关和国家机关工作人员行使职权，有本法规定的侵犯公民、法人和其他组织合法权益的情形，造成损害的，受害人有依照本法取得国家赔偿的权利。"因此，行政赔偿是指国家行政机关及其工作人员行使行政职权侵害公民、法人或其他组织的合法权益并造成损害时，国家给予赔偿的法律制度。其含义有：

（一）行政赔偿责任产生于行政主体及其公务人员的行政职权活动

国家赔偿法使用了"国家机关和国家机关工作人员"这一概念，这一概念包含了"行政机关和行政机关工作人员"与"司法机关和司法机关工作人员"两部分，但是，我们这里介绍行政赔偿，并不能简单地使用"行政机关和行政机关工作人员"一词，立法追求通俗易懂，但是，在理论上使用"行政主体及其公务人员"更为严谨，因此，这里我们在界定行政职权行为的主体时还是使用"行政主体及其公务人员"一词。

同一主体在不同的法律关系中法律地位不同，其行为的法律性质也不同。

行政主体及其公务人员在民事法律关系中是平等的民事主体，民事活动的后果只能是民事责任。行政主体及其公务人员只有在行使职权行为时才可能产生行政赔偿，但并非所有的职权行为都必然产生行政赔偿，那些不直接产生强制性法律效果的指导性行为或者合法行使职权造成不利后果的行为就不产生行政赔偿。行政赔偿只产生于行政主体及其公务人员的直接产生法律效果的行政职权行为过程中。

（二）行政赔偿是行政主体及其公务人员的侵权行为所引起

职务行为侵害他人的合法权益，造成损害时发生行政赔偿，这种侵权行为一般来说是明显的行政违法行为，但是，有些行政行为的违法性不是很明显甚至难以判断，只要造成损害后果，国家还是应当依法承担赔偿责任，如行政机关对受害人的损失存在严重过错的。合法侵害行为产生行政补偿后果，而不是行政赔偿。行政不当，严重滥用自由裁量权造成损害的，也应当推定为行政违法，产生行政赔偿。

（三）行政赔偿是行政职务行为给受害人的合法权益造成了损害

一方面，行政职务行为侵害的是受害人的合法权益，如果侵害的是非法权益国家不予赔偿，因为非法权益不受法律保护。另一方面，如果仅仅实施了违法行为，没有造成现实财产权、人身权等的损害后果时，也不发生行政赔偿。

（四）行政赔偿的主体是国家

行政主体以及公务人员的职务行为是代表国家作出的，国家应当承担其行为的全部后果，包括合法行为和违法行为的后果。因此，行政赔偿责任本质上是一种国家责任，国家承担赔偿责任表明传统上作为抽象主体的国家已经成为具体法律关系的主体，具有了法律上权利义务的内容。

（五）行政赔偿要符合法定的条件

行政赔偿不同于民事赔偿，受主权豁免原则的影响，国家只对特定范围的损失承担赔偿责任，因此国家赔偿责任是一种有限责任，如赔偿的范围有限，最高金额有限，行政赔偿活动必须依据法定的限制进行。

为了准确把握行政赔偿的内涵与外延，我们应当把行政赔偿与相近的概念区分开来。

1. 行政赔偿与国家赔偿、司法赔偿。行政赔偿是国家赔偿的重要内容之一，我国的国家赔偿还包括司法赔偿，即司法机关在职务活动中造成损害的赔偿制度，二者共同构成我国的国家赔偿制度，在本质上这两种赔偿责任最终都是由国家承担的。

2. 行政赔偿与民事赔偿。民事赔偿是平等民事主体之间侵权行为的损害结果，行政赔偿是行政关系中行政主体对相对人实施侵权行为的损害结果，因此二者在责任性质、责任主体、归责原则、责任程序及责任方式等方面都有明显的区别。

3. 行政赔偿与行政补偿。行政补偿是国家征收征用行为的法律后果，也是行政主体及其公务人员合法行为造成相对人损失的法律责任形式；行政赔偿主要是对违法行为造成损害后果的一种国家责任。

4. 行政赔偿与公有公共设施致害赔偿。公有公共设施设置不当或管理不善造成他人合法权益损害的，在我国不属于行政赔偿，受害人只能通过民事途径寻求民事救济。而它在西方一些国家，如法国、德国等，都将其纳入行政赔偿领域。在我国，公有公共设施致害赔偿是作为一种特殊的民事侵权责任，由其所有人或者管理人依民法规定承担民事责任。

二、建立行政赔偿制度的意义

1. 建立行政赔偿制度，是保障公民、法人和其他组织的合法权益的需要。国家赔偿制度建立之前，行政侵权事实虽然客观存在，然而因救济机制长期缺位，使受害人的合法权益得不到有效的法律救济和保障。因此，建立行政赔偿制度可以使受害人遭受损害的权利得以补救和恢复，真正体现人权保护精神。

2. 是监督、促进行政主体依法行使行政职权的需要。行政赔偿制度的建立有助于监督行政主体的行为，改进公务人员的工作作风，提高执法水平，促进行政主体依法行政。

3. 是实施宪法原则的需要。我国1982年《宪法》第41条第3款明确规定："由于国家机关和国家机关工作人员侵犯公民权利而受到损失的，有依照法律规定取得赔偿的权利。"但在相当长时期，由于没有一部可操作性的法律规范，使得《宪法》的这一原则要求难以实现，受害人无法律依据主张赔偿，是不能获得赔偿的。《国家赔偿法》的颁布使得《宪法》中关于国家赔偿的原则得以真正实现。

三、行政赔偿的归责原则

行政赔偿的归责原则，是指为了确定在何种情况下国家对行政主体及其公务人员造成的损害承担赔偿责任所遵循的基本规则。

2010年《国家赔偿法》修改的一项重大内容，就是取消了原来第2条中的"违法"二字，这说明我国的国家赔偿归责原则不再是单一的违法原则，而是实行多元化的归责原则，除了违法原则外，还辅之以过错原则、结果原则等。但是违法原则还是主要的归责原则。首先，违法原则与法治原则、依法行政原则及宪法规定相一致；其次，与行政诉讼法中的合法性审查原则相协调；再次，违法原则简单明了，可操作性强；最后，有利于保护受害人合法权益。违法原则的内容主要包括：

第一，违法是指行政主体及其公务人员的职务行为违反法律规范。行政职务行为无法律依据或者适用法律不当，或者超越法律规范授权界限给受害人的合法权益造成损害时，国家应承担赔偿责任。

第二，违法既指违反实体法和程序法规范，也指违反行政法律规范和民商事法律规范。只要涉及行政职权的行使，不管违背何种形式的法律规范，致人损害的，国家承担赔偿责任。

第三，违法包括行政职权的行使明显不当或严重地滥用自由裁量权。自由裁量权不得滥用，必须合理行使，这是法律的目的要求，也是行政主体及其公务员的法定义务。行政职务行为违反法律目的，给公民、法人或其他组织的合法权益造成损害的，国家也应当承担赔偿责任。

过错原则是指根据行为人的主观上有无过错以及过错大小来确定赔偿责任的原则。例如，小偷正在盗窃一家商店，有人发现后拨打110，但是公安机关没有出警，导致损失发生。对于这一后果，小偷和公安机关都有过错，二者应当根据过错大小分别承担责任。为此，最高人民法院在《关于公安机关不履行法定行政职责是否承担行政赔偿责任问题的批复》指出："由于公安机关不履行法定行政职责，致使公民、法人和其他组织的合法权益遭受损害的，应当承担行政赔偿责任。在确定赔偿的数额时，应当考虑该不履行法定职责的行为在损害发生过程和结果中所起的作用等因素。"

结果原则的基本含义是，如果错误的刑事强制措施或者错误执行刑罚被后来的裁判改正，只要公民因刑事强制措施或刑罚的执行遭受损害，国家即承担赔偿责任，而不问国家工作人员主观上是否存在故意或过失。这一原则适用适用于司法赔偿中。

四、行政赔偿责任的构成要件

为了保障法律的正确实施，追究任何法律责任，必须应当具备法定的构成要件。行政赔偿责任的构成要件是指国家承担行政赔偿责任应具备的条件。根据国家赔偿法的规定，行政赔偿责任的构成要件由以下几个部分组成：

1. 侵权行为主体。侵权行为主体是构成国家赔偿责任的必要条件。意味着哪些机关和人员实施侵权行为会导致国家赔偿责任，即国家对哪些机关和个人实施的职务行为负责。根据《国家赔偿法》的规定，国家对行政主体及其工作人员以及其他组织和个人在接受国家行政机关委托的情况下实施的侵权行为承担赔偿责任。

2. 侵权行为发生在履行职务之中。侵害行为必须是执行职务的行为，或者说与职务相关。行政主体及其公务人员具有双重身份，如果是在民事法律关系中侵权，则国家不承担相应的后果，例如，一名公务员与邻居发生矛盾后打伤邻居，本案中的侵权与其职务毫无关系，只能由该公务员自己承担民事责任。

3. 造成损害结果。损害结果是指行政主体及其工作人员在行使行政职权过程中实施的侵权行为使被侵权人的人身权或财产权受到实际损害。如果损害是将来可能发生的或者是假想的，则不产生赔偿责任。

4. 存在因果关系。因果关系是指违法行政行为与损害事实之间存在必然的内在联系。其中违法行为是原因，损害事实是结果。

5. 应当符合法律的其他规定。行政赔偿必须满足法律规定要件。按照现行国家赔偿法的规定，如果不属法定的赔偿范围，即使公民、法人或者其他组织受到行政机关及其工作人员职权行为的损害，仍然不能获得行政赔偿。法律对行政赔偿的范围、程序、赔偿方式与标准都有明确规定，换言之，国家并不对所有行政侵权行为都承担赔偿责任。

五、行政赔偿的范围

行政赔偿的范围是指国家承担赔偿责任的领域。即对哪些侵权行为造成的损害国家予以赔偿，哪些不予赔偿。《国家赔偿法》第 3 条、第 4 条规定的行政赔偿范围是对人身权、财产权的损害赔偿。

（一）人身权的损害赔偿

人身权是指那些与人身不可分的权利，是公民最基本的权利，是其他权利的基础。人身权通常分为人格权和身份权。人格权又可分为人身自由权、生命权、健康权、姓名权、名誉权、荣誉权等。身份权分为配偶权、亲权、亲属权等。根据《国家赔偿法》第 3 条的规定，侵犯人身自由权、生命权、健康权的，给予赔偿。

1. 人身自由权损害赔偿。①违法拘留或者违法采取限制公民人身自由的行政强制措施的；②非法拘禁或者以其他方法非法剥夺公民人身自由的。

2. 生命健康权损害赔偿。①以殴打、虐待等行为或者唆使、放纵他人以殴打、虐待等行为造成公民身体伤害或者死亡的；②违法使用武器、警械造成公民身体伤害或死亡的；③造成公民身体伤害或者死亡的其他违法行为。

（二）财产权的损害赔偿

财产权是以财产为客体的权利，是公民最基本的权利之一，范围很广，包括物权、债权、知识产权等。根据《国家赔偿法》第4条规定，违法行政行为给相对人的财产权造成实际损害的，国家承担赔偿责任。

1. 违法实施罚款、吊销许可证和执照、责令停产停业、没收财物等行政处罚。

2. 违法对财产采取查封、扣押、冻结等行政强制措施。

3. 违法征收、征用财产的。

4. 造成财产损害的其他违法行为。

（三）国家不予赔偿的情形

根据《国家赔偿法》第5条的规定及有关的法律解释，下列情况国家不承担赔偿责任：

1. 行政机关工作人员与行使职权无关的个人行为。凡是在行使职权过程中实施的行为或因行使职权提供侵权机会的行为一般都归为职权行为。反之，则属于个人行为。由于个人行为造成的损害，只能产生民事赔偿。

2. 因公民、法人或其他组织自己的行为致使损害发生。这种情况下，损害事实和行政机关的行政行为之间没有必然的因果关系。由于受害人自己的过错造成损害发生，国家不承担赔偿责任。这就是因他人过错而免责的原则。如果损害的发生是由行政机关及其工作人员行使职权的行为和受害人自己的行为共同造成，国家要根据行政机关工作人员行使侵权行为过错的大小，部分地承担赔偿责任。

3. 法律规定的其他情形。目前法律规定不承担赔偿责任的情形有：不可抗力、紧急避险、正当防卫、第三人过错等。

六、行政赔偿请求人和赔偿义务机关

（一）行政赔偿请求人

行政赔偿请求人，是指有权请求国家赔偿的公民、法人或其他社会组织。《国家赔偿法》第6条规定，受害的公民、法人和其他组织有权要求赔偿。受害的公民死亡，其继承人和其他有扶养关系的亲属有权要求赔偿。受害的法人或者其他组织终止的，其权利承受人有权要求赔偿。

根据这一规定，确定赔偿请求人的基本原则是谁受害，谁就是请求人。但是，请求人的资格在法定条件下会发生转移。主要有以下几种情形：

1. 受害的公民已经死亡的，有权请求行政赔偿的人是受害死亡公民的继承人和其他有抚养关系的近亲属。主要是指配偶、父母、子女、兄弟姐妹、祖父母、外祖父母、孙子女、外孙子女等。

2. 受害的法人或其他组织终止的，其承受权利的法人或其他组织是请求权人。主要是指法人或其他组织的分立、合并、兼并等。但是，如果受害的法人或其他社会组织是因被行政机关吊销执照，已经破产，被行政机关撤销等原因而终止的，不发生请求权人资格转移。

（二）赔偿义务机关

赔偿义务机关是指代表国家履行赔偿义务，接受赔偿请求，支付赔偿费用，参加赔偿诉讼程序的行政主体。根据《国家赔偿法》规定，下列组织为赔偿义务机关。

1. 一般情况下赔偿义务机关。最常见的赔偿义务机关就是实施了侵权行为的行政主体。即行政机关及其公务员违法执行职务行为致他人人身或财产损害的，该行政机关为赔偿义务机关，如对没有纳税义务的人征税的税务机关。

2. 几类特殊的赔偿义务机关。①法律、法规授权组织实施违法侵害行为的，该组织为赔偿义务机关。如违法实施处罚的市政工程管理处。②受委托组织的职务行为造成损害的，委托的行政机关为赔偿义务机关。如受委托执行职务的治安联防组织。③复议机关在作出改变原具体行政行为的复议决定加重了损害，复议机关就加重损害的部分承担行政赔偿责任。④两个以上的行政主体共同实施违法行政行为并造成损害，它们为共同赔偿义务机关。受害人可以向其中任何一个行政主体请求赔偿，该行政主体不得拒绝或相互推诿。⑤受害人请求行政赔偿时，或赔偿诉讼未终结时，赔偿义务机关被撤销的，继续承受其权力的行政主体为赔偿义务机关，没有继续行使权力的机关的，作出撤销决定的行政主体为赔偿义务机关。

七、行政赔偿程序

行政赔偿程序是指受害人提起赔偿请求，赔偿义务机关履行赔偿义务的步骤、顺序、时限和方式。

（一）赔偿请求的提出与处理

赔偿请求人要求赔偿，应当先向赔偿义务机关提出，也可以在申请行政复议或者提起行政诉讼时一并提出。赔偿请求人可以向共同赔偿义务机关中的任何一个赔偿义务机关要求赔偿，该赔偿义务机关应当先予赔偿。

要求赔偿应当递交申请书，申请书应当载明下列事项：

1. 受害人的姓名、性别、年龄、工作单位和住所，法人或者其他组织的名称、住所和法定代表人或者主要负责人的姓名、职务；

2. 具体的要求、事实根据和理由；

3. 申请的年、月、日。

赔偿请求人书写申请书确有困难的，可以委托他人代书；也可以口头申请，由赔偿义务机关记入笔录。赔偿请求人不是受害人本人的，应当说明与受害人的关系，并提供相应证明。

赔偿请求人当面递交申请书的，赔偿义务机关应当当场出具加盖本行政机关专用印章并注明收讫日期的书面凭证。申请材料不齐全的，赔偿义务机关应当当场或者在 5 日内一次性告知赔偿请求人需要补正的全部内容。

赔偿义务机关应当自收到申请之日起 2 个月内，作出是否赔偿的决定。赔偿义务机关作出赔偿决定，应当充分听取赔偿请求人的意见，并可以与赔偿请求人就赔偿方式、赔偿项目和赔偿数额依照本法第四章的规定进行协商。赔偿义务机关决定赔偿的，应当制作赔偿决定书，并自作出决定之日起 10 日内送达赔偿请求人。赔偿义务机关决定不予赔偿的，应当自作出决定之日起 10 日内书面通知赔偿请求人，并说明不予赔偿的理由。

（二）行政赔偿诉讼

赔偿请求人在提起行政诉讼时，可以一并提出赔偿请求。即原告认为被告的行政行为违法且对他的人身权、财产权造成了实际损害，请求人民法院对行政行为的合法性进行审查，并支持自己的赔偿请求。

赔偿义务机关在规定期限内未作出是否赔偿的决定，赔偿请求人可以自期限届满之日起 3 个月内，向人民法院提起诉讼。

赔偿请求人对赔偿的方式、项目、数额有异议的，或者赔偿义务机关作出不予赔偿决定的，赔偿请求人可以自赔偿义务机关作出赔偿或者不予赔偿决定之日起 3 个月内，向人民法院提起诉讼。

人民法院审理行政赔偿案件，赔偿请求人和赔偿义务机关对自己提出的主张，应当提供证据。赔偿义务机关采取行政拘留或者限制人身自由的强制措施期间，被限制人身自由的人死亡或者丧失行为能力的，赔偿义务机关的行为与被限制人身自由的人的死亡或者丧失行为能力是否存在因果关系，赔偿义务机关应当提供证据。

八、行政赔偿方式

行政赔偿方式是指国家以何种方式为行政相对人的合法权益所受损害承担责任。行政赔偿案件按照侵权行为直接侵害的客体，可分为对财产权利的侵害和对人身权利的侵害。对不同客体进行违法侵害所造成的损失，应当采取不同的方法进行赔偿。即使是相同的客体遭受的损害，由于受损的程度不同和情况不一样，赔偿方式也不同。《国家赔偿法》第32条规定："国家赔偿以支付赔偿金为主要方式。能够返还财产或者恢复原状的，予以返还财产或者恢复原状。"

（一）支付赔偿金

支付赔偿金是行政赔偿义务机关直接支付一定数额金钱的方式履行赔偿义务，这种方式是行政赔偿的主要方式，赔偿数额与受害人所受损害程度相当，即一般不超过受害人所受损害的程度。

根据《国家赔偿法》的有关规定，金钱赔偿适用于：侵犯人身自由权、生命健康权的；因行政强制措施致财产损坏、灭失、不可恢复原状的；应返还的财产已遭损坏而无法修复的或应返还财产已灭失的；受害人的合法财产已被国家机关拍卖的；因责令停产、停业或吊销许可证致财产损害的及无法以其他方式赔偿。

2010年《国家赔偿法》修改的一个亮点是确立了精神损害赔偿制度。第35条规定："有本法第3条或者第17条规定情形之一，致人精神损害的，应当在侵权行为影响的范围内，为受害人消除影响、恢复名誉、赔礼道歉；造成严重后果的，应当支付相应的精神损害抚慰金。"概括而言，第3条或者第17条规定的情形，就是侵犯了公民的生命健康权或人身自由权。

（二）返还财产

返还财产也称返还原物，指行政赔偿义务机关将其非法占有的受害人的合法财产返还给受害人，以使受害人的合法权利恢复到原有状态的赔偿方式。返还财产是一种辅助性赔偿方式，行政主体的查封、扣押、冻结、追缴等行为侵权后往往适用返还财产的责任方式。返还财产的目的是将行政赔偿义务机关非法控制的财产返还给请求人以达到恢复权利之原状，所返还之财产应当是完好无损且可以返还，如果受到损坏，则还要结合使用金钱赔偿的方式。

（三）恢复原状

恢复原状是指对受害人所遭受之损害由行政赔偿义务机关予以恢复到被侵害以前的状态。恢复原状既包括财产的修复，也包括受害人其他受影响权利的恢复，如恢复工作、职务等。对于受害人的财产赔偿而言，恢复原状是介于返还财产和金钱赔偿之间的一种赔偿方式。

九、损害赔偿的计算

金钱赔偿是最主要的赔偿方式。使用这种赔偿方式时，有一个赔偿金的计算问题，国家赔偿法规定的计算方式包括：

（一）侵犯人身自由权的损害赔偿的计算

《国家赔偿法》第33条规定："侵犯公民人身自由的，每日赔偿金按照国家上年度职工日平均工资计算。"根据这一规定，该计算标准只适用于人身自由权受侵犯的领域，不包括其他人身权。侵犯人身自由的，每日赔偿数额为国家上年度职工日平均工资，"上年度"是指作出赔偿决定时的上年度。"日平均工资"应当以职工年平均工资数额除以全年法定工作日数（一般为254天）的方法来计算。"年平均工资"以国家统计局公布的为准。该日平均工资只指自由权受侵犯人的人身自由的直接损失，不包括可得利益。

（二）侵犯生命健康权的赔偿标准

侵犯生命健康权的，赔偿金按照受害人身体受伤害程度，根据第34条之规定，有下列不同计算标准：

1. 造成身体伤害的，应当支付医疗费、护理费，以及赔偿因误工减少的收入。减少的收入每日的赔偿金按照国家上年度职工日平均工资计算，最高额为国家上年度职工年平均工资的5倍；

2. 造成部分或者全部丧失劳动能力的，应当支付医疗费、护理费、残疾生活辅助具费、康复费等因残疾而增加的必要支出和继续治疗所必需的费用，以及残疾赔偿金。残疾赔偿金根据丧失劳动能力的程度，按照国家规定的伤残等级确定，最高不超过国家上年度职工年平均工资的20倍。造成全部丧失劳动能力的，对其扶养的无劳动能力的人，还应当支付生活费；

3. 造成死亡的，应当支付死亡赔偿金、丧葬费，总额为国家上年度职工年平均工资的20倍。对死者生前扶养的无劳动能力的人，还应当支付生活费。

4. 上述规定的生活费的发放标准，参照当地最低生活保障标准执行。被扶养的人是未成年人的，生活费给付至十八周岁止；其他无劳动能力的人，生活费给付至死亡时止。

（三）财产权损害赔偿的计算

根据《国家赔偿法》第36条的规定，侵犯受害人财产权造成损害的，应当按照不同情况分别处理。

1. 处罚款、罚金、追缴、没收财产或者违法征收、征用财产的，返还财产；

2. 查封、扣押、冻结财产的，解除对财产的查封、扣押、冻结，造成财产损坏或者灭失的，依照本条第3项、第4项的规定赔偿；

3. 应当返还的财产损坏的，能够恢复原状的恢复原状，不能恢复原状的，按照损害程度给付相应的赔偿金；

4. 应当返还的财产灭失的，给付相应的赔偿金；

5. 财产已经拍卖或者变卖的，给付拍卖或者变卖所得的价款；变卖的价款明显低于财产价值的，应当支付相应的赔偿金；

6. 吊销许可证和执照、责令停产停业的，赔偿停产停业期间必要的经常性费用开支；

7. 返还执行的罚款或者罚金、追缴或者没收的金钱，解除冻结的存款或者汇款的，应当支付银行同期存款利息；

8. 对财产权造成其他损害的，按照直接损失给予赔偿。

十、行政赔偿中的其他制度

（一）行政追偿制度

行政追偿是指国家向受害人支付赔偿费用以后，依法向有故意或重大过失的公务人员追偿部分或全部赔偿费用的法律制度。这是国家赔偿法律规范规定的国家对其工作人员实施监督的内部法律机制。它既便于受害人请求行政赔偿，也有利于加强公务人员的责任心，同时，也可以减轻国家财政负担。国家对其工作人员进行追偿必须满足两个条件：一是国家先行赔偿。即国家先行实际地向受害人支付了赔偿费用，才有资格实施追偿，这是国家行政法律责任的要求。二是向有故意或重大过失的公务人员实施追偿。如果无法证明公务人员在执行职务时有故意或重大过失违法的主观过错，国家也不得对公务人员实施求偿权。

（二）时效制度

根据《国家赔偿法》第39条之规定，赔偿请求人请求国家赔偿的时效为2年，自其知道或者应当知道国家机关及其工作人员行使职权时的行为侵犯其人身权、财产权之日起计算，但被羁押等限制人身自由期间不计算在内。在申请行政复议或者提起行政诉讼时一并提出赔偿请求的，适用行政复议法、行政诉讼法有关时效的规定。

赔偿请求人在赔偿请求时效的最后 6 个月内，因不可抗力或者其他障碍不能行使请求权的，时效中止。从中止时效的原因消除之日起，赔偿请求时效期间继续计算。

（三）费用制度

《国家赔偿法》第 41 条规定，赔偿请求人要求国家赔偿的，赔偿义务机关、复议机关和人民法院不得向赔偿请求人收取任何费用。对赔偿请求人取得的赔偿金不予征税。

法律之所以这样规定，是为了受害人能够有效获得赔偿，从而保护其合法权益。由这一规定可以看出，任何处理国家赔偿案件的机关不得向请求人收取任何诉讼费用，包括受理费、诉讼费、鉴定费、执行费等。

思 考 题

1. 行政违法的构成要件与表现方式有哪些？
2. 追究行政责任应当遵循哪些原则？
3. 行政赔偿与民事赔偿的区别是什么？
4. 行政赔偿的范围是什么？
5. 2010 年《国家赔偿法》修改，对赔偿程序作了哪些调整，为什么？

第十四章　行政复议

第一节　行政复议概述

一、行政复议的概念与特征

（一）行政复议的概念

　　行政复议，是指国家行政机关在行使其行政管理权时，与作为被管理对象的相对人就已经生效的具体行政行为发生争议，根据行政相对人的申请，由该行政机关的上一级国家行政机关或者法律、法规规定的其他机关对引起争议的具体行政行为，依法进行复查并作出决定的一种法律制度。

　　行政复议的概念包括了以下几层含义：

　　1. 行政复议是国家行政机关解决行政争议的一种活动。行政争议即行政主体在行政管理活动中，因其实施具体行政行为而与相对人之间发生的争议。解决行政争议有多种途径，除行政复议外，还有行政诉讼、行政调解、行政裁决等，行政复议与它们的区别在于，它是通过行政途径，依照特定的行政程序（行政复议程序）来解决行政争议。

　　2. 行政复议是对引起争议的具体行政行为进行复查的活动。具体行政行为之所以引起争议，或者是因为行政主体自身的行为违法或不当，或者是因为行政管理相对人不了解有关法律、法规而对行政机关的处理不服从、不理解。行政相对人提出对具体行政行为的复议申请是行政复议产生的前提，行政复议属于行政机关"不告不理"的行为，而非行政机关依职权主动进行复议。

行政复议只能针对具体行政行为，如果行政相对人对抽象行政行为不服，则不能申请行政复议。

3. 对具体行政行为进行复议的机关，原则上是作出具体行政行为的行政机关的上一级行政机关，法律、法规另有规定的除外。行政复议是国家行政机关的行政行为，属行政机关内部的层级监督，国家权力机关、国家审判机关、国家检察机关等其他国家机关均不能进行行政复议。同时也不是所有行政机关都可成为行政复议机关，只有作出具体行政行为的行政机关的上一级行政机关才能受理和管辖行政复议，在特定情况下，法定的其他行政机关也可成为行政复议的主体。

（二）行政复议的特征

1. 行政性。行政复议是一种行政行为，行政复议的主体是国家行政机关，属行政系统内部的监督机制，与来自行政机关外部的监督不同，如国家权力机关、审判机关有权对国家行政机关的具体行政行为的合法性及合理性依照法定程序进行审查，但这种审查不属于行政复议。

2. 职权性。依法行政要求行政机关必须严格依照法律法规行使职权，行政复议也不例外。行政复议的主体必须是有行政复议权的机关，并且只能在其法定的权限范围内对有关行政争议进行复议。复议申请只能提交给作出具体行政行为的行政机关的上一级行政机关，或者法律、法规规定的其他国家行政机关。

3. 程序性。行政复议是解决行政争议的行政行为，具有比一般行政行为更高的程序性要求，行政相对人提出复议申请必须在法律、法规规定的期限内，复议机关受理申请后需调查取证，并在法定期限内作出复议决定。行政复议的全过程均必须符合法定的实体要件和形式要件，否则可能导致中止或终止复议行为。

4. 救济性。随着行政管理活动的日益广泛，行政机关的具体行政行为与公民、法人或其他组织的利益的联系也日益密切，其间不可避免地会产生一些不当或违法行为，而行政复议则能够对行政活动的失误起补救作用，具有行政救济性，从而保护公民、法人或其他组织的合法权益，赔偿由此给行政相对方造成的损失。

5. 监督性。行政复议制度的目的之一，是完善行政机关内部的层级监督机制，以保证行政执法的统一、正确和公正。行政复议机关对原具体行政行为的复查过程，实质上就是复议机关对作出原具体行政行为的行政机关实施监督的过程，这种监督是上级国家行政机关对下级国家行政机关实施的一种制度化的层级监督，是一种间接的、独立的监督形式，属于事后监督。

二、行政复议制度的意义

在现代社会，制度文明的重要内容和标志是民主、法治和市场经济体制。而行政复议则是民主、法治的重要制度架构，是市场经济体制正常运作的重要保障。行政复议对完善和促进中国现代制度文明、物质文明和精神文明均具有重要意义。

（一）行政复议是行政法制监督机制的重要环节

通过立法确立行政复议制度，有利于加强和完善对行政机关及其工作人员的法制监督，促进依法行政。法治的最重要内容和关键是依法行政。依法行政的实现取决于两个基本条件：有法可依和违法必究，而违法必究又取决于健全完善的监督机制。行政复议可监督几乎全部具体行政行为和部分抽象行政行为，且行政复议是在行政系统内部实施的监督，从而比其他监督更知情、更内行并且可能更准确。

（二）行政复议是行政法律救济机制的重要环节

确立行政复议法律制度，有利于更好地保护人权，保护行政相对人的合法权益。我国现有行政法律救济机制的主要环节有申诉、控告（信访）、行政诉讼、国家赔偿和行政复议。行政复议相对于申诉、控告，具有救济及时、有效等优势；行政复议相对于行政诉讼，具有救济范围广，廉价（花钱、花时、花力少）等优势；行政复议相对于国家赔偿，具有一并解决撤销违法行政行为和侵权损害赔偿问题的优势（国家赔偿程序不能解决撤销违法行政行为的问题）。当然，其他救济途径同样有自己的优势，都是整个救济机制不可缺少的环节。

（三）行政复议是行政争讼机制的重要环节

确立行政复议制度，有利于及时、有效地解决行政争议，增加人民群众对政府的信任，密切政府与人民的关系，保障和促进社会稳定。人们在社会中生活，不管是何种原因引起矛盾和争议，如不能得到及时、有效地解决，都可能影响政府与人民的关系，影响社会稳定。而要及时、有效地解决政府在行政管理过程中与行政相对人的矛盾和争议（统称行政争议），国家就必须建立完善的行政争讼机制，即解决行政争议的机制。我国现行行政争讼机制的主要环节有行政调解、行政仲裁、行政诉讼和行政复议，行政复议已成为解决行政争议的不可替代的重要途径。

三、行政复议的原则

行政复议的原则是反映行政复议性质的、对行政复议活动具有普遍指导意义的基本准则，它们贯彻于行政复议的全过程。

（一）行政复议机关依法行使职权，不受其他机关、社会团体和个人非法干预的原则

这项原则是宪法规定的社会主义法治原则在行政复议活动中的具体体现，它包含了以下内容：

1. 行政复议权只能由法律、法规规定的国家行政机关即复议机关专门享有，其他行政机关、权力机关、审判机关和检察机关均无行政复议权。

2. 行政复议机关行使行政复议权，必须严格依照法律、法规，这是行政复议活动合法性的基本要求。

3. 行政复议机关在其法定职权范围内，依法独立行使复议权，不受任何非法干涉。上级行政机关虽然有权对下级行政机关的行政复议活动进行干预，但这种干预必须依法进行，即只有当行政复议活动出现违法现象时，上级行政机关才能依法予以纠正。而其他国家机关、社会团体和个人对行政复议的监督都必须符合宪法和法律的规定，对于利用职权或以其他手段非法干预复议活动的人，应依法追究其法律责任。

（二）合法、及时、准确和便民的原则

1. 行政复议合法原则。行政复议机关必须严格依照宪法和法律所规定的职责权限，以事实为根据、以法律为准绳，对行政相对人申请复议的具体行政行为依照法定程序进行审查，并依法作出相应的决定。

（1）履行行政复议职责的主体应当合法。复议机关必须是依法设立并享有法定复议权的行政机关，复议机关受理并审理的复议案件，必须是其依法享有管辖权的复议案件，对不属于其管辖的复议案件无权审理。

（2）审理复议案件的依据应当合法。行政复议机关审理复议案件，必须依照宪法、法律、行政法规、地方性法规、规章和上级国家行政机关制定的其他规范性文件的规定进行审理。审理民族自治地方的复议案件，还应当以民族自治地方的自治条例和单行条例为依据。当然，行政复议机关所依据的

规范性文件对于所审理的行政案件应该是现行有效的。

（3）审理复议案件的程序应当合法。复议机关审理复议案件必须严格按照法定程序进行，法定的步骤不能简化，法定的顺序不能颠倒，法定的时限必须遵守，法定的方式不能随意变更，违反法定程序的复议是没有法律效力的。

2. 行政复议及时原则。行政复议既要合法公正，同时又要注意保证行政效率，做到及时公正，快而不乱。

（1）受理复议申请应当及时。复议机关收到复议申请后应及时予以审查，决定是否受理。

（2）受理机关应在复议的各个环节上注意工作效率，抓紧时间调查、取证、收集材料，尽快作出分析，及时决定审理方式。

（3）作出复议决定应当及时。复议机关了解情况后，应迅速拟定复议决定并报复议机关负责人，负责人应即时审批签发，交付施行。

（4）对复议当事人法定期限内不履行复议决定的情况，复议机关应及时予以处理，如责令不履行复议决定的行政机关履行复议决定，追究或建议追究有关人员的行政法律责任；对不起诉又不履行复议决定的行政相对人，起诉期限届满后，依法强制执行或申请人民法院强制执行。

3. 行政复议准确原则。行政复议机关在审理复议案件时，应当准确地查明具体行政行为的事实真相和对相对方合法权益的侵犯情况，对事实作出准确定性，并准确地适用相关法律作出处理。

（1）认定事实准确。复议机关应认真审查复议申请书和答辩书以及有关材料和证据，在深入调查研究的基础上，对所争议的事实准确定性，为作出正确的复议决定提供准确的事实根据。

（2）适用法律准确。复议机关在查明事实并作出准确认定后，应依照有关法律、法规、规章以及上级行政机关依法制定和发布的具有普遍约束力的决定、命令，对具体行政行为是否合法和适当作出准确的复议决定。

4. 行政复议便民原则。复议机关在复议过程中应创造条件，尽量方便行政争议的申请人，在尽量节省费用、时间、精力的情况下，保证公民、法人或者其他组织充分行使复议申请权。例如，在复议申请人无能力书写复议申请书时，应将其口述记录下来，并向申请人宣读确认无误后由其签名，形成复议申请材料。

（三）对具体行政行为合法性和适当性进行审查的原则

这一原则是行政复议与行政诉讼的区别之一。在行政诉讼中，人民法院主要是对具体行政行为的合法性进行审查，对不适当的具体行政行为，人民法院可以判决变更的只限于显失公正的行政处罚。而复议机关作为上级行政机关，既可以撤销不合法的具体行政行为，也有权变更不适当的具体行政行为。

1. 复议机关应依法审查具体行政行为的合法性，如发现具体行政行为有实体违法（包括作为违法和不作为违法）或程序违法的情况，应予以撤销、变更，并可以责令行政机关重新作出具体行政行为。

2. 复议机关应依法审查具体行政行为的适当性。行政管理的特点决定了行政机关拥有广泛的自由裁量权，为控制不当行政行为，保证行政行为的合理性，有必要建立行政复议制度。对具体行政行为的适当性审查，主要是审查其行为是否在法定的自由裁量幅度内，是否合理、适度、公正。

（四）一级复议制原则

一级复议制即公民、法人或其他组织对复议机关作出的复议决定，不得再向复议机关的上一级行政机关申请复议。

实行一级复议制的主要原因是，相对人对复议决定不服的，大多数还可以向人民法院提起行政诉讼，因此没有必要在行政机关内部设立两级或多级复议制；一级复议制并不影响相对人充分行使权利，同时可以避免行政机关耗费过多的时间和精力，影响行政效率。

（五）不适用调解的原则

行政复议不适用调解，即行政复议机关不能以调解作为复议的必经程序，也不能以调解作为复议的结案方式。

调解主要适用于民事诉讼，在民事诉讼中，双方当事人通过调解自愿协商、互谅互让、达成协议是解决民事纠纷的一种主要方式，调解是以当事人可以自由处分的民事权利为前提的。而行政复议解决的是行政争议，作为当事人一方的行政机关，依法行使其职权，既是一种权利，又是一种义务。由此出发，行政机关所作出的具体行政行为，应当具有合法性和合理性。在行政复议过程中，对行政机关的具体行政行为是否合法和适当，复议机关只能作出肯定或否定的判断，不存在双方相互让步、协商调解结案的问题。

（六）有错必纠原则

有错必纠原则，是指行政复议机关对被申请复议的行政行为进行全面的审查，不论是违法，还是不当，也不论申请人有否请求，只要有错误一概予以纠正，这是行政复议不同于行政诉讼的重要之处。行政复议制度是在行政系统内部解决行政争议的法律制度，行政系统的层级节制的特点决定了上级对下级的监督制约可以全面进行。有错必纠原则的确立，要求行政复议机关秉公执法，通过行政复议对下级或其所属的行政机关的行政执法活动实施全面有效的监督，在行政复议活动中以事实为根据、以法律为准绳。行政复议既是事实审，也是法律审，既是合法性审查，也是适当性审查，不仅要纠正违法之错，而且要纠正不当之错。

第二节　行政复议的受案范围与管辖

一、行政复议的受案范围

行政复议的受案范围，是指行政复议机关依照行政复议法律、法规的规定可以受理的行政争议案件的范围。法律、法规对行政复议的范围作了较明确的规定，特别是《行政复议法》采用列举和概括相结合的形式明确界定了行政复议的范围。

根据《行政复议法》第 6 条的规定，公民、法人或者其他组织对行政主体作出的下列具体行政行为不服，可以申请行政复议：①对行政机关作出的警告、罚款、没收违法所得、没收非法财物、责令停产停业、暂扣或者吊销许可证、暂扣或者吊销执照、行政拘留等行政处罚决定不服的；②对行政机关作出的限制人身自由或者查封、扣押、冻结财产等行政强制措施决定不服的；③对行政机关作出的有关许可证、执照、资质证、资格证等证书变更、中止、撤销的决定不服的；④对行政机关作出的关于确认土地、矿藏、水流、森林、山岭、草原、荒地、滩涂、海域等自然资源的所有权或者使用权的决定不服的；⑤认为行政机关侵犯合法的经营自主权的；⑥认为行政机关变更或者废止农业承包合同，侵犯其合法权益的；⑦认为行政机关违法集资、征收财物、摊派费用或者违法要求履行其他义务的；⑧认为符合法定条件，申请行政机关颁发许可证、执照、资质证、资格证等证书，或者申请行政机关审批、登记有关事项，行政机关没有依法办理的；⑨申请行政机关履行保护人身权利、财产权利、受教育权利的法定职责，行政机关没有依法履行的；⑩申请行政机关依法发放抚恤金、社会保险金或者最低生活保障费，行政机关没有依法发放的；⑪认为行政机关的其他具体行政行为侵犯其合法权益的。

另外，按照《行政复议法》第 7 条的规定，公民、法人或者其他组织认为行政机关的具体行政行为所依据的下列规定不合法，在对具体行政行为申请行政复议时，可以一并向行政复议机关提出对该规定的审查申请：①国务院部门的规定；②县级以上地方各级人民政府及其工作部门的规定；③乡、镇人民政府的规定。

以上所列规定不含国务院部、委员会规章和地方人民政府规章。规章的审查依照法律、行政法规办理。

二、行政复议的管辖

不同职能和不同层级的行政机关受理复议案件的权限范围不同。《行政复议法》根据我国行政机关设立的层级特点和分布的多样性、相关性规定，以本级政府或上一级主管部门或上一级政府管辖为原则，其他行政机关管辖为例外，确立了我国现行的复议管辖制度。行政复议管辖可分为以下种类：

（一）一般管辖和特殊管辖

根据行政争议的性质划分，可以把行政复议分为一般管辖和特殊管辖。

一般管辖，是指按照行政机关的上下级隶属关系确定行政复议案件由有领导权或指导权的上一级行政机关管辖。《行政复议法》对一般管辖作了原则性规定，即对县级以上的地方各级人民政府工作部门的具体行政行为不服申请的复议，由所属同级人民政府或上一级主管部门管辖，法律、法规另有规定的除外。对地方各级人民政府的具体行政行为不服申请的复议，由上一级人民政府管辖。

特殊管辖，是指不适用一般管辖原则，需要特殊对待的行政复议管辖。主要包括三种情况：

1. 需要由上级批准的具体行政行为的复议，由最终批准的行政机关管辖。

2. 法律、法规授权的组织和行政机关委托的组织作出的具体行政行为引起的行政复议案件，由直接管理该组织的地方人民政府、地方人民政府工作部门或者国务院部门管辖。对受委托的组织作出的具体行政行为不服申请的复议，由委托行政机关的上一级行政机关管辖。

3. 对被撤销的行政机关在其被撤销前作出的具体行政行为不服而引起的复议，由继续行使其职权的行政机关的上一级行政机关管辖。

（二）隶属管辖与同级管辖

根据行政复议机关与原作出具体行政行为机关的关系，行政复议可以分为隶属管辖与同级管辖。

隶属管辖，是指当事人不服行政机关的具体行政行为而申请复议由该机关的上级行政机关管辖。同级管辖，是指对于不服行政机关作出的具体行政行为申请的复议，由同级的行政复议机关管辖。同级管辖主要有同级部门管辖和同级政府管辖。

（三）共同管辖与选择管辖

从行政机关与复议申请人的不同角度来看，行政复议可以分为共同管辖与选择管辖。

共同管辖，是指对两个或两个以上行政机关以共同的名义作出的具体行政行为不服申请的复议，由它们共同的上一级行政机关管辖。选择管辖，是指根据法律、法规的规定，有两个或两个以上的行政复议机关对同一复议案件都有管辖权的，当事人可以从中选择一个来申请复议，或者由最先收到复议申请书的行政机关管辖。

（四）指定管辖与移送管辖

从管辖的灵活性原则来看，行政复议可以分为指定管辖与移送管辖。

指定管辖，是指两个或两个以上的行政机关在某一复议案件的管辖上发生争议，需要报请共同上一级机关最后决定由谁管辖。指定管辖一般有两种情况：①行政复议机关对复议案件的管辖发生了争议又协商不成的，应由它们的共同上一级行政机关指定管辖；②行政复议案件管辖权的规定不明确，应由作出具体行政行为的机关的同级人民政府指定管辖。移送管辖，是指行政复议机关对已经受理的行政复议案件，经审查发现自己对该案件无管辖权时，将该案件移送给有管辖权的复议机关管辖。

此外，对派出机关所作的具体行政行为不服申请的复议，由设立该派出机关的人民政府管辖。对派出机构依法以自己的名义作出的具体行政行为不服的，向设立该派出机构的部门或者该部门的本级地方人民政府申请复议。

第三节　行政复议机构与复议参加人

一、行政复议机构

（一）行政复议机构的设置

行政复议机构是行政复议机关内部设立的、专门办理有关复议事项的工作机构。

行政复议机构与行政复议机关是一种委托关系，复议机关是指受理复议申请，依法对具体行政行为进行复查并作出决定的行政机关，而复议机构则是设在复议机关内部的，专门办理复议事项的工作机构，它自身没有行政主体资格，只能以复议机关的名义审查复议案件，以复议机关的名义作出的复议决定才具有法律效力。

《行政复议法》规定，复议机关根据工作需要设立复议机构，县级以上地方各级人民政府的复议机构，应当设在政府法制工作机构内或者与政府法制工作机构合署办公。

（二）复议机构的职责

《行政复议法》规定，复议机构履行下列职责：①受理行政复议申请；②向有关组织和人员调查取证、查阅文件和资料；③审查申请行政复议的具体行政行为是否合法与适当，拟订行政复议决定；④处理或者转送对《行政复议法》第7条所列有关规定的审查申请；⑤对行政机关违反《行政复议法》规定的行为依照规定的权限和程序提出处理建议；⑥办理因不服行政复议决定提起行政诉讼的应诉事项；⑦法律、法规规定的其他职责。

二、行政复议参加人

行政复议参加人，是指参加行政复议活动并保护自己合法权益的当事人，包括申请人、被申请人、复议第三人、复议法定代理人。

（一）申请人

申请人，是认为行政机关的具体行政行为侵犯其合法权益，依法向行政机关申请复议的公民、法人或者其他组织。

1. 公民。公民作为申请人必须具有权利能力和行为能力，如果是无民事行为能力或者限制民事行为能力人，可由其法定代理人代为申请复议。如果有权申请复议的公民死亡，其近亲属可以申请复议。

2. 法人。法人认为自己的合法权益受到具体行政行为侵犯时，可申请复议，如果法人终止或者变更，由承受其权利的法人或其他组织申请复议。法人申请复议应由其法定代表人代为进行，法定代表人因故不能参加复议活动的，可委托代理人进行。

3. 其他组织。是指不具备法人资格的组织。它们认为自己的合法权益受到具体行政行为的侵犯时，可以申请复议，但法律、法规另有规定的除外。如该组织终止或变更，由承受其权利的组织申请复议。

（二）被申请人

被申请人，是指申请人认为其具体行政行为侵犯自己的合法权益，由复议机关通知参加复议的行政主体。根据《行政复议法》的有关规定，被申请人有以下几种情况：

1. 公民、法人或其他组织对行政机关的具体行政行为不服申请复议的，该行政机关是被申请人。

2. 两个或两个以上行政机关以共同名义作出具体行政行为的，共同作出具体行政行为的行政机关是共同被申请人。

3. 法律、法规授权的组织作出具体行政行为的，该组织是被申请人；行政机关委托的组织作出具体行政行为的，委托的行政机关是被申请人。

4. 作出具体行政行为的机关被撤销的，继续行使其职权的行政机关是被申请人。

（三）复议第三人

复议第三人，是指除申请人以外的同被申请复议的具体行政行为有利害关系，为维护自己的合法权益并经复议机关批准参加复议的公民、法人或者其他组织。

第三人应具备的条件是：①必须是与具体行政行为有利害关系的人，复议结果将影响其行使合法权利或使其履行不当义务；②必须是依申请并经复议机关批准参加复议的其他公民、法人或者其他组织，其行政法律关系的主体地位与申请人相同；③必须在复议进行期间参加复议。

（四）复议代理人

复议代理人，是指可以依法代为申请人申请复议的人。根据《行政复议法》的规定，有权申请复议的公民为无民事行为能力人或者限制民事行为能力人的，其法定代理人可以代为申请复议。法定代理人的代理权是直接依据法律的规定而产生的，其代理权限范围也是由法律直接规定的，无需被代理人的意思表示。

第四节　行政复议的程序

行政复议程序，是申请人向复议机关申请复议至行政复议机关作出复议决定的各项步骤、形式、顺序和时限的总和。根据《行政复议法》的规定，行政复议程序共有申请、受理、决定三个方面。

一、复议申请

复议申请，是公民、法人或其他组织认为行政机关的具体行政行为侵犯其合法权益，依法向有管辖权的行政机关提出的对该具体行政行为进行复查和处理的请求。根据《行政复议法》的规定，复议申请的构成要件包括：

（一）申请期限

申请期限也称复议时效，是复议申请权在时间上的限制。在我国提出复议申请的法定期限一般在知道具体行政行为之日起 60 日内。所谓"知道具体行政行为之日"一般有三种情况：①具体行政行为是当场作出的，口头告知或书面决定上注明的日期为知道行政行为的日期；②作出具体行政行为的决定是送达的，送达日期即知道具体行政行为的日期；③作出具体行政行为是通过公告的，公告中注明的日期或公告之日即知道具体行政行为的日期。因不可抗力或其他特殊情况耽误法定申请期限的，自障碍消除之日继续计算。

（二）申请条件

1. 申请人是认为具体行政行为直接侵犯其合法权益的公民、法人或其他组织，即申请人必须与具体行政行为有直接利害关系。

2. 有明确的被申请人。即申请复议须说明是对哪一个具体的行政机关有异议，以及对该机关的哪一项具体行政行为不服。

3. 有具体的复议请求和事实根据。即申请人应提出要求复议机关撤销或者变更原具体行政行为，或重新作出某种具体行政行为。同时要提出复议请求的事实材料。

4. 属于申请复议范围。复议范围即前述受案范围，超出此范围复议机关不予受理。

5. 属于受理复议机关管辖。申请人须向有管辖权的复议机关申请复议，复议机关不得受理超出管辖权的复议案件，但应告知申请人向有管辖权的复议机关提出申请。

6. 法律、法规规定的其他条件。除《行政复议法》外，单行法律、法规对申请复议条件有特别规定的，需符合该法律、法规规定的特殊条件，如纳税人与税务机关在纳税问题上发生争议，应先依照规定纳税，然后再向税务机关申请复议。

（三）申请形式

《行政复议法》规定，申请人向行政机关申请复议可以书面申请，也可以口头申请。通常情况下，复议申请书应载明下列内容：①申请人的姓名、性别、年龄、职业、住址、电话、邮政编码等；法人或其他组织的名称、地址、法定代表人的姓名。②被申请人的名称、地址。③申请复议的要求和理由。④提出复议申请的日期。口头申请的，复议机关应当场记录申请人的基本情况、复议请求、申请复议的主要事实、理由和时间。

二、复议申请的受理

受理，是复议机关通过对申请人提出的复议申请进行审查，对符合法定条件的申请予以接受的行为。《行政复议法》规定，行政复议机关应自收到复议申请书之日起 5 日内，对复议申请作出如下处理：

1. 复议申请符合《行政复议法》规定的应予以受理，即符合申请条件、没有重复申请复议、申请书符合法定要求、没有向人民法院起诉、在法定申请复议期限内提出复议申请，对此复议机关应依法作出予以受理的处理。

2. 复议申请有下列情形之一的，应裁决不予受理并告之理由：①具体行政行为不涉及复议申请人权益，或者没有具体的复议请求和法律、法规、规章依据及事实依据的；②没有明确的被申请人的；③不属于申请复议范围或不属于受理机关管辖的；④复议申请超过法定期限，且无正当理由的；⑤复议申请提出之前，已向人民法院起诉的。

3. 对于复议申请书的内容不符合法定要求，不予补正就无法进行复议的，应当把复议申请书发还申请人，限期补正。过期不补正的，视为未申请。

复议机关的上一级行政机关或法律、法规规定的行政机关，在复议机关无正当理由拒绝受理复议申请或对复议申请不予答复的情况下，有权责令其受理或答复。

申请人在受理阶段享有一定的申诉权，即对复议机关不予受理的决定不服的，可以在收到不予受理决定书之日起 15 日内，向人民法院起诉。

三、复议决定

这是复议机关依法对原行政机关作出的具体行政行为的合法性和适当性进行审查后作出的最后裁决，它标志着复议机关对复议案件的处理终结。

（一）复议决定的种类

根据《行政复议法》的规定，复议机关可以根据不同情况，依法分别作出四种复议决定：

1. 决定维持。复议机关经过审理，认为具体行政行为事实清楚，证据确凿，适用法律、法规、规章和具有普遍约束力的决定、命令正确，符合法定权限和程序的，作出维持该具体行政行为的决定。

2. 决定被申请人补正。复议机关经过审理，认为具体行政行为适用法律、法规、规章正确，事实清楚，符合法定权限，但在程序上有所不足且未影响行为内容的正确性或行政相对人的合法权益（即形式上违反法定程序），复议机关应决定被申请人补足程序上的不足之处。但如果该具体行政行为违反法定程序且影响行为内容的正确性或影响相对人的合法权益（即实质上违反法定程序），则应当作出撤销或者变更的决定，而不能决定补正。

3. 决定限期履行。复议机关经过审理，认为被申请人拒绝履行或者拖延履行法定职责的，可以责令其在一定期限内履行，这主要适用于不作为的具体行政行为。

4. 决定撤销、变更。复议机关经过审理，认为有下列情形之一的，可以作出撤销或变更决定，并可以责令被申请人在一定期限内重新作出具体行政行为：①主要事实不清、证据不足的；②适用依据错误的；③违反法定程序的；④超越或者滥用职权的；⑤具体行政行为明显不当的。

（二）复议决定书

行政复议决定的内容通常以复议决定书的形式表现出来。复议决定书上应载明下列内容：申请人的姓名、性别、年龄、职业、住址或法人及其他组织的名称、地址，法定代表人或主要负责人的姓名；被申请人的名称、地址，法定代表人的姓名、职务；申请复议的主要请求和理由；复议机关认定的事实、理由，适用法律、法规、规章和具有普遍约束力的决定、命令；复议结论；不服复议决定向人民法院起诉的期限；当事人履行的期限；作出复议决定的年、月、日。

（三）复议决定书的送达及效力

根据《行政复议法》第31条的规定，行政复议机关应当自受理申请之日起60日内作出行政复议决定；但是法律规定的行政复议期限少于60日的除外。情况复杂，不能在规定期限内作出行政复议决定的，经行政复议机关的负责人批准，可以适当延长，并告知申请人和被申请人；但是延长期限最多不超过30日。

行政复议机关作出行政复议决定，应当制作行政复议决定书，并加盖印章。

行政复议决定书一经送达，即发生法律效力。

思 考 题

1. 简述行政复议的概念与特征。
2. 我国行政复议机关有哪些职责？
3. 试述行政复议的范围。
4. 试述行政复议的原则。
5. 试述行政复议的管辖。
6. 行政复议的决定有哪些类型？

第十五章　行政诉讼法概述

学习目的与要求

　　通过本章的学习，认识和掌握行政诉讼与行政诉讼法的概念、特点、渊源、效力；理解行政诉讼法律关系的概念、构成要素；掌握行政诉讼法的各项基本原则；明确行政诉讼法与相邻法律部门的关系。

第一节　行政诉讼

一、行政诉讼的概念

　　在我国，行政诉讼是指人民法院应公民、法人或者其他组织的申请，通过对行政主体的具体行政行为的司法审查，从而解决行政争议的活动。这一定义包括三个方面的内涵：

　　1. 行政诉讼制度的建立是为了解决行政争议。社会生活中存在各种矛盾、纠纷，现代司法制度依据不同的实体法规范将它们分类为民事争议、刑事争议和行政争议，建立相应的民事诉讼制度、刑事诉讼制度和行政诉讼制度分别予以处理。行政诉讼制度所要处理的行政争议，是指作为行政主体的国家行政机关、法律、法规授权的组织因行使行政职权与作为行政相对人的公民、法人或者其他组织之间产生的矛盾纠纷。

　　2. 行政诉讼的主管机关是人民法院。作为国家司法权力的行使机关，法院独立地行使审判权，对行政纠纷案件进行审理并作出裁判。行政审判权力的行使，既是为了解决行政纠纷，也体现了司法权与行政权之间的分工制约关系。仅就对社会生活中矛盾纠纷的解决而言，法院处理行政争议案件与处理民事争议案件或刑事争议案件没有本质区别，但法院的民事审判权和刑事审判权并不体现不同国家权力之间的制约关系。

3. 行政诉讼的原被告地位具有恒定性。行政诉讼以不服具体行政行为的公民、法人或者其他组织为原告，以作出行政行为的行政主体为被告，行政诉讼的原被告地位是恒定的。同时，行政诉讼的被告对原告也不能提出反诉。从性质上看，行政诉讼体现了司法对行政的监督制约，法院并不负责公民、法人或其他组织遵守行政法律规范的情况，那是行政机关的事务。如果行政机关认为行政相对人的行为违反行政法律规范，可依职权作出处理，无需通过法院来确认其行政权力的必要性。行政机关还可以依法申请法院或依职权强制执行自己作出的行政处理决定，而此时，行政相对人的个人权利却无力与行政主体的公共权力直接抗衡，只能通过寻求司法权对行政权的监督制约来加以保护。因此，行政机关无需作为原告对行政相对人提起诉讼，无权起诉当然也无权反诉。

必须指出，行政机关不能作为行政诉讼的原告是指行政机关作为行政主体在行使行政职权情形中不能作为原告。行政机关的身份具有两重性，一方面，它是行使行政权力的行政主体；另一方面，它是普通的机关法人。作为机关法人，与企业法人、事业法人一样要受到其他行政主体的管理，如公安局要盖一栋家属楼必须征得城建部门的批准。此时，如果行政机关对其他行政主体的具体行政行为不服，可以作为原告提起行政诉讼。这一点，与行政诉讼中原、被告地位恒定性并不矛盾。

二、行政诉讼的特点

与其他诉讼，特别是民事诉讼相比较，行政诉讼具有以下特点：

1. 行政诉讼只解决一定范围内的行政争议。从理论上讲，所有刑事争议中被告人有罪无罪、罪轻罪重以及是否承担和如何承担刑事责任的问题都要通过刑事诉讼程序来解决。所有民事争议，无论争议标的的种类是什么，数量有多少，都可以通过民事诉讼程序来解决。但并非所有的行政争议都可以通过行政诉讼程序来解决。法院通过行政诉讼解决的只是行政争议中的一部分，这个范围是通过行政诉讼法对受案范围的规定来限定的。

2. 在行政诉讼中，法院的审判权是有限的。无论刑事诉讼还是民事诉讼，法院均享有完全的司法审判权。即法院可以对案件的争议事实加以认定，并根据刑事法律规范和民事法律规范对被告人或者民事争议当事人实体法上的权利、义务的内容进行确认或裁判。但是，在行政诉讼中，依行政法律规范界定行政主体和行政相对人实体法上的权利、义务的内容，是行政主体在行政管理过程中以具体行政行为来实现的，法院只是依法对此具体行政行为是否合法通过行政裁判予以评价，原则上不能通过行政裁判去确定当事人之间的实体权利、义务。如甲、乙两村争执一片土地的所有权，土地管理局确认甲村对该地享有所有权，乙村不服提起行政诉讼。法院只能对土地管理局的确权行为是否合法予以审查并作出裁判，至于争议的土地所有权究竟归哪个村，仍然由土地管理局来确认。即当事人能够用以证明其所有权的法律文件仍然是土地管理局的确权行为而不是法院的裁判行为。

3. 行政诉讼的判决形式由法律限定。在民事诉讼中，法院的判决形式取决于当事人的诉讼请求、案件诉讼标的的种类和案件的事实情况，并没有固定的模式。但是，在行政诉讼中，由于诉讼的监督性质和法院审判权的有限性，法院在案件审理终结时能够作出的判决形式是固定的。《行政诉讼法》第54条对此作了明确规定，即维持判决、撤销判决、履行判决和变更判决。

三、行政诉讼的目的和作用

1. 监督制约行政机关的权力行为。现代行政法制度的根本作用在于对行政权力实行有效的监督制约，以防止行政权力的滥用和误用，这种监督包括事前监督、事中监督和事后监督。行政诉讼就是事后监督的一个重要组成部分。

2. 保护公民、法人和其他组织的合法权益。由于行政权力的行使对象是公民、法人或者其他组织，而在行政权力与公民、法人或者其他组织的私人权利的对立关系中，行政权力居于积极、优势地位，私人权利处于被动、劣势地位，行政权力极易给私人权利造成损害，一旦这种损害出现，公民、法人或者其他组织凭借私人的权利是难以与行政权力这样一种以国家强制力作为后盾的公共权力抗衡的，而此时公民、法人或者其他组织借助于另外一种公共权力——司法权，就可以起到有效地避免、减少或弥补损害的效果。所以，行政诉讼在保护公民、法人或者其他组织的合法权益不受违法行政行为侵害方面的作用是其他制度所不能取代的。

第二节　行政诉讼法

一、行政诉讼法的概念

行政诉讼法与行政诉讼是两个既有联系又有区别的概念。行政诉讼法，是规范行政诉讼参加人的行政诉讼活动和人民法院的行政案件审判活动的法律规范的总称。从结构模式上看，行政诉讼法有形式意义的和实质意义两种。形式意义的行政诉讼法指冠以行政诉讼法名称的、统一的行政诉讼法典，实质意义的行政诉讼法是指所有关于行政诉讼的法律规范。这种法律规范不仅存在于行政诉讼法典中，而且散见于其他各种法律、法规中。这里是在实质意义上使用行政诉讼法概念的。

二、行政诉讼法的法律渊源

行政诉讼法的法律渊源，是指行政诉讼法律规范的外部表现形式。行政诉讼法的法律渊源包括：

（一）宪法

宪法对人民法院和人民检察院行使审判权和检察权，对公民受到国家机关及其工作人员违法失职行为侵害时行使申诉、控告权和请求赔偿权等，都作了基本的、原则性的规定，这些规定是指导行政诉讼立法和司法活动的基本法律规范。

（二）行政诉讼法典

我国1989年第七届全国人大二次会议通过的《行政诉讼法》，即前述所称的形式意义的行政诉讼法，该法是广义行政诉讼法的核心组成部分。

（三）人民法院组织法、人民检察院组织法

人民法院组织法、人民检察院组织法中对人民法院和人民检察院的审判组织、审判程序和法律监督等的规定中适用于行政诉讼的部分，是广义行政诉讼法的组成部分。

（四）民事诉讼法

在《行政诉讼法》颁布之前，我国的行政诉讼适用的是《民事诉讼法》。在《行政诉讼法》颁布后，民事诉讼中有关开庭审理的程序、送达等，仍可被行政诉讼参照适用，民事诉讼法中的此类规定也属于广义行政诉讼法的组成部分。

（五）其他法律、法规的有关规定

我国大量法律、法规、自治条例和单行条例中都有关于行政诉讼的条文规定。如《森林法》规定，当事人对林业主管部门的罚款决定不服的，可以在接到罚款通知之日起 1 个月内，向人民法院提起行政诉讼。这些条文也属于广义上的行政诉讼法。

（六）法律解释

国家权力机关、最高人民法院和最高人民检察院对行政诉讼法规范的立法解释和司法解释，都属于广义行政诉讼法中不可缺少的组成部分。

（七）国际条约

我国在进行涉外行政诉讼时，可能适用一些我国参加、缔结或者认可的涉及行政诉讼问题的国际条约中的相关规定。除我国声明保留的条款之外，这类国际条约的规定也是我国进行涉外行政诉讼应当遵守的准则，因而也属于广义行政诉讼法的特别组成部分。

三、行政诉讼法的效力

行政诉讼法的效力，是指行政诉讼法的适用范围，即行政诉讼法在一个什么样的空间范围和时间范围内，对哪些人和事具有法律适用效力。

（一）空间效力

行政诉讼法的空间效力，是指行政诉讼法适用的空间范围，即行政诉讼法在哪些地域范围内具有约束力。一般来讲，行政诉讼法适用于我国领土、领海、领空以及领土延伸部分的所有空间，凡在我国领域内发生的行政诉讼均适用我国行政诉讼法的规定。这里有两个特殊问题需要说明：

1. 在我国香港和澳门地区，不适用行政诉讼法。根据宪法、法律的规定，我国在上述地区建立特别行政区，实行"一个国家，两种制度"，包括实行两种不同的行政诉讼制度。

2. 行政诉讼法不同的法律渊源具有不同的空间效力范围。法律、行政法规、部门规章有关行政诉讼的规定适用于全国；地方性法规、自治条例和单行条例、地方政府规章有关行政诉讼的规定，只在本行政区域内适用。

（二）时间效力

行政诉讼法的时间效力，是指行政诉讼法生效、失效的起止时间，以及行政诉讼法是否溯及既往。通常，行政诉讼法根据法律、法规和规章明示的生效日期生效，并随法律、法规和规章规定的失效日期失效。《立法法》第

84条规定："法律、行政法规、地方性法规、自治条例和单行条例、规章不溯及既往，但为了更好地保护公民、法人和其他组织的权利和利益而作的特别规定除外。"我国的《行政诉讼法》未作特别规定，故其没有溯及力。

（三）对人的效力

行政诉讼法对人的效力，是指行政诉讼法对哪些人有拘束力。根据《行政诉讼法》第2条、第70条的规定，凡在我国领域内进行行政诉讼的人，都适用我国的行政诉讼法，这些人包括我国公民、法人和其他组织以及各类国家机关，除法律另有规定外，也包括外国人、无国籍人、外国组织等。

（四）对事的效力

行政诉讼法对事的效力指适用行政诉讼法处理、解决的行政案件，实际上也就是指行政诉讼的受案范围。凡依法可以提起行政诉讼的行政案件，都适用行政诉讼法。

四、行政诉讼法和其他部门法的关系

作为一国法律体系中重要的部门法之一，行政诉讼法与其他部门法均有一定的联系，尤其与行政法、民事诉讼法和刑事诉讼法关系密切。

（一）行政诉讼法与行政法

行政诉讼法与行政法不是典型意义上的程序法与实体法的关系。行政诉讼法的法律渊源与行政法的法律渊源往往是重合的。除统一的行政诉讼法典外，许多行政实体法中都有关于行政诉讼的规定。换言之，行政法在内容上的特点之一即是实体规范和程序规范的交织，在程序规范中，既包括行政程序规范，又含有诉讼程序规范。

（二）行政诉讼法与民事诉讼法

行政诉讼与民事诉讼是两种不同性质的诉讼活动，由此决定了行政诉讼法和民事诉讼法也是两种不同性质的诉讼程序法，两者在立法宗旨、诉讼当事人、举证责任和审判方式等方面都有较大的差别。但是，行政诉讼法与民事诉讼法又有许多相通之处。我国的行政诉讼法脱胎于民事诉讼法。从1982年开始建立行政诉讼制度到1990年《行政诉讼法》的正式实施，我国行政案件的审判适用的一直是民事诉讼法。

（三）行政诉讼法与刑事诉讼法

行政诉讼法与刑事诉讼法虽然都属于诉讼程序方面的法律规范，但两者在性质、立法宗旨、所处理的案件以及审判方式等方面有诸多差别。但是，行政诉讼法与刑事诉讼法也有某些重要的联系，这种联系主要表现为：①人

民法院审理行政案件，认为行政公务人员有犯罪行为的，应当将有关材料移送公安、检察机关，按刑事诉讼程序处理。在这种情况下，行政主体的具体行政行为和行政公务人员的犯罪行为，分别适用两种诉讼程序处理。②人民法院审理行政案件，认为受具体行政行为处理的行政诉讼参加人的行为构成犯罪的，应当在行政案件审结后（或者先中止行政诉讼），将有关的犯罪材料移送司法机关按照刑事诉讼程序处理。

第三节　行政诉讼法律关系

一、行政诉讼法律关系的概念

行政诉讼法律关系，是指根据行政诉讼法律规范的规定，在行政诉讼各参加主体之间形成的诉讼权利义务关系，这一概念包含以下四个方面的内涵：

1. 行政诉讼法律关系是行政诉讼法律规范调整行政诉讼活动的结果。行政诉讼作为一种司法制度，是一项社会公共活动。诉讼过程中各诉讼主体的行为必须根据一套明确的、普遍的法律规范来进行。这样，各诉讼主体可以清楚地知道各自的权利义务和诉讼行为的法律后果。

2. 行政诉讼法律关系是行政诉讼各参加主体间的诉讼权利义务关系。虽然行政诉讼法律关系是行政诉讼各参加主体间的诉讼权利义务关系，但各诉讼当事人和诉讼参与人相互之间并不会直接产生这种诉讼法律关系，因为，整个行政诉讼活动是以法院审判权的行使为中心的，即诉讼当事人和诉讼参与人的权利义务的实现都必须通过法院行政审判权的实现才能完成。因此，行政诉讼法律关系的实质是法院与一切诉讼当事人和诉讼参与人之间的关系。

3. 行政诉讼法律关系是一种程序性法律关系。行政诉讼是为了解决发生在行政管理领域的行政争议。因此，这种诉讼法律关系的形成要以行政实体法和行政程序法关系的存在为基础和前提。诉讼法律关系的主体，特别是当事人仍然是行政实体法和行政程序法关系的主体。

4. 行政诉讼法律关系的内容体现了行政诉讼制度对行政管理行为的监督性质。行政诉讼法律关系主体的诉讼权利义务的规定，如被告负举证责任、合法性审查等，都体现了这一性质。

二、行政诉讼法律关系的构成

同其他法律关系一样，行政诉讼法律关系由主体、内容和客体三个要素构成。

（一）行政诉讼法律关系的主体

行政诉讼法律关系的主体，是指形成行政诉讼法律关系的各方，即在行政诉讼中依法享有诉讼权利和承担诉讼义务的组织和个人。行政诉讼法律关系的主体包括以下三种：

1．人民法院。人民法院是行使国家审判权的机关，在行政诉讼中拥有指挥权、案件审理和裁判权，其行为对于诉讼程序的发生、变更或者消灭起着决定作用。人民法院是行政诉讼法律关系中必不可少的并处于主导地位的一方。

2．行政诉讼参加人。行政诉讼参加人，是指行政诉讼的当事人以及与行政诉讼当事人地位相同的人，包括原告、被告、共同诉讼人、第三人、诉讼代理人（法定代理人、指定代理人、委托代理人）等。在行政诉讼中，诉讼参加人的诉讼权利义务并不相同。除诉讼代理人外，其他诉讼参加人都与诉讼结果有直接的利害关系。

3．行政诉讼的其他参与人。行政诉讼的其他参与人，是指行政诉讼参加人之外参加到行政诉讼中的证人、鉴定人、勘验人和翻译人员等。行政诉讼的其他参与人参加行政诉讼的目的是协助人民法院和当事人查明案件事实，与诉讼结果并没有直接的利害关系。

（二）行政诉讼法律关系的客体

行政诉讼法律关系的客体，是指行政诉讼法律关系各个主体诉讼权利和义务所指向的对象。在行政诉讼中，行政诉讼法律关系各个主体诉讼权利和义务所指向的对象是不相同的。

1．人民法院与行政诉讼参加人诉讼权利义务所指向的对象是查明案件的事实真相并解决行政争议，亦即查明原告的诉求是否真实、正当，被告作出的具体行政行为是否证据充分、确凿等，从而解决行政纠纷。在行政诉讼中，行政诉讼参加人有权要求人民法院查明案件事实，并公正审判。同时，行政诉讼参加人有向人民法院提供事实和证据，以支持其诉讼请求或者证明具体行政行为合法性的权利和义务。人民法院有对行政争议做出公正裁判的权利和义务。

2．人民法院与行政诉讼参与人诉讼权利义务所指向的对象是查明案件的事实真相。在行政诉讼过程中，人民法院有权要求证人据实陈述，有权要求鉴定人、勘验人做出科学的鉴定和真实的勘验报告，有权要求翻译人员正确地进行语言翻译。人民法院也有义务依法组织、指挥上述行政诉讼参与人的诉讼活动。行政诉讼参与人有义务依法提供证据或者翻译，也有权利要求法院和诉讼当事人保证他们的诉讼权利。

（三）行政诉讼法律关系的内容

行政诉讼法律关系的内容，是指行政诉讼法律关系各个主体的、由行政诉讼法确认并保证实现的诉讼权利义务。在行政诉讼法律关系中，各个主体均有自己特定的诉讼权利和义务。

1. 人民法院在行政诉讼中的权利和义务。在行政诉讼中，人民法院依法享有行政案件受理权、行政案件审理权、调查取证权、行政裁判权、执行权、采取排除妨害诉讼的强制措施权等。人民法院应当履行依法保护诉讼当事人的诉权、对行政案件依法受理、公正审理和公正裁判的义务。

2. 行政诉讼参加人在行政诉讼中的权利和义务。如前所述，在行政诉讼中，诉讼参加人的诉讼权利义务并不相同。一般而言，行政诉讼参加人享有起诉权、答辩权、辩论权、委托代理权、申请回避权、上诉权、请求赔偿权、申请执行权等权利，承担依法举证、服从法庭指挥、不得为妨害行政诉讼活动的行为、执行生效的判决和裁定等义务。

3. 行政诉讼的其他参与人在行政诉讼中的权利和义务。证人、鉴定人、勘验人、翻译人员等，享有依法作证、依法鉴定、依法进行勘验和翻译、如实向法庭提供鉴定结论和勘验笔录等权利。但是，在行政诉讼中，行政诉讼的其他参与人更主要的是应当履行协助人民法院查明案情的义务。

三、行政诉讼法律关系的产生、变更和消灭

行政诉讼法律关系的产生、变更和消灭以行政诉讼法律规范为依据。行政诉讼法律规范规定了行政诉讼法律关系产生、变更和消灭的条件，当现实生活中出现了与这些法定条件相吻合的客观事实时，诉讼法律关系遂得以产生、变更或消灭。这些客观事实被称为诉讼上的法律事实。

诉讼上的法律事实分为两类：①法律事件，又称诉讼事件；②法律行为，又称诉讼行为。法律事件，是指不以人的意志为转移的一切客观情况。这里所谓的客观情况，主要是指不可抗力的事实。行政诉讼法认可这些事实，一旦其发生，便引起行政诉讼法律关系的产生、变更或消灭。如行政诉讼原告死亡，引起原告人与人民法院的行政诉讼法律关系的变更；原告死亡又没有

其近亲属参加诉讼，引起行政诉讼法律关系的消灭。法律行为，是指人们实施的能产生法律效果的活动，在行政诉讼中是指行政诉讼法律关系主体在诉讼过程中进行的各种诉讼活动。在大多数情况下，行政诉讼法律关系的产生、变更和消灭是法律行为引起的。因此，法律行为是诉讼上的主要法律事实。

由于法律事件是不可抗力事实，因此，只要某种不可抗力事实在诉讼法上有规定，即可以引起行政诉讼法律关系的产生、变更或消灭。而法律行为是人的行为，人们对其行为是可以选择的，因此，能够引起行政诉讼法律关系产生、变更和消灭的法律行为必须具备三个条件：

1. 必须是由行政诉讼法律关系主体实施的行为。

2. 必须是法律规定由行政诉讼法律关系主体实施的行为。或者说，并非行政诉讼法律关系主体在诉讼过程中的任何行为都能够引起诉讼法律关系的产生、变更或消灭，而必须是行政诉讼法规定的行为。

3. 必须是法院和一切诉讼参加人及参与人的诉讼行为的结合。由于行政诉讼法律关系是人民法院和一切诉讼参加人及参与人之间的诉讼权利义务关系，所以，只有法院和其他行政诉讼法律关系主体的诉讼行为相结合，才能导致行政诉讼法律关系的产生、变更或消灭。例如，原告的起诉行为必须与法院的受理行为相结合，才可以导致原告与法院间行政诉讼法律关系的产生。

第四节　行政诉讼法的基本原则

一、基本原则概述

（一）行政诉讼法基本原则的概念

行政诉讼法的基本原则，是指由宪法和法律规定的，反映行政诉讼的基本特点和客观规律，对行政诉讼具有普遍指导意义的基本行为准则和制度。

我国行政诉讼制度的目的是监督和维护行政机关依法行政，保障公民、法人和其他组织的合法权益。这是我们确立行政诉讼法基本原则的重要基础。同时，确立行政诉讼法的基本原则必须与我国民主法治建设的根本目标结合起来，与我国行政管理实践的特点结合起来，要考虑行政诉讼的规律和要求，并保证人民法院正确及时地审理行政争议案件。行政诉讼中的所有活动，都必须与其基本原则相符，不能违背。

（二）行政诉讼法基本原则的特点

1. 法定性。行政诉讼法的基本原则以宪法和其他法律为依据，由行政诉讼法明确予以规定。

2. 客观性。行政诉讼法的基本原则必须能够反映行政诉讼法的客观规律和行政诉讼法的精神实质，能够概括行政诉讼法律规范的特点和行政诉讼活动的特点，体现民主法治建设对行政诉讼和行政管理实践的客观要求。

3. 指导性。行政诉讼法的基本原则有助于我们理解行政诉讼法的精神，准确地将行政诉讼法的规定应用于每一个具体的诉讼活动中去，保证行政诉讼法的贯彻。行政诉讼法的基本原则在行政诉讼的各个阶段均发挥重要作用，它是行政诉讼法律规范的出发点，同时也是人民法院审理行政案件及其他行政诉讼法律关系的主体进行行政诉讼活动的基本准则和依据。

4. 稳定性。行政诉讼法的基本原则是行政诉讼法基本理论的条文化、法律化。其内容概括性强，稳定性大，针对行政诉讼实践中的各种情况，具有极大的、稳定的指导意义。

（三）行政诉讼法基本原则的分类

行政诉讼法基本原则的内容很多，根据不同的标准，可以将这些基本原则作不同的分类。

1. 根据规定基本原则的法律的不同，可以将基本原则分为宪法、组织法规定的基本原则、行政诉讼法规定的基本原则和其他法律规定的基本原则三大类。

2. 根据基本原则的性质，可以将基本原则分为组织原则和职能原则两大类。组织原则规定人民法院在行政诉讼中的组织活动，也称为组织制度。职能原则规定诉讼活动必须遵循的基本准则，其中有涉及当事人的，也有与人民法院行使行政审判权有关的。

3. 根据基本原则的适用范围，可以将基本原则分为一般原则和行政诉讼的特有原则。一般原则是指可以适用于刑事诉讼、民事诉讼和行政诉讼的基本原则。特有原则是指只适用于行政诉讼的基本原则。

以上三种分类方法在实践中各有其运用价值。本书采用第三种分类方法来介绍行政诉讼法的基本原则。

二、行政诉讼法的一般原则

（一）人民法院独立行使行政审判权原则

人民法院独立行使行政审判权是宪法确认的一项重要原则，这项原则在人民法院组织法和行政诉讼法中也有规定。根据这一原则，人民法院依法对行政案件独立行使审判权，不受行政机关、社会团体和个人的干涉。当然，人民法院依法独立行使行政审判权与接受权力机关和法律监督机关的监督并不矛盾。

（二）以事实为根据、以法律为准绳原则

按照这一原则，人民法院在行政诉讼中必须查明案件的事实真相，以法律为评判标准。辨明是非曲直，作出正确裁判。与刑事诉讼和民事诉讼不同，行政诉讼是对行政机关的具体行政行为进行审查。而被诉的具体行政行为本身是行政机关依据一定的事实和法律规定作出的，因此，在行政诉讼中，所谓以事实为根据，就包括要查明具体行政行为所认定的事实是否符合客观情况。以法律为准绳，则是要查明具体行政行为的作出是否有法律依据，适用法律、法规是否正确。同时，在行政诉讼中，人民法院还可以对具体行政行为所依据的规章的合宪性及合法性进行鉴别，决定是否参照适用。

（三）当事人在诉讼中法律地位平等原则

在行政管理过程中，行政机关是管理者，公民、法人和其他组织是被管理者。行政管理法律关系的产生、变更和消灭一般由行政机关单方面意思表示决定，公民、法人和其他组织即使不服，也无力改变或撤销行政机关的具体行政行为。而当行政争议依法进入行政诉讼程序后，作为原告的公民、法人和其他组织与作为被告的行政机关都是行政诉讼法律关系的主体，都要依法接受和服从人民法院的审判权。行政机关不能再以管理者自居，人民法院则要平等地保障双方当事人诉讼权利和义务的实现，为贯彻这一原则，行政诉讼法对行政机关的诉讼权利作了一些特别的限制，如没有赋予行政机关起诉权和反诉权。对行政机关的诉讼义务作了一些特别的要求，如要求行政机关依法应诉并主动提供据以作出具体行政行为的事实和法律依据，这些是为了适应行政诉讼的特点。双方当事人在行政诉讼中法律地位平等，不能机械地理解为双方当事人拥有完全相同的诉讼权利和诉讼义务。

（四）合议、回避、辩论、公开审判和两审终审原则

1. 合议原则。人民法院审理行政案件，必须一律实行合议制。即由审判员组成合议庭，或者由审判员和陪审员组成合议庭进行审判。合议庭的组成人数必须是 3 人以上的单数。合议庭成员享有平等的权利，合议庭评议案件时实行少数服从多数原则，对评议中的不同意见，应该如实记入笔录。

按照合议原则，在不同的审判阶段应当分别组成合议庭。第一审案件由审判员或者由审判员和陪审员组成合议庭；第二审案件由审判员组成合议庭。

再审案件中分别按照第一审或第二审程序组成合议庭，但原审合议庭成员不应参加再审合议庭。合议庭的审判长由法院院长或行政审判庭庭长指定审判员一人担任，院长或庭长参加合议庭时，由其担任审判长。合议庭必须接受和服从审判委员会的领导和监督。

2. 回避原则。行政诉讼当事人如果认为审判人员、书记员、翻译人员、鉴定人或勘验人与案件有利害关系或者其他关系可能影响公正审判的，有权申请回避。上述人员如认为自己与本案有利害关系或者其他关系，应主动申请回避。回避原则同时是法律赋予诉讼当事人的一项重要的诉讼权利，它对保证人民法院公正审理案件，维护当事人的合法权益，提高当事人对人民法院公正办案的信任感，保障行政诉讼的顺利进行有重要意义。按照法律规定，院长的回避，由法院审判委员会决定；审判人员的回避，由院长决定；其他人员的回避，由审判长决定。

3. 辩论原则。辩论原则，是指在人民法院的主持下，行政诉讼当事人有权就案件的事实及争议的其他问题，各自陈述自己的主张和根据，互相进行反驳和答辩，以维护自己的合法权益。同时，在诉讼中实行辩论原则，也有助于人民法院查明案件的事实，确定当事人双方争议的焦点，及时发现和解决诉讼过程中遇到的问题，保障行政诉讼的顺利进行。

辩论有口头辩论和书面辩论两种形式，辩论的内容可以包括案件涉及的所有实体和程序问题。无论是在第一审程序、第二审程序和审判监督程序中，还是在法庭辩论阶段和法庭辩论以外的其他诉讼阶段，人民法院都应当保障当事人充分地平等行使辩论权，为当事人的辩论提供各种方便条件。当然，对辩论中脱离案件、超出审判范围的现象和言行，法院有权予以制止。

4. 公开审判原则。公开审判，是指人民法院审理行政案件，除涉及国家秘密、个人隐私和法律另有规定者外，一律公开进行。公开审判是保证人民法院能够依法正确、公正审理案件，接受社会监督的重要制度，也是进行法律宣传、教育公民遵纪守法的过程。公开审判是向社会的公开，应允许人民群众旁听，允许新闻媒介报道。

5. 两审终审原则。两审终审，是指行政案件经过第一审人民法院审理后，当事人如对判决、裁定不服，有权依法向上一级人民法院提出上诉。第二审人民法院对上诉案件进行审理后作出的判决、裁定是终审的判决、裁定，当事人必须执行。最高人民法院是国家最高审判机关，它作出的第一审判决、裁定也是终审的判决、裁定。

实行两审终审，能够更好地保证人民法院审判案件的质量，维护当事人的合法权益。当然，并不是每个行政案件都必须经过两审才能终结，当事人只有在一审裁判作出后的法定期限内提出上诉，才能有第二审裁判，否则，一审裁判即发生法律效力。

（五）使用本民族语言文字原则

我国是统一的多民族国家，各民族在政治、经济及社会生活的各方面一律平等。各民族公民在进行诉讼时都有使用本民族语言文字的权利，这是《宪法》所规定的我国各民族一律平等原则的具体体现。就行政诉讼而言，贯彻使用本民族语言文字原则要求法院在少数民族聚居或者多民族共同居住的地区审理行政案件和制作、发布法律文书时，应当采用当地民族通用的语言文字。并且应当对不通晓当地民族通用语言文字的诉讼参加人提供翻译。

在行政诉讼中坚持使用本民族语言文字原则，有利于消除当事人之间在语言文字上的障碍，保障当事人平等地行使诉讼权利，切实保护其合法权益，也有利于法院正确处理行政案件，提高审判效率，并便于各民族人民群众对行政审判工作的监督。

（六）人民检察院实行法律监督原则

按照《宪法》和《人民检察院组织法》的规定，人民检察院是我国的法律监督机关，对人民法院的审判活动有权实行法律监督。人民检察院对行政诉讼实施法律监督，对于保护行政审判权的公正行使，保护公民、法人和其他组织的合法权益，维护和监督行政机关依法行使职权，保护社会主义法制的统一，有重大意义。

根据《行政诉讼法》第10条的规定，人民检察院对人民法院主持的行政审判活动的全部过程都可以实施法律监督。这意味着人民法院的审判活动和诉讼参加人的活动都应受人民检察院的监督。当然，检察监督的核心和重点是对人民法院的行政审判活动是否合法的监督，《行政诉讼法》第64条规定，人民检察院对人民法院已经生效的判决、裁定，发现违反法律、法规，确有错误的，有权依照审判监督程序提出抗诉，就是当前检察监督最重要的形式。

三、行政诉讼法的特有原则

（一）审查具体行政行为合法性原则

审查具体行政行为合法性，是指人民法院通过依法审理行政案件，对具体行政行为是否合法进行审查并作出裁判。这一规则，确认了人民法院对具体行政行为的司法审查权，规定了行政诉讼的客体和对象，确定了人民法院审查具体行政行为合法性的程序和范围，并且指明了合法性审查的依据和标准。

根据这一原则，在行政诉讼中，人民法院行使司法审查权的范围是具体行政行为而不是抽象行政行为。人民法院只审查具体行政行为的合法性，而不审查抽象行政行为的合法性。行政诉讼法确立这一原则的理由主要有以下三点：

1. 根据宪法和有关组织法的有关规定，审查抽象行政行为的权力由各级人大及其常委会和作出抽象行政行为的行政机关的上级行政机关行使。

2. 抽象行政行为针对不特定的对象，甚至涉及一个或几个地区乃至全国的公民，其争议不宜通过诉讼途径解决。

3. 根据宪法，人民法院依法行使审判权，行政机关依法行使行政权。为使行政机关能够对大量纷繁复杂的行政事务作出适当处理，法律赋予行政机关在法定范围内的自由裁量权。行政机关行使自由裁量权适当与否，原则上应由行政机关自己解决，人民法院不能代替行政机关作出选择。

（二）人民法院特定主管原则

在刑事诉讼和民事诉讼中，人民法院拥有完全的审判主管权，即所有刑事案件和民事案件都应由人民法院通过诉讼解决，而对于行政案件，人民法院只主管法律和法规规定由人民法院管辖的那一部分案件。当然，法律和法规规定由人民法院主管的行政案件，必须由人民法院管辖，行政诉讼法对人民法院主管的行政案件的范围作了具体的规定。

（三）法定行政复议前置原则

按照行政诉讼法的规定，发生行政争议，公民、法人或其他组织可以在提起行政诉讼前先行提起行政复议，也可以直接提起行政诉讼。但是，对于法律规定必须先行复议的行政案件，当事人未经复议不得提起行政诉讼。即复议是提起行政诉讼的前置条件。

（四）被告负举证责任原则

在刑事诉讼中，举证责任由公诉方或自诉案件的原告负担；在民事诉讼中，适用谁主张谁举证原则。而在行政诉讼中，则要求作出具体行政行为的行政机关负举证责任。由于在行政诉讼法中，主张被诉具体行政行为违法是原告提出的，因此，被告负举证责任又被称为举证倒置，被告行政机关必须提出其作出具体行政行为的事实依据和法律根据以证明其具体行政行为的合法性。被告不举证，或者其举证无法证明具体行政行为合法，要承担败诉的后果。

（五）被诉具体行政行为不停止执行原则

基于行政管理连续性和效率性的需要，在行政诉讼中，被诉的具体行政行为在诉讼期间不停止执行。行政行为具有效力先决的特点，即行政行为一经成立，未经有权国家机关依法定程序撤销或变更以前，被推定有效，有效的行政行为即应被执行。在行政诉讼中，有权国家机关（人民法院）在法定行政诉讼程序结束前不可能作出裁判，因而，行政行为仍处于推定有效状态，应当执行。

但是，此原则的适用存在例外情况：①被告认为需要停止执行的。②原告申请停止执行，人民法院认为该具体行政行为的执行会造成难以弥补的损失，并且停止执行不损害社会公共利益，裁定停止执行的。③有关法律、法规规定可以停止执行。被告是具体行政行为的作出机关，他们有权选择行政行为的执行时机，如果在具体行政行为被起诉后，他们权衡利弊，决定停止执行，当然可以。人民法院裁定停止执行的条件是具体行政行为的执行会给原告造成难以弥补的损失，而停止执行又不违背社会公共利益。

（六）不适用调解原则

在民事诉讼中，人民法院可以根据自愿和合法的原则进行调解。而在行政诉讼中，人民法院只能依法对被诉具体行政行为的合法性进行审查并作出裁判，不得调解。

诉讼可以调解的基础在于争诉的双方依法可以处分自己的权益，互相作出让步或妥协。在行政诉讼中，被告行政机关享有的行政权力是一种公共权力，行政机关有权依法行使法定职权，行政机关也有义务履行法定职责。因此，由于作为被告的行政机关在行政诉讼中不能处分自己的法定行政职权，行政诉讼不存在可以调解的基础。

不适用调解原则并不妨碍人民法院根据案件实际情况，参照民事解释的原则，尝试推动当事人和解，促使有错误的一方当事人认识自己的错误，如使原告一方认识到自己的诉讼请求的错误而申请撤诉，或使被告一方认识到自己的错误，撤销或改变具体行政行为，取得原告谅解并申请撤诉，以达到平息诉讼的目的。

（七）司法变更权有限原则

司法变更权，是指法院在行政诉讼中有权变更行政机关的行政行为的权力。司法变更权的实质在于法院有权对被诉具体行政行为的合理、公正与否作出评价。按照行政诉讼法的规定，人民法院原则上只能审查具体行政行为的合法性，不能审查其合理性，只有当被诉的行政处罚行为显失公正的情况下，法院才可以依法直接予以变更。因此，人民法院在行政诉讼中的变更权是非常有限的。

思 考 题

1. 试述行政诉讼的概念和特点。
2. 行政诉讼与民事诉讼、刑事诉讼有什么区别？
3. 简述行政诉讼法及其法律渊源。
4. 如何认识行政诉讼法的效力？
5. 试述行政诉讼法律关系及其构成要素。
6. 简述行政诉讼的基本原则。

第十六章 行政诉讼受案范围与管辖

学习目的与要求

通过本章的学习，了解行政诉讼受案范围的基本概念，人民法院应当受理的行政案件类型和不予受理的事项，行政诉讼管辖的概念和种类；理解和掌握级别管辖、地域管辖、裁定管辖等的具体规定。学习行政诉讼受案范围时应当将行政诉讼受案范围与具体行政行为的概念、特征结合起来；学习管辖制度时，应结合《行政诉讼法》和《最高人民法院关于执行〈中华人民共和国行政诉讼法〉若干问题的解释》（以下简称《若干解释》）的有关规定，正确区分不同种类的管辖制度；结合实际案例理解行政诉讼受案范围和管辖制度。

第一节 行政诉讼受案范围

一、行政诉讼受案范围的概念

行政诉讼受案范围，是指人民法院应当受理的行政案件的范围。行政诉讼受案范围是行政诉讼制度最重要的内容之一，也是行政诉讼与其他形式的诉讼的主要区别点之一。行政诉讼受案范围与参与诉讼的三方都有密切关系：

1. 对于行政主体而言，受案范围决定其行为接受司法审查的范围。行政诉讼是人民法院监督、审查行政主体行政职权活动的法律制度，人民法院能够受理哪个范围的行政案件，也就意味着能够对行政主体哪个范围的行政活动具有监督、审查的权力。

2. 对于行政相对人而言，受案范围决定其诉权的范围，也决定其合法权益能够受到司法救济的范围。当公民、法人和其他组织认为自己的合法权益受到行政主体的具体行政行为侵害时，可以根据行政诉讼法规定的受案范围，向人民法院提起行政诉讼，以维护自己的合法权益。

3. 对于人民法院而言，受案范围决定着人民法院与权力机关、行政机关在处理行政争议中的分工，即人民法院司法审查权行使的范围。为了正确、及时地解决行政争议，保护行政相对人的合法权益，监督行政机关依法行政，国家在进行行政诉讼立法时有必要对人民法院受理行政案件的范围加以明确规定，以防止因受案范围不明确而使公民、法人和其他组织投诉无门。

二、确定受案范围的原则与方式

（一）确定受案范围的原则

为了切实保护公民、法人和其他组织的合法权益，监督行政机关依法行使职权，保障行政管理的有效实施，促进经济与社会各项事业的健康发展，确定行政诉讼的受案范围应当遵循以下原则：

1. 充分保护公民、法人和其他组织合法权益的原则。建立行政诉讼制度的目的就是为了通过审理行政案件，解决发生在行政机关与行政相对人之间的行政争议，从而有效地保护公民、法人和其他组织的合法权益。因此，在确立受案范围时，只要条件许可，应尽可能地扩展受案范围，尽量增加对行政行为的司法审查监督，以充分发挥行政诉讼的作用。特别是对关系到公民、法人和其他组织人身、财产等方面的重大权益的行政案件，应当纳入行政诉讼的受案范围，最大限度地保护其合法权益。

2. 正确处理行政职权与司法审判权关系的原则。由于行政机关的具体行政处理行为导致的行政争议范围广、类型多，如果将所有行政争议都划归人民法院受理，则会造成法院在受理案件上的负担过重，不利于其及时、有效地处理解决行政案件。因此，确定行政诉讼受案范围时，应当正确处理行政职权与审判权的关系，解决好人民法院与行政机关在受理行政争议上的合理分工，充分发挥行政机关在处理解决行政争议中的作用。人民法院不要对行政机关在法律法规规定范围内的行政处理行为进行干预，不要代替行政机关行使行政权力。如行政复议、行政申诉等行政机关处理解决行政争议的方式，属行政职权范畴；行政内部争议，以及法律规定授权行政机关最终裁决的一些行政案件，也不必划归人民法院的受案范围。

3. 从实际出发，循序渐进，逐步扩大的原则。确定行政诉讼受案范围必须从我国政治、经济和法制建设的实际情况出发，不仅要符合我国政治制度的特点，而且也必须考虑到我国行政诉讼制度的实际状况和人们对它的认识程度。我国行政诉讼制度起步较晚，有关法律、法规还不够协调完善，人民群众对此尚不够熟悉，有的在认识上还有偏差。基于这种状况，行政诉讼受案范围在建立之初不宜规定过宽，应当有所限制，对于一些目前尚不具备司法解决条件的行政案件，暂不列入受案范围。但是可以预见，随着我国社会经济的发展和建设法治国家的逐步推进，行政诉讼受案范围必将与之相适应，得到不断地拓展。

（二）确定受案范围的方式

受案范围需要采用一定的方式才能得到明确的表达。目前世界各国行政诉讼受案范围的确定方式不尽相同，英、美等国家采用判例的方式确立受案范围。大多数大陆法系国家则以制定法的方式明确规定受案范围，我国也属于这种情形。以制定法确定行政诉讼受案范围的方式主要有三种，即概括式、列举式和混合式。

概括式分为肯定概括和否定概括，即由法律对属于或者不属于行政诉讼受案范围的事项作出概括规定，其特点是简单、全面、不易发生遗漏，但是不易操作。列举式分为肯定列举和否定列举，即由法律对属于或者不属于行政诉讼受案范围的事项作列举规定，其特点是具体、明了、便于操作，但是容易发生遗漏。混合式指法律以概括和列举相结合的方式规定行政诉讼受案范围。

我国《行政诉讼法》对行政诉讼受案范围的确定即采用了混合式。《行政诉讼法》第2条规定："公民、法人或者其他组织认为行政机关和行政机关工作人员的具体行政行为侵犯其合法权益，有权依照本法向人民法院提起诉讼。"最高人民法院《若干解释》第1条第1款，也对行政诉讼受案范围作了概括规定："公民、法人或者其他组织对具有国家行政职权的机关和组织及其工作人员的行政行为不服，依法提起诉讼的，属于人民法院行政诉讼的受案范围"。法律和司法解释的这些规定是以肯定概括的方式确定了行政诉讼的基本受案范围。《行政诉讼法》第11条第1款、第2款以肯定列举、肯定概括相结合的方式规定了属于行政诉讼受案范围的八种情况，同时为了避免列举不全，对于今后可能逐步纳入行政诉讼受案范围的其他行政案件，作了概括规定。《行政诉讼法》第12条、最高人民法院《若干解释》第1条第2款，以否定列举方式规定了不属于行政诉讼受案范围的各种情况。

三、人民法院受理的行政案件

《行政诉讼法》第11条具体列出了人民法院受理的各种行政案件，这些案件大致可以分为涉及人身权的案件、涉及财产权的案件以及法律、法规规定的其他行政案件。具体包括下列案件：

（一）不服行政处罚的案件

行政处罚是具有法定处罚权的行政主体依法对违反行政管理秩序的公民、法人或者其他组织实施行政制裁的行政行为。处罚的种类包括申诫罚、行为罚、财产罚和人身罚等。《行政诉讼法》所列举的拘留、罚款、吊销许可证和执照、责令停产停业、没收财物等行政处罚种类在行政案件中所占比重较大，引起的行政争议也较多。但是，根据《行政诉讼法》的基本精神，公民、法人或者其他组织对于法律未予列举的行政处罚种类不服的，也可以提起行政诉讼。

（二）不服行政强制措施的案件

行政强制措施指行政主体为了预防或者制止违法行为，同时也为了维护特定秩序或者状态，对行政相对人的人身自由和财产等予以强行限制的一种行政行为，例如，带离现场、约束至酒醒、对可能被转移或者隐藏的物品的查封、扣押、冻结等。行政主体违法或者不当实施行政强制措施，将严重损害相对人的人身权和财产权，按照《行政诉讼法》的规定，相对人对行政主体任何一种行政强制措施不服，都可以提起行政诉讼。

（三）认为行政机关侵犯法律规定的经营自主权的案件

我国目前存在多种所有制的经济组织，诸如全民所有制企业、城镇集体所有制企业、乡镇企业、私营企业、合资企业、个体工商户、农村承包经营户等。法律、法规对各种企业或者经济组织的经营自主权作出了明确规定。如《全民所有制工业企业转换经营机制条例》、《城镇集体所有制企业条例》、《乡镇集体所有制企业条例》、《外资企业法》、《城乡个体工商户管理条例》等法律、法规规定的企业的经营自主权（自主管理、自主经营）有多项，其中包括：生产经营决定权、产品定价与销售权、物资采购权、资产处置权、投资决策权、留用资本支配权、联营兼并权、劳动用工权、内部人事管理权、工资奖金分配权、内部机构设置权、拒绝摊派权等。相比国有企业，私营企业、个体经营户、个体承包户等所享有的经营自主权要更为宽泛一些。各种企业或经济组织如果认为行政主体侵犯了自己法定的经营自主权，都可以提起行政诉讼。

（四）行政许可案件

许可证和执照是公民、法人或者其他组织从事某种职业、进行某种活动的权利能力或者法律资格的凭证。在这里，对许可证和执照宜作广义理解，即凡在实质和内容上属于行政许可并关系相对人一定人身权利和财产权利的各种凭证，都应当列入许可证和执照的范围，如经营许可证、生产许可证、建设许可证、驾驶执照、营业执照、居民身份证、结婚证、护照等。公民、法人或者其他组织，认为符合法定条件申请行政机关颁发许可证和执照，行政机关拒绝颁发或者不予答复的，行政相对人可以依法提起行政诉讼，人民法院应当受理。由于行政许可属于依申请行政行为，相对人提起这类行政诉讼需要具备两个条件：①相对人已经向有权颁发许可证的行政机关提出了行政许可申请；②相对人认为行政许可申请符合法定条件，但行政机关明确拒绝或者逾期不予答复。

（五）人身权、财产权保护案件

公民人身权主要有人身自由权、人格权、生命健康权、名誉权、肖像权、姓名权等。公民财产权主要有财产所有权、使用权、经营权、专利权、商标权、著作权等。保护公民、法人和其他组织的人身权、财产权是许多行政机关的法定职责，行政机关应当履行这一职责而未予履行的，属于行政失职，且可能给行政相对人的人身权、财产权造成无法弥补的损害。行政相对人提起这类行政诉讼，需要具备四个基本条件：①相对人的人身权、财产权正在或者即将受到实际损害；②相对人已经向行政机关提出了请求保护的申请；③被申请的行政机关是负有相应法定职责的行政机关；④行政机关对相对人的申请明确拒绝或者不予答复。

（六）认为行政机关没有依法发给抚恤金的案件

抚恤金是国家为保障特定社会成员的生活而向其发放的专门款项，是特定社会成员依法享有的财产权利，抚恤金发放的对象、范围、标准和方法等由国家法律予以明确规定。根据有关法律的规定，我国的抚恤金主要分为两种：①伤残抚恤金，发放对象是革命伤残军人、因公致残的职工及其他人员；②遗属抚恤金，发放对象是革命烈士、牺牲人员或者其他死亡人员的遗属。从广义上讲，国家对公民发放的社会福利保障费用，如福利费、救济金等，也具有抚恤金的性质。如果行政机关没有依法发放抚恤金，如应当发放而没有发放、未按数额发放、未按期发放等，抚恤金的享有者有权提起行政诉讼。在这类案件中，原告、被告常具有特定性，原告只能是享受抚恤金的公民个人，被告只能是依法具有发放抚恤金等专项职责的行政机关，如民政部门，其他行政机关一般无这项职责。

（七）认为行政机关违法要求履行义务的案件

相对人的义务主要包括财产义务和行为义务。财产义务指相对人依法给付或者缴纳一定的财物或者款项，行为义务指相对人依法作出或者不作出一定的行为。行政主体有权要求行政相对人履行法定义务。但是，不得违法要求其履行义务。违法要求履行义务大致包括以下几种情况：

1. 违法要求公民、法人或者其他组织履行某种财产义务，如强行摊派费用、非法征收征购、无偿调拨财物等。

2. 违法要求公民、法人或者其他组织履行某种行为义务，如强迫劳役。

3. 违法要求公民、法人或者其他组织履行某种不行为义务，如违法要求企业不得进行某种投资或者经营、不得销售某种产品等。

4. 要求公民、法人或者其他组织履行法定义务，但违反法律规定的程序、方式、条件、数额等，如税务机关不按法定的税种、税率征税以及未经法定程序的征收、征用等。

上述行政主体违法要求履行义务，相对人可以向人民法院提起行政诉讼。

（八）认为行政机关侵犯其他人身权、财产权的案件

对于上述七种案件以外的案件，《行政诉讼法》为了避免列举不足而作了概括规定，即凡上述七种案件以外的案件，如果行政相对人认为行政主体的具体行政行为侵犯其人身权、财产权的，都可以提起行政诉讼。

另外，按照《行政诉讼法》第11条第2款的规定："人民法院受理法律、法规规定可以提起诉讼的其他行政案件"。法律、法规规定可以提起诉讼的其他行政案件主要有：

1. 不服行政主体对平等主体间的赔偿问题作出的裁决或者强制性补偿决定的。

2. 不服行政主体对自然资源（土地、水流、荒地）的所有权或者使用权作出的确权裁决的。

3. 不服行政主体对发明专利权作出的确认裁决的。

4. 不服行政主体作出的直接导致妨碍权利享有（行使）或者增加义务的行政确认行为、行政处理行为的。

5. 认为行政主体的行政处理活动涉及并侵害了相邻权或者公平竞争权的。

6. 认为行政机关作出的行政复议决定以及撤销或者变更具体行政行为的决定，涉及自己的人身权、财产权的。

四、人民法院不予受理的事项

一般来说，能够提起行政诉讼的行政行为主要是些关乎公民人身权、财产权的行政行为，但这并不等于说凡是关乎公民人身权、财产权的行政行为都可以提起行政诉讼。按照《行政诉讼法》第 12 条的规定以及《若干解释》第 1 条第 2 款的规定，下述事项并不在司法审查的范围内：

（一）国防、外交等国家行为

国家行为也称政治行为、统治行为，是指有权代表国家的特定国家机关，根据宪法、法律规定的权限，以国家名义实施的国家政治统治行为。我国最高国家行政机关国务院及其所属的国防部、外交部等工作部门，依法有权代表国家，以国家的名义实施国防、外交等国家行为。

国防行为，是指为保卫国家安全、领土完整和民族利益，抵御外来侵略、颠覆所进行的活动。如宣布战争、媾和、进行军事演习、调集军队、宣布戒严等。外交行为是指为实现国家的对外政策而进行的国家间的交往活动。如与外国建交、断交、缔结条约和协定、参加国际组织、采取国家间的对等措施等。

国防、外交等国家行为不能被提起行政诉讼，这是各国行政诉讼制度的通例。我国《行政诉讼法》将这类行为排除在行政诉讼受案范围之外，其主要原因在于：①国家行为不是单纯的具体行政行为，它并非行政机关以自己的名义实施的单纯的行政管理行为，而是特定的行政机关代表整个国家并以国家名义实施的，体现国家主权、涉及国家声誉和形象的行为，其权力具有国家的整体性和统一性，因而不属于人民法院的司法审查范围。②国防、外交等国家行为关系到国家的整体利益和民族的根本利益，它并非仅涉及行政机关与相对人双方的权利义务，在这种情况下，即便这种行为影响某些公民、法人或其他组织的利益，但其作为个别利益必须服从国家的整体利益。③国家行为具有紧急性、保密性，而且往往出于政治上和策略上的考虑，既不适宜于公开的司法程序，也并非是单纯依据法律的行为。

（二）抽象行政行为

抽象行政行为，是指行政机关针对不特定对象作出的具有普遍约束力的行政行为。抽象行政行为包括有权行政机关制定行政法规、规章的行为，以及各级各类行政机关发布具有普遍约束力的决定、命令的行为。

《行政诉讼法》将抽象行政行为排除在受案范围之外的主要原因是：①依照《宪法》和有关组织法的规定，确认行政机关抽象行政行为是否合法、正确并予以撤销、改变的权力，只能属于国家权力机关或上级行政机关，因此，人民法院对抽象行政行为不具有审查、确认并予以撤销、改变的权力，故不能受理对行政机关的抽象行政行为提起的诉讼。②行政机关的抽象行政行为是针对较大范围和较广泛的对象实施的，如果它符合绝大多数人的利益，表明该抽象行政行为是正确的，个别人的利益应当服从多数人的利益；如果它侵犯了绝大多数人的利益，根本的解决方式是通过权力机关或上级行政机关撤销或改变该抽象行政行为，而个别对象以单独的诉讼方式难以从根本上解决大多数对象合法权益受侵犯的问题。

（三）行政机关对其工作人员的奖惩、任免等决定

行政机关对其工作人员的奖惩、任免等决定，是行政机关的内部人事管理决定，属于内部行政行为。奖惩是行政机关依法定职权对其工作人员实施的奖励和惩戒，任免是行政机关依法定职权任命或解除其工作人员职务的活动。行政机关内部人事管理决定还包括有关人员的培训、考核、交流、工资福利、辞退、退休等方面的决定。

《行政诉讼法》将行政机关对其工作人员的奖惩、任免等决定排除在受案范围之外的主要原因是：①这些属于行政机关内部管理事务的决定，由此导致的行政纠纷是内部纠纷，依照有关法律、法规应由行政机关自己处理解决，我国行政机关内部已设有相应的救济、监督机制，如受理申诉、控告、检举的机构，各级行政监察机构等。②这类行政行为由于不涉及外部行政管理相对人的权益问题，并且从行政机关内部组织管理、指挥监督的意义上看，不适宜纳入司法救济程序。③因行政机关内部人事管理行为而引起的争议，更多地涉及行政政策、行政内部纪律和内部规章制度问题，也不便于人民法院处理。

（四）法律规定由行政机关最终裁决的具体行政行为

在这里，法律是指由全国人大及其常委会制定的基本法律和其他法律。这就是说，只有国家最高权力机关才能决定是否授予行政机关行政终局裁决权，行政法规、规章都无权作出此种规定。对于《行政诉讼法》生效之前由行政法规、规章规定的行政终局裁决，自《行政诉讼法》生效之日起便一律无效。例如，2000年8月25日九届全国人大常委会十七次会议通过新的《专利法》，取消了原《专利法》中规定的行政终局裁决权。

按照国际惯例，行政终局裁决的设立必须满足三个条件：①行政终局裁决只能由立法机关而不能由行政机关自行设立。②设立行政终局裁决必须有充分的、正当的理由，如涉及国家重要机密、国家重大利益、有极强的专业

性等。③行政终局裁决原则上仅限于国家安全行为或者行政机关内部行为。目前我国有少数一些法律涉及行政终局裁决。如《公民出境入境管理法》第15条规定："受公安机关拘留处罚的公民对处罚不服的，在接到通知之日起15日内，可以向上一级公安机关提出申诉，由上一级公安机关作出最后的裁决，也可以直接向当地人民法院提起诉讼。"《行政复议法》第30条第2款规定："根据国务院或者省、自治区、直辖市人民政府对行政区划的勘定、调整或者征用土地的决定，省、自治区、直辖市人民政府确认土地、矿藏、水流、森林、山岭、草原、荒地、滩涂、海域等自然资源的所有权或者使用权的行政复议决定为最终裁决。"对照国际惯例，我国行政终局裁决的范围比较宽泛，随着法制的不断完善，我国行政终局裁决的范围应当逐步缩小。

（五）公安、国家安全等机关依照刑事诉讼法的明确授权实施的刑事司法行为

刑事司法行为，是指公安、国家安全等机关在刑事案件的立案侦查中采取强制措施的行为。在我国，公安、国家安全等机关具有双重身份，它们既是实施刑事案件等刑事司法活动的机关，又是从事公安、国家安全等方面管理的行政机关。这些机关既可以对刑事犯罪嫌疑人实施刑事侦查等刑事司法行为，又可以对一般违反行政管理秩序的相对人实施行政处罚、行政强制措施等具体行政行为。对此，最高人民法院《若干解释》第1条第2款第2项专门规定，"公安、国家安全等机关依照刑事诉讼法的明确授权实施的行为"不属于行政诉讼的受案范围。《若干解释》采用了严格的授权标准，即只有公安、国家安全等机关依照刑事诉讼法的明确授权实施的行为，才属于刑事司法行为，也才不属于行政诉讼的受案范围。正确理解该项规定，须注意以下几个方面的问题：

1. 刑事司法行为的主体是特定的，即只有公安机关、国家安全机关、海关、军队保卫部门、监狱等机关才能成为刑事司法行为的主体。

2. 刑事司法行为的实施有刑事诉讼法的明确授权。《刑事诉讼法》第50条规定："人民法院、人民检察院和公安机关根据案件情况，对犯罪嫌疑人、被告人可以拘传、取保候审或者监视居住。"第61条规定："公安机关对于现行犯或者重大嫌疑分子，如果有下列情形之一的，可以先行拘留。"可见，我国《刑事诉讼法》明确规定的强制措施包括拘传、取保候审、监视居住、拘留等。公安、国家安全等机关在上述刑事诉讼法授权范围之外实施的行为，均不在刑事司法行为之列。

3. 刑事司法行为的目的与刑事犯罪有关。从行为方式上看，有些刑事司

法行为与具体行政行为没有什么区别，如扣押、冻结等强制措施，这些行为是行政行为还是刑事司法行为，仅以刑事诉讼法是否有明确授权是难以判明的，此时还需要同时考虑实施该行为的目的是什么。例如，冻结银行存款的目的不是为了查明犯罪事实，而是为某一方当事人追回欠款，在此种情况下，该强制措施不能认定是刑事司法行为。

对于公安、国家安全等机关的刑事司法行为，我国《刑事诉讼法》已规定由人民检察院实施监督。《刑事诉讼法》第 76 条规定："人民检察院在审查批准逮捕工作中，如果发现公安机关的侦查活动有违法情况，应当通知公安机关予以纠正。"第 224 条规定："人民检察院对执行机关执行刑罚的活动是否合法实行监督。如果发现有违法的情况，应当通知执行机关纠正。"

（六）调解行为以及法律规定的仲裁行为

行政调解，是行政机关居中调停、解决平等主体间民事争议的行为。行政调解被排除于行政诉讼受案范围之外是由行政调解行为的特点所决定的。原因是行政调解不具有强制性。①行政主体及其行政公务人员的调解行为是在当事人合意的情况下进行的，调解是否有效，取决于当事人双方的意愿，而非取决于行政主体的意志。②调解不具有强制执行的效力，一方当事人若对调解结果反悔或者持有异议，可以拒绝在调解协议上签字，而另一方当事人则可以通过民事诉讼解决纠纷。因此，行政调解的过程并未涉及行政优益权力的运用，不属于行政主体的具体行政行为。当然，如果行政主体及其行政公务人员在调解的过程中采取了强迫手段，迫使当事人在违背自身意志的情况下达成"调解"，或者在当事人反悔的情况下迫使其在调解协议上签字，其行为就不再属于调解行为的范畴，当事人对这种行为不服，可以向人民法院提起行政诉讼，人民法院应当受理。

行政仲裁，是行政主体居间判断、裁决平等主体间合同纠纷的行为。按照《若干解释》的规定，法律规定的行政仲裁行为不属于行政诉讼的受案范围。根据现行法律的规定，目前我国行政机关有权处理的仲裁仅限于劳动争议仲裁。当事人对劳动争议仲裁结果不服，可以向法院提起民事诉讼，人民法院依法审理后作出最终司法裁判。因而对此类案件人民法院不作为行政案件受理。

（七）不具有强制力的行政指导行为

行政指导，是行政主体以指导、示范、建议、咨询等方式引导相对人自愿作出某种行为而达到行政管理目的的行为。行政指导是一种非强制性的行政管理方式，当事人可以接受也可以不接受行政指导，有选择的自由，行政指导不构成行政争议，也就没有必要通过行政诉讼的方式解决问题。但是，在行政管理实践中，行政指导常常被付诸强制执行，在这种情况下，行政指导便不再是行政指导，而转变成为可诉的具体行政行为。公民、法人或者其他组织可以就异化了的"行政指导"向人民法院提起行政诉讼，人民法院应当受理。

（八）重复处理行为

重复处理行为，指行政主体作出的没有改变原行政法律关系，没有给相对人权利义务带来新影响的复查行为。例如，某镇居民张某和李某因宅基地使用权发生争议。1986 年，县政府将争议的宅基地确权李某使用。1996 年，张某到地区行署土地局申诉，要求地区行署土地局撤销县政府 1986 年颁发给李某的土地使用证。地区行署土地局经审查，驳回了张某要求撤证的请求。地区行署土地局的行为是典型的重复处理行为。重复处理行为被排除于行政诉讼受案范围之外的原因主要有两点：①重复处理行为没有给相对人的权利义务带来新影响。②如果允许对重复处理行为提起行政诉讼，意味着当事人可以通过申诉方式，将一个已经失去诉讼时效的行为交由法院重新审查，使得法律规定的诉讼时效失去了意义，不利于维护行政法律关系的稳定。

（九）对公民、法人或者其他组织权利义务不产生实际影响的行为

"不产生实际影响的行为"，指处于形成过程中而并未对相对人的权利义务产生实际影响的行为，包括行政主体处于准备阶段的、尚未作出的具体行政行为或者行政主体在当事人提起行政诉讼之前已经撤销的具体行政行为等。例如，王某开了一家经营日用品的小商店，为了赚钱，他擅自扩大经营范围，做起了生产资料批发零售业务。执法人员到王某处执法时，王某恰好外出，执法人员遂向王某发出通知，通知其 3 日后到工商局接受调查。王某看到通知后即到法院起诉。法院认为，工商局通知王某接受调查属于行政处罚的准备阶段，而行政处罚并未实际作出，王某的权利义务也未受到实际影响，故裁定不予受理。不产生实际影响的行为被排除于行政诉讼受案范围之外的原因是：相对人的合法权益受到违法行政行为的侵害是行政诉讼的前提条件，在行政行为内容尚不确定时，法院并不具备行政行为司法审查的条件，而且法院也不能过早地介入行政程序。

第二节　行政诉讼管辖

一、行政诉讼管辖概述

（一）行政诉讼管辖的概念

行政诉讼管辖，是指人民法院内部之间受理第一审行政案件的分工和权限。行政诉讼管辖与受案范围是不同的。受案范围是解决人民法院对哪些行政争议具有审判权，即人民法院可以受理哪些行政争议，以及公民、法人或者其他组织对哪些行政争议可以提起诉讼的问题；而行政诉讼管辖则是解决人民法院内部之间对某个行政案件究竟由哪个法院拥有审判权，即该行政案件由哪个法院受理并审判，以及公民、法人或者其他组织就该行政案件向哪个法院起诉的问题。当确定行政诉讼受案范围、明确人民法院受理哪些行政案件后，随之必须解决某一行政案件应由哪级、哪个人民法院具体行使审判权。

行政诉讼管辖是划分人民法院系统内部之间受理行政案件的权限，是划分不同地域、不同级别以及同一级别人民法院受理行政案件的权限，是划分人民法院之间受理第一审行政案件的权限。也就是说，行政诉讼管辖是对受理行政案件的权限、对上下级法院之间和同级法院之间受理第一审行政案件的权限进行的分工。它不涉及整个司法审判权限的划分，以及人民法院受理其他性质案件的权限划分，也不包括人民法院对二审或再审行政案件的权限划分。

（二）确定行政诉讼管辖的原则

1. 便于当事人诉讼的原则。这项原则是指确定行政诉讼管辖要方便当事人参加诉讼活动，方便原告、被告进行诉讼。特别应当注意的是，要便于作为原告的行政相对人参加诉讼，以充分保障原告的诉讼权利。《行政诉讼法》在规定级别管辖中，确定第一审行政案件一般由基层人民法院管辖，在规定地域管辖中，确定对限制人身自由的强制措施不服提起的诉讼，由被告所在地或原告所在地人民法院管辖，均体现了这一原则。

2. 便于人民法院公正、有效地行使审判权的原则。这项原则是指确定行政诉讼管辖要保证人民法院公正、及时地处理行政案件，以利于人民法院对案件的审理、判决和执行。《行政诉讼法》在规定级别管辖中，确定由中级人民法院受理海关、专利行政案件，由较高级别的人民法院受理重大、复杂的行政案件等，以及对管辖权发生争议时，上级人民法院有权指定管辖或移转管辖，均体现了这一原则。

3. 利于人民法院之间合理分工和均衡负担的原则。这项原则是指确定行政诉讼管辖时，既要考虑同级人民法院的合理分工，又要考虑上下级人民法院之间的合理分工，使各级人民法院对行政审判工作均衡负担，避免某一级法院负担过重，保证案件及时审理，确保办案质量。《行政诉讼法》在规定级别管辖中，对不同性质、不同种类的一审行政案件，分别规定由不同级别法院管辖，以利于保障人民法院之间合理分担。

二、级别管辖

级别管辖，是指按照法院的组织系统来划分上下级人民法院管辖第一审案件的分工和权限。我国人民法院的设置分为四级，即基层人民法院、中级人民法院、高级人民法院和最高人民法院。各级人民法院均设立了行政审判庭来审理行政案件。《行政诉讼法》第 13～16 条对级别管辖作了具体规定，明确了各级人民法院管辖的第一审行政案件。确定级别管辖应当考虑的因素包括：便于当事人诉讼和便于人民法院审理；案件重大复杂程度和影响大小；案件的专业性和被告的级别等。

（一）基层人民法院管辖的第一审行政案件

《行政诉讼法》第 13 条规定："基层人民法院管辖第一审行政案件。"这一规定的含义是，凡第一审行政案件，除法律规定由上级人民法院管辖的特殊情形外，一般均由基层人民法院管辖。所谓特殊情况，是指法律明确规定由上级人民法院行使管辖权的几类行政案件，如海关、专利案件，重大、复杂的案件等。

基层人民法院管辖第一审行政案件的原因在于：基层人民法院是我国法院组织体系中最低层级的审判机关，它主要以地域设置，呈均衡分布，而且数量最多，有能力和条件受理大量的行政案件；基层人民法院所辖区域，一般情况下，既是原告、被告所在地，又是具体行政行为和行政争议的发生地，将大量行政案件交由基层法院审理有利于当事人进行诉讼，并可节省其开支，也有利于人民法院审判，便于调查取证和案件的执行。

（二）中级人民法院管辖的第一审行政案件

根据《行政诉讼法》第 14 条的规定，中级人民法院管辖下列第一审行政案件：

1. 确认发明专利权的案件、海关处理的案件。由于发明专利确权案件的专业性强，要求具备专门的知识和经验，而且对于发明专利权的确认，是由国家专利管理机关实施的，其层级地位较高。海关处理的案件一般较为复杂，具有一定的专业性、政策性，而且往往带有涉外因素，会造成一定范围的影响。因此，法律规定对这两种案件由中级人民法院管辖。

2. 对国务院各部门或者省、自治区、直辖市人民政府所作的具体行政行为提起诉讼的案件。由于这类案件的被告行政机关是国务院所属部门或省一级人民政府，它们不仅级别较高，而且其具体行政行为影响较大，涉及面较广。因此，法律规定这类案件由中级人民法院管辖。

3. 本辖区内重大、复杂的案件。所谓重大案件，是指对本辖区的政治、经济、文化和社会生活有重大影响的案件；所谓复杂案件，是指案情复杂，处理难度较大的案件。为了使人民法院公正、有效、准确地审理案件，保障行政相对人的合法权益，维护行政机关依法行使职权，这类案件以由高层级的人民法院管辖为宜。

（三）高级人民法院管辖的第一审行政案件

《行政诉讼法》第15条规定，高级人民法院管辖本辖区内重大、复杂的第一审行政案件。高级人民法院的主要任务是对辖区内基层和中级人民法院的审判工作进行指导、监督，并负责审理不服中级法院裁判的上诉案件。只有在遇到本辖区内具有重大影响的案件，以及案件复杂、难度较大的情况下，认为中级人民法院不便于审理，不利于判决或执行的，才由高级人民法院管辖。

（四）最高人民法院管辖的第一审行政案件

《行政诉讼法》第16条规定，最高人民法院管辖全国范围内重大、复杂的第一审行政案件。最高人民法院是我国的最高审判机关，其主要任务是对全国各级人民法院的审判工作进行指导和监督，并对审判中的法律适用问题进行司法解释，以及审理不服高级人民法院裁判提起的上诉案件。只有对全国范围内有重大影响的第一审行政案件，才由最高人民法院管辖。

三、地域管辖

地域管辖又称区域管辖，是指同级法院之间在各自管辖区内受理第一审案件的分工和权限。它是以辖区为标准划分同级法院之间受理第一审案件的权限。一个具体的行政案件首先应确定级别管辖，然后再确定地域管辖。可见，级别管辖是地域管辖的前提，只有在明确级别管辖后，才能通过地域管辖进一步落实具体受理案件的法院，最终解决案件管辖问题。级别管辖体现的是法院管辖的纵向关系，而地域管辖则体现的是法院管辖的横向关系。

《行政诉讼法》确定地域管辖的一般原则是：人民法院辖区与行政区域相一致；人民法院辖区与诉讼当事人有一定联系；人民法院辖区与诉讼标的密切相关。根据这些原则，我国行政案件的地域管辖可划分为，一般地域管辖、特殊地域管辖、共同地域管辖。

（一）一般地域管辖

一般地域管辖也称普通地域管辖，它主要是根据诉讼当事人的住所地来划分管辖法院的。行政诉讼是以被告所在地来确定一般地域管辖的。《行政诉讼法》第 17 条规定，行政案件由最初作出具体行政行为的行政机关所在地人民法院管辖。在行政诉讼中，被告是行政机关，其所在地也是具体行政行为发生地和行政争议发生地，因此，行政诉讼的一般地域管辖是按照最初作出具体行政行为的行政机关所在地确定的。但由于行政机关作出具体行政行为的情况比较复杂，特别是对经复议的案件，存在着复议机关维持或改变原具体行政行为两种情况，为此，《行政诉讼法》对一般地域管辖又作了补充规定，即经复议的案件，复议机关改变原具体行政行为的，也可以由复议机关所在地人民法院管辖。上述对一般地域管辖的规定，既便于原告、被告参加诉讼活动，又便于人民法院调查、取证，及时作出裁判。

（二）特殊地域管辖

特殊地域管辖是相对于一般地域管辖而言的。它是按照法律的特别规定，以诉讼标的所在地来确定管辖法院的。《行政诉讼法》第 18 条、第 19 条规定了两种特殊地域管辖的情况。

1. 对限制人身自由的强制措施不服提起的行政诉讼，由被告所在地或者原告所在地人民法院管辖。这种特殊地域管辖的规定，主要是从方便原告进行诉讼出发。由于原告在起诉时，已被行政机关限制了人身自由，其诉讼行为相应地受到一定的限制，为了利于原告维护自己的合法权益，法律规定由原告选择管辖法院。

2. 因不动产提起的行政诉讼，由不动产所在地人民法院管辖。不动产，是指不能移动或者移动后失去其使用价值的实物，如土地、建筑物、林木等。这种特殊地域管辖的规定，主要为了便于人民法院在审理案件时对不动产的调查、勘验、取证，做到及时正确处理案件，也利于案件审结后判决的执行。

（三）共同地域管辖

共同地域管辖，是指在两个以上法院对同一案件都有管辖权的情况下，原告可以选择其中一个法院起诉。共同地域管辖是由一般地域管辖和特殊地域管辖派生的一种管辖方式，是对上述两种管辖的有效补充。《行政诉讼法》对共同地域管辖规定的情形有：①经过复议的案件，复议机关改变原决定的，既可以由最初作出具体行政行为的行政机关所在地人民法院管辖，也可由复议机关所在地人民法院管辖；②当事人对限制人身自由的行政强制措施不服而提起的诉讼，既可以由被告所在地人民法院管辖，也可由原告所在地人民法院管辖；③两个以上人民法院都有管辖权的案件，原告可以选择其中一个人民法院起诉，原告向两个以上有管辖权的人民法院起诉的，由最先收到起诉状的人民法院管辖。如不动产涉及两个法院辖区，就会产生共同管辖问题，原告则可选择其中一个法院起诉。这一管辖规定的目的是为了解决共同管辖中的冲突问题，它将共同地域管辖与当事人选择管辖联系在一起。

四、裁定管辖

裁定管辖是相对于法定管辖而言的，属于管辖的一种分类。上述级别管辖和地域管辖都属法定管辖，它们是由法律直接规定诉讼管辖法院的。而裁定管辖则不是根据法律的直接规定，而是由法院直接作出裁定或决定来确定诉讼管辖法院的。裁定管辖包括移送管辖、指定管辖、移转管辖。

（一）移送管辖

移送管辖，是指某个法院把已经受理的行政案件移送给有管辖权的法院。《行政诉讼法》第 21 条规定，人民法院发现受理的案件不属于自己管辖时，应当移送有管辖权的人民法院。在行政诉讼中，案件移送应当具备的条件是：①移送案件的人民法院已经受理了案件；②移送案件的人民法院发现自己对该案件没有管辖权；③接受移送的人民法院对该案件具有管辖权。

移送管辖一般发生在同级人民法院之间，是人民法院之间对已受理的案件进行的移送，而不是管辖权的转移，并非管辖权错误。移送管辖的目的在于纠正人民法院在管辖中发生的失误，以利于行政相对人起诉，便于人民法院公正、有效地审理案件，防止人民法院之间相互推诿。移送管辖的程序主要是：由受理案件的法院合议庭提出意见，经过院长批准后，以该法院的名义致函移送给有管辖权的人民法院。

（二）指定管辖

行政诉讼中的指定管辖，是指由于特殊原因或两个人民法院对同一案件的管辖权发生争议时，由上级人民法院以裁定的方式，决定案件由哪个人民法院管辖的制度。《行政诉讼法》第 22 条对指定管辖的两种情形分别作了规定。

1. 由于特殊原因，有管辖权的人民法院不能行使管辖权时，由上级人民法院指定管辖。所谓特殊原因主要有两个方面：①事实原因，这是指有管辖权的人民法院遇到不可抗力的原因，客观上无法行使管辖权，如发生地震、水灾、火灾等自然灾害或事故；②法定原因，这是指法律明确规定有管辖权的人民法院遇到本院或本案审判人员与本案有利害关系等情况，应当进行回避，无法行使管辖时。当出现由于特殊原因不能行使管辖权时，则由上级人民法院指定管辖。

2. 因人民法院之间对管辖权发生争议引起的指定管辖。《行政诉讼法》第22条第2款规定，人民法院对管辖权发生争议，由争议双方协商解决。协商不成的，报它们的共同上级人民法院指定管辖。管辖权争议有两种情况：①都认为自己有管辖权，双方对案件争管辖权；②都认为不属于自己管辖，双方对案件相互推诿。在上述管辖权发生争议的情况下，首先应当协商，协商不成的，应报请双方共同上级人民法院来指定由哪一个法院受理该案件。

（三）移转管辖

移转管辖，是指经上级人民法院决定或同意，对第一审行政案件有管辖权的下级人民法院将该案件移交给上级人民法院审理，或者有管辖权的上级人民法院将该案件移交给下级人民法院审理。

《行政诉讼法》第23条规定，上级人民法院有权审判下级人民法院管辖的第一审行政案件，也可以将自己管辖的第一审行政案件移交给下级人民法院审判。下级人民法院对其管辖的第一审行政案件，认为需要由上级人民法院审判的，可以报请上级人民法院决定。移转管辖是在管辖权明确的情况下发生的转交，属于裁定管辖的一种特殊形式。在审判实践中，有些行政案件因复杂、疑难，或者因遇到外来阻碍或干扰，下级人民法院难以处理或不便处理，可以报请上级人民法院决定，由上级法院审判；也有一些本属于上级人民法院管辖的案件，但上级法院认为有必要将管辖权移交给下级法院，由下级法院审判更为妥当的，也可决定移交给下级法院审判。

移转管辖与移送管辖的区别在于：

1. 移送管辖一般是在同级人民法院之间进行的，它是地域管辖的一种补充形式，其目的是将没有管辖权的法院已受理的行政案件，移送给有管辖权的法院；而移转管辖是发生在有隶属关系的上下级法院之间，它是级别管辖的一种变通形式，其目的是为了调整不同级别法院对具体案件的管辖权。

2. 移送管辖是受案法院自己对案件没有管辖权而移送给有权管辖的法

院；移转管辖是有管辖权的法院经上级法院决定或同意，将其受理的行政案件移交给无管辖权的法院，从而使无权管辖的法院取得了管辖权。由于移转管辖重新确定管辖权，因此，必须经由上级人民法院的决定或同意才能移转，否则不得移转。

2008 年 1 月，最高人民法院已发布了《关于行政案件管辖若干问题的规定》，促进了指定管辖、移送管辖在司法实践中的灵活运用，使之成为人民法院防止和排除地方司法干预，实现依法独立审理行政案件的有效方式。

思 考 题

1. 试述我国《行政诉讼法》确定的行政诉讼受案范围。
2. 试述行政诉讼的管辖及其意义。
3. 简述应当由中级、高级、最高人民法院管辖的行政案件。
4. 什么是特殊地域管辖？它具体包括哪几种情形？
5. 什么是裁定管辖？其中的移送管辖和移转管辖有何区别？

第十七章　行政诉讼参加人

学习目的与要求

　　通过本章的学习，理解行政诉讼参加人、行政诉讼当事人的概念、特征及其权利能力和行为能力；了解和掌握原告、被告、第三人的概念和特征；充分认识并准确把握行政诉讼的参加人是正确处理行政案件的关键；明确《行政诉讼法》和相关司法解释对于行政诉讼参加人的具体规定。

第一节　行政诉讼参加人概述

一、行政诉讼参加人的概念

　　行政诉讼参加人，是指作为行政诉讼主体的当事人和类似当事人地位的诉讼代理人。当事人包括原告、被告、共同诉讼人和第三人，代理人包括法定代理人、指定代理人和委托代理人。

　　行政诉讼参加人和行政诉讼参与人是两个不同的概念，不能混淆。行政诉讼参与人是指参与行政诉讼过程的个人和组织，其范围大于行政诉讼参加人的范围，它除了包括行政诉讼参加人外，还包括其他诉讼参与人，即证人、鉴定人、翻译人、勘验人等，其他诉讼参与人与被诉具体行政行为和诉讼结果没有利害关系，也不受法院裁判拘束，所以他们和诉讼参加人处于不同的诉讼地位。

　　诉讼参加人的资格问题往往是人民法院首先要解决的问题，研究诉讼参加人，有利于准确地确定他们的诉讼法律地位和权利、义务，进而顺利地开展行政诉讼活动。

二、行政诉讼当事人

（一）行政诉讼当事人的概念

行政诉讼当事人，是指与被诉具体行政行为有利害关系，以自己的名义参加诉讼并受人民法院裁判拘束的个人和组织。

当事人是诉讼参加人的核心，包括原告、被告、共同诉讼人和第三人，这是他们在第一审程序中的称谓；在第二审中称为上诉人和被上诉人；在审判监督程序中，如果适用第一审程序，称原审原告、原审被告，如果适用第二审程序，则称原审上诉人和原审被上诉人；在执行程序中，称为执行申请人和被申请执行人。不同的称谓反映出他们不同的诉讼地位。

（二）当事人的特征

1. 当事人同被诉的具体行政行为有直接利害关系。在行政诉讼中，原告认为具体行政行为侵犯其合法权益，为了维护自身利益而向法院起诉，被告是法院通知其参加诉讼的，法院之所以要求其参加诉讼是给他维护自己权益的机会，因为法院裁判的对象就是被告作出的行政行为，所以被告也必然同诉讼有利害关系。而诉讼代理人则不同，诉讼代理人尽管也会受到法院裁判的影响，但由于他同具体行政行为没有直接的利害关系，所以他不受法院裁判的拘束。

2. 当事人以自己的名义进行诉讼。原告以自己的名义起诉，被告以自己的名义应诉，第三人以自己的名义参加诉讼，所以他们均是诉讼当事人。诉讼代理人则不同，无论何种代理人，均以被代理人的名义而不得以自己的名义参加诉讼。

3. 当事人要受到人民法院裁判的拘束。人民法院的裁判是针对当事人之间的权利义务关系作出的，要解决当事人之间的纠纷，裁判生效后，就产生确定力、拘束力和执行力，所以当事人之间的权利义务关系被法院裁判所确定。当事人要受到裁判的拘束，要自动履行裁判，否则人民法院可以采取强制措施。对代理人和其他诉讼参与人则不存在这个问题。

三、行政诉讼权利能力和行为能力

（一）行政诉讼权利能力

行政诉讼权利能力，是指能以自己的名义参加诉讼活动，行使行政诉讼权利和承担行政诉讼义务的资格。只有依法具有诉讼权利能力的人才能成为诉讼活动的主体。

诉讼权利能力同权利能力相关联，权利能力是指以自己的名义按照实体法的规定享有权利和承担义务的资格，只有依法取得权利能力，才能成为实体法上的权利主体，反之没有权利能力，便不能享有实体法上的权利。诉讼权利能力和权利能力的关系是：

1. 具有权利能力的人必须具有诉讼权利能力，凡在实体法上享有权利的人，法律必然赋予他们诉讼权利能力，使他们有资格进入诉讼法律关系，通过诉讼活动保护自己实体法上的权利。因为对于具有权利能力的人，如果法律不赋予他们诉讼权利能力，则他们实体法上的权利得不到诉讼上的保障，他们的权利能力也就会名存实亡。在行政法律关系中，作为行政一方的行政机关和作为行政相对人的公民、法人和其他组织都具有行政权利能力，这是他们享有行政法上各种权利的前提条件。行政机关从成立之日至解散之日享有权利能力，行政机关以外的行政主体从依法取得行政权之日到授权法被废止之日享有权利能力，公民从出生到死亡期间享有权利能力，而法人和其他组织从成立至终止期间享有权利能力。这里的其他组织是指不具有法人资格的组织，它们在民法上没有权利能力，不能像法人那样具有完全的民事权利，但能够在行政法上享有权利，承担义务，也就是说，在行政法上，它们具有权利能力。凡具有权利能力的主体，必然具有诉讼权利能力，而且诉讼权利能力存在的时间完全等同于权利能力存在的时间。

2. 不具有权利能力的人也就不享有诉讼权利能力。例如，企业内的车间、班组，行政机关内的科室，由于不具有权利能力，就不能以自己的名义行使行政法上的权利，承担行政法上的义务，也不具有诉讼权利能力，不能以自己的名义参加诉讼活动。

行政诉讼权利能力同民事诉讼权利能力有区别，在民事诉讼中，享有诉讼权利能力的个人和组织既可以作为原告，又可以作为被告，但在行政诉讼中，行政相对人享有的是原告的诉讼权利能力，因此他只能行使原告的诉讼权利，而行政机关和其他行政主体只享有被告的诉讼权利能力，因此只能行使被告的权利。

（二）行政诉讼行为能力

诉讼行为能力又称诉讼能力，是指能够通过自己的行为实现诉讼权利，履行诉讼义务的资格。这里强调的是"通过自己的行为"而不是依靠他人来实现权利、履行义务。所有的公民都具有诉讼权利能力。这是法律为保护他们的权益而赋予他们的，但并非他们都具有诉讼行为能力，因为诉讼行为能力不能由法律赋予，而取决于他们的实体法上的行为能力。公民满 18 周岁才具有诉讼行为能力，16 周岁以上不满 18 周岁，但以自己的劳动收入为主要生活来源的公民也具有诉讼行为能力。精神病人没有诉讼行为能力，间歇性精神病人在发病期间没有诉讼行为能力。公民的诉讼行为能力于公民死亡时终止。对于没有诉讼能力的人，他们的诉讼活动必须由他们的法定代理人和指定代理人代为进行，因此诉讼行为能力问题是法定代理人和指定代理人产生的基础。行政机关、法人和其他组织不同于公民，它们的诉讼行为能力和它们实体法上的行为能力一样，于组织成立时开始，于组织终止时结束。

由此可见，就公民而言，都有诉讼权利能力，但不一定有诉讼行为能力；就行政机关、法人和其他组织而言，在诉讼权利能力存在期间都有诉讼行为能力。

第二节　原告与被告

一、原告

（一）原告的概念和特征

行政诉讼的原告，是指认为行政机关的具体行政行为侵犯自己的合法权益，因而以自己的名义向人民法院提起诉讼的公民、法人和其他组织。从这个定义中我们可以看出，原告具有以下特征：

1. 原告必须是行政法律关系中作为行政相对人的公民、法人和其他组织。公民、法人和其他组织在行政法律关系中处于被管理者的地位，行政机关处于管理者的地位，为了实现行政管理的目标，法律赋予行政机关强大的行政权，同时行政相对人有服从行政机关管理的义务。但是，在现代民主国家中，作为行政相对人的公民、法人和其他组织享有广泛的权益，行政机关的管理活动侵犯相对人的合法权益的可能性很大，而且行政相对人本身又没有权利也没有能力对抗行政机关。为了维护他们的合法权益，法律赋予他们起诉权，他们可以通过司法程序解决他们与行政机关之间的纠纷，监督行政机关依法行政。因此，只有行政相对人才能成为原告。

在行政法律关系中，行政机关依法享有行政权，它与行政相对人发生权利义务上的纠纷时，可以运用行政权实现自己的意志，因此，法律没有必要赋予行政机关原告资格。但是，有时一个行政机关会作为另一个行政机关的行政相对人，这时，它也可以成为行政诉讼的原告。例如，公安机关在消防设施检查中认为卫生机关的消防工作存在隐患，可责令其整改或予以处罚，此时，作为行政相对人的卫生机关若不服公安机关的行为，就可以作为原告向人民法院提起行政诉讼。另一方面，卫生机关在检查公共卫生时，认为公安机关的卫生状况没有达标，也可以依法要求公安机关改进或予以处罚，这时，公安机关作为行政相对人，它若不服卫生机关的行政行为也有权向法院起诉。

2. 原告是认为具体行政行为侵犯自己合法权益的人。对于某个具体行政行为，并非任何人都有资格作为原告起诉，行政诉讼的目的是保护行政相对人的合法权益，因此只有与行政行为有利害关系的人，为了保护自己的合法权益，才可以作为原告提起诉讼。能否取得原告的资格，关键看他与被诉行政行为有无利害关系，这是大多数国家采用的诉讼利益原则。如果一个人对某一行政行为不享有诉讼上的利益，他就不能取得原告资格，所谓诉讼上的利益，就是指原告能够从诉讼中获得的利益。这种利益在起诉时是主观的，公民、法人和其他组织只要自己主观上认为其合法权益受到具体行政行为的侵犯，就可以起诉，而不要求其权益客观上受到了侵犯，因为客观上是否受到侵犯，需要法院立案以后，经过审理才能认定。所以，法院不应当事先认定不存在侵害事实而不受理公民、法人和其他组织的起诉。由于行政诉讼有明确的受案范围，所以，这里的合法权益并非指原告所享有的一切权益，而是指受行政诉讼法保护的权益，而且侵权行为也限于法定的具体行政行为，对抽象行政行为不服的不能提起行政诉讼，而应通过其他途径解决。

3. 原告是主动参加诉讼的当事人。原告为了保护自己的合法权益而向人民法院起诉，因此，他是主动参加诉讼的人，其主动性体现于起诉行为。被告是由人民法院通知而参加诉讼的，因而具有被动性，没有原告的主动起诉，就不会产生行政诉讼，而被告无论是否应诉，都不会影响行政诉讼的成立。

（二）原告的类别

1. 作为具体行政行为直接对象的公民、法人和其他组织。这是最常见的原告，如行政处罚中的受处罚人，行政强制中的被强制人，行政许可中的不服许可的人等。

2. 不服行政复议机关复议决定的复议申请人。行政相对人不服具体行政行为，原则上有权选择行政复议或行政诉讼，若选择了行政复议，对复议机关的复议决定不服，还可以再提起行政诉讼。

3. 因行政不作为行为受到不利影响的人。行政机关应当作为而不作为，致使相对人的合法权益受到影响，相对人可以起诉行政机关。可以起诉的行政不作为行为有拒不履行法定职责，未依法发给抚恤金，对许可申请不予答复等。

4. 被限制了人身自由的公民。《若干解释》第 11 条第 2 款规定："公民因被限制人身自由而不能提起诉讼的，其近亲属可以依其口头或者书面委托以该公民的名义提起诉讼。"可见，这种情况下，原告仍是被限制了人身自由的公民，其近亲属是他的委托代理人。

5. 行政机关裁决的民事纠纷的当事人。行政机关解决民事纠纷的方式有调解和裁决等，当行政机关行使行政权裁决民事纠纷时，纠纷的当事人就成为行政管理相对人，当事人如果不服行政裁决，应当以裁决机关为被告提起行政诉讼，而不应提起民事诉讼，因为如果人民法院通过民事诉讼处理该民事纠纷，则有可能造成行政处理与司法处理并存的矛盾局面。相反，如果法院通过行政诉讼程序审查行政裁决并将民事纠纷作为行政附带民事案件处理，则可一举两得，有利于消除矛盾，顺利实现诉讼目的。行政机关通过调解方式处理民事纠纷，不服调解的当事人应当以民事诉讼原告资格向法院起诉，而不能起诉调解机关。

6. 被主管行政机关撤职的企业法定代表人。主管行政机关的撤职决定侵犯了企业法定代表人的经营管理权，法定代表人本人可以起诉，撤职决定同时也侵犯了企业职工的自我管理权，因此企业职工也应当有原告的资格。

此外，最高人民法院《若干解释》规定了若干特殊情况下的原告，第 13 条规定了有下列情形之一的，公民、法人或者其他组织可以依法提起行政诉讼：

（1）被诉具体行政行为涉及其相邻权或者公平竞争权的。

（2）与被诉的行政复议决定有法律上的利害关系或者在复议程序中被追加为第三人的。

（3）要求主管行政机关依法追究加害人法律责任的。

（4）与撤销或者变更具体行政行为有法律上利害关系的。

上述第（1）项所谓相邻权，是一个民法概念，指不动产的占有人在行使物权时，对相邻的他人的不动产享有的支配权。相邻权属于不动产物权，包括土地、建筑物和水流的相邻权，因相邻权而引起的法律关系为相邻关系。《民法通则》第 83 条对相邻关系的规定是："不动产的相邻各方，应当按照有利生产、方便生活、团结互助、公平合理的精神，正确处理截水、排水、通行、通风、采光等方面的相邻关系……"相邻关系是一种民事关系，但是，很多侵犯相邻权的行为与行政行为有密切联系，特别是民事主体的很多行为是在行政机关批准、许可后实施的，拥有相邻权的一方认为行政机关的批准行为侵犯了其合法权益，可以依法提起行政诉讼。例如，某人拥有一幢环境良好的住宅，但是行政机关批准在他家前面修建一家化工厂，他认为这一行政行为侵犯了他的环境权，可以依法起诉批准机关。

公平竞争权也是公民、法人和其他组织依法享有的一项民事权利。一般情况下，侵犯公平竞争权来自竞争的另一方，但是，有时行政机关破坏了公平竞争的原则，这时侵权行为就是行政行为。例如，某市政府为了保护本地的一家啤酒厂，规定本市的商家只能销售该厂的啤酒，市政府的行为侵犯了商家的经营自主权，商家可以提起行政诉讼，同时，市政府的行为还侵犯了外地啤酒企业的公平竞争权，外地企业也可以起诉市政府。

上述第（2）项规定的是涉及行政复议的行政诉讼。根据法律规定，不服行政复议决定的复议申请人有权提起行政诉讼。这里所说的"与被诉的行政复议决定有利害关系的人"和"在复议程序中被追加为第三人的人"也有权提起行政诉讼的，包括两种人，前者是没有参加复议程序，但是与复议决定有利害关系的人，后者是指与具体行政行为有利害关系，因而作为第三人参加了行政复议的人。他们的共同特点是都与复议决定有利害关系，如果他们不服复议决定，就有权提起行政诉讼，这一规定有利于维护他们的合法权益。如甲乙二人都申请在某一块土地上建房，行政机关将这块地批给了甲，乙不服，提起了行政复议，甲与复议决定有利害关系，应当作为第三人参加复议；也有可能由于某种原因，甲未能参加复议，经过复议后，复议机关作出复议决定，将此地批给乙，甲不服复议决定，有权提起行政诉讼。

上述第（3）项规定了当某人实施了违法行为侵犯了另一人的合法权益时，行政机关有义务对违法行为进行制裁，制裁违法行为既可以维护法制秩序，又可以保护受害人的合法权利。违法行为人不服制裁当然有权提起行政诉讼，但是，行政机关对违法行为置之不理或处理不力时，受害人有权提起行政诉讼。行政机关对违法行为的制裁具有双重价值，它既是维护法制的行为，又是保护受害人合法权益的行为，受害人有权要求行政机关制裁违法行为人，该项规定明确赋予受害人诉权。如甲把乙打伤，公安机关给甲行政警告的处罚，乙认为处罚太轻，有权起诉公安机关，请求人民法院撤销公安机关的处罚，责令其重新处罚，或者由人民法院直接变更该处罚决定。

上述第（4）项规定了行政机关对原来作出的具体行政行为改变或者撤销。如工商机关给某人颁发营业执照后，又决定改变营业执照中的经营范围，或者宣布撤销该营业执照,这种改变或者撤销行为直接处分了执照持有人的民事权利,如果执照持有人对此不服,可依此项规定提起行政诉讼。

另外,《若干解释》还规定了合伙企业向人民法院提起诉讼的,应当以核准登记的字号为原告,由执行合伙企业事务的合伙人作诉讼代表人;其他合伙组织提起诉讼的,合伙人为共同原告。不具备法人资格的其他组织向人民法院提起诉讼的,由该组织的主要负责人作诉讼代表人;没有主要负责人的,可以由推选的负责人作诉讼代表人。同案原告为5人以上的,应当推选1~5名诉讼代表人参加诉讼;在指定期限内未选定的,人民法院可依职权指定。

上述规定的共同之处是规定了诉讼代表人,这一点也是《行政诉讼法》所没有的。诉讼代表人既不同于诉讼代理人,也不同于法定代表人,他是由法律规定的在诉讼中代表非法人组织的原告参加诉讼的人。这一定义有三层含义:①他是基于法律的规定而产生的,而不是谁都可以做的,尽管有的诉讼代表人要经过当事人推选,但这种推选也是法律规定的。②他代表的是非法人组织。法人组织由于设有法定代表人,法定代表人同时也是法人在诉讼中的代表人,所以不需要诉讼代表人。③诉讼代表人仅仅是代表非法人组织参加诉讼活动,在诉讼以外的领域,他没有代表权。诉讼代表人不同于诉讼代理人,后者是指代理当事人参加诉讼的人,被代理人可以是公民、法人和其他组织,也可以是行政机关和法律、法规授权的组织,其代理权来源于当事人的委托、法院的指定或者法律的规定。诉讼代表人也不同于法定代表人,法定代表人,也叫做法人代表,首先是一个实体法上的概念,同时也是诉讼法上的概念,它是指依照法律、法规或者组织章程的规定代表法人组织行使权力的人。只有法人组织才有法定代表人,它既可以代表法人进行实体法上的活动,也可以代表法人参加诉讼活动。

《若干解释》规定了对联营企业、中外合资或者合作企业的联营、合资、合作各方,认为联营、合资、合作企业权益或者自己一方合法权益受到具体行政行为侵害的,均可以自己的名义提起诉讼。农村土地承包人等土地使用权人对行政机关处分其使用的农村集体所有土地的行为不服,可以以自己的名义提起诉讼。非国有企业被行政机关注销、撤销、合并、强令兼并、出售、分立或者改变企业隶属关系的,该企业或其法定代表人可以提起诉讼。股份制企业的股东大会、股东代表大会、董事会等认为行政机关作出的具体行政行为侵犯企业经营自主权的,可以企业的名义起诉。

(三) 原告资格的转移

为了进一步保护行政相对人的合法权益,监督行政机关依法行政,《行政诉讼法》第24条规定了原告资格的转移。原告资格的转移，是指有权起诉的公民、法人或其他组织死亡或终止，他的原告资格依法转移给特定的有利害关系的公民、法人或其他组织的制度。

1. 有原告资格的公民死亡，原告资格可转移给其近亲属。根据《婚姻法》和《继承法》的规定，近亲属包括配偶、父母、子女、兄弟姐妹、祖父母、外祖父母、孙子女、外孙子女。具有原告资格的公民死亡后，其近亲属若承受了原告资格，他们就成为新的原告，而不是死者的代理人；他们也可以拒绝承受原告资格，这时诉讼就终止了。

2. 有原告资格的法人或者其他组织终止，原告资格可以转移给承受其权利的法人或其他组织。法人或者其他组织终止有多种原因，无论何种原因，只要有承受权利的组织，原告资格就可以转移为其享有。但是，以下情形不发生原告资格的转移问题：①法人或其他组织被行政机关吊销许可证或执照，该法人或组织仍有权以自己的名义提起行政诉讼；②法人或其他组织破产，在破产程序尚未终止时，破产企业仍有权就此前的行政行为提起行政诉讼。③法人或其他组织被主管机关决定撤销，不服撤销决定的组织，可以自己的名义提起行政诉讼。

具有原告资格的公民、法人或其他组织在起诉前死亡或终止的，因转移而获得原告资格的人可以起诉；在起诉后死亡或终止的，人民法院应当中止诉讼，等待获得原告资格的人参加诉讼。如果没有原告资格的承受人或拒绝承受原告资格，人民法院应当裁定终结诉讼程序。

（四）原告的权利和义务

1. 在行政诉讼中，原告的权利主要有：①起诉权；②委托诉讼代理人的权利；③提供证据和申请保全证据的权利；④申请回避权；⑤补充、变更诉讼请求权；⑥申请财产保全和先予给付的权利；⑦申请强制执行权；⑧申请撤诉权；⑨上诉权。

2. 与被告的权利相比，上列第①、⑤、⑧项权利为原告所独有。原告的诉讼义务主要有：①依法行使诉权，遵守诉讼规则，服从法院指挥；②自觉履行人民法院作出的发生法律效力的判决、裁定。

二、被告

（一）被告的概念和特征

被告，是指被原告认为其具体行政行为侵犯了自己的合法权益而诉至法院，因而由法院通知应诉的行政机关以及法律、法规授权的组织。被告有以下特征：

1. 被告只能是行政机关和法律、法规授权的组织。也就是说被告只能是行政主体。行政主体理论对于确定被告的资格至关重要，某个行政组织是否可以作被告，首先看它是否具有行政主体资格，不具有行政主体资格就不具有行政诉讼被告资格。因为只有行政主体才享有行政权，才能以自己的名义作出行政行为，独立承担相应的法律责任。行政诉讼的重要任务之一便是监督行政行为并追究相应的法律责任，只有行政主体才有独立承担责任的能力，因此，国家公务员，行政机关的法定代表人以及不独立享有行政权、不能以自己的名义作出行政行为的行政机构都不能成为行政诉讼的被告。反之，享有对外管理职权的行政机关以及法律、法规授权的组织由于具备行政主体资格，都具有行政诉讼被告的资格。

2. 被告必须是作出具体行政行为的行政机关以及法律、法规授权的组织。由于行政相对人认为行政主体的具体行政行为侵犯了自己的合法权益而向人民法院起诉，所以行政相对人是不服具体行政行为而不是不服行政主体。可见，具体行政行为的存在是行政诉讼产生的前提，行政相对人只能将作出具体行政行为的行政主体诉至法院，没有作出具体行政行为的行政主体不可能成为被告。

此外，具体行政行为应当属于行政诉讼法所确定的受案范围，如果具体行政行为是法律排除审查的，那么人民法院既不会受理也不会通知被诉人应诉，被诉人也就不可能转化为行政诉讼的被告。

3. 被告必须是人民法院通知应诉的人。由于被告资格最终由法院确认，所以只有在法院确认被诉行政机关或法律、法规授权的组织符合前述两个条件，并通知其应诉时，该行政主体才能成为特定行政案件中的被告，具有本案被告的资格。

（二）被告的类别

1. 作出具体行政行为的行政机关。这类被告在行政诉讼中是最常见的，产生这类被告的情形有：①相对人不服行政机关作出的具体行政行为，不经复议直接向法院起诉的；②相对人对具体行政行为不服申请复议，复议机关维持原具体行政行为，相对人仍不服，向法院起诉的；③复议机关在法定期间内不作出复议决定，相对人对原具体行政行为不服，向法院起诉的。

2. 作出行政复议决定的复议机关。相对人不服具体行政行为，申请复议，复议机关改变了原具体行政行为，相对人仍不服，向法院起诉的，由行政复议机关作被告。

3. 共同作出具体行政行为的行政机关。两个以上行政机关作出同一具体行政行为，相对人不服而起诉的，共同作出具体行政行为的行政机关是共同被告。

4. 作出具体行政行为的派出机关。派出机关是依照地方人民政府组织法成立的由地方人民政府派出的行政机关，派出机关依法具备行政主体资格。因此，行政相对人不服其具体行政行为而起诉时，派出机关可以成为行政诉讼被告。

5. 法律、法规和规章授权的行政机构。行政机构是行政机关内设的或派出的组织，原则上不具有行政主体资格，也就不能成为被告。但是有些行政机构依法享有行政权，从而取得行政主体资格，能以自己的名义作出行政行为，相对人若不服而起诉的，该行政机构就是被告。

6. 作出具体行政行为的法律、法规和规章授权的非行政组织。该组织依法享有行政权，能以自己的名义作出行政行为，并能独立承担相应的法律责任，具有行政主体资格，因此，当他作出的具体行政行为被起诉后，他就成为被告。

7. 个人或组织接受行政机关的委托作出具体行政行为的，由委托机关作被告。在行政委托关系中，受托人是以委托人的名义作出行政行为的，由此产生的后果也由委托人承担，该行政行为应当视为委托人的行为，因此，委托人应当是被告。

8. 行政机关与其他国家机关、党派和社会团体等共同作出行政行为的，由行政机关作被告，非行政机关的另一方是行政诉讼关系中的第三人。

9. 当事人不服上级行政机关批准的具体行政行为，向人民法院提起诉讼的，应当以在对外发生法律效力的文书上署名的机关为被告。在行政管理中，有些行政机关作出行政决定时，往往会事先请示上级机关，获得上级机关的批准。经过上级机关批准而作出具体行政行为的，如果行政决定书上写明经上级机关批准时，上、下级行政机关应当共同作为被告。如果批准程序仅是内部程序，未在行政决定书上写明的，批准机关不作被告，仅由署名盖章的机关作被告。

10. 因行政机关不作为行政行为而起诉的，应当作为的行政机关为被告。

除此以外，《若干解释》对几种特殊情况下的被告的确认作了规定。

该解释第20条分别规定：行政机关组建并赋予行政管理职能但不具有独立承担法律责任能力的机构，以自己的名义作出具体行政行为，当事人不服提起诉讼的，应当以组建该机构的行政机关为被告。行政机关的内设机构或者派出机构在没有法律、法规或者规章授权的情况下，以自己的名义作出具体行政行为，当事人不服提起诉讼的，应当以该行政机关为被告。法律、法规或者规章授权行使行政职权的行政机关内设机构、派出机构或者其他组织，超出法定授权范围实施行政行为，当事人不服提起诉讼的，应当以实施该行为的机构或者组织为被告。

《若干解释》还规定了行政机关在没有法律、法规或者规章规定的情况下，授权其内设机构、派出机构或者其他组织行使行政职权的，应当视为委托。当事人不服提起诉讼的，应当以该行政机关为被告。复议机关在法定期限内不作复议决定，当事人对原具体行政行为不服提起诉讼的，应当以作出原具体行政行为的行政机关为被告；当事人对复议机关不作为不服提起诉讼的，应当以复议机关为被告。

（三）被告资格的转移

在行政诉讼中，被告的资格有时也会转移，主要情况就是被告被撤销，其被告资格转移给其他行政主体。被告资格转移制度有利于顺利地追究行政责任，保护原告的合法权益，维护和监督行政机关依法行政。

被告资格转移的情况有两种：①作为被告的行政机关被撤销；②法律、法规授权的组织依法不再享有行政权。无论哪一种情况，一般都有新的行政主体继续行使其职权。在实践中，有的机关被撤销后，其职权由原有的其他行政机关行使，有的是由新组建的行政机关行使，有的收归于人民政府，有的机关被撤销后，其职权随着机构改革和政府职能转变而不复存在，其事务转由社会组织自我管理。如果确实没有承受机关，则由作出撤销决定的机关作为承受机关。总之，被告撤销后，都会发生被告资格的转移问题，被告资格的转移是由法律规定的，不取决于承受者的主观意志。

（四）被告的权利和义务

被告有下列主要权利：

1. 在诉讼过程中变更原具体行政行为的权力。被告有权在第一审程序的判决或裁定作出前改变原具体行政行为，在第二审程序中被告不得改变原具体行政行为。即使改变了，二审人民法院也不予认定，因为一审裁判是针对变更前的行政行为作出的，二审法院若允许被告改变具体行政行为，则会导致二审裁判否定一审裁判的结果，这对一审法院是不公正的。

2. 强制执行法院判决裁定权。对于原告拒绝履行人民法院已经发生法律效力的判决裁定的，没有强制执行权的行政机关应当申请人民法院强制执行，享有强制执行权的行政机关自己就可以依法对原告采取强制执行措施。

3. 委托诉讼代理人的权利。

4. 提供证据和申请保全证据的权利。

5. 申请回避权。

6. 申请保全财产权。

7. 上诉权。

8. 申请查阅补正庭审笔录权。

以上权利的第 1 项、第 2 项为被告所特有。

被告除了负有原告所负的义务外，还负有应诉的义务，提供作出具体行政行为的证据和所依据的规范性文件的义务，执行法院裁定停止被诉行政行为的执行的义务和先行给付的义务。

第三节　第三人、共同诉讼人与诉讼代理人

一、第三人

（一）第三人的概念和特征

行政诉讼第三人，是指同被诉具体行政行为有利害关系，在行政诉讼过程中申请参加诉讼或由人民法院通知参加诉讼的公民、法人或其他组织。行政诉讼第三人有以下特征：

1. 同被诉具体行政行为有利害关系。所谓利害关系是指法律上的权利义务关系，如具体行政行为使其获得某种权利，减少某种义务，或者使其丧失某种权利，增加某种义务。第三人必须同具体行政行为本身有利害关系，而不是同具体行政行为的结果有利害关系。如甲、乙二人因土地使用权发生纠纷，行政机关对该纠纷进行裁决并认定甲对这块土地有使用权，乙不服而起诉行政机关，甲就是行政诉讼的第三人，因为甲从行政裁决行为中获得了土地使用权。再如，甲将汽车借给乙使用，乙利用汽车从事违法活动，行政机关将汽车扣押，乙若起诉行政机关，甲并不能成为第三人而只能是案外人，因为具体行政行为针对乙作出，并未直接影响甲的权利义务，甲仅是受到具体行政行为的结果的影响。

2. 第三人在行政法律关系中处于行政相对人的地位。作为行政主体的行政机关，不能作为第三人参加诉讼，但行政机关和其他国家机关如果处于行政相对人地位时，就可以在行政诉讼中作为第三人。有的观点认为，作为行

政主体的行政机关在特定的诉讼关系中也具有第三人资格，这样有利于行政
诉讼目的的实现，例如，批准作出具体行政行为的机关，被作出具体行政行
为的行政机关越权的机关，就同一事项作出与被诉具体行政行为相冲突的具
体行政行为的机关，根据行政诉讼的需要，都可以成为第三人参加行政诉讼，
这种主张虽有一定的道理，但《行政诉讼法》和有关的司法解释都未提供相
应的法律依据。

3. 经本人申请或人民法院通知其参加诉讼。第三人不像原告一样必须由
本人起诉才能参加诉讼，只要法院通知其参加诉讼，也就成为第三人。第三
人也不像被告一样须经法院通知才能参加诉讼，本人可以主动申请参加诉讼，
只要法院同意，也就成为诉讼第三人。

（二）第三人的种类

1. 行政处罚中的受处罚人。行政机关对违法行为人作出行政处罚后，受
处罚人未起诉，被受处罚人所侵犯的受害人起诉，在这种情况下，受处罚人
可以作为第三人参加诉讼。

2. 被受处罚人侵害的受害人。行政机关对违法行为人进行处罚后，受处
罚人不服行政处罚起诉的，被受处罚人侵害的人可以作为第三人参加诉讼。

3. 行政裁决的当事人。行政机关依职权裁决平等主体之间的权属纠纷或
侵权赔偿纠纷，一方当事人不服行政裁决而起诉行政机关时，另一方当事人
可以作为第三人参加诉讼。

4. 具体行政行为的直接相对人。行政机关作出某种具体行政行为，具体
行政行为的直接相对人未起诉，但其他受到具体行政行为不利影响的人提起
诉讼，这时具体行政行为的直接相对人可作为第三人参加诉讼。例如，行政
机关批准甲在某地上建房，但乙认为房屋建成会影响自己的交通、采光或排
水，因而起诉批准机关，甲就成为该案的第三人。

5. 权益受到具体行政行为影响的人。行政机关作出某具体行政行为，既
影响直接相对人的权益，又影响非直接相对人的权益，直接相对人不服具体
行政行为向法院起诉的，非直接相对人就成为第三人，例如，行政机关撤销
某人的厂长职务，按有关规定，行政机关任免企业法定代表人时应当征求企
业职工代表大会的意见，但事实上该行政机关并未征求其意见，该厂长若不
服撤职决定而起诉时，企业职工代表大会或企业职工就可以作为第三人参加
诉讼。

6. 与行政机关共同作出具体行政行为的非行政机关组织。行政机关与非
行政机关共同署名作出某具体行政行为，相对人不服，向法院提起行政诉讼。

非行政机关的一方因为不具有行政主体资格而不能作为被告，只能由行政机关一方作被告，这种情况下，如果具体行政行为对相对人造成人身或财产方面的损害，需要追究赔偿责任时，人民法院可以通知非行政机关的一方作为行政诉讼的第三人。

7. 行政机关的同一具体行政行为涉及两个以上的利害关系人，其中一部分利害关系人对具体行政行为不服提起诉讼，人民法院应当通知没有提起诉讼的其他利害关系人作为第三人参加诉讼。例如，甲、乙、丙、丁四人赌博，被公安机关抓获，每人被罚款 1000 元，甲、乙二人不服，提起行政诉讼，则人民法院应当通知丙、丁二人作为第三人参加诉讼。

8. 两个以上的行政机关共同作出具体行政行为，但原告只起诉其中的一部分，人民法院要求原告追加另外一部分为被告，但原告不同意的，人民法院应当通知另外一部分行政机关以第三人的身份参加诉讼。这种第三人是由《若干解释》第 23 条第 2 款规定的，也是唯一由法律规定的行政主体作为第三人的情形。

二、共同诉讼人

（一）共同诉讼人的概念

通常情况下，行政诉讼只有一个原告和一个被告，但在某些情况下，行政诉讼的原告可能是两个以上的公民、法人或其他组织，被告也可能是两个以上的行政机关，有时甚至原告和被告都为两人以上。这种原告或者被告一方或双方为两人以上的诉讼，就是共同诉讼，共同诉讼的当事人，我们称之为共同诉讼人。原告为两人以上的，我们称之为共同原告；被告为两人以上的，我们称之为共同被告。

共同诉讼是诉的主体的合并，即诉讼有几个原告或几个被告，或原告、被告均为多数，诉讼标的是同一或同样的具体行政行为，人民法院将其合并审理。它与诉讼客体的合并不同，诉讼客体的合并是一个原告向一个被告提出几个诉讼请求，人民法院将其合并审理，例如，原告请求法院判决被告的具体行政行为违法，同时还请求被告赔偿由此造成的损失。

设立共同诉讼的意义在于，人民法院可以通过共同诉讼的形式，一并解决相关的行政诉讼，从而简化诉讼程序，节省时间和费用，避免人民法院在同一事件上作出相互矛盾的判决。

（二）共同诉讼的分类

按照诉讼标的的不同，共同诉讼又可分为必要的共同诉讼和普通的共同诉讼。

1. 必要的共同诉讼。是指当事人一方或双方为两人以上，诉讼标的是同一具体行政行为的诉讼。必要的共同诉讼的特征在于诉讼标的的同一性，即行政案件因同一具体行政行为发生，同一行政行为是指一个或几个行政机关，针对一个或几个公民、法人或其他组织，基于一个意思表示实施的一个具体行政行为。在实践中，必要的共同诉讼有以下几种情形：

（1）两人以上共同违法，被行政机关在同一处罚决定中分别处罚，受处罚人均不服提起诉讼的。

（2）法人或其他组织违法受到处罚，该法人或组织的主要负责人同时受到处罚，两者均不服处罚提起诉讼的。

（3）治安行政案件中，两个以上的受害人不服公安机关对加害人的行政处罚而提起诉讼的。

（4）两个以上的行政机关针对同一行政相对人联合作出具体行政行为，相对人不服而提起诉讼的。

（5）治安行政案件中，被处罚人和受害人均不服公安机关的处罚决定而提起诉讼的。

（6）行政机关对民事纠纷作出裁决后，纠纷当事人均不服行政裁决，向法院起诉裁决机关的。

2. 普通的共同诉讼。是指当事人一方或双方为两人以上，其诉讼标的是同样的具体行政行为，并由法院合并审理的诉讼。所谓同样的具体行政行为，是指两个以上的性质相同的具体行政行为。共同诉讼人之间在事实上或法律上并不存在不可分割的联系，仅是由于诉讼标的是同一类的具体行政行为，因而被统一于一个行政诉讼程序，这种诉讼因实践中种类繁多而难以一一列举，如几个残废军人或烈士家属认为行政机关没有依法发给抚恤金而提起诉讼的，如果这些人属于同一法院辖区的，人民法院就可以作为共同诉讼来处理。再如，几个个体户控告同一行政机关乱罚款的，他们如果属于同一法院管辖的，人民法院也可以作为共同诉讼来处理。普通的共同诉讼并不是必须要合并审理，人民法院可以把它分作几个案件分别审理，如果分别审理，则成为各自独立的案件而不是共同诉讼了。人民法院认为合并审理能简化诉讼，节省人力、物力，减少差异，才可以将其合并审理，如果不能做到这一点，就没必要合并审理，这是普通的共同诉讼和必要的共同诉讼的一个重要区别，必要的共同诉讼是不可以分割的。

三、诉讼代理人

（一）诉讼代理人的概念和特征

上述原告、被告、第三人、共同诉讼人均属当事人的范畴，诉讼参加人由当事人及其诉讼代理人构成。所谓诉讼代理人，是指在代理权限内，以当事人的名义，代替当事人进行诉讼活动的人。我国行政诉讼法规定诉讼代理人制度，有助于帮助当事人参加诉讼活动，保护其合法权益，有助于法院正确及时审理行政案件，顺利完成诉讼任务。诉讼代理人的一般特征是：①以被代理人的名义而不是以自己的名义进行诉讼活动；②参加诉讼的目的是为了维护被代理人的合法权益，而不是为了维护自己的权益；③诉讼代理人在其代理权限内所实施的行为的法律后果由被代理人承担，超越代理权所实施的行为是无效行为，其后果由代理人自己承担；④只能代理争议的一方当事人，不能在同一诉讼中代理原告、被告双方；⑤诉讼代理人必须具有诉讼行为能力。

（二）诉讼代理人的种类

1. 法定代理人。法定代理人，是指根据法律规定取得代理权，代替无诉讼行为能力的公民进行诉讼的人。《行政诉讼法》第 28 条规定："没有诉讼行为能力的公民，由其法定代理人代为诉讼。"这里的"没有诉讼行为能力的公民"，是指未成年人和不能辨认自己行为的精神病人。为了保护他们的合法权益，我国《民法通则》为他们设置了监护人，未成年人的监护人可以由其父母、祖父母、外祖父母、兄、姐以及关系密切的其他亲属朋友中经未成年人的父母的所在单位或者未成年人住所地的居民委员会或村民委员会同意的人担任。无行为能力或限制行为能力的精神病人的监护人由其配偶、父母、成年子女、其他近亲属或关系密切的其他亲属或朋友中经精神病人的所在单位或者住所地的居民委员会或村民委员会同意的人担任。在进行诉讼活动时，监护人是被监护人的法定代理人。

2. 指定代理人。指定代理人，是指被人民法院指定代理无诉讼行为能力的当事人进行诉讼活动的人。当监护人相互推诿，不愿做诉讼代理人时，人民法院应当指定一人作为代理人，没有监护人的，人民法院应当指定一名律师作为代理人。指定代理人与法定代理人有相同的权利义务，但当指定代理人代为处分被代理人的实体权利时，应受到人民法院的审查监督，指定代理人因当事人获得诉讼行为能力，因案件审理终结而丧失其代理资格，人民法院也有权取消指定代理人的资格，另行指定其他人为指定代理人。

3. 委托代理人。委托代理人，是指受当事人或其法定代理人的委托，代替被代理人进行诉讼活动的人。《行政诉讼法》第 29 条规定了委托代理制度，因为有诉讼行为能力的当事人及其法定代理人由于种种原因，需要请人代为诉讼。这里所讲的当事人当然包括行政机关，行政机关的法定代表人不一定要亲自出庭应诉，可以委托本机关的法制干部、法律顾问或律师代为参加诉讼。

委托代理人同法定代理人、指定代理人有明显的区别，其代理权是基于当事人或其法定代理人的委托而产生，代理权限一般由代理人和被代理人商议确定，签订委托协议书，并将委托协议书递交人民法院，解除代理关系也应书面报告人民法院。

按照《行政诉讼法》第 29 条第 2 款的规定，可以作为委托代理人的有律师、社会团体、提起诉讼的公民的近亲属或者所在单位推荐的人，以及经人民法院许可的其他公民。可见《行政诉讼法》规定的委托代理人的范围比民事诉讼的范围广，这是为了便于当事人参加诉讼，保证诉讼的顺利进行，也体现了我国行政诉讼制度高度民主的精神。

思 考 题

1. 试述行政诉讼参加人和当事人的范围。
2. 如何确定行政诉讼的原告？
3. 如何确定行政诉讼的被告？
4. 如何确定行政诉讼的第三人？
5. 简述行政诉讼代理人的种类。

第十八章　行政诉讼证据

学习目的与要求

　　通过本章的学习，理解行政诉讼证据的概念、特征；认识行政诉讼证据的分类以及表现形式；掌握行政诉讼证据与其他诉讼证据的不同特点；明确行政诉讼证据在取证、举证、质证、认证等环节中的特殊规则。

第一节　行政诉讼证据概述

一、行政诉讼证据的概念与特征

（一）证据的概念

一般认为，证据是用以证明案件事实情况的材料。它是由诉讼参加人收集并提交给人民法院，或者是由人民法院依法定职权收集和调取的。证据是用以证明案件事实的材料，即只要是在诉讼中以证明案件为目的而使用的材料就是证据，而不是经过审查判断，被认定有证明力的材料才是证据。一切证据，都具有以下特征：

1. 客观性。即证据的内容是客观存在的，不能假定和臆造，不能随着人的主观意志的转变而改变。因为证据产生于案件，案件的发生、变化和终止是既存事实，在时间上是不可逆转的，因此产生于案件、反映案件事实的证据也是不可改变的。然而在实践中有些证据经过人们故意改造、隐匿或毁灭，有些证据存在于人的意识之中，如证人证言、当事人陈述，在表达上有意或无意地受到人们主观的影响，所以，需要人民法院对证据审查判断，去伪存真，最终获取证据的客观内容。

2. 相关性。即诉讼参加人和人民法院所收集和调取的证据必须和案件本身之间存在一定的联系，也就是要求证据来源于案件，反映案件事实。只有如此，证据才能发挥其证明作用，这里只要求存在形式上的相关性，即从外形上看，某个材料和案件有一定的联系，诉讼参加人和人民法院就可以收集调取，将它作为证据，至于它有无证明力，也就是说有无实质上的关系，那要在审查判断之后才能确定。

3. 合法性。也称证据的法律性，指证据要符合法定的形式和程序。如《行政诉讼法》规定了七种形式的证据，那么，诉讼参加人和人民法院就只能收集调取这七种证据，其他形式的证据人民法院不予接受或不应收集。另外，法律还规定了收集和使用证据的程序，如行政诉讼开始后，被告不得自行向原告和证人收集证据，诉讼参加人和人民法院应当遵守法定程序，违背程序取得的证据是无效的。

（二）行政诉讼证据的概念与特征

行政诉讼证据是诉讼证据中的一种，是指在行政诉讼过程中，诉讼参加人用来证明自己的主张成立和人民法院为查明案件事实所收集的材料。行政诉讼证据有以下特征：

1. 行政诉讼证据存在于行政诉讼之中。行政诉讼证据存在的时空范围就是行政诉讼，正因为如此，行政诉讼证据才有别于其他证据。行政诉讼证据和民事诉讼、刑事诉讼的证据分属不同种类的诉讼，由不同的法律调整，比较容易区分，需要明确行政诉讼证据和行政证据的联系和区别。

所谓行政证据，是在行政关系中，由行政机关收集的或由行政相对人提供的，作为行政行为依据的材料。行政机关的一切活动也应当以事实为根据、以法律为准绳。要做到"以事实为根据"，就必须全面地调查取证，并以证据为依据，作出行政行为，因此行政证据是保障行政行为客观、公正、适当的基础。

行政诉讼证据与行政证据的联系在于：①行政行为被相对人起诉后，行政机关为作出该行为所收集的证据就转变为行政诉讼中应当向法院提供的证据，而且行政机关只能提供作出行政行为之前收集的证据，行政行为作出之后，行政机关不能够再收集证据，否则就违背了"先取证，后裁决"的行政程序。②行政证据和行政诉讼证据的形式完全相同，凡行政机关在行政程序中收集的证据都可以在诉讼中向人民法院提供。我国法律尚未规定行政证据的形式，但它应当与《行政诉讼法》所规定的七种诉讼证据形式相同。

　　行政诉讼证据与行政证据的区别主要是：①运用证据的目的不同。在行政程序中，行政机关运用证据是为了保障行政行为客观事实、公正合理，行政相对人运用证据是为了取得某种资格或利益，如获得行政许可或救助，从轻、减轻或免除处罚等。而行政诉讼中人民法院运用证据是为了查明被诉具体行政行为的合法性和适当性，当事人运用证据是为了证明自己的主张，从而使法院作出有利于自己的裁判。②举证责任不同。在行政程序中，行政机关应当广泛地收集证据，并据此作出行政行为。当行政相对人请求行政许可或免除义务时，应提供相应的证据，否则行政机关可以拒绝其请求。在行政诉讼中，原则上由被告承担举证责任。

　　2.　行政诉讼证据范围较广。根据《行政诉讼法》第 31 条的规定，行政诉讼证据包括书证、物证、视听资料、证人证言、当事人陈述、鉴定结论、勘验笔录和现场笔录七种。这里的现场笔录就是行政诉讼所特有的证据形式。另外，行政诉讼法还要求行政机关向人民法院提交作出具体行政行为的法律依据，尽管行政诉讼法并未将法律依据作为诉讼证据，但是人民法院要审查具体行政行为是否合法，那么，其法律依据便与证据同样重要，证据仅能证明行政行为是否"以事实为根据"，只有行政机关提供其行为的法律依据，才能证明其行为是"以法律为准绳"。因此行政诉讼中行政机关提供的证明材料范围要大于其他诉讼的证明材料范围。

　　3.　行政诉讼证据来源具有特定性。这主要是指行政诉讼证据来自行政程序，并且主要由被告行政机关向人民法院提供。因为行政机关在作出行政决定前，应当查清事实，全面收集证据，也就是说行政机关必须遵循先取证、后裁决的原则。所以行政机关向法院提交的证据应当在作出裁决之前获得，一旦引发诉讼，便应当向法院提供。当然，原告也有权提出证据反驳行政机关，但是，由于行政机关在行政程序中处于主导地位，使得原告获取证据比较困难，因此，行政诉讼证据主要来自被告的提供，而且其证据必须是行政程序中作出裁决前取得的。尽管法院也可以依职权收集调查证据，但法院的主要职能是审查判断证据，只是在必要的情况下，才向当事人或证人调查、收集证据，因此，行政诉讼证据在来源上有别于民事诉讼和刑事诉讼的证据来源。

二、行政诉讼证据的分类

（一）直接证据与间接证据

以证据和待证事实之间的关系为标准，证据可分为直接证据和间接证据。

直接证据，是指能够直接证明案件的全部事实或主要事实的证据，这种证据往往不需要其他证据辅佐，单凭自身就可以定案，如受处罚人出示的罚款额高于法定限度的处罚通知书，就可以证明处罚行为违法。再如，行政许可的请求人诉卫生行政机关拒绝颁发卫生许可证，卫生行政机关出示该请求人患有某种传染病的体检证明，该证明就可证明拒绝颁发卫生许可证的行为是合法的。

间接证据，是指与案件事实有一定联系，能够证明案件某一方面的证据。这类证据证明范围不及直接证据，它只能证明案件的部分事实，它必须同其他证据相结合才能证明案件的全部事实。如治安处罚案件中，公安机关出具的被打人的医疗诊断书。这个诊断书可以证明被打人的受害程度，但并不能证明谁是打人的人，所以，该证据必须同其他证据（如受害人陈述、证人证言等）相结合，才能证明行政处罚行为的合法性。

这种分类说明直接证据的证明力强于间接证据，是证据收集者的第一目标，但这并不意味着可以忽视间接证据。因为间接证据常常是获得直接证据的途径，而且间接证据能够印证直接证据，在没有直接证据的情况下，靠大量间接证据环环相扣，相互辅助，也能证明案件的全部事实。

（二）原始证据与派生证据

以证据的来源为标准，将证据分为原始证据和派生证据。

原始证据，是指直接来源于案件事实的材料，即通常所说的第一手材料，如亲眼看见案发过程的证人所提供的证言，行政机关收费时开具的收据原件等。派生证据又称传来证据，指不是直接来源于案件，而是经过中间环节加工了的证据，如行政文件的复印件，引述他人陈述的证人证言等。

从二者的性质上可以看出，原始证据的可信度高于派生证据，但原始证据同样应当经过审查方可使用，因为原始证据也有可能失真，例如，证人证言可能由于证人的记忆力或视听能力等因素而不尽准确，当事人陈述因为受自身利益或情绪影响而夸大或缩小情节。派生证据尽管是由原始证据衍生而来，但也不是无关紧要的，有了派生证据，就可以帮助我们追根溯源，找到原始证据，最终查明案件真相。

原始证据和派生证据是就证据来源分类的，直接证据和间接证据是就证据同待证事实的关系分类的。不能将原始证据与直接证据、派生证据与间接证据相混淆，它们是按不同标准对证据进行分类的结果，例如，在某治安行政案件中，受处罚人用木棍打了受害人，这里的木棍是原始证据，同时是间接证据，甲看见了案发全过程并告诉了乙，乙因此向公安机关作证，乙的证言是派生证据，同时又是直接证据。

（三）本证与反证

根据提出证据的主体不同，把证据分为本证和反证。

本证是当事人为了证明自己的主张而提供的证据。诉讼中，当事人向人民法院提出某种主张后，就应当提供相应的证据来证明自己的主张，这样才能获得人民法院的支持，这种证据就是本证，例如，行政机关为证明自己处罚合法而提供的相对人有违法行为的证据。

反证是当事人为了反驳对方的主张、推翻对方认定的事实而提供的证据，例如，行政机关认为相对人有违法行为而应当受到处罚，相对人提供自己的户口簿，证明自己没有达到法定责任年龄，因此行政处罚是违法的。这里的户口簿是为了反驳行政机关的主张而提出的，因此是反证。

需要指出的是，在行政诉讼中，举证责任由被告行政机关承担，但不能因此说被告提供的证据是本证，原告提供的证据就是反证，例如，原告认为自己的身体健康因受到被告的刑讯逼供而受到侵害，要求赔偿，这里，原告的陈述就是本证，被告提供医疗诊断书，证明原告未受到伤害，被告出示的诊断书就是反证。可见，原告也可以提出本证，被告也可以提出反证。

三、行政诉讼证据的法定形式

我国《行政诉讼法》第31条列举了七种行政诉讼证据。2002年10月1日施行的《最高人民法院关于行政诉讼证据若干问题的规定》（以下简称《行政诉讼证据规定》）又对每种证据的形式作了具体要求，这一规定是我国证据法体系的重要组成部分。

（一）书证

书证是以自身所记载的内容证明案件事实的证据。从内容上看，书证记载有一定的内容，记载的方式可以用中文、外文，还可以用符号和图案，从形式上看，书证一般是纸张，但也可以是布帛、塑料和金属等材料。常见的书证有公文、信件、清单、证书、证件、发票、合同文本、图表、图纸等。书证是行政诉讼中使用最广的一种证据，按制作主体来划分，书证可以分为公文和非公文，公文是行政机关在执行公务时依职权制作的文书，一般具有较高的可信度，其他书证则属非公文书证。按书证的形式来分，可分为要式书证和普通书证，要式书证是按照法律的规定或行政机关的要求制作的具有特定格式的文书。行政机关的大量文书都是预先设定好格式，制作文书时只需填写特定的内容并签名、加盖公章，如许可证、清单、发票等。普通书证是行政机关或行政相对人根据情况随机书写的材料。

（二）物证

凡是用物品的特征和性质来证明案件事实的材料，称为物证。物证的性质和特征系指物品的质地、形状、颜色、气味、功能、重量等，如房屋的地点、面积能帮助行政机关确定它是否违章建筑，食品的颜色、气味能帮助行政机关判断它是否发霉变质，化肥的成分、功效能帮助行政机关确定它是否符合产品质量标准。

（三）视听资料

视听资料是指能够记载声音和图像的资料，如录音带、录像带、胶卷、传真资料、光盘、计算机软盘等。视听资料尽管也记载一定的内容，但和书证的记载方法不同，视听资料是使用特定机器设备来记录、保存和再现一定的内容，而且内容广泛，包括画面、声音、活动和环境等，因此视听资料是一种独立的证据形式。由于现代技术的发展，视听资料的应用越来越广，同时，伪造、变造视听资料的可能性也在增大，所以审查视听资料的真实性时要求审判人员具有专业技术知识或委托专业技术人员审查。

（四）证人证言

证人证言是当事人以外的人就其所知道的与案件有关的情况向人民法院所作的陈述。依照法律，证人有作证的义务，但目前尚无有力的法律措施使证人履行作证的义务，但人民法院应当对证人出庭作证所需的必要支出给予补偿，应当采取必要措施保护证人免受他人的打击报复。无民事行为能力和限制民事行为能力的人应当在同其年龄、智力和精神状态相适应的范围内作证。

（五）当事人的陈述

这是指行政诉讼的原告、被告、共同诉讼人和第三人就案件事实向人民法院所作的陈述。由于当事人与案件有直接的利害关系，其陈述受主观因素影响很大，因此，人民法院应当仔细地、反复地审查，并且尽力搜集其他证据加以印证。

（六）鉴定结论

鉴定结论是指鉴定人运用自己的专门知识对专门性的问题进行分析研究后所作出的结论。鉴定人是具有某一方面专业知识的人，他既可以是人民法院内部的工作人员，也可以是其他部门的接受人民法院委托实施鉴定的人。行政诉讼中专门性问题很多，如产品质量，食品卫生，人体和动植物检疫，知识产权等，这些问题不能由行政人员和司法人员靠生活经验来评判，必须经过专业人员鉴定方可定性。

（七）勘验笔录和现场笔录

勘验笔录是行政机关或人民法院对案发现场或有关物品进行勘测、检验后所作的记录。现场笔录是行政机关工作人员对实施行政行为的现场当场所作的记录。勘验笔录和现场笔录不同，勘验笔录可以是行政工作人员所作，也可以是审判人员所作，而现场笔录是行政人员所作，而且是亲自参加行政活动的行政人员当场所作。另外，勘验笔录的对象是特定的场所和物品，而现场笔录的对象是某一事件的过程，前者是对静态情况的反映，后者是对动态情况的反映。

现场笔录是行政诉讼中特有的证据形式，是行政诉讼法为适应行政审判工作的特殊需要设立的，其使用有一定的条件限制，主要包括：①只有在其他证据不可能或难以取得，或易于灭失的情况下才能使用这种证据，如交通警察对闯红灯的骑车人进行处罚；食品卫生检查人员对出售变质的饭菜的饭馆进行处罚的情况。也就是说，如果存在其他证据能够证明案情，行政机关不应当使用现场笔录。②现场笔录的制作应当符合要求。现场笔录必须是在实施行政行为时制作的，而不应当是为应付诉讼而补作，制作时应当由行政相对人在上面签字方为有效，相对人拒绝签字时应当由见证人签字。

四、行政诉讼证据的意义

行政诉讼的过程实质上是人民法院和诉讼参加人运用证据查明案情，最终解决具体行政行为合法性的过程，证据在诉讼过程中发挥着重要的作用，所以，称它为"诉讼的语言"。

1. 对人民法院来说，证据是正确判决的基础。尽管行政诉讼中审查具体行政行为的合法性是一个法律问题，但要解决法律问题必须首先解决事实问题。如果事实没有查清，即使适用法律准确，最终的判决仍然是错误的。因此证据是人民法院作出判决的重要依据，也是人民法院判决的重要条件。根据《行政诉讼法》第54条的规定，人民法院作出维持判决的首要条件就是"具体行政行为证据确凿"，作出撤销判决的第一个条件是具体行政行为"主要证据不足"。

2. 证据是当事人维护自己合法权益的有力工具。行政诉讼是行政相对人认为行政机关的具体行政行为侵犯其合法权益而向人民法院提起的，法律规定由被告行政机关承担举证责任，因此被告应当提供证据证明其行为是合法的，否则就会承担败诉的后果。可见，被告能否提供证据对诉讼结果起着关键作用。原告虽然不承担举证责任，但是有提供证据的权利，他通过提出证据反驳被告的观点或直接证明被告行为违法，从而取得法院的支持，维护自己的合法权益。离开证据，任何人的主张都是没有根据的，不会得到法院的支持。因此，证据对于当事人证明自己的主张，维护自己的合法权益起着关键作用。

第二节　举证责任

一、举证责任的概念

举证责任，是指法律规定的诉讼当事人承担的提供证据证明案件事实的责任。这个概念有以下几层含义：

1. 举证责任的承担者是由法律明确规定的。我国行政诉讼法将举证责任赋予了行政诉讼的被告行政机关，这和民事诉讼中的举证责任不同，民事诉讼法将举证责任赋予了提出主张的当事人。英美法系行政诉讼与民事诉讼不分，均由提出主张的人承担举证责任。

2. 举证责任的内容是提供证据证明案件事实。就行政诉讼而言，既要证明具体行政行为存在与否，还要证明具体行政行为是否合法，对行政处罚案件还要证明处罚是否公正、适度。

3. 举证责任同案件的判决结果紧密联系。如果依法承担举证责任的人拒不举证或无法举证，将可能承担败诉的后果。而不承担举证责任的当事人即使不提供任何证据，也有胜诉的可能。当然，举证责任的承担者即使履行了举证责任也不是必然能胜诉，诉讼的结果取决于法院对他所提供的证据的审查判断结论。

关于举证责任的性质，这是一个争论已久的问题，对此有权利说、义务说以及风险义务说等各种说法。我们认为，举证责任绝不是一种权利，诚然，诉讼当事人都有权为了维护自己的权益而提供证据，但是一旦某方当事人依法成为举证责任的承担者，他从法律上得到的绝不是证据权利，因为权利可以放弃而不产生不利后果。而放弃举证责任要承担败诉的后果，同时举证责任也不是一般的义务，因为法定的义务都具有强制性，对不履行义务的人，法院可以采取强制措施以实现义务，而法院不能强制举证责任的承担者举证。风险义务说有其合理性，它认为举证责任是一种特殊的义务，不具有强制性，但和一定的风险相联系，如果举证责任的承担者拒绝举证，就增大了败诉的风险，但不见得是必然败诉。例如，某行政机关的行为完全合法，但拒绝向法院提供证据，这时法院如果能收集到足够的证据证明该行政行为合法，仍应当维持该行政行为，即判决行政机关胜诉。

二、被告承担举证责任

在行政诉讼中，举证责任由被告行政机关承担。《行政诉讼法》第 32 条规定：“被告对作出的具体行政行为负有举证责任”，如果被告不能证明具体行政行为合法，法院又无法收集到证据来证明案情时，被告就要承担败诉的后果。而原告即使提不出任何证据，也不会因此而败诉。可见行政诉讼的证据制度是独立的，完全不同于民事诉讼“谁主张，谁举证”的制度和刑事诉讼由司法机关承担举证责任的制度。之所以规定由行政机关承担举证责任，是基于以下原因：

1. 从理论上讲，一切国家机关都应遵循以事实为根据、以法律为准绳的原则。这不仅是一个法律原则，而且是辩证唯物主义哲学的基本观点和要求，是马克思主义实事求是思想的体现。这个原则对于行政机关而言，就是要求其遵循“先取证，后裁决”的程序规则，“先取证，后裁决”的意思是，行政机关在作出任何裁决之前，应当充分收集证据，查明事实，然后依法作出裁决，而不应当在没有证据时主观臆断地作出行政行为，更不能先作出行政行为，然后收集证据。因此，当行政机关的行为被诉至人民法院时，行政机关应当已经拥有充分的证据，能够证明其行为的合法性。相反，如果在诉讼中行政机关不能提供证据，就说明它在作出行政行为前没有收集证据，即违反了“先取证，后裁决”的规则，可见，这个规则是行政诉讼举证责任制度的理论基础。

2. 从实践中看，作为行政诉讼的被告有能力提供证据，而原告则几乎没有举证能力。在诉讼法律关系产生之前，已经存在行政法律关系，行政法律关系是一种不对等的法律关系，行政机关掌握强大的行政权，行政权具有效力先定的特点，即行政权一旦行使，在法律上就推定为合法有效，对相对人产生法律效力，相对人必须服从，即使事实上该行政权力的行使违法，也只能等待有权机关将其撤销之后，才丧失法律效力。而且行政权的行使具有单方性和强制性，单方性是指行政机关有权单方决定行政行为的内容和方式，无需和相对人协商一致；强制性是指行政相对人必须接受行政权的制约，否则行政机关可以采取强制手段来实现行政行为。行政权的这些特点决定了行政机关处于主动地位,而行政相对人处于被动地位,因此,行政机关应当对自己的行为承担证明责任。另外它也有能力收集和保全证据,国家为行政机关配备了与行政权行使相适应的工作人员,提供相应的经费和设备,行政机关有收集和保全证据的人力、财力和物力。

3. 原告缺乏举证的能力。因为他在行政法律关系中处于被动地位,有时他对行政行为的作出原因一无所知,既不知道其事实根据,又不知道法律依据;有时他知道原因,但持有异议,而异议的处理又由行政机关决定。因此,如果要求作为原告的相对人证明行政行为是违法的,否则就要败诉,这对原告显然是不公正的。例如,行政机关决定对相对人实施处罚,相对人很难证明处罚行为的违法性,而且不能拒绝执行,相对人即使不服行政处罚,自己也没有能力解决,这时他只能诉诸有权机关解决。法院在审理时应当要求行政机关说明为什么要进行处罚并提出相应的证据,而不应当要求原告证明自己没有违法行为不应当受到处罚。假若原告承担举证责任,就是说公民有义务证明自己没有违法行为不应当受到处罚,否则就会败诉,这就接近于有罪推定了,是绝对要不得的。

4. 行政相对人没有能力收集和保全证据。例如,行政机关认为商店出售的商品是假冒伪劣商品而予以没收并销毁,或认为库房里的商品系走私物品而予以查封、扣押或变卖,这时行政相对人便无力保全证据;有时某些证据需要进行鉴定或勘验,相对人也没有这方面的人力或物力。所以,原告不应当承担举证责任。当然,原告不承担举证责任,并不排斥原告向法院提供证据的权利。

三、举证责任的实施

行政诉讼法在规定被告承担举证责任的同时,还对被告的举证行为作了一定的规定,这些规定是被告在实施举证责任时应当遵循的。

1. 被告所举证据应是在行政程序中取得的证据。《行政诉讼法》第33条规定:"在诉讼过程中,被告不得自行向原告和证人收集证据。"这就要求进入诉讼阶段以后,被告不得再收集证据,法律为什么作出这样的规定?这仍然是"先取证,后裁决"原则的要求。在诉讼开始之前,行政机关已经作出行政行为,也就是说,行政行为在前,行政诉讼在后。按照"先取证,后裁决"原则的要求,在行政行为作出前,行政机关应当完成了取证工作,所以,诉讼开始后,行政机关就无需再调查取证。相反,如果诉讼已经开始,行政机关仍在取证,那就说明行政机关的行为没有足够的证据作基础,违背了

"先取证，后裁决"原则，因此，法律不允许行政机关在诉讼开始后取证，否则就是允许其"先裁决，后取证"。而且被告的代理人也不能收集证据，否则这项制度就得不到落实。

2. 行政机关应当提供证明具体行政行为合法的事实证据和法律依据。《行政诉讼法》第 5 条规定："人民法院审理行政案件，对具体行政行为是否合法进行审查。"具体行政行为是否合法，这是行政诉讼的核心问题。行政机关若要证明自己的行为合法，就不仅应证明自己的行为是"以事实为依据"，而且是"以法律为准绳"，所以，行政机关不仅应当向法院提供证据，还应当向法院提供其行为的法律依据。这里的"法律"范围很大，不仅包括宪法、法律、行政法规、地方性法规和规章，还包括其他抽象行政行为，以及上级机关的决定、命令等依据。

3. 行政行为属于不作为行为的，行政机关应当提供证明该不作为行政行为合法的依据。属于现场处理，如果提供不了其他证据，应当提供现场笔录。属于专业技术问题的，应当提供鉴定结论。

4. 如果被诉的具体行政行为是行政处罚行为，行政机关不仅应当证明其处罚合法，还要证明处罚合理、适度。行政诉讼主要审查具体行政行为的合法性，但不排除在特定情况下审查其合理性，《行政诉讼法》第 54 条第 1 款第 4 项规定："行政处罚显失公正的，可以判决变更"。可见，对于行政处罚行为的公正性，人民法院也有审查权，所以，这种情况下行政机关还应证明行政处罚的合理性、公正性。

5. 被告举证的时间也有一定的限制。根据《行政诉讼证据规定》第 1 条的规定，被告对作出的具体行政行为负有举证责任，应当在收到起诉状副本之日起 10 日内，提供据以作出被诉具体行政行为的全部证据和所依据的规范性文件。被告不提供或者无正当理由逾期提供证据的，视为被诉具体行政行为没有相应的证据。

被告因不可抗力或者客观上不能控制的其他正当事由，不能在前面规定的期限内提供证据的，应当在收到起诉状副本之日起 10 日内向人民法院提出延期提供证据的书面申请。人民法院准许延期提供的，被告应当在正当事由消除后 10 日内提供证据。逾期提供的，视为被诉具体行政行为没有相应的证据。

四、行政诉讼原告的举证责任

行政诉讼法虽然明确规定被告对作出的具体行政行为负有举证责任，却并不排除原告在特定情况下承担举证责任，而且《若干解释》第27条也使用了"原告举证责任"的概念，但《行政诉讼证据规定》回避了原告举证责任的概念，这恰恰说明了行政诉讼举证责任问题的复杂性。《若干解释》第12条、第40条和《行政诉讼证据规定》第4条、第5条等，规定了原告就下列事项承担举证责任：

（一）提供证据证明起诉具有事实根据

1. 首先应当证明其与被诉具体行政行为有利害关系。法律上利害关系，是指有法律上的权利义务关系，因此，原告起诉时，应当证明自己由被诉具体行政行为设定了权利和义务。

2. 证明具体行政行为的存在。原告起诉应当提供证据证明被诉具体行政行为的存在，如能够证明具体行政行为存在的法律文书、罚没收据、收款收据等。

对于行政机关作出具体行政行为时，没有制作或者没有送达法律文书的，"只要能证明具体行政行为存在，人民法院应当依法受理"。

3. 证明起诉符合法定的起诉期限。

（二）在起诉被告不作为的案件中，提供证据证明其在行政程序中曾经提出过申请的事实

原告起诉不作为的案件应当证明曾经提出过申请的事实，但有两种例外情形：①被告应当依职权主动履行法定职责的；②因被告受理申请的登记制度不完备等正当事由不能提供相关证据材料并能够作出合理说明的。

（三）在行政赔偿诉讼中，证明因受被诉具体行政行为侵害而遭受损失的事实

原告应当对损害事实的存在、损害由被告的违法公务行为引起、损害的程度等提供证据。

第三节　人民法院对证据的收集、审查和认定

一、证据的收集

《行政诉讼法》第34条规定："人民法院有权要求当事人提供或者补充证据。人民法院有权向有关行政机关以及其他组织、公民调取证据。"这说明人民法院审理行政案件的证据不仅包括被告所提供的证据，还包括法院自己

收集的证据。法院自己收集证据又包括两种途径：①要求当事人提供或补充证据；②人民法院直接调取证据。下面我们分别研究。

（一）人民法院要求当事人提供或补充证据

人民法院有权要求当事人提供或者补充证据的原因，是认为当事人提供的证据尚不足以证明案件的真实情况，而需要进一步查明案件真实情况。

人民法院认为当事人提供的证据尚不足以证明案件的真实情况，是基于对无争议案件事实的证据持有怀疑。一般情况下，对于双方当事人均没有异议的证据，即视为当事人对案件事实没有争议，完成了举证，人民法院可直接予以认定，不再要求当事人提供或者补充相关证据。但是人民法院如果对无争议的案件事实的证据持有怀疑，仍可以要求当事人提供或者补充相关证据。

人民法院怀疑无争议的案件事实证据的理由，依照《行政诉讼证据规定》第9条的规定，是该无争议的案件事实涉及国家利益、公共利益或者他人合法权益，而不是案件当事人的合法权益。全面的衡量被诉具体行政行为的合法性，从法院审判活动所保护的合法权益角度应当看到两个方面：①行政相对人的合法权益；②国家利益、公共利益或者他人合法权益。行政诉讼活动应当对这两个方面都给予保护，即使某些事实当事人之间无争议，该无争议事实也不涉及行政相对人的权益，但该无争议事实涉及国家利益、公共利益或者他人合法权益的，人民法院就可以根据举证责任的分担，依职权责令当事人提供或者补充有关证据，以维护和监督行政机关依法行政。

根据该条规定，在此情况下，人民法院"可以责令当事人提供或者补充有关证据"，可见，这并不是人民法院取得证据的唯一手段，法院如果认为有必要，也可以采用调取证据的方式。《行政诉讼证据规定》对向人民法院提交各类证据都规定了相应的要求。

（二）人民法院对行政诉讼证据的调取

人民法院对行政诉讼证据的调取，是指人民法院为了核实当事人所提供证据的真实性、关联性和合法性，根据当事人的申请或者依职权采取的以调查手段收集证据的司法活动。

1. 人民法院调取证据的目的是为了核实当事人所提供的证据的真实性、关联性和合法性，用以查明案件事实，而不是为了以自己取得的证据证明被诉具体行政行为的合法性。

2. 人民法院调取证据的主要原因，是当事人提供证据行为的局限性。当事人举证行为的局限性表现在两个方面：①没有能力举证，如原告因没有调查权而取不到证据；②证据不可靠，由于当事人与案件的审理结果有直接的利害关系，常常可能只提供有利于自己的证据，而隐瞒不利于自己的证据。人民法院为了准确认定案件事实，正确适用法律，就有必要检验当事人提供证据的真伪。

3. 人民法院调取证据在行政诉讼举证责任体系中只处于辅助地位，而居于核心地位的仍然是当事人举证。

人民法院有权调查取证原则上以当事人申请为前提，在原告或者第三人没有申请的情况下，人民法院一般不主动调取证据，但在涉及国家、社会公共利益等特定情况下，人民法院亦能主动调取证据。

1. 人民法院主动调取行政诉讼证据。根据《行政诉讼证据规定》第 22条的规定，人民法院有权依职权主动调取证据的范围包括两个方面：①涉及国家利益、公共利益或者他人合法权益的事实认定的；②涉及依职权追加当事人、中止诉讼、终结诉讼、回避等程序性事项的。

2. 人民法院应原告或者第三人的申请调取行政诉讼证据。主要内容包括：

（1）申请条件。原告或者第三人向人民法院申请调取行政诉讼证据有两个条件：①自行收集不能，即提出申请是因为客观上不能自行收集，而不是主观上不愿收集。②能够提供证据的确切线索。这两个条件是相辅相成的，缺一不可。

（2）可申请的范围。可以申请的范围包括：①由国家有关部门保存而须由人民法院调取的证据材料。这类证据材料主要指档案材料，并且是国家有关部门保存的、不对外开放的档案材料，如国家的土地利用规划档案等。②涉及国家秘密、商业秘密、个人隐私的证据材料。③因客观原因不能自行收集的其他证据。这是指前两种情况以外的证据。

（3）人民法院调取证据的限制。《行政诉讼证据规定》第 23 条第 2 款规定："人民法院不得为证明被诉具体行政行为的合法性，调取被告在作出具体行政行为时未收集的证据。"这是对人民法院调取证据的限制。被告在作出具体行政行为时，如果没有充分证据或者根本没有证据，该行为就已经构成违法，进入诉讼后，人民法院再收集这种证据来证明被诉具体行政行为的合法性，显然违背了行政诉讼的目的。

（4）当事人申请人民法院调取证据的期限及方式。这里的期限是指当事人的举证期限；这里的方式是指书面方式，即必须提交调取证据申请书。

（5）人民法院对当事人调取证据的申请的处理。人民法院对调取证据申请书应当进行审查并作出处理：①符合调取条件的，及时决定调取；②不符合调取条件的，应当书面告知不准许调取的理由；③当事人申请被驳回时，可以在3日内向该人民法院书面申请复议一次，人民法院应当在5日内作出答复；④人民法院未能调到相关证据，应当告知当事人。

（6）人民法院需要调取的证据在异地的处理。《行政诉讼证据规定》第26条规定可以委托证据所在地人民法院调取。

二、证据的保全

（一）证据保全的含义

证据保全，是指在证据可能灭失或以后难以取得的情况下，人民法院根据诉讼参加人的请求或依职权采取措施加以确定和保护的制度。《行政诉讼法》第36条规定："在证据可能灭失或者以后难以取得的情况下诉讼参加人可以向人民法院申请保全证据，人民法院也可以主动采取保全措施。"证据保全是收集和保存证据的有效措施，它对保护当事人的合法权益，保证行政诉讼的顺利进行具有重要的意义。

（二）证据保全的有关程序

1. 申请保全的期限。根据《行政诉讼证据规定》第27条的规定，当事人及其诉讼代理人向人民法院申请保全证据的，其申请应当在举证期限届满前提出，举证期限届满之后，当事人及其诉讼代理人将丧失申请保全证据的权利。应当注意的是，因举证期限可以在有正当事由的情况下，经人民法院准许而延长，那么，申请证据保全的期限也会相应延长。

2. 申请保全的形式。当事人及其诉讼代理人向人民法院申请证据保全，应当以书面形式提出。书面形式的申请中应当载明的事项有：证据的名称和地点、保全的内容和范围、申请保全的理由等。

3. 申请保全的担保。当事人申请保全证据的，人民法院认为必要时，可以要求申请保全证据的当事人提供相应的担保。①提供担保的当事人包括了行政机关。作为行政诉讼当事人的行政机关申请法院保全证据的，人民法院也可以要求其提供担保。②当事人提供担保并不是申请证据保全的必要条件，是否需要提供担保，由人民法院根据案件具体情况决定，例如，被申请保全的物品是营运中的车辆的，人民法院应当要求当事人提供担保，如被申请保全的是证人证言，人民法院则可以不要求当事人提供担保。但如果人民法院决定由当事人提供担保，则提供担保就是申请证据保全的当事人获得证据保全的必备条件，否则，人民法院将驳回其申请。③要求当事人提供的担保应当是与其证据保全申请相应的担保。

4. 人民法院采取保全措施时的要求。《行政诉讼证据规定》第 28 条第 2 款的规定是可以要求当事人或者其诉讼代理人到场。注意，这里是"可以"而非"必须"；当事人应当是双方当事人而非一方当事人。

（三）证据保全的方法

证据保全的方法有调查、制作笔录、收集、保管等。例如，对证人证言可制作录音或笔录，对物证可以拍照录像、鉴定或保存原物，对现场可制作勘验笔录或现场笔录。人民法院可以依职权主动采取保全措施，也可以应当事人的申请采取保全措施，如果申请人在起诉前提出申请，人民法院应当通知申请人在一定期间内起诉。

三、证据的质证

所谓质证，是指在法庭审理的过程中，由诉讼当事人就法庭上所出示的证据采取询问、辨认、质疑说明、解释、辩驳等形式，进行对质核实，从而在证据的证明力等问题上对法官的内心确信产生影响的一种诉讼活动。质证是行政诉讼证据审查的一个重要环节，不经质证的证据不得采信已是世界公认的诉讼法和证据法的基本原则。

1. 质证的主体是原告、被告、第三人以及他们的代理人。由于诉讼的对抗性，决定了原、被告双方各自所提供的证据之间是相互对立和排斥的，质证就是针对这些证据进行的对质核实，只有当事人才与证据证明的案件事实具有利害关系。人民法院不是质证的主体。质证虽然是在法庭主持下进行的，但法庭本身与案件事实没有利害关系。质证的证据虽然包括了法院依职权调取的证据，但是这部分证据与当事人提供的证据一样接受质证，《行政诉讼证据规定》第 38 条就专门规定了对法院调取的证据的质证。质证时法官不得参与询问和辩论。

2. 质证的范围是人民法院依法收集到的全部证据。对质证证据的要求是：①符合行政诉讼法关于证据种类的规定；②与具体行政行为的合法性相关；③在规定的举证时限内提交。

3. 质证的内容是指体现某种证据是否具有证据力的根据。它包括了证据具有证据能力的根据和证据具有证明力大小的根据。质证的内容是证据具有证据能力的根据。证据能力，又称证据资格，即证据的可采性。证据具有证据能力或者说证据资格，其根据就是证据具有关联性、合法性、真实性。在确定证据具有可采性之后，就应当就证据的证明力大小的根据进行质证。证明力，是指证据对案件事实的证明程度。只有具有可采性的证据，才谈得上证明力的问题，而证明力大小的根据，则在于每个证据与案件事实之间联系的密切程度。

4. 质证的方式有：①直接、言词。直接是指法官必须在法庭上亲自听取质证实况，从而形成对案件事实的内心确认；言词是指质证应以口头陈述的方式进行。这两个方式相互结合、密不可分，都要求诉讼主体要同时在场。《行政诉讼证据规定》第 36 条规定，被告无正当理由拒不到庭而需要依法缺席判决的，被告提供的证据不能作为定案的依据。②交叉询问。《行政诉讼证据规定》第 39 条规定，当事人及其代理人可以就证据问题相互发问，也可以向证人、鉴定人、勘验人发问。询问应受的限制：一是发问内容必须与案件事实有关联；二是不得采用引诱、威胁、侮辱等不正当的语言和方式。

行政诉讼证据的质证有以下几项特殊规则：

1. 关于庭前证据交换中没有争议的证据。《行政诉讼证据规定》第 35 条第 2 款规定："当事人在庭前证据交换过程中没有争议并记录在卷的证据，经审判人员在庭审中说明后，可以作为认定案件事实的依据。"这就是说，在当事人认可的情况下，有关证据就无须再经质证即可作为认定案件事实的依据。

2. 关于被告无正当理由拒不到庭的证据。行政诉讼中的质证，主要是就被告提供的证据进行的，当被告缺席时，证据无法出示，质证也无法进行，无故缺席审理是对司法权威的挑战，对缺席方就应当严厉处置，因而，被告提供的证据不能作为定案的依据，但当事人在庭前交换证据中没有争议的证据除外。

3. 关于不公开质证的证据。不公开质证的证据与不公开审理的案件是一致的，即涉及国家秘密、商业秘密、个人隐私等的案件，一般不公开审理，那么涉及国家秘密、商业秘密、个人隐私或者法律规定的其他应当保密的证据，也不公开质证。

4. 关于人民法院调取的证据。由人民法院调取的证据有两种情形，其质证方式是不同的。①对当事人申请法院调取的证据，因其是法院在特殊情况下替代当事人调取的证据，它与当事人调取的证据在性质上基本相同，故可采用一般的质证方式进行质证，当事人可就申请调取证据的必要性、条件、证明力等进行质证，但不应对法院调取的方式和手段提出质疑。②对人民法院依职权调取的证据，质证时由法庭出示，法庭应对调取证据的情况，如原因、方式、手段、证明对象等进行说明，当事人可对证据的证明力发表意见。当然，法庭出示证据并作出说明，并不等于质证，质证仍然在当事人之间展开。

四、证据的审查和认定

人民法院审理案件的过程可分为事实审和法律审两个阶段。事实审是人民法院通过审查和认定证据，以查明案情的过程；法律审是人民法院将查明的事实和法律相结合的过程，对行政诉讼而言，就是判断被告的具体行政行为是否合法的过程。事实审是法律审的基础，法律审必须在事实审的基础上展开。

审查和认定证据是事实审的核心工作，因为案件事实已经发生，不可再现，人民法院查明事实的唯一工具便是证据。从信息论的观点看，任何事物的发生、变化和消灭都会产生和发出一定的信息，信息具有可接收性和可储存性，接收并储存某事物信息的材料便是诉讼中讲的证据，信息具有反映事物的特性，因此凭借信息我们可以得知已经发生的在时间上是不可逆的事情。但是在诉讼中，当事人为了获得法院的支持，往往会大量向人民法院提供证据。这些证据真伪并存，因此人民法院必须逐一审查，去伪存真，找出可定案证据。

（一）对证据能力的审查认定

人民法院首先应当审查认定的是证据是否具有可采性，即证据能力，或者说证据资格问题。

1. 审查认定证据的基本方式。《行政诉讼证据规定》第54条确立了法官审查认定证据的基本方式：遵循法官的职业道德，运用逻辑推理和生活经验，全面、客观、公正地分析判断。

2. 证据的关联性认定。关联性，是指证据材料与待证案件事实具有某种联系。行政诉讼案件的案件事实是什么？因为行政诉讼案件审查的是被诉具体行政行为的合法性问题，而不仅仅是审查双方当事人所争议的事实，所以行政诉讼案件的案件事实是指与被诉具体行政行为的合法性有关的事实。与此有某种联系的证据材料，就具有关联性，反之，则不具有关联性。

3. 证据的合法性认定。主要包括以下内容：

（1）证据合法性审查的范围。根据《行政诉讼证据规定》第55条的规定，包括了三个方面：①证据是否符合法定形式；②证据的取得程序是否符合法律、法规、司法解释和规章的要求；③是否有影响证据效力的其他违法情形。

（2）非法证据的排除规则。《行政诉讼证据规定》第57条、第58条规定了应当排除的非法证据：①严重违反法定程序收集的证据材料。②以偷拍、偷录、窃听等手段获取并侵害他人合法权益的证据材料。如果以此手段获取证据，但没有侵犯他人合法权益的，就不在排除范围。③以利诱、欺诈、胁迫、暴力等不正当手段获取的证据材料。④无正当事由超出举证期限提供的证据材料。⑤域外证据未办理法定证明手续的。⑥以违反法律禁止性规定或者侵犯他人合法权益的方法取得的证据。

（3）案卷外证据的排除规则。案卷外证据的排除规则，是指行政机关在行政程序中形成的证据之外的证据，不能作为定案的根据。

对于被告而言，《行政诉讼证据规定》第60条规定了三种不能作为认定被诉具体行政行为合法的证据：①被告在诉讼中向法院提供的作出具体行政行为时没有收集或者没有记录的证据，即作出具体行政行为后自行收集的证据；②被告非法剥夺相对人特定的法定程序性权利所采用的证据；③原告或者第三人在诉讼程序中提供的、被告在行政程序中未作为具体行政行为依据的证据。在第61条还规定了一种排除情形，即在复议程序中复议机关收集和补充的证据，及在复议程序中被告未向复议机关提交的证据，都不能作为维持原具体行政行为的根据。

对于原告来说，《行政诉讼证据规定》第59条也规定了应予排除的情形，即原告在行政程序中未向行政机关提供的证据，而此类证据必须是被告在行政程序中曾依照法定程序要求原告提供，原告依法也应当提供却拒不提供，人民法院对此类证据一般不予采纳。

4. 证据的真实性认定。主要内容是：

（1）对单一证据进行真实性审查认定。根据《行政诉讼证据规定》第56条的规定，一般情况下，以下是影响证据真实性的主要方面：①证据形成的原因。证据的形成原因与其真实性往往具有重要的关系，它是通过分析证据形成的基本条件和不同特点，来判断证据的可信程度。②发现证据时的客观环境。发现证据时的客观环境是可能影响证据可靠性的客观因素，例如，案件现场的光线、天气、距离、噪声等客观环境对证人感知的影响，就直接关系到证人证言的真实性。③证据是否为原件、原物，复制件、复制品与原件、原物是否相符。书证的原件、物证的原物属于原始证据；书证的复制件、物证的复制品属于传来证据，也叫派生证据。原始证据直接来源于案件事实，可靠性强；传来证据由原始证据派生出来，证明价值低于原始证据。核实证据首先应当先审查证据是否为原件、原物，目的是区分证据的证明力大小；其次是核对复制品、复制件与原件、原物是否相符，目的是辨别证据真伪。

④提供证据的人或者证人与当事人是否具有利害关系。查明提供证据的人或者证人与当事人是何种关系；证据对当事人有利还是不利；证据有无明显的倾向性等，也能帮助判断证据的真实性。⑤影响证据真实性的其他因素。

（2）不真实证据的排除规则。根据《行政诉讼证据规定》第57条的规定，下列证据应当排除在真实性证据之外，不得作为定案的根据：①当事人无正当理由拒不提供原件、原物，又无其他证据印证，且对方当事人不予认可的证据的复制件或者复制品。②经技术处理而无法辨明真伪的证据材料。③不能正确表达意志的证人提供的证言。④不具有真实性的其他证据。这里包括了其他法律和本司法解释其他条款明确规定应当排除在真实性证据之外的证据。

（二）对证据证明效力的审查认定

在确认了证据具有证据能力之后，就应当审查认定证据对案件事实的证明程度，即证据的证明效力大小问题。《行政诉讼证据规定》对证据的证明效力大小问题确定了两项基本规则。

1. 最佳证据规则。最佳证据规则，是指法庭就数个证据证明同一事实并都具有证明力，不同证据证明了相反的事实主张的情况下，法官选择最佳形式的证据和最有说服力的证据作为认定案件事实的根据所遵循的规则。

我国《行政诉讼证据规定》第63条规定的证明同一事实的数个证据，其证明效力的最佳证据规则是：①国家机关以及其他职能部门依职权制作的公文文书优于其他书证；②鉴定结论、现场笔录、勘验笔录、档案材料以及经过公证或者登记的书证优于其他书证、视听资料和证人证言。这是以证据出具、制作、保管、登记的主体具有特殊性来确定证据证明力的优势的，尤其是经过公证和登记的书证和物证都经过证据合法性和真实性审查。鉴定结论、现场笔录、勘验笔录、档案材料以及经过公证或者登记的书证是特定种类书证，其证明力优于其他种类书证。③原件、原物优于复制件、复制品。这里应当注意《行政诉讼证据规定》第64条规定的"以有形载体固定或者显示的电子数据交换、电子邮件以及其他数据资料，其制作情况和真实性经对方当事人确认，或者以公证等其他有效方式予以证明的，与原件具有同等的证明效力"。④法定鉴定部门的鉴定结论优于其他鉴定部门的鉴定结论。⑤法庭主持勘验所制作的勘验笔录优于其他部门主持勘验所制作的勘验笔录。这是基于法院享有司法最终判断权的原则。⑥原始证据优于传来证据。⑦其他证人证言优于与当事人有亲属关系或者其他密切关系的证人提供的对该当事人有利的证言。这是从生活常理作出的推论。⑧出庭作证的证人证言优于未出庭作证的证人证言。该项规定有利于防止证人随意出具证人证言。⑨数个种类不同、内容一致的证据优于一个孤立的证据。这是因为数个种类不同，但内容一致的证据可以从多方面对案件待证事实起印证作用。

2. 补强证据规则。补强证据规则最初出现在刑事诉讼中，它是为了保护被告人的权利，防止案件事实的错误认定，要求公诉机关提供足以排除合理怀疑的证据，对某些证明力显然薄弱的证据，要求有其他证据予以证实才可以作为定案根据的规则。在行政诉讼中，借鉴刑事诉讼补强证据规则，规定了行政诉讼补强证据规则，即在某些证据不能单独作为认定案件事实根据的情况下，结合其他证据补强其证明力，以作为定案证据的规则。

在《行政诉讼证据规定》第71条中限定了七种不能单独作为定案依据的证据：①未成年人所作的与其年龄和智力状况不相适应的证言；②与一方当事人有亲属关系或者其他密切关系的证人所作的对该当事人有利的证言，或者与一方当事人有不利关系的证人所作的对该当事人不利的证言；③应当出庭作证而无正当理由不出庭作证的证人证言；④难以识别是否经过修改的视听资料；⑤无法与原件、原物核对的复制件或者复制品；⑥经一方当事人或者他人改动，对方当事人不予认可的证据材料；⑦其他不能单独作为定案依据的证据材料。

思 考 题

1. 试述被告对具体行政行为合法性承担举证责任的原因和规则。
2. 试述行政诉讼中原告承担举证责任的范围。
3. 简述行政诉讼证据的收集与保全。
4. 试述行政诉讼证据的质证及适用规则。
5. 简述行政诉讼审查认定证据的基本要求。

第十九章　行政诉讼程序

学习目的与要求

通过本章的学习，了解行政诉讼程序的概念、特征；掌握行政诉讼的起诉条件，认识行政诉讼与行政复议的关系；明确行政诉讼中的撤诉、诉讼中止、诉讼终结、二审程序和再审程序等；理解和把握《行政诉讼法》与最高人民法院相关司法解释以及民事诉讼法相关规定的内容及其相互关系。

第一节　行政诉讼程序概述

一、行政诉讼程序的概念

行政诉讼程序，是指行政诉讼原告起诉，被告应诉，人民法院审查被诉具体行政行为并做出裁决的过程、顺序、步骤和方式，是行政诉讼的时间和空间的表现形式。就时间表现形式而言，行政诉讼程序是指从原告起诉、被告应诉到法院一审、二审裁决以及对裁决的执行的整个过程、顺序、步骤、实现。就空间表现形式而言，行政诉讼程序是指行政诉讼在其进行过程中，所采取的各种方式，所表现的各种形态，如开庭、公开审判、发送传票、审判人员回避、辩论、法庭调查、合议庭评议、裁决、宣判等。这两方面的表现形式是不可分的：一定的过程、顺序、步骤必然以一定的方式进行，一定的方式形态必须在一定的过程、顺序、步骤中实现展示。所以，在学习、研究行政诉讼程序时必须将行政诉讼程序的过程、步骤和方式、形态统一，不能将二者截然分开。

二、行政诉讼程序的特征

行政诉讼程序与民事诉讼程序、刑事诉讼程序并列形成三大诉讼程序制度。作为诉讼程序，行政诉讼程序与后二者必然存在很多共同之处。但是，行政诉讼程序之所以形成独立的诉讼程序，也是因为它具有与其他二者相比所独有的特征。主要有以下几个方面：

（一）行政诉讼程序较其他诉讼程序更为严格

行政诉讼一律实行合议制，没有设置独任审判制。根据《行政诉讼法》第 46 条的规定，人民法院审理行政案件由审判员组成合议庭，或者由审判员、陪审员组成合议庭。此外没有任何例外规定。但是，刑事诉讼法和民事诉讼法对合议制均有例外规定。根据《刑事诉讼法》第 147 条、第 174 条以及《最高人民法院、最高人民检察院、司法部关于适用简易程序审理公诉案件的若干意见》等相关规定，刑事诉讼中的自诉案件和其他轻微刑事案件可以适用独任审判。而《民事诉讼法》第 40 条第 2 款也规定："适用简易程序审理的民事案件，由审判员一人独任审理。"

行政诉讼不适用调解。《行政诉讼法》第 50 条对此明确规定："人民法院审理行政案件，不适用调解。"而《民事诉讼法》正好与此相反，调解是民事诉讼的基本原则。《民事诉讼法》第 9 条规定："人民法院审理民事案件，应当根据自愿和合法的原则进行调解；调解不成的，应当及时判决。"对于刑事诉讼，根据《刑事诉讼法》第 172 条的规定，人民法院对自诉案件，也可以进行调解，自诉人在宣告判决前，可以同被告人自行和解或撤回自诉。

除了以上行政诉讼程序规定了比较严格的制度外，它较其他诉讼程序严格的理由还在于：

1. 行政诉讼是人民法院对行政主体具体行政行为的审查。行政诉讼涉及的不仅是当事人的个体利益，更涉及国家利益或社会公共利益，所以，需要采取特别谨慎的态度，故在程序上应有较严格的限制。

2. 行政诉讼的原告与被告的地位不对等。行政诉讼的原告在行政实体法律关系中处于与被告不对等的地位，被告享有对原告施加影响或压力的种种手段，为在诉讼程序中保证双方地位平等，特别保护原告的合法权益，也有必要在程序上作较严格的设计。

（二）行政诉讼程序的时限较民事诉讼程序的时限短

从行政诉讼法与民事诉讼法规定的几个时限比较可以发现：

1. 起诉期限短。行政诉讼法规定，公民、法人或其他组织直接向人民法院起诉的，应在知道作出具体行政行为之日起 3 个月内提出，法律另有规定的除外；公民、法人或其他组织申请复议的，其不服复议决定或复议机关逾期不作决定，应在收到复议决定书之日起或复议期满之日起 15 日内向人民法院起诉，法律另有规定的除外。而民事诉讼法对原告起诉期限未作具体规定。《民法通则》规定一般诉讼时效为 2 年。同时，《民法通则》和其他民事特别法也规定了多种情况的特殊诉讼时效。但均比行政诉讼的时限长。

2. 一审时限短。行政诉讼法规定，人民法院应在立案之日起 3 个月内作出第一审判决，有特殊情况需要延长的，由高级人民法院批准，高级人民法院审理第一审案件需要延长的，由最高人民法院批准。而民事诉讼法规定，人民法院适用普通程序审理的案件，应当在立案之日起 6 个月内审结，有特殊情况需要延长的，由本院院长批准，可以延长 6 个月；还需要延长的，报请上级人民法院批准，只有适用简易程序审理的案件一审时限才是 3 个月。

3. 二审时限短。行政诉讼法规定，人民法院审理上诉案件，应当在收到上诉状之日起 2 个月内作出终审判决，有特殊情况需要延长的，由高级人民法院批准，高级人民法院审理上诉案件需要延长的，由最高人民法院批准；而民事诉讼法规定，人民法院审理上诉案件，应当在第二审立案之日起 3 个月内审结，有特殊情况需要延长的，由本院院长批准。

之所以对行政诉讼的时限的规定较民事诉讼的时限为短，是由于行政诉讼涉及国家行政管理，行政管理的效率关系到国家利益、社会利益和公民个人的长远利益，而行政诉讼的时限长短对于行政管理的效率有直接关系。因此，行政诉讼在保证公正、准确、有效保护当事人合法权益的前提下，应尽可能迅速、及时进行，以保证行政管理的顺利进行，不致过分影响行政管理的效率。

（三）行政诉讼程序较一般诉讼程序更注重庭审

行政诉讼与民事诉讼和刑事诉讼比较，在整个程序中更注重庭审。对具体行政行为审查、评判主要是通过庭审进行的。法院在庭审前虽然也对案卷进行审查，向有关行政主体以及公民、法人和其他组织调取证据，要求当事人提供或者补充证据，但这些庭审外的程序在整个行政诉讼程序中的地位远不及民事诉讼、刑事诉讼中的相应程序的地位重要，而行政诉讼中庭审的地位则相对重要得多。行政诉讼程序中庭审地位相对重要的原因在于：

1. 行政诉讼是人民法院对具体行政行为合法性的审查，而具体行政行为通常都是经过行政程序做出的，有些具体行政行为在进入诉讼程序前还经过复议程序，人民法院审理行政案件虽不像某些西方国家一样，仅限于案卷审查，但也应以案卷审查为主。

2. 在行政诉讼中，被告对作出的具体行政行为负举证责任，在庭审中，被告对其作出的具体行政行为举不出证据，法院可径行判决其败诉，而无须在法庭外主动收集证据证明具体行政行为是否合法。如果行政主体在作出具体行政行为时没有考虑和采用过某些证据，即使法院在诉讼中能收集到某种证据证明具体行政行为"合法"，但因行政主体事实上没有以之为根据，导致了具体行政行为违法，故法院再加收集已无意义。

3. 行政案件中的事实问题需要经鉴定、检验、勘验的，通常都已经经过行政主体或行政主体委托法定机构鉴定、检验、勘验，故法院对行政案件的审理，其重心可以并且应当放在庭审上。

（四）在行政诉讼程序中，当事人双方程序上的权利义务不完全对应

行政诉讼程序的这一特征主要是相对于民事诉讼程序当事人权利义务的情形而言的。在民事诉讼中，双方当事人的法律地位不仅完全平等，而且诉讼权利义务完全对应。而在行政诉讼中，双方当事人法律地位虽然平等，但程序上的权利义务并不完全对应。例如，原告有起诉权，被告无反诉权；原告起诉，被告对具体行政行为的合法性负有举证责任，原告对具体行政行为违法却不负举证责任，虽然原告如掌握有关证据，有向法院提供的义务。

由于行政诉讼当事人在实体法律关系中处于不对等地位，为了消除这一不对等地位对诉讼关系可能导致的影响，保证行政诉讼的顺利进行和行政诉讼目的的实现，法律上有必要对双方当事人程序上的权利义务做出上述不完全对应的规定，以保证双方当事人实质法律地位的真正平等，保护行政管理相对人合法实体权利的实现。

第二节　起诉与受理

一、行政诉讼与行政复议的关系

行政诉讼与行政复议的关系是第一审程序中的起诉程序的一个重要问题。我们知道，复议和诉讼都是解决行政纠纷的救济制度，复议程序前置于诉讼程序，这在许多国家都是通例，我国部分法律也有这样的规定。所以行政复议程序经常被称为行政诉讼的前置程序。但是，由于我国的行政复议制度存在缺陷，在实际运用中也存在一些问题，随着我国行政复议与行政诉讼实践

与立法的发展，在处理二者关系时，由原告自由选择逐渐成为一种原则，而复议前置则只是例外。这一原则在《行政诉讼法》中也有体现，该法第 37 条规定："对属于人民法院受案范围的行政案件，公民、法人或者其他组织可以先向上一级行政机关或者法律、法规规定的行政机关申请复议，对复议不服的，再向人民法院提起诉讼；也可直接向人民法院提起诉讼。法律、法规规定应当先向行政机关申请复议，对复议不服再向人民法院提起诉讼的，依照法律、法规的规定"。

行政诉讼与行政复议的关系，目前有以下几种情形：[1] ①可自由选择的关系。即公民、法人或者其他组织对具体行政行为不服的，既可以先申请行政复议，对复议不服再提起行政诉讼，也可以直接提起行政诉讼，复议与诉讼并不互相排斥。[2] ②排斥性的选择关系。即公民、法人或者他组织对具体行政行为不服的可以选择向上一级行政机关申请行政复议，也可以选择直接提起行政诉讼，但如果申请了复议，则复议裁决为最终决定，即复议与诉讼是相互排斥的。[3] ③强制前置程序关系。即公民，法人或其他组织对具体行政行为不服的，必须先申请行政复议，对复议仍不服的，才能提起行政诉讼。不能不经复议程序而直接起诉。[4] ④排斥关系。即公民、法人或其他组织对具体行政行为不服的，只能申请行政复议，不能提起行政诉讼，行政复议为解决此类行政纠纷的唯一救济程序。

二、起诉与受理

（一）起诉的概念

起诉，是指公民、法人或者其他组织认为行政机关的具体行政行为侵犯其合法权益，而向人民法院提起诉讼，请求人民法院依法给予救济的诉讼行为。包括以下含义：①起诉是原告单方面享有的诉讼权利，它的行使不需要任何组织或个人的批准、同意；②起诉是向人民法院提起的法律请求，是针对行政机关的具体行政行为的诉讼行为；③起诉人必须是受到行政机关的具体行政行为侵害的公民、法人或其他组织。④起诉的目的在于请求人民法院

---

[1] 参见姜明安主编：《行政法与行政诉讼法》，法律出版社 2006 年版，第 464 页。

[2] 如《药品管理法》、《食品安全法》、《森林法》的规定。

[3] 参见《中华人民共和国公民出境入境管理法》第 15 条和《外国人入境出境管理法》第 29 条第 2 款。

[4] 参见《行政复议法》第 30 条第 1 款、《最高人民法院关于适用〈行政复议法〉第 30 条第 1 款有关问题的批复》、《税收征管法》第 88 条第 1 款以及《海关法》第 64 条。

的司法保护，以及通过司法途径保护自己的合法权益。

（二）起诉的条件

人民法院对行政诉讼采用"不告不理"的原则，原告的起诉是行政诉讼程序发生的前提条件。为了保证人民法院正确及时地审理行政案件，《行政诉讼法》规定了起诉的条件。

1. 原告是认为具体行政行为侵害其合法权益的公民、法人或其他组织。这是对原告资格条件的规定，包含有：

（1）原告必须与被诉具体行政行为具有法律上的利害关系，只有其认为合法权益受到行政机关的侵犯并且不服这种侵犯才能作为原告。也就是说，原告必须是受具体行政行为侵犯的本人而不能是他人。但是也有例外，如《行政诉讼法》第24条第2款、第3款规定："有权提起诉讼的公民死亡，其近亲属可以提起诉讼。有权提起诉讼的法人或者其他组织终止，承受其权利的法人或者其他组织可以提起诉讼"。

（2）侵犯原告合法权益的是行政机关的具体行政行为，而不是其他行为。

（3）原告的权益是否受到侵犯，只有在案件审理完毕时才能确认，所以作为起诉案件，只要原告主观上认为自己的合法权益受到了侵犯，就可以提起诉讼，而不是把客观上确实受到行政行为的违法侵害作为起诉条件。

2. 有明确的被告，行政诉讼的被告必须是行政机关或者法律、法规授权实施具体行政行为的组织。原告起诉必须有明确的对象，要指明哪一个机关侵犯了自己的合法权益，告的是哪个行政机关，不能含糊，泛泛而指。否则人民法院难以受理。

3. 有具体的诉讼请求和事实根据。所谓诉讼请求，是指原告要求法院做出某种判决的意思表示，即向法院提出具体的请求事项，希望获得法院的司法保护，以对自己受到侵害的权利进行救济。所谓事实根据，是指用来支持原告诉讼请求的理由和证据材料，包括案件的案情事实和证据事实。案情事实主要指原告权益受到侵害的事实和与行政机关发生行政争议的事实。证据事实是指证明案件事实客观存在的根据。事实根据原则上应当真实可靠，但由于原告所提供的事实根据是否真实可靠只能在诉讼结束时才能最终确定，因此只要能证明争议的客观存在即可。原告只要提供行政机关做出的针对自己的某一具体行政行为的法律文书即可证明行政争议的存在，而不需要证明该具体行政行为违法。

4. 属于人民法院受案范围和受诉人民法院管辖。原告所指控的具体行政行为属于《行政诉讼法》第11条和《最高人民法院关于执行〈中华人民共和国行政诉讼法〉若干问题的解释》（以下简称《若干解释》）规定的受案范围。超出此范围，人们法院不能接受其起诉。同时，在同级或上下级人民法院之间还有明确的分工问题，受诉人民法院必须对起诉的案件有管辖权，符合《行政诉讼法》第三章有关管辖的规定。否则，即使案件符合受案范围，人们法院也不能受理。

　　需要注意的是，行政诉讼除了以上起诉的一般条件外，还有一定的特殊条件，即法院对某类行政案件所规定的特别的起诉条件。在这种情况下，原告的起诉不仅要符合一般条件的要求，还必须同时符合或满足法律规定的特殊要求，否则，仍然会被认为不符合起诉条件，仍不会为法院受理。这些特殊条件是由相应的法律特别规定的，没有一般的规律。现行法规所规定的特别条件主要有两个：①某些行政案件须先经行政复议程序，然后才能起诉；②税务行政案件须先交纳税款后才能提起诉讼，这主要是税法方面的规定。

　　（三）起诉的期限

　　关于起诉期限，《行政诉讼法》规定了三种情况：

　　1. 经过行政复议的案件的起诉期限。公民、法人或者其他组织向行政机关申请复议的，复议机关应当在收到申请书之日起 2 个月内做出决定。这里的 2 个月期限是一般规定，凡是法律、法规没有规定具体的复议期限的，一律按 2 个月的起诉期限执行。如果法律、法规另有规定的，按其规定的期限执行。申请人不服复议决定的，可以在收到复议决定之日起 15 日内向人民法院提起诉讼；复议机关逾期不作决定的，申请人可以在复议期满之日起 15 日内向人民法院起诉。法律另有规定的除外。

　　复议期限和起诉期限的计算方法是：按照月、日计算的，开始的当天不计入，从下一天开始计算。期限的最后一天是星期日或其他法定假日的，以休假的次日为期限的最后一天。

　　2. 直接起诉案件的期限。公民、法人或者其他组织直接向人民法院提起诉讼的，应当在知道做出具体行政行为之日起 3 个月内提出。法律另有规定的除外。这里的 3 个月期限是一般规定，法律另有规定的依其规定。如《海洋环境保护法》、《商标法》、《海上交通安全法》、《统计法》、《水污染防治法》、《药品管理法》、《计量法》、《矿产资源法》、《邮政法》规定为 15 日，《土地管理法》、《渔业法》、《海关法》规定为 30 日，《森林法》规定为 1 个月。

　　这里规定的 3 个月是当事人"知道"作出具体行政行为之日起的 3 个月，而不是作出具体行政行为之日起的 3 个月。一般情况下，行政机关在作出具体行政行为时，应当告知当事人诉权和起诉期限。所以，具体行政行为有书面决定的，从公民收到书面决定时认定为"知道"；没有书面决定的，从口头通知当事人时认定为"知道"。如果行政机关事后履行告知义务，当事人起诉的期限从告知之日算起。另外，根据《若干解释》第39条、第41条、第42条的规定，对于不作为案件，起诉期限从履行职责期限届满之日起算，但紧急情况除外；行政机关在作出具体行政行为或行政复议决定时，未告知相对人诉权或起诉期限的，起诉期限从相对人知道或应当知道诉权或者起诉期限之日起计算，但从知道或者应当知道具体行为或行政复议决定之日起最长不得超过2年；相对人不知道行政机关作出的具体行政行为的内容的，其起诉期限从知道或应当知道该具体行政行为内容之日起计算。对涉及不动产的具体行政行为从作出之日起超过20年，其他具体行政行为从作出之日起超过5年提起诉讼的，人民法院不予受理。

3. 起诉期限的延长和扣除。公民、法人或者其他组织因不可抗力或者其他特殊情况耽误法定期限的，在障碍消除后的10日内，可申请延长期限，由人民法院决定。这是在法定起诉期限之外的一种补救措施，目的在于保护公民、法人或者其他组织的起诉权利。"不可抗力"是指不能预见、不能避免并无法克服的客观情况。如地震、水灾、自然火灾等自然现象产生的或者因战争或者其他类似的军事行动等社会现象而产生的情况。"其他正当理由"，如因交通断绝、生病以及未成年人因其法定代理人未确定而不能起诉等。其理由是否正当，由法院认定。

另外，根据《若干解释》第43条的规定，由于不属于起诉人自身的原因超过起诉期限的，被耽误的时间不计算在起诉期限内。因人身自由受到限制而不能提起诉讼的，被限制人身自由的时间不计算在起诉期间内。

（四）起诉的方式

根据《行政诉讼法》第42条、第43条的规定，起诉应以书面形式进行，原告应向人民法院提交起诉状和起诉状副本。起诉状包括当事人的基本情况、请求事项、基本事实和主要理由等内容。

（五）受理

受理，是指人民法院对公民、法人或者其他组织的起诉进行审查，对符合法定起诉条件的予以立案的诉讼行为。起诉是受理的前提，但是否受理，是由人民法院对起诉进行审查来决定的。

受理遵循以下程序：

1. 对起诉的审查。人民法院对起诉进行审查的主要内容包括：①对起诉条件的审查，包括审查原告是否合格，被告是否明确、合格；是否有明确具体的诉讼请求和事实根据；是否属于人民法院受案范围和受诉人民法院管辖。②对起诉程序的审查，包括审查原告起诉是否符合法律关于行政诉讼与行政复议关系的规定，有复议前置条件的是否经过了复议程序；起诉是否符合法律关于起诉期限的规定；是否重复起诉；起诉状是否明确、完整，手续是否符合法律要求。

起诉的审查可由各级人民法院负责审查立案的人民法院接待室负责，也可由行政审判庭承担。

2. 对起诉的处理。人民法院在依法组成合议庭对原告的起诉进行审查后，对于符合起诉条件的，应当在 7 日内立案；不符合起诉条件的，应当在 7 日内裁定不予受理。7 日内不能决定是否受理的，应当先予受理；受理后经审查不符合起诉条件的，裁定驳回起诉。受诉人民法院在 7 日内既不立案又不作出裁定的，起诉人可以向上一级人民法院申诉或者起诉。上一级人民法院认为符合受理条件的，应予受理，受理后可以移交或者指定下级人民法院审理，也可以自行审理。前面提到的期限，从受诉人民法院收到起诉状之日起计算；因为起诉状内容欠缺而责令原告补正的，从人民法院收到补正材料之日起计算。

法律、法规规定应当先申请复议，公民、法人或者其他组织未申请复议直接提起诉讼的，人民法院不予受理。复议机关不受理复议申请或者在法定期限内不作出复议决定，公民、法人或者其他组织不服，依法向人民法院提起诉讼的，人民法院应当依法受理。

法律、法规未规定行政复议为提起行政诉讼必经程序的，公民、法人或者其他组织向复议机关申请行政复议后，又经复议机关同意撤回复议申请，在法定期限内对原具体行政行为提起诉讼的，人民法院应当依法受理。公民、法人或者其他组织既提起诉讼又申请复议的，由先受理的机关管辖，同时受理的，由公民、法人或者其他组织选择。公民、法人或者其他组织已经申请行政复议，在法定复议期间内又向人民法院提起诉讼的，人民法院不予受理。

人民法院裁定准许原告撤诉后，原告以同一事实和理由重新起诉的，人们法院不予受理。原告未按规定的期限预交案件受理费，又不提出缓交、减交、免交申请的，或者提出申请未获批准的，人民法院按自动撤诉处理后，原告在法定期限内再次起诉，并依法解决诉讼费预交问题的，人们法院应予受理。

第三节　第一审程序

一、审理前的准备

第一审程序是人民法院审理第一审行政案件适用的普通程序。它是相对于第二审或终审程序而言的。

对于第一审行政案件，审理前的准备是指人民法院自案件受理后至开庭审理前，为保证审判工作的顺利进行和案件正确及时审理所进行的各项准备活动。审理前的准备主要目的是为开庭审理的正常进行履行必要的手续，创造必要的条件。

（一）组成合议庭

人民法院审理行政案件的组织形式是合议庭，而不能由审判员一人独任审判。合议庭可以由审判员组成，也可以由审判员和陪审员共同组成。合议庭的具体人数可以根据每个案件的实际情况确定，但是合议庭的总人数必须是 3 人以上的单数。合议庭的组成人员不论是审判员还是陪审员，均享有平等的权利。对案件的审理、判决以及其他一切重要问题，都必须由合议庭全体人员共同讨论决定。如果意见不一致，实行表决，少数服从多数。对少数人的不同意见应如实记录在评议记录中。

（二）通知被告应诉和发送诉讼文书

人民法院对原告的起诉经过审查，决定立案审理的，应当在受理案件后 5 日内将起诉状副本发送被告。被告应当在收到起诉状副本之日起 10 日内，向人民法院提交作出具体行政行为所依据的有关材料，即行政机关据以作出某项具体行政行为的证据材料和依据的法律、法规及规章，并提出答辩状。被告提出的答辩可以从事实上、法律上、程序上和实体上反驳原告的诉讼请求。被告在法律规定的期限内不提出答辩状的，不影响对案件的正常审理。人民法院应当在收到答辩状之日起 5 日内，将答辩状副本发送原告。

（三）审查诉讼材料和调查收集证据

通过对原、被告提供的起诉状、答辩状和各种证据材料进行审查，了解原告的诉讼请求和理由，了解被告的应诉要求和理由，确定案件的焦点。对当事人资格进行复核和确认，及时更换和追加当事人，决定或通知第三人参加诉讼。审查被告提供作出具体行政行为的事实根据和所依据的规范性文件，决定人民法院适用的实体法律依据，决定是否参照规章。审查具体行政行为是否具有停止执行的条件，依法决定是否停止原具体行政行为的执行。审查是否有先行给付的情况存在，决定是否先行给付。审查是否涉及国家秘密、商业秘密、个人隐私和法律规定的不能公开审理的情况，决定依法公开或不公开审理。

在审查起诉材料的基础上，根据案情需要，进行调查收集证据的活动。如要求当事人提供或者补充证据，以及人民法院依职权向其他组织和公民调取证据；对案件涉及的专门性问题，决定是否需要鉴定、是否勘验现场。根据案情需要、当事人申请或者依职权作出诉讼保全裁定，采取诉讼保全的措施，防止材料丢失或者以后难以取得。

二、开庭审理

开庭审理，是指在审判人员的主持下，在当事人的参加下，按照法定程序对行政案件进行审理，查清案件的事实，正确适用法律并做出裁决的诉讼活动。根据行政诉讼法的规定，所有第一审案件都应当开庭审理，不得进行书面审理。

开庭审理有两种方式：公开审理与不公开审理。行政案件的不公开审理主要指涉及国家秘密、个人隐私和商业秘密、技术秘密等的案件。公开审理在行政案件中适用最广，它通常包括开庭的准备、法庭调查、法庭辩论、作出判决等程序。

（一）开庭的准备

开庭的准备包括：通知诉讼参加人、公告公开审理、核对当事人、申请回避等事项。

1. 应当在开庭前3日用传票或者通知书通知当事人和其他诉讼参与人。公开审理的案件，应当在开庭前公告当事人姓名、案由、开庭的时间和地点，以便群众旁听。

2. 开庭审理前，书记员应当查明当事人和其他诉讼参与人是否到庭，宣布法庭纪律。

3. 庭审开始时，由审判长核对当事人，宣布案由，宣布审判人员（包括陪审员）、书记员的名单，告知当事人的诉讼权利和义务。

4. 庭审开始时，由审判长询问当事人是否申请回避。规定回避的目的在于保证案件得到客观公正的处理。申请回避是当事人的一项诉讼权利。如果承办案件的相关人员与本案有利害关系或者有其他关系可能影响公正审判的，当事人有权申请其回避或承办案件的相关人员主动退出本案的审理。回避人员的范围既包括审判人员，也包括书记员、翻译人员、鉴定人及勘验人。当事人申请回避，应当说明理由，在案件开始审理时提出。回避事由在案件开始审理后知道的，应当在法庭辩论终结前提出，被申请回避的人员，在人民法院作出是否回避的决定前，应当暂停参与本案的工作，但案件需要采取紧急措施的除外。对当事人提出的回避申请，人们法院应当在3日内以口头或者书面形式作出决定。申请人对驳回回避申请决定不服的，可以向作出决定的人民法院申请复议一次，复议期间被申请回避的人员不停止参与本案的工作。对申请人的复议申请，人民法院应当在3日内作出复议决定，并通知复议申请人。

（二）法庭调查

法庭调查是对案件进行实体审理的开始，是开庭审理的中心，其任务是通过核对各种证据材料，审查证据的证明效力，以确定案件事实。法庭调查按下列顺序进行：①告知当事人诉讼权利和义务；②询问当事人和当事人陈述。其顺序是：原告、被告、第三人及他们各自的诉讼代理人，按询问提纲进行事实调查；③通知证人到庭作证，告知证人的权利和义务，询问证人，宣读未到庭的证人证言；④询问鉴定人，宣读鉴定结论；⑤询问勘验人，宣读勘验笔录；⑥出示书证、物证、视听资料和现场笔录。

法庭调查是对证据进行核对审查的过程，作为诉讼当事人，有权对证据提出疑问。当事人经法庭许可，可以向证人、鉴定人、勘验人发问，当事人可以要求重新进行鉴定、调查或者勘验，是否准许，由人民法院决定。

作为案件的当事人，不论是原告还是被告，都有义务接受法庭的调查。在诉讼过程中，原、被告的法律地位是平等的。在法庭调查中，原、被告都有相互质证的权利。当事人可以在法庭上提出新的证据。

（三）法庭辩论

法庭辩论是开庭审理的重要阶段，其任务是组织当事人以辩论方式陈述各自对诉讼争议和事实的看法、理由和根据，以明确是非和责任。法庭调查结束后，由审判长宣布进入法庭辩论阶段，当事人和诉讼代理人有权对争议的事实和理由进行辩论。法庭辩论应按下列顺序进行：①原告及其诉讼代理人发言；②被告及其诉讼代理人答辩；③第三人及其诉讼代理人发言；④双方相互辩论。

在辩论中如发现新的情况需进一步调查时，审判长可以宣布停止辩论，恢复法庭调查或决定延期审理。待事实查清后，再继续法庭辩论。

辩论结束后，由审判长依原告、被告的顺序征询双方最后意见，这时当事人可以对辩论中未尽的意见向法庭提出，同时原告就自己的诉讼请求表示最后的意见，被告就是否接受原告的诉讼请求表示最后的意见。

（四）合议庭评议

法庭辩论结束后，合议庭的组成人员退入评议室，就具体行政行为认定的事实是否有根据，适用法律、法规或者参照的规章是否准确进行评议，然后以少数服从多数的原则作出裁决。合议庭进行评议时，除书记员参加记录外，其他人不得参加。书记员应将评议中的全部活动，包括对裁决的不同意见，进行笔录。笔录与裁决意见，由合议庭成员签名。

（五）宣告判决

合议庭评议结束后，可以当庭宣告判决，也可以定期宣告判决。当庭宣告判决结果的，在 10 日内发送判决书。定期宣告判决的不得超过法定的审判期限，由人民法院确定具体宣告判决日期，宣告判决后立即发给判决书。人民法院宣告判决，一律公开进行。在宣告判决时，必须告知当事人上诉权利、上诉期限和上诉法院。

三、审理的其他制度

（一）财产保全和先予执行

对于财产保全和先予执行，行政诉讼法没有直接规定，最高人民法院根据司法实践，以司法解释规定了有关规则。根据最高人民法院《若干解释》第 48 条的规定，人民法院对于因一方当事人的行为或其他原因，可能使具体行政行为或者人民法院生效裁判不能或难以执行的案件，可以根据对方当事人的申请作出财产保全的裁定；当事人没有提出申请的，人民法院在必要时也可以依法采取财产保全措施。人民法院审理起诉行政机关没有依法发给抚恤金、社会保险金、最低生活保障费等案件，可以根据原告的申请，依法书面裁定先予执行。当事人对财产保全或者先予执行的裁定不服的，可以申请复议，复议期间不停止裁定的执行。

（二）撤诉

撤诉，又称撤回起诉，是人民法院在判决或者裁定宣告前，由原告申请撤回起诉，经人民法院批准；或由合议庭根据原告不履行法律规定的特定的诉讼义务，推定原告的行为为原告申请撤诉，按终结诉讼程序终结诉讼的制度。依照《行政诉讼法》及有关司法解释，行政诉讼撤诉制度主要有以下内容：

1. 审查撤诉的一般规定。①在行政诉讼中，人民法院可以建议被告改变其所作的具体行政行为。由于行政诉讼中当事人的诉讼能力并不对等，人民法院应当进行必要的引导和适度的干预。是否提出建议，在什么范围内提出建议，人民法院可以决定。行政诉讼中被告改变其所作的具体行政行为，原告同意并申请撤诉，是建立在当事人合意的基础之上，人民法院可以发挥宣传、建议、协调和法律释明的作用，但应严格遵循当事人自愿原则，防止和杜绝动员甚至强迫当事人撤诉的现象。②人民法院建议行政机关改变被诉具体行政行为应当在合法性审查的基础上进行。人民法院应当在通过对具体行政行为的合法性、适当性进行审查，初步确认具体行政行为违法或明显不当的基础上，根据案件具体情况建议被告改变被诉具体行政行为。③人民法院提出改变被诉具体行政行为的建议，应当限于被诉具体行政行为属于违法或者明显不当。④建议的提出应当限定在宣告判决或者裁定前。⑤人民法院应当对行政机关改变被诉具体行政行为及当事人申请撤诉的行为行使审查和监督的职责。

2. 准予撤诉的条件。①申请撤诉是当事人真实意思表示。②被告改变被诉具体行政行为，不违反法律、法规的禁止性规定，不超越或者放弃职权，不损害公共利益和他人合法权益。③被告已经改变或者决定改变被诉具体行政行为，并书面告知人民法院。④第三人无异议。原则上，第三人无异议应当有书面记载作为凭据。在人民法院建议或组织原告与被告协调和解过程中，也应当通知第三人参加。

3. "被告改变其所作的具体行政行为"情形。原告撤诉的一个重要前提是行政机关改变被诉具体行政行为，因此有必要对"被告改变其所作的具体行政行为"的情形进行界定。其情形包括：①改变被诉具体行政行为所认定的主要事实和证据；②改变被诉具体行政行为所适用的规范依据且对定性产生影响；③撤销、部分撤销或者变更被诉具体行政行为处理结果。另外，可以视为"被告改变其所作的具体行政行为"的情形有：①根据原告的请求依法履行法定职责；②采取相应的补救、补偿等措施；③在行政裁决案件中，书面认可原告与第三人达成的和解。

4. 人民法院对履行情况的监控。被告改变被诉具体行政行为，原告申请撤诉，有履行内容且履行完毕的，人民法院可以裁定准许撤诉；不能即时或者一次性履行的，人民法院可以裁定准许撤诉，也可以裁定中止审理。对于准许撤诉与中止审理两种处理方法的选择，一般可以视原告的意见而定。

5. 结案方式。准许撤诉裁定可以载明被告改变被诉具体行政行为的主要内容及履行情况，并可以根据案件具体情况，在裁定理由中明确被诉具体行政行为全部或者部分不再执行。准许撤回上诉或者再审申请的裁定参照上述要求制作，并可以明确原裁判全部或者部分不再执行。这样可以解决双方当事人的合意与被诉具体行政行为或者原裁判的冲突问题。另外，通过对行政机关改变具体行政行为的内容及履行情况加以确认，使当事人的权利义务更加明确。

6. 撤诉不符合条件或坚持不撤诉的处理。申请撤诉不符合法定条件，或者被告改变被诉具体行政行为后当事人不撤诉的，人民法院应当及时作出裁判。

7. 撤诉适用的阶段：无论是第一审、第二审还是再审期间，如果被告改变被诉具体行政行为，原告同意并申请撤诉，只要符合条件，人民法院均应准许。

（三）缺席判决

缺席判决，是指人民法院开庭审理时，在一方当事人缺席的情况下，经过审理作出的判决。缺席判决是为了维护法律的尊严，防止拖延诉讼，保护一方当事人的合法权益免遭侵犯而设定的一项程序制度。缺席判决适用于以下情况：

1. 被告不到庭。经人民法院合法传唤，被告无正当理由拒不到庭的。

2. 被告中途退庭。被告已经到庭参加诉讼，但未经法庭许可中途退庭，又拒不返回的，可以作出缺席判决。

3. 原告申请撤诉，经合议庭审查后，裁定不准撤诉，但原告拒不到庭，应当缺席判决。

适用缺席判决的程序必须慎重，必须是在案件事实全部查清的情况下才能作出。适用缺席判决时必须避免感情用事，应当充分考虑缺席一方当事人的合法权益，使其不因缺席而受到不应有的损害。

（四）延期审理

通知、公告开庭日期之后，或者开庭审理期间，由于特殊情况致使合议庭无法在原定审理日期进行审理，而推延审理日期的决定，称为延期审理。延期审理可由以下原因引起：

1. 因当事人请求而延期审理。如当事人申请回避，法院无法判明当事人的申请是否合理，不能当即作出回避决定；或者虽然作出回避决定，尚不能确定替代的审判人员的，应当延期审理。

2. 因诉讼参与人的行为。如原、被告之一方经一次合法传唤不到庭，此种情况下应延期审理。

3. 因事实发生变化。如庭审中原、被告一方提出新的重要证据、证人，不能在审理日期按时调取或者传讯的，应延期审理。

（五）决定是否停止具体行政行为的执行

为了保证国家行政管理的效率以及社会和公众利益，行政诉讼实行起诉不停止执行原则。在行政诉讼中，具体行政行为并不因当事人不服，向人民法院提起诉讼而暂缓或者停止执行，当事人必须立即执行。但鉴于被告的具体行政行为可能有一些是错误的，如在法院判决纠正前执行完毕会给原告带来不可弥补的损失，因而，《行政诉讼法》规定了可停止具体行政行为执行的三种情况及处理方式。

1. 被告认为需要停止执行的。在这种情况下，人民法院不需要作出裁定或其他何种行为，被告认为需要停止执行则由他自行停止执行即可。

2. 原告申请停止执行，人民法院认为该具体行政行为的执行会造成难以弥补的损失，并且停止执行不损害社会公共利益，裁定停止执行。执行这一项必须是原告向人民法院提出书面申请，申请包括请求停止具体行政行为执行的内容、根据及后果。人民法院接到原告关于停止执行具体行政行为的申请后，必须把握两个原则进行审查：①停止具体行政行为的执行不会损害社会公共利益。如城建部门认定的违章建筑暂不拆除不至于影响市政建设。②如果执行具体行政行为会给原告造成难以弥补的损失。如上述违章建筑物是原告的住房，马上拆除原告的居住问题难以解决，重建损失更大，在这种情况下，法院可裁定停止具体行政行为的执行。两个条件必须同时具备，缺一不可。停止具体行政行为的执行必须由合议庭制作书面的裁定书，并送达原、被告及有关的当事人。

3. 法律、法规规定停止执行的。执行这一项不一定需要原告提出请求，合议庭可依法律、法规规定的内容制作行政裁定书，裁定停止部分或全部具体行政行为的执行。

（六）诉讼中止

诉讼中止，是指在行政诉讼过程中因某种法律事实的出现而暂时停止诉讼过程，待该法律事实消除后，再恢复诉讼程序，继续进行诉讼的一项诉讼制度。根据《若干解释》第51条，导致行政诉讼中止的法律事实主要包括：

1. 原告死亡，需要等待其近亲属表明是否参加诉讼。诉讼进行期间，作为原告的自然人死亡，其诉讼权利能力随之终结。是否继续诉讼，由谁承担诉讼，应当由原告的近亲属决定。有权代为诉讼的近亲属尚未决定是否参加诉讼时，法院可裁定诉讼中止，待原告的近亲属提出明确意见后，决定是否恢复审理。

2. 原告丧失诉讼行为能力，尚未确定法定代理人。诉讼期间，原告丧失诉讼行为能力，自己不能进行有效的诉讼行为，只能由其法定代理人代为诉讼。在原告的法定代理人确定之前，或者确定以后尚未参加诉讼之前，诉讼活动无法继续进行，应当予以中止。

3. 作为一方当事人的行政机关、法人或者其他组织终止，尚未确定权利义务承受人的。

4. 一方当事人因不可抗力的事由不能参加诉讼的。

5. 案件涉及法律适用问题，需送请有权机关作出解释或者确认的。

6. 案件的审判须以相关民事、刑事或者其他行政案件的审理结果为依据，而相关案件尚未审结的。

7. 其他应当中止诉讼的情形。

（七）诉讼终结

诉讼终结，是指在诉讼过程中因某种法律事实的出现而使诉讼程序不可能继续进行或继续进行已无意义，从而结束诉讼程序。根据《若干解释》第52条，在诉讼过程中，有下列情形之一的，终结诉讼：

1. 原告死亡，没有近亲属或者近亲属放弃诉讼权利的。

2. 作为原告的法人或者其他组织终止后，其权利义务承受人放弃诉讼权利。

3. 原告死亡，法院中止诉讼后满90日仍无人继续诉讼的，但有特殊情况的除外。

4. 原告丧失诉讼行为能力，法院中止诉讼后满90日仍无人继续诉讼的，但特殊情况除外。

5. 作为一方当事人的行政机关、法人或者其他组织终止，人民法院中止诉讼后满90日仍无人继续诉讼的，但有特殊情况的除外。

第四节　第二审程序

一、第二审程序概述

（一）第二审程序的概念

第二审程序，是指上级人民法院对下级人民法院就第一审行政案件作出的裁判，在其发生法律效力前，由于当事人的上诉，而对上述案件进行审理所适用的程序。我国行政案件的审理实行两审终审制，即一个行政案件最多可以经过两级人民法院的审理才告终结。根据这一制度，行政案件经第一审人民法院审理后，当事人对判决、裁定不服，可以向上一级（第二审）人民法院提起上诉。第二审人民法院经过审理所作出的判决、裁定是终审的判决、裁定，当事人不得再提起上诉。我国的最高人民法院是国家的最高审判机关，它对第一审行政案件所作的裁定、判决是终审的裁定、判决，当事人不服也不能提起上诉。第二审程序有以下特点：

1. 第二审程序由当事人上诉而引起。只有当事人不服一审判决、裁定，在法定期限内，以合法的形式提出上诉的案件，才经过第二审程序。

2. 第二审程序由第一审人民法院的上一级人民法院适用。对上诉案件适用第二审程序进行审判的，只能是第一审人民法院的上一级人民法院。

3. 适用第二审程序所作出的判决、裁定，是终审判决、裁定，不得提起上诉。

（二）第二审程序与第一审程序的联系和区别

第二审程序和第一审程序的联系表现在：第一审程序是第二审程序的前提和条件，如果没有第一审程序就谈不上第二审程序；适用第二审程序和适用第一审程序审判的是同一行政案件；第二审程序和第一审程序中的诉讼参加人基本相同，只是其法律地位发生了变化。

第二审程序作为独立的诉讼程序，与第一审程序的主要区别是：

1. 发生的基础不同。第一审程序发生的基础是第一审人民法院对案件的管辖权和当事人的起诉权；第二审程序的发生是基于当事人的上诉权和第二审人民法院审判上的监督权。

2. 审理对象不同。第一审人民法院审理的对象是属于行政诉讼受案范围的行政案件，具体说就是公民、法人或其他组织不服的具体行政行为；第二审人民法院的审理对象是第一审人民法院所作出的判决和裁定。

3. 当事人的诉讼地位不同。在第一审程序中，只有行政管理的相对人才享有起诉权，可以提起诉讼，行政机关不能起诉；在第二审程序中，享有上诉权的可能是行政管理相对人，也可以是第一审程序中作为被告的行政机关，形成这一区别的原因，就在于二者的审理对象不同。第一审程序中的第三人也有权提起上诉，因为第一审判决、裁定与他们有着利害关系。

4. 审理方式不同。第一审程序的审理方式是开庭审理，而第二审程序则可以采书面审理的方式。第二审程序之所以可以采取书面审理的方式，一是书面审理方式简单，可以尽早结案；二是二审已具备了书面审理的条件，行政案件经过第一次审理之后，事实已基本查清，二审法院可以通过一审法院的案卷材料进行审查判断。

5. 审限不同。第一审人民法院作出裁判的期限为自立案之日起3个月，而第二审人民法院作出终审裁判的期限是自收到上诉状之日起2个月。行政诉讼同其他诉讼相比，审结期限是较短的。这主要是因为行政案件涉及行政机关行使职权的问题，时间性强，要求迅速处理。二审的审结期限短于一审的审结期限，也是基于这种考虑。同时因为上诉案件已经过原审法院的调查，事实基本清楚，需要调查的线索清晰可靠。二审法院如认为事实不清，基本证据不足，可以自行调查，也可以撤销原判，发回原审法院重新审理。

6. 结案对象及方式不同。第一审程序是对具体行政行为是否具有合法性的裁判，因而可以维持、撤销和变更具体行政行为，对不作为的具体行政行为责令强制履行。第二审程序是对第一审未生效的裁判的审查，故作出的裁判是维持、改判原判的判决以及撤销原判、发回重审的裁定，是终审的判决、裁定。

（三）第二审程序的作用

1. 通过第二审人民法院的审判活动，纠正第一审裁判中的错误，保护当事人的合法权益。

2. 通过第二审人民法院的审判，监督和检查下级人民法院的审判工作，发现第一审人民法院在认定事实、适用法律的审判工作中存在的问题，从而使二审法院帮助一审法院总结审判工作经验，提高审判工作水平和办案质量。

二、上诉与上诉的受理

（一）上诉

上诉是当事人不服人民法院的一审判决、裁定，依法要求第二审人民法院审理的诉讼行为。

1. 上诉人。上诉人是指不服人民法院第一审判决、裁定，向上一级人民法院提起上诉的人。根据《行政诉讼法》的规定，对一审人民法院的判决、裁定不服的，能够提起上诉的有原告、被告、第三人和共同诉讼人。被告行政机关上诉应由其法定代表人提起。委托诉讼代理人提起上诉，必须经法定代表人的特别授权，并向人民法院提交特别授权委托书，才能以被告代理人的名义提起，否则其上诉行为无效，不产生上诉法律效力。

2. 上诉的对象。上诉的对象是一审人民法院的尚未生效的判决或裁定，而不是一审人民法院的审判人员。同时，只有法律规定可以对之提起上诉的判决或裁定，当事人才能上诉。这就是当事人只有对第一审人民法院未发生法律效力的判决和裁定，以及第一审人民法院重审的判决和裁定可以上诉。

3. 上诉期限。上诉必须在法定期限内提起。《行政诉讼法》规定，不服第一审判决的上诉期限为15日，即当事人从收到一审判决书之日起15日内，可以向上一级人民法院提起上诉；不服第一审裁定的上诉期限为10日，即当事人从收到第一审裁定书之日起10日内，可以向上一级人民法院提起上诉。当事人在上诉期限内，不提起上诉的，第一审判决、裁定就发生法律效力，当事人若不服不得上诉，只可以申诉。在上诉期间，当事人因不可抗力或者其他正当理由耽误期限的，在障碍消除后的10日内，可以申请顺延期限，是否准许，由人民法院决定。

法律对上诉期限作出规定，①为了确保当事人诉讼权利的行使，让其有充分的时间考虑和提起上诉，以保护上诉人的实体权利；②有利于维护行政法律秩序，尽早确定当事人之间的行政法律关系，保证行政活动的效率。

4. 上诉方式。上诉应采用书面方式，当事人必须向人民法院递交上诉状。上诉状是上诉人提起上诉的根据，应有一定的格式和要求。上诉状的内容包括上诉人的姓名或者名称，原审人民法院名称、案件的编号和案由，上诉的请求和理由。

5. 上诉途径。提起上诉应通过原审人民法院提出，并按照被上诉人的人数提交上诉状副本，由原审法院报送二审人民法院。如果认为不便向原审法院提出，也可以直接向第二审人民法院提交上诉状。上诉人提出上诉状的同时，应按规定预交上诉案件受理费。

（二）上诉的受理

上诉的受理，是指第二审人民法院对符合法定上诉条件的上诉案件立案，并开始第二审程序活动的意思表示。

上诉人直接向二审法院提交上诉状的，二审法院经过审查，认为不符合法定条件的，应当裁定驳回；对符合条件的，二审法院应及时将上诉状副本交一审法院，并由一审法院通知上诉人向二审法院预交提起上诉的诉讼费，同时由一审法院将上诉状副本转交给被上诉人。被上诉人在收到上诉状副本之次日起10日内向一审法院提交答辩状及副本，一审法院在收到答辩状后，在5日内将答辩状副本转交给上诉人。完成上述程序后，一审法院将答辩状及全案材料送二审法院。

二审法院收到上诉状后，也可以直接向上诉人发出受理案件通知书，通知上诉人在限定时间内预交上诉费用。同时，将上诉状副本送达给被上诉人，被上诉人在收到上诉状副本之次日起10日内提交答辩状，二审法院收到答辩状后，应将答辩状副本在5日内送达上诉人。二审法院受理上诉后，同时通知一审法院，将一审案卷尽快报送二审法院，以便二审法院尽快进行上诉案件的审理。

提起上诉是当事人的诉讼权利，当事人是可以进行处分的。当事人不服一审判决提起上诉后，如果认为有必要，可以撤回其上诉。第二审人民法院经过审查，如果认为当事人撤回上诉的请求未规避法律、未侵害个人和公共的利益，可以作出准许撤回上诉的裁定。上诉人撤回上诉应当向人民法院提交申请书，申请书应说明撤回上诉的理由。撤回上诉申请应在二审法院判决或裁定宣告前提出。上诉人申请撤回上诉经人民法院裁定准许后，即失去了再上诉的权利，以后不得就同一事实再行上诉。上诉人撤回上诉应负担上诉的诉讼费用。

三、上诉案件的审理

第二审法院审理上诉案件，除《行政诉讼法》对第二审程序有特别规定外，均适用第一审程序。关于上诉案件的审理，《行政诉讼法》仅就审理方式和结案期限作了特别规定。

（一）审判组织

第二审人民法院审理行政案件，必须由审判员组成合议庭，合议庭的成员也必须是3人以上的单数。合议庭由审判员组成，有利于提高办案质量，有利于加强上级法院对下级法院的监督。

（二）审理方式

二审案件的审理方式分为书面审理和开庭审理两种。

书面审理，是指二审人民法院只对当事人提出的上诉状、上诉答辩状、其他书面材料和证据进行审理，径直作出判决，不需要诉讼参加人出席法庭，也不向社会公开的审理方式。采取书面审理方式的条件是案情事实清楚，即提起上诉的当事人所提出的事实和证据与对方当事人答辩中提出的事实和证据基本一致，双方争议的问题在案卷材料中基本反映清楚。书面审理采取依据上诉人提交的上诉状及被上诉人的答辩状，在听取有关当事人的意见后，通过审阅一审案卷材料进行审理。采取书面审理的方式不排除审判人员为核实部分事实，弄清某个法律问题而进行个别调查。人民法院对事实清楚的上诉行政案件实行书面审理，方便当事人的诉讼，也有利于及时解决行政争议，提高行政机关的工作效率。

开庭审理是上诉人及其他当事人对一审判决认定的事实提出异议，二审法院需要通过开庭审理进一步查明案件事实，或二审法院认为一审判决认定的事实不清楚，必须采取开庭审理的方式，进一步查明案件事实。二审开庭审理也分为公开审理和不公开审理两种形式，凡涉及国家秘密、个人隐私和法律另有规定的可不公开审理外，其余一律公开审理。

需要注意的是，根据《若干解释》第67条第1款的规定，不论采取何种审理方式审理上诉案件，第二审人民法院都应当对原审人民法院的裁判和被诉具体行政行为是否合法进行全面审查。

（三）审理期限

第二审行政案件的审理是在第一审的基础上进行的，工作量相对而言比第一审要小，而且对事实清楚的上诉行政案件可以书面审理，可以省去不少时间，因此，《行政诉讼法》规定人民法院审理第二审行政案件的期限为2个月，即从收到上诉状之日起2个月内作出终审判决。对个别特殊复杂的案件，在第二审期限内无法审结，可以申请延长期限。中级人民法院申请延长二审行政案件审理期限的，需要报请高级人民法院批准；高级人民法院申请延长第二审行政案件审理期限的，需要报请最高人民法院批准。

第五节　审判监督程序

一、审判监督程序概述

（一）审判监督程序的概念

审判监督程序又称再审程序，是指人民法院对已经发生法律效力的判决和裁定，发现违反法律、法规的规定，依法进行重新审理的审判程序。它是对违反法律、法规的判决、裁定的一种补救措施。审判监督程序有以下特点：

1. 审判监督程序是人民法院进行审判监督的一种方式，目的是为了保证人民法院审判工作的公正、正确，体现了实事求是、有错必纠的原则。审判监督程序不是一个审级，而是一审、二审以外不具有审级性质的特殊审判程序，并非每一个案件必经的审判程序。

2. 引起审判监督程序的法定原因是人民法院已经发生法律效力的判决、裁定确有错误，并且应经法定部门审查决定。

3. 审判监督程序所适用的具体审判程序，既可以是第一审程序，也可是第二审程序。

（二）审判监督程序与第二审程序的联系和区别

审判监督程序和第二审程序审理的直接对象都是人民法院已经作出的判决、裁定，两者的审理目的都是为了审查纠正人民法院已经作出的判决、裁定可能存在的错误。这是两者的联系。两者的区别表现在：

1. 提起的主体不同。第二审程序提起的主体是第一审程序中的当事人，而再审提起的主体是享有审判监督权的组织或公职人员，具体说就是原审人民法院院长、上级人民法院、最高人民法院和人民检察院。

2. 提起的理由不同。在第二审程序中，只要上诉人主观上认为第一审判决、裁定有错误，就可以提起上诉。而在再审程序中，是原审人民法院院长、人民检察院、上级人民法院发现已经生效的判决、裁定违反法律、法规规定，即人民法院认定事实不准、适用法律不当或严重违反法定程序，确有错误，才能决定是否开始再审程序。

3. 提起的期限不同。第二审程序的上诉期限有明确的规定和限制。当事人申请再审，应当在判决裁定发生法律效力后 2 年内提出。当事人对已经发生法律效力的行政赔偿调解书，提出证据证明调解违反自愿原则或者调解协议的内容违反法律规定的，可以在 2 年内申请再审。

4. 审理的对象不同。第二审程序的审理对象是第一审人民法院作出的尚未发生法律效力的判决、裁定，而再审程序的审理对象是人民法院已发生效力的判决、裁定。

5. 审理的法院不同。第二审人民法院必须是第一审人民法院的上一级人民法院。而再审案件既可以由原审法院审理，也可以由原审法院的上一级法院审理，还可以由更高的人民法院提审。

（三）审判监督程序的作用

1. 有利于保证贯彻实事求是、有错必纠的司法工作原则。审判监督程序是实事求是、有错必纠原则在诉讼程序上的体现，它对于纠正违反法律、法规的错误裁判，保证人民法院正确行使审判权起着重要的作用。

2. 有利于实现行政诉讼的目的。建立行政诉讼制度的目的在于保护公民、法人和其他组织的合法权益，维护和监督行政机关依法行使职权。实现这一目的，需要人民法院行使审判权，对行政案件作出正确的裁判。审判监督程序可以使已经发生法律效力的错误裁判得到纠正，从而对实现行政诉讼的目的起着积极的作用。

3. 有利于实现上级人民法院对下级人民法院、人民检察院对人民法院的监督职能。审判监督程序是上级人民法院对下级人民法院，人民检察院对人民法院的审判工作实行监督的重要形式。通过审判监督，提高审判人员的法律政策水平，提高办案质量。

二、审判监督程序的提起

（一）提起审判监督程序的条件

提起审判监督程序必须同时具备以下条件：

1. 必须是发现已经发生法律效力的判决、裁定确实违反了法律、法规的规定。违反法律、法规规定包括：①在认定事实上有错误。具体有：原裁判事实不清，缺乏充分证据；原裁判认定事实所依据的证据是伪造、变造的，足以否定所认定事实的真实性；原裁判生效后，或者有新事实、新证据足以否定原裁判所认定的事实，或者其所认定的事实已被其他案件否定等。②在适用法律、法规上有错误。具体有：裁判所引用的是已被废止或自行失效的法律、法规；裁判依据的法律、法规已被有权机关依法撤销；引用法律、法规条文错误；裁判参照的规章与其他规章冲突，该规章已经被国务院解释或裁决予以否定等情况。

2. 必须依照法定程序提起。①当事人认为人民法院已经发生法律效力的裁判确有错误，依法向人民法院提出再审申请。当事人申请再审，应当在判决、裁定发生法律效力后 2 年内提出。当事人对已经发生法律效力的行政赔偿调解书，提出证据证明调解违反自愿原则或者调解协议的内容违反法律规定的，也可以在 2 年内申请再审。②人民检察院对人民法院已经发生法律效力的判决、裁定，发现违反法律、法规规定的，有权按照审判监督程序提出抗诉。③各级人民法院院长对本院已经发生法律效力的判决、裁定，发现违反法律、法规规定的，认为需要再审的，应提交审判委员会决定是否再审。最高人民法院对地方各级人民法院已经发生法律效力的判决和裁定，上级人民法院对下级人民法院已经发生法院效力的判决和裁定，发现违反法律、法规规定，认为需要再审的，有权提审或者指令下级人民法院再审。

（二）再审资料来源

再审资料来源，是指人民法院发现已经生效的判决、裁定违反法律、法规规定的途径。

1. 当事人的申诉。当事人对已经发生法律效力的判决、裁定，认为违反法律、法规的规定，可以向原审人民法院或上一级人民法院提出申诉，要求人民法院重新进行审理。申诉不同于上诉，对人民法院并不具有当然效力，本身并不能引起再审程序，只有人民法院认为需要再审时，才能按照法定程序提起再审。

2. 人民法院的工作检查、案件评查以及总结报告，机关、团体和单位以及人民代表、政协委员口头或书面反映的意见与传媒的报道等。

3. 人民检察院的抗诉。根据法律规定，最高人民检察院对于各级人民法院已经发生法律效力的判决、裁定，上级人民检察院对下级人民法院已经发生法律效力的判决、裁定，根据当事人或者其他人的申诉、控告，经审查发现违反法律、法规的，可以按照审判监督程序向同级人民法院提出抗诉。人民检察院在抗诉前，认为需要调阅案卷的，可以向人民法院调取。

三、再审程序

再审案件的审理程序是一种特殊程序，虽然《行政诉讼法》对再审程序未作具体规定，但根据《若干解释》第 76～81 条的规定，再审程序应包括以下几种情况：

1. 按照审判监督程序决定再审的案件，应当裁定中止原判决的执行。裁定由院长署名，加盖人民法院印章。上级人民法院决定提审或者指令下级人民法院再审的，应当作出裁定，裁定应当写明中止原判决的执行；情况紧急的，可以将中止执行的裁定口头通知负责执行的人民法院或者作出生效判决、裁定的人民法院，但应当在口头通知后 10 日内发出裁定书。

2. 原审人民法院再审的，应另行组织合议庭，原作出判决、裁定的合议庭成员不得参加。再审案件原来是第一审的，仍按第一审程序进行审理，适用《行政诉讼法》第 57 条规定的审理期限，所作出的新的判决、裁定，当事人不服的，可以上诉。再审案件原来是第二审的，按照第二审程序进行审理，适用《行政诉讼法》第 60 条规定的审理期限，所作出的新的判决、裁定是终审判决、裁定，当事人不服的，不得上诉。

3. 由最高人民法院、上级人民法院提审的案件，无论已经发生法律效力的原判决、裁定是第一审或是第二审审理终结的，再审时一律按照第二审程序进行审理，所作出新的判决、裁定都是终审判决、裁定，当事人不得上诉。

4. 对人民检察院按照审判监督程序提出抗诉的案件，人民法院应当再审。人民法院审理抗诉行政案件时，应当通知人民检察院派员出席。人民法院审结抗诉行政案件后，应将审理结果告知提起抗诉的人民检察院。

思 考 题

1. 试述行政诉讼程序的概念与特征。
2. 简述行政诉讼起诉的条件。
3. 行政诉讼中止适用于哪些情况?
4. 试述行政诉讼终止适用的情况。
5. 简述审判监督程序的作用。

第二十章　行政诉讼的法律适用与裁判

学习目的与要求

　　通过本章的学习，理解行政诉讼法律适用的概念、特点；明确行政诉讼法律适用规则；认识和掌握行政诉讼第一审判决、第二审判决的种类及适用的条件以及裁定、决定适用的条件；注意把握判决、裁定、决定三者之间的区别。

第一节　行政诉讼的法律适用

一、法律适用概述

（一）法律适用的概念和特点

　　行政诉讼的法律适用，是指人民法院在依法审理行政案件，审查具体行政行为合法性的过程中适用法律规范的活动。

　　在行政诉讼过程中涉及的法律适用问题有两类情况：①解决行政诉讼程序的法律适用；②解决行政诉讼当事人之间的行政实体法和行政程序法上的权利义务争议的法律适用。这里研究的主要是后一类法律适用。这类法律适用有以下特点：

　　1. 法律适用的主体是人民法院。人民法院行使国家行政审判权，在行政诉讼活动中处于核心地位，是行政诉讼活动的组织者和指挥者，也是具体行政行为合法性的审查和裁判者。因此，在行政诉讼中，只有人民法院才有权适用法律。

　　2. 法律适用的实质是对行政管理中法律适用的审查。行政诉讼法律适用是在对行政机关作出具体行政行为时适用法律进行审查的基础上进行的。行政机关在作出具体行政行为的过程中也包括适用法律、法规或者其他规范性文件于特定法律事实的活动。人民法院要审查具体行政行为的合法性，必须根据法律、法规对行政机关在作出具体行政行为时的法律适用是否正确进行审查。

3. 行政诉讼法律适用具有最终效力。基于司法最终解决原则，行政诉讼中人民法院的法律适用是最终的适用，其效力高于行政机关作出具体行政行为时的法律适用。行政诉讼各方当事人都必须服从，行政机关不得以同一事实和理由再作出与法院判决相违背的具体行政行为，否则违法。

4. 行政诉讼法律适用的内容广泛，形式多样。行政诉讼法律适用的内容非常广泛，包括行政法的多数法律渊源，也包括行政诉讼法的所有法律渊源。其中既有关于行政实体法权利义务和行政程序法权利义务的法律规范，也有关于行政诉讼法权利义务的法律规范。行政诉讼适用法律的形式也是多样的。有《行政诉讼法》第52条规定的"依据"法律、法规、自治条例和单行条例，也有《行政诉讼法》第53条规定的"参照"规章，还有最高人民法院司法解释规定的"参照"民事诉讼法。

（二）行政诉讼法的适用[1]

行政诉讼的法律适用首先是适用行政诉讼法律规范。在我国，行政诉讼法律规范主要集中在《中华人民共和国行政诉讼法》以及最高人民法院相应的司法解释中。但是主要集中于此并非全部集中于此，《中华人民共和国行政诉讼法》以及最高人民法院的司法解释并非我国行政诉讼法唯一的法源。行政诉讼与民事诉讼虽然性质不同但密切联系，二者存在很多共同性，因此，《若干解释》第97条规定："人民法院审理行政案件，除依照行政诉讼法和本解释外，可以参照民事诉讼的有关规定"。可见，在我国，民事诉讼法也是行政诉讼法的法源。另外，行政诉讼与国家民主、法制的发展进程紧密相连，随着国家民主政治和法制的发展，行政诉讼的范围和程序不能不有所变化，而行政诉讼法作为一项基本法律，具有相对稳定性，不能随时修改，因此，通过特别法律、法规逐步扩大行政诉讼的范围或改进诉讼的形式、程序就是必须的，从而，行政诉讼在程序方面除了适用行政诉讼法外还必须适用有关的特别法律规范。

---

[1]　姜明安：《行政诉讼法学》，北京大学出版社1992年版，第125页。

（三）行政实体法和行政程序法适用

行政诉讼是人民法院根据一定的标准判断具体行政行为的合法性，从而确定是否满足原告提出的撤销、变更相应具体行政行为的请求，而不是由人民法院对相应的具体行政行为作出任意评价和任意处置。那么，人民法院司法审查的标准是什么呢？这就是我们将要探讨的行政诉讼具体审判依据问题。行政审判的依据，是指人民法院审理行政案件，审查具体行政行为合法性的法律标准，是行政诉讼法律适用最重要的组成部分。关于这个问题，《行政诉讼法》第52条作出了原则性的规定："人民法院审理行政案件，以法律和行政法规、地方性法规为依据。地方性法规适用于本行政区域内发生的行政案件。人民法院审理民族自治地方的行政案件，并以该民族自治地方的自治条例和单行条例为依据"。

按照现行《宪法》确立的宪政体制，人民法院在审理刑事案件、民事案件和行政案件时，都必须以上述法律、法规作为依据，不能拒绝适用，也不能对法律、法规本身进行审查和评价。需要说明的是，行政诉讼法律适用中作为行政裁判依据的法律、法规有效力等级的层次性，人民法院在审理具体的案件时需要选择适用，这并不意味着人民法院有权审查和决定有关法律、法规本身的效力。

1. 法律。作为行政审判依据的法律，是指根据《宪法》，由全国人民代表大会制定的基本法律和由全国人大常委会制定的法律。法律的效力等级仅次于宪法而高于其他所有的法律规范。法律的地域效力及于国家的所有领土、领海、领空及领土的延伸部分。法律对全国各级、各地人民法院均有约束力。人民法院有责任通过其审判活动保证法律的有效实施，以维护社会主义法制的统一和尊严。在审判实践中，全国人大常委会和全国人大法律委员会作出的法律解释，与相关的法律在效力等级上是一致的。因此，也属于法律依据的范畴。

2. 行政法规。行政法规作为人民法院行政审判的依据，其效力地位次于法律而高于其他法律规范。行政法规是国务院根据宪法和法律制定的调整有关政治、经济、文化教育、科技、外事等事项的法规的总称。国务院是最高国家权力机关的执行机关，既是最高国家行政机关，也是中央人民政府，负责全国的行政管理工作。我国是单一制国家，不存在中央与地方的分权问题，行政法规在全国范围内均有约束力，各级各地人民法院必须在行政审判中将其作为审判依据。国务院所作的法律解释，效力与行政法规一致。

考虑到建国后我国立法程序的沿革情况，现行有效的行政法规有以下三种类型:[1] ①国务院制定并公布的行政法规;②《立法法》施行以前,按照当时有效的行政法规制定程序,经国务院批准,由国务院部门公布的行政法规,但在《立法法》施行以后,经国务院批准,由国务院部门公布的规范性文件,不再属于行政法规;③由国务院确认的其他行政法规。

3. 地方性法规。地方性法规的制定主体是地方国家权力机关。但是,并非所有的地方国家权力机关都有权制定地方性法规。按照《宪法》规定和全国人民代表大会的授权决定,地方性法规的制定主体包括省、自治区、直辖市人民代表大会及其常务委员会,省、自治区人民政府所在地的市和国务院批准的较大的市的人民代表大会及其常务委员会,深圳、厦门、珠海、汕头四个市的人民代表大会及其常务委员会。

地方性法规作为行政审判的依据,在效力等级上低于法律和行政法规,在地域效力上,仅适用于本行政区域内发生的行政案件。人民法院在审理本行政区域内发生的行政案件时,不得以本行政区域以外的地方性法规为依据,也不得要求其他行政区域内的人民法院适用本行政区域的地方性法规。

4. 自治条例和单行条例。按照《宪法》和《民族区域自治法》的规定,自治区、自治州和自治县的人民代表大会有权制定自治条例和单行条例。自治条例和单行条例是人民法院审理民族自治地方发生的行政案件的依据。

在效力等级上,自治条例和单行条例低于法律和行政法规,一般也低于上级地方人大及其常委会制定的地方性法规。地域效力方面,自治条例和单行条例仅适用于该民族自治地方发生的行政案件。为适应民族地区政治、经济、文化发展的需要,自治条例和单行条例可以变通法律、行政法规和上级地方性法规中的个别具体规范的规定,这一点在行政审判中应予注意。

(四)行政审判中的参照规章

1. 规章的法律地位问题。规章分为部门规章和地方性规章。部门规章的制定主体是国务院各部、各委员会和直属机构,地方性规章的制定主体包括省、自治区、直辖市人民政府,省、自治区人民政府所在地的市的人民政府,国务院批准的较大的市的人民政府和深圳、厦门、珠海、汕头四个市的人民政府。

行政规章不能作为人民法院行政审判的依据。这主要是因为:①有权制定规章的行政机关也可以据此作出具体行政行为。如果在行政诉讼中审查该具体行政行为合法性时又以规章作为依据,就等于行政机关自己制定了审查

---

[1] 参见《最高人民法院关于审理行政案件适用法律规范问题的座谈会纪要》。

其具体行政行为合法性的标准，这不符合依法行政原则的要求，也不利于保护公民、法人和其他组织的合法权益。②规章中存在的问题比较多。主要是行政规章的制定缺乏科学严格的程序。因此，规章与法律、法规不一致的情形经常出现，规章与规章之间相互矛盾冲突的现象更为普遍。规章甚至成了不同部门之间、不同地方之间、部门与地方之间争权夺利、划分势力范围的工具。所以，行政诉讼中以规章作为审判依据，显然不合适，也有悖于审判权的独立性。但是，宪法和有关法律确立了规章的法律地位，并将规章的制定权赋予了有限的行政机关。规章一般都是某个法律或者法规的具体化。行政机关作出具体行政行为时，在很多情况下是以规章作为依据的。人民法院在行政审判中完全撇开规章既不正确也不现实。因为这样做，无异于否定了规章的法律地位，也给行政执法实践造成难题。

总之，人民法院在行政审判中不能依据规章，也不能完全离开规章，这就需要给规章在行政诉讼中的地位作一特别规定。《行政诉讼法》第 53 条规定"参照"规章，即是对规章在行政诉讼法中的法律地位的界定。

2. "参照"规章的运用。在《关于〈中华人民共和国行政诉讼法（草案）〉的说明》中，参照规章被解释为："对符合法律、行政法规规定的规章，法院要参照审理，对不符合或不完全符合法律、行政法规原则精神的规章，法院可以有灵活处理的余地。"据此，《行政诉讼法》实质上赋予了人民法院在个案中审查行政规章的合法性并决定规章在行政审判适用上的取舍权力。如果行政机关的具体行政行为是根据符合法律和行政法规的规章作出的，人民法院就应当适用该规章审查具体行政行为是否合法；如果行政机关的具体行政行为是根据不符合法律、行政法规的规章作出的，人民法院就不适用该规章，并以适用法律、法规错误为理由直接判决撤销被诉的具体行政行为。

（五）具体应用解释和其他规范性文件

在行政审判实践中，经常涉及有关部门为指导法律执行或者实施行政措施，而作出的具体应用解释和制定的其他规范性文件，主要是：国务院部门以及省、自治区、直辖市和较大的市的人民政府或其主要部门对于具体应用法律、法规或规章作出的解释；县级以上人民政府及其主管部门制定发布的具有普遍约束力的决定、命令或其他规范性文件，行政机关往往将这些具体应用解释和其他规范性文件作为具体行政行为的直接依据。这些具体应用解释或其他规范性文件，不是正式的法律渊源，对人民法院不具有法律规范意义上的约束力。但是，人们法院经审查认为作为具体行政行为依据的具体应用解释和其他规范性文件合法有效并合理适当，在认定被诉具体行政行为合法性时应承认其效力；人民法院可以在裁判理由中对具体应用解释和其他规范性文件是否合法有效、合理或适当进行评述。[1]

另外，根据宪法和有关法律的规定，最高人民法院的司法解释也可作为行政审判的依据。人民法院在审理行政案件时，如果要适用最高人民法院的司法解释，应当在裁判文书中援引。[2]

二、法律规范的冲突及选择适用

（一）法律规范的冲突

1. 法律规范冲突的概念。行政诉讼中法律规范的冲突是指法律规范适用上的冲突，即人民法院在审理行政案件的过程中，发现对同一法律事实或行政管理关系，有两个或两个以上的法律文件作出了不同的规定，法院分别适用不同的法律文件的规定会产生不同的裁判结果。

由于在行政诉讼中人民法院可以适用的法律规范的多样性及复杂性，法律规范的冲突现象不可避免。从实质上讲，人民法院必须作出正确的裁判，而又必须只依据发生冲突的法律规范中的一个作出裁判，因而，选择适用正确的法律规范就成为行政审判实践中人民法院必须做的一项经常性工作。

行政诉讼中法律规范的冲突包括合法冲突和违法冲突两种情形。合法冲突，是指宪法和法律允许的冲突现象，如自治条例对相关法律的规定作出变通性规定。违法冲突，是指宪法和法律不允许的冲突现象，如地方性规章自行改变了相应法律规定的对某类违反行政管理秩序行为的处罚手段。前一种情况中，冲突的法律规范都是合法有效的。后一种情况中，冲突的法律规范必定有一个是合法有效的，另一个是违法无效的。

2. 法律规范冲突的类型。法律规范冲突的表现形式多种式样，主要包括以下五种：

（1）特别法与普通法的冲突。即行政诉讼中可适用的法律规范中特别法律规定与普通法律规定间的冲突。这种冲突可以是在两个不同的法律文件间发生的，也可以是在一个法律文件中两个不同的规定间发生的。

（2）不同的法律文件就同一法律事实或行政管理关系的规定不一致而产生的冲突。包括行政规章与地方性法规、行政法规、法律的冲突；地方性法规与行政法规、法律的冲突；行政法规与法律的冲突；省级政府的行政规章

---

〔1〕　参见《最高人民法院关于审理行政案件适用法律规范问题的座谈会纪要》。
〔2〕　参见《最高人民法院关于执行〈中华人民共和国行政诉讼法〉若干问题的解释》第62条。

与省级政府下属的有权制定行政规章的市的行政规章间的冲突等五种形式。

（3）新法与旧法的冲突。即行政诉讼可适用的法律规范中新的法律规范与旧的法律规范间的冲突。

（4）相同效力层级的法律规范的冲突。即制定机关不同但法律效力层级相同的各种法律文件间的冲突。包括国务院不同部门制定的行政规章之间的冲突；部门规章与地方性规章之间的冲突两类。另外，不同部门所作的法律解释之间的冲突也可归入此类。

（5）国务院各部门制定的行政规章与地方性法规间的冲突。这两类法律文件之间没有普通法与特别法的关系，现行《宪法》和有关法律也没有明确两者的效力层级关系，因而，是一种特殊的法律规范的冲突类型。

（二）选择适用的规则[1]

调整同一对象的两个或者两个以上的法律规范因规定不同的法律后果而产生冲突的，一般情况下应当按照《立法法》规定的上位法优于下位法、后法优于前法以及特别法优于一般法等法律适用规则，判断和选择所应适用的法律规范。冲突规范所涉及的事项比较重大、有关机关对是否存在冲突有不同意见、应当优先适用的法律规范的合法有效性尚有疑问或者按照法律适用规则不能确定如何适用时，依据《立法法》规定的程序逐级送请有权机关裁决。

1. 下位法不符合上位法的判断和适用。下位法规定不符合上位法规定的，人民法院原则上应当适用上位法。

当前许多具体行政行为是依据下位法作出的，并未援引和适用上位法。在这种情况下，为维护法制统一，人民法院在审查具体行政行为的合法性时，应当对下位法是否符合上位法一并进行判断。经判断，下位法与上位法相抵触的，应当依据上位法认定被诉具体行政行为的合法性。从审判实践看，下位法不符合上位法的常见情形有：下位法缩小上位法规定的权利主体的范围，或者违反上位法立法目的扩大上位法规定的权利主体的范围；下位法限制或者剥夺上位法规定的权利，或者违反上位法立法目的扩大上位法规定的权利范围；下位法延长上位法规定的履行法定职责的期限；下位法以参照、准用等方式扩大或者限缩上位法规定的义务或义务主体的范围、性质或者条件；下位法增设或者限缩违反上位法规定的适用条件；下位法扩大或者限缩上位法规定的给予行政处罚的行为、种类或者幅度的范围；下位法改变上位法已

---

[1]　参见《最高人民法院关于审理行政案件适用法律规范问题的座谈会纪要》。

规定的违法行为的性质；下位法超出上位法规定的强制措施的适用范围、种类和方式，以及增设或者限缩其适用条件；法规、规章或者其他规范性文件设定不符合《行政许可法》规定的行政许可，或者增设违反上位法的行政许可条件；其他相抵触的情形。

法律、行政法规或者地方性法规修改后，其实施性规定未被明文废止的，人民法院在适用时应当区分下列情形：实施性规定与修改后的法律、行政法规或者地方性法规相抵触的，不予使用；因法律、行政法规或者地方性法规的修改，相应的实施性规定丧失依据而不能单独施行的，不予适用；实施性规定与修改后的法律、行政法规或者地方性法规不相抵触的，可以适用。

2. 特别规定与一般规定的适用关系。同一法律、行政法规、地方性法规、自治条例和单性条例、规章内的不同条文对相同事项有一般规定和特别规定的，优先适用特别规定。

法律之间、行政法规之间或者地方性法规之间对同一事项的新的一般规定与旧的特别规定不一致的，人民法院原则上应按照下列情形适用：新的一般规定允许旧的特别规定继续适用的，适用旧的特别规定；新的一般规定废止旧的特别规定的，适用新的一般规定。不能确定新的一般规定是否允许旧的特别规定继续适用的，人民法院应当中止行政案件的审理，属于法律的，逐级上报最高人民法院送请全国人民代表大会常务委员会裁决；属于行政法规的，逐级上报最高人民法院送请国务院裁决；属于地方性法规的，由高级人民法院送请制定机关裁决。

3. 地方性法规与部门规章冲突的选择适用。地方性法规与部门规章之间对同一事项的规定不一致的，人民法院一般可以按照下列情形适用：①法律或者行政法规授权部门规章作出实施性规定的，其规定优先适用；②尚未制定法律、行政法规的，部门规章对于国务院决定、命令授权事项，或者对于中央宏观调控的事项、需要全国统一的市场活动规则及对外贸易或外商投资等需要全国统一规定的事项作出的规定，应当优先适用；③地方性法规根据法律或者行政法规的授权以及本行政区域的实际情况作出的具体规定，应当优先适用；④地方性法规对属于地方性事务的事项作出的规定，应当优先适用；⑤尚未制定法律、行政法规的，地方性法规根据本行政区域的具体情况，对需要全国统一规定以外的事项作出的规定，应当优先适用；⑥能够直接适用的其他情形。不能确定如何适用的，应当中止该行政案件的审理，逐级上报最高人民法院按照《立法法》第86条第1款第2项的规定送请有权机关处理。

4. 规章冲突的选择适用。部门规章与地方政府规章之间对相同事项的规定不一致的，人民法院一般可以按照下列情形适用：①法律或者行政法规授权部门规章作出实施性规定的，其规定优先适用；②尚未制定法律、行政法规的，部门规章对于国务院据决定、命令授权的事项，或者对属于中央宏观调控的事项、需要全国统一的市场活动规则及对外贸易和外商投资等事项作出的规定，应当优先适用；③地方政府规章根据法律或者行政法规的授权以及本行政区域的实际情况作出的具体规定，应当优先适用；④地方政府规章对属于本行政区域的具体行政管理事项作出的规定，应当优先适用；⑤能够直接适用的其他情形。不能确定如何适用的，应当中止行政案件的审理，逐级上报最高人民法院送请国务院裁决。

国务院部门之间制定的规章对同一事项的规定不一致的，人民法院一般可以按照下列情形适用：①适用与上位法不相抵触的部门规章；②与上位法均不相抵触的，优先适用根据专属职权制定的规章规定；③两个以上国务院部门就涉及职权范围的事项联合制定的规章规定，优先于其中一个部门单独作出的规定；④能够选择适用的其他情形。不能确定如何适用的，应当中止案件的审理，逐级上报最高人民法院送请国务院裁决。

国务院部门或者省、直辖市、自治区人民政府制定的其他规范性文件对相同事项的规定不一致的，参照上列规则处理。

（三）关于新旧法律规范的适用规则

根据行政审判中的普遍认识和做法，行政相对人的行为发生在新法施行以前，具体行政行为作出在新法施行以后，人民法院审查具体行政行为的合法性时，实体问题适用旧法规定，程序问题适用新法规定，但下列情形除外：①法律、法规或规章另有规定的；②适用新法对保护相对人的合法权益更为有利的；③按照具体行政行为的性质应当适用新的实体规定的。

第二节　行政诉讼的判决、裁定和决定

一、判决

（一）判决的概念

行政诉讼的判决，是指人民法院审理行政案件终结时，根据事实和法律，对被诉具体行政行为的合法性以及当事人的实体权利义务所作的结论性处理决定。按照审理程序的不同，判决可分为一审判决、二审判决和再审判决。行政诉讼中的判决有以下两个特征：

1. 判决是人民法院行使审判权对行政案件所作的结论性处理决定。判决一经作出即发生相应的法律效力。二审判决及最高人民法院的所有判决均具有最终的法律效力。非经法定程序，任何判决都不能随意撤销或变更。

2. 判决是人民法院就行政案件的实体问题，即与当事人实体权利义务密切相关的被诉具体行政行为的合法性所作的结论性决定。行政案件当事人可根据行政判决明确自己在实体行政法上的权利义务的内容。

（二）判决的效力

人民法院作出的第一审判决，当事人如果超过法定上诉期限仍未上诉，判决自法定上诉期限届满之日起发生法律效力。人民法院作出的第二审判决，一经送达当事人后，即发生法律效力。最高人民法院的判决，一经送达当事人后，即发生法律效力。判决的法律效力包括既判力、拘束力和执行力。

1. 既判力。指当事人对生效判决不得上诉，也不得就判决所处理的事项再行提起新的诉讼。法律也不得在其他诉讼中涉及已有判决认定的具体行政行为的合法性和相应行政法律关系时，作出与已有判决相矛盾的裁判。非经再审程序，法院也不得重新处理已有判决确定的具体行政行为的合法性问题和相应的行政法律关系。

2. 拘束力。指诉讼当事人受到判决的约束，当事人须依判决的内容为或者不为一定行为。原告不得再申请撤诉，被告不得再改变其具体行政行为。判决对人民法院同样有拘束力，作出判决的人民法院不得随意撤销、改变或废弃已经作出的判决。

3. 执行力。指当事人对人民法院作出的已发生法律效力的判决须自觉履行。人民法院可应一方当事人的申请，采取强制措施，强制不履行判决确定的义务的当事人履行义务。

（三）一审判决的种类和理由

在行政诉讼中，一审判决具有突出地位。按照《行政诉讼法》第54条、第55条和最高人民法院《若干解释》第53~60条的规定，行政诉讼的一审判决有维持判决、撤销判决、履行判决、变更判决、确认判决、驳回判决和情势判决。

1. 维持判决。维持判决，是指人民法院通过审理，在查清全部案件事实的基础上确认被诉的具体行政行为合法，宣告予以维持的判决。人民法院判决维持被诉的具体行政行为，必须符合法定条件，这些条件是：①具体行政行为证据确凿。即被告行政机关所作具体行政行为认定的事实有充分、可靠的证据证明。②具体行政行为适用法律、法规正确。即具体行政行为对所认定的事实定性准确，并且正确选择了相应的法律、法规。③符合法定程序。即具体行政行为遵循了法律、法规规定的行为的方式、形式、手续、步骤、时限。这三个条件必须同时具备，缺一不可。

2. 撤销判决。撤销判决，是指人民法院经过审理，在查清事实的基础上，确认被诉具体行政行为全部或部分违法，将其全部或部分撤销并可责令被告行政机关重新作出具体行政行为的判决。撤销判决有三种具体形式，即判决全部撤销，判决部分撤销，判决撤销并责令被告重新作出具体行政行为。按照《行政诉讼法》的规定，撤销判决适用于五种情形：

（1）主要证据不足。指被告行政机关缺少必要的证据来证明其作出的具体行政行为依据的事实。所谓主要证据，是指作出具体行政行为赖以存在的基本事实根据和认定这些事实存在所必需的证据。必须指出，认定被诉具体行政行为是否主要证据不足，应当以具体行政行为作出时是否具有充分的证据为标准，如果具体行政行为作出时主要证据不足，即使在诉讼过程中补充或调取了必须的证据，也不能证明原具体行政行为的合法性。

（2）适用法律、法规错误。是指行政机关作出具体行政行为时适用了不正确的法律、法规。包括适用了不应适用的法律、法规及其条款，或者没有适用应当适用的法律、法规及其条款。

（3）违反法定程序。是指行政机关作出具体行政行为未遵循法律、法规规定的行政程序，因此导致具体行政行为违法。

（4）超越职权。是指行政机关超出法律、法规授予其的权限，实施了其无权实施的行为。如下级行使了其上级的职权，甲行政机关行使了乙行政机关的职权，内部行政机关行使了外部行政机关的职权等。

（5）滥用职权。是指行政机关拥有相应的职权，并且其行为形式上也在其职权之内，然而行政机关此时行使职权作出的具体行政行为背离了法律、法规赋予其该项职权的目的。如假公济私、以权谋私等。

被诉具体行政行为只要具备上述五种情形中的一种，人民法院即可作出撤销判决。判决全部撤销适用于整个具体行政行为违法的情形；或者整个具体行政行为既有违法的因素，也有合法的因素，但两者是不可分的。判决部分撤销适用于具体行政行为部分合法，部分违法，且两个部分可以分离的情形。判决撤销并责令被告重新作出具体行政行为适用于具体行政行为违法，但该具体行政行为所处理的问题需要重新得到处理的情形。

需要说明，按照行政诉讼法的规定，人民法院判决撤销并责令行政机关重新作出具体行政行为情形中，行政相对人如果对行政机关重新作出的具体行政行为仍然不服，可以作为新的行政案件向人民法院起诉。如果行政机关以同一事实和理由重新作出与原具体行政行为基本相同的具体行政行为，人民法院应当判决撤销。但如果人民法院以违反法定程序为由，判决撤销并责令行政机关重新作出具体行政行为时，行政机关可以在符合法定程序的基础上以同一事实和理由作出与原具体行政行为基本相同的具体行政行为。

3. 履行判决。履行判决，是指人民法院经过对行政案件的审理，认定被告行政机关具有不履行或者拖延履行法定职责的情形，作出责令被告在一定期限内履行法定职责的判决。履行判决的作出应当具备以下三个条件：

（1）被告行政机关负有职责，应当履行一定的义务。

（2）行政相对人，即原告向被告行政机关提出了具有要求行政机关行使职权、履行一定义务内容的申请。

（3）行政机关没有履行或者拖延履行法定职责。

在行政管理实践中，行政机关履行其法定职责往往有一定的时限性，这样，当经过行政诉讼，法院确定要判决行政机关履行法定职责时，已没有实际意义。此时，人民法院可通过履行判决，确认行政机关的行为违法。这样，如果行政机关不履行法定职责给原告造成合法权益的损害，原告可据此要求行政赔偿。

4. 变更判决。变更判决，是指人民法院对于被告行政机关作出的显失公正的行政处罚行为，运用行政审判权直接予以改变的判决。显失公正，是指行政处罚虽然在形式上是合法的，符合具体行政行为的生效要件，但却明显不公正以致侵害了被处罚人的合法权益。所谓明显，是指具有通常法律和道德认识水准的人均可以认识到处罚的不公正性。

从广义上讲，显失公正和滥用职权都属于行政机关不当行使行政自由裁量权的行为。但从行政诉讼的角度而言，滥用职权是就行为的动机和目的而界定的。显失公正是就行为的结果而界定的，且仅指行政处罚行为。

需要说明的是，人民法院对显失公正的行政处罚行为进行变更时仍然必须在法定的行政处罚的种类、行为、幅度的范围内进行变更。从保护公民、法人或其他组织合法权益，监督行政机关依法行政的角度而言，人民法院的变更判决应当比原处罚要轻，而不应相反。

5. 确认判决。确认判决是最高人民法院在司法解释中创设的判决类型。《若干解释》第57条规定，人民法院认为被诉具体行政行为合法，但不适宜判决维持或驳回诉讼请求的,可以作出确认其合法或者有效的判决。有下列情形之一的,人民法院应当作出确认具体行政行违法或者无效的判决:①被告不履行法定职责,但判决责令其履行法定职责已无实际意义;②被诉具体行政行为违法,但不具有可撤销内容的;③被诉具体行政行为依法不成立或者无效的。

6.驳回判决。驳回判决,即驳回原告诉讼请求的判决,是指经人民法院审理,不支持原告的诉讼请求,从而对原告的诉讼请求予以驳回的判决形式。驳回判决也是《若干解释》中新增加的判决形式。驳回判决主要适用于下列情形:①起诉被告不作为的理由不成立的;②被诉具体行政行为合法但存在合理性问题的;③被诉具体行政行为合法,但因法律、政策变化需要变更或者废止的;④其他应当判决驳回诉讼请求的情形。

7.情势判决。情势判决,是指经人民法院审查,确认被诉具体行政行为违法,本应予以撤销,但考虑到公共利益需要而只确认违法,但不予以撤销,同时责令行政机关作出其他补救措施的判决形式。根据《若干解释》第58条的规定,被诉具体行政行为违法,但撤销该具体行政行为会给国家利益或者公共利益造成重大损失的,人民法院应当作出确认被诉具体行政行为违法的判决,并责令被诉行政机关采取相应的补救措施;造成损害的,依法判决承担赔偿责任。

(四)二审判决的种类和理由

第二审人民法院审理上诉案件,应当对原审人民法院的裁判和被诉具体行政行为是否合法进行全面审查。也就是说,第二审判决不仅要对行政诉讼当事人之间的行政争议所涉及的事实根据和法律依据作出结论,而且要对第一审判决的事实根据和法律依据作出结论。根据《行政诉讼法》第61条的规定,二审判决的类型主要有:

1.判决驳回上诉,维持原判。是指第二审人民法院通过对上诉案件的审理,认定第一审判决认定事实清楚,适用法律、法规正确,从而作出驳回上诉,维持第一审判决的内容和效力的判决。

第二审人民法院作出维持判决须同时具备两个条件:①第一审判决认定事实清楚;②第一审判决适用法律、法规正确。

2.依法改判。是指第二审人民法院通过对上诉案件的审理,对第一审人民法院错误的判决予以改正。

改判有两种情况:①原审判决认定事实清楚,但适用法律、法规错误。这种改判是对一审判决适用法律、法规错误的纠正。②原审判决认定事实不清，证据不足，或者由于违反法定程序可能影响案件正确审判的。

第二审人民法院依法改判时，应当撤销或部分撤销一审判决，并依法判决维持、撤销或者变更被诉的具体行政行为，以及判决行政机关履行法定职责。

（五）再审判决

再审判决是人民法院依照审判监督程序所作的判决。再审案件要分别适用一审或二审程序，因此，作出的判决也分别适用一审或二审的判决形式。

二、裁定

（一）裁定的概念

裁定，是指人民法院在审理行政案件的过程中，或者在判决的执行过程中，主要就程序问题所作的处理决定。行政诉讼中的裁定有以下四个特征：

1. 裁定主要解决程序问题，诉讼中的实体问题要用判决来解决，但有时裁定也可能涉及诉讼中的实体问题。

2. 裁定在诉讼过程的任何阶段均可能作出，而判决只能在案件审理终结时作出。

3. 无论是在一审或者二审中，法院可能作出多个裁定，而判决只能作出一个。

4. 裁定可以用书面或口头形式，而判决只能用书面形式。

（二）裁定的种类和效力

根据有关法律规定和司法解释，行政诉讼中的下列情况可适用裁定：①裁定不予受理；②裁定驳回起诉；③对当事人管辖权异议的裁定；④对第三人申请参加诉讼的裁定；⑤裁定诉讼期间停止具体行政行为的执行或驳回停止执行的申请；⑥裁定财产保全和先予执行；⑦裁定准许或者不准许撤诉；⑧裁定中止或者终结诉讼；⑨裁定补正判决书中的笔误；⑩裁定中止或者终结执行；⑪其他需要裁定的事项。如第二审人民法院审理不服第一审人民法院裁定的上诉案件，一律使用裁定。第二审人民法院审理上诉案件，认定原审判决事实不清，证据不足，或者由于违反法定程序可能影响案件正确审判的，裁定撤销原判，发回重审。

裁定与判决一样具有既判力、拘束力和执行力。但因裁定的种类不同，其效力的具体表现有所不同。上述裁定的种类中，前三种裁定，当事人不服，可以上诉。当事人对财产保全和先予执行的裁定不服可以申请裁定的作出法院进行复议。二审法院撤销原判、发回重审的裁定及其他二审裁定具有终审效力。

三、决定

行政诉讼中的决定，是指人民法院在行政案件的审理过程中，就判决、裁定适用范围以外的事项作出的处理行为。根据行政诉讼法的有关规定，行政诉讼中下列情况可适用决定：①决定回避；②决定对妨碍诉讼的行为人采取强制措施；③决定案件管辖的移送、转移和指定管辖；④决定准许或不准许延长起诉期限；⑤重大疑难案件的处理由院长提交审判委员会决定；⑥决定再审、提审或者指定再审；⑦其他需要决定的事项。

上述决定中的第①项、第②项，当事人不服可以申请复议。所有决定一经宣布或送达，即发生法律效力。允许申请复议的决定，复议期间也不停止决定的执行。

决定可以采用书面形式，也可以采用口头形式。书面形式应加盖决定作出机关的印章，口头决定应当记入笔录。

思 考 题

1. 试述我国行政审判的法律依据。
2. 试述行政审判中出现法律规范冲突的选择适用。
3. 简述我国《行政诉讼法》及其司法解释确定的行政诉讼判决的种类及其适用条件。
4. 判决与裁定有哪些异同？
5. 简述裁定适用的情形。

第二十一章　行政诉讼的保障与执行

第一节　行政诉讼的期间、送达和费用

一、行政诉讼的期间

（一）期间的概念和意义

　　行政诉讼的期间，是指行政诉讼法律关系主体进行一定的诉讼活动必须遵守的期限和期日。

　　期限，是指行政诉讼中人民法院、人民检察院、诉讼参加人或其他诉讼参与人单独进行或完成一定诉讼行为的时间。如起诉期限、答辩期限、审理期限等。期日，是指上述行政诉讼法律关系主体一起进行某种诉讼行为的时间或日期。如开庭日期、宣判日期等。在行政诉讼中设定期间具有重要意义：①设定期间是提高审判效率，保障裁判及时性的重要手段；②设定期间是统一诉讼行为的基本手段；③设定期间是使各诉讼主体预知自己的行为及其后果的一种方式。

（二）期限

1. 期限的种类。根据期限是由法律直接规定的，还是由人民法院指定的，分为法定期限与指定期限两种。

（1）法定期限，是指《行政诉讼法》和其他法律、法规直接规定的期限。法定期限除法律、法规另有规定外，人民法院无权主动或者应当事人的要求而改变，因而也被称为不变期限。如《行政诉讼法》及大量单行法律、法规所规定的起诉期限。

（2）指定期限，是指人民法院根据案件审理中的具体情况，依职权对各种具体事项所指定的期限。如法院指定当事人补正起诉状的期限。对于指定期限，法院可以根据具体情况决定其长短或者作出调整变化，因此，指定期限又称可变期限。当然，人民法院确定指定期限时要合情合理。并且，一旦指定了期限后，不是确属需要不要轻易改变。

2. 期限的计算。行政诉讼法未对期限的计算问题作出专门规定，对此可以参照民事诉讼法的有关规定执行。在计算期限时，必须注意以下问题：

（1）诉讼期限以时、日、月、年为计算标准。一个具体的诉讼行为的期限标准则取决于法律的具体规定和法院的指定。

（2）期限以时、日计算的，开始的时和日不计算在期限内，应从下一小时或第二日起算。经过了期限的实际时数或日数，即为期限届满。如将起诉状副本送达被告的法定期限是自立案之日起5日内。假如立案之日是9月15日，那么法院应在9月20日以前（设9月20日非节假日）将起诉状副本送达被告。

（3）期限以月、年计算的，均从开始日的第二日起算。月不分大月、小月，期限如果是以月的第一天起算时，该月的实际天数为期限；如果不是以月的第一天起算时，一个月为30日。以年计算的，不分平年、闰年，均以12个月为一年。期限届满的日期，应当是最后一个月的相当于开始月份的那一天，如果没有开始月份的那一天，应当是最后一个月的最后一天。例如，人民法院于1998年9月30日终审判决行政机关在5个月内履行行政赔偿义务，期限届满的日期应当是1999年2月28日，如果判决在2个月内履行行政赔偿义务，期限届满的日期应当是1998年11月30日。

（4）期限届满的最后一天是节假日的，以节假日后的第一个工作日为期限届满的日期。期限的最后一日虽然是节假日，但节假日有变通规定的，应以实际休假日的第二日为期限的最后一日。节假日在期限中间的，不予扣除。

（5）期限不包括在途时间。即计算期限应扣除诉讼文书在邮寄路途上用去的时间，因此，诉讼文书在期满前交邮的，不算过期，确定期满前是否交寄，以寄出地邮戳为准。

3. 期限的耽误及处理。期限耽误，是指诉讼主体在法定期限或指定期限内未完成应当完成的诉讼行为。

期限的耽误可能由主、客观两种原因造成。由于诉讼主体自身的故意或过失造成的期限耽误，属主观上的原因。由于诉讼主体意志以外的事由，如地震、洪水、车祸等造成的期限耽误，则是客观上的原因。期限耽误包括权利人耽误和义务人耽误两种情况。

义务人因主观过错耽误了期限，应根据义务的性质具体处理。有的可能使义务人丧失某种机会（如被告拒不应诉，法院可以缺席判决）；有的原则上应由义务人继续完成未完成的诉讼行为，法院也可以指令义务人继续完成诉讼行为，法律规定了其他法律后果的，义务人应该依法承担法律责任。

权利人因主观过错耽误了期限，则其就失去了在该被耽误期限内实施某种诉讼行为或行使某种诉讼权利的机会。

如果耽误期限是由诉讼主体意志以外的客观原因造成的，当事人在障碍消除后的法定时间内，可以申请顺延期限，由人民法院决定是否予以顺延，或者由人民法院依职权直接决定顺延期限或重新指定期限。对因客观原因耽误法定期限的，顺延只是补足被耽误的期限。对因客观原因耽误指定期限的，可以由法院酌情顺延或重新指定期限。

（三）期日

1. 期日与期间的关系。在民事诉讼或行政诉讼理论中，期间有时作广义理解，包括期限和期日；有时作狭义理解，仅指期限。本书是从广义上使用该词的，故狭义期间在本书中称为期限。期间包括期限和期日。

2. 期日的变更。诉讼法中的所有期日都是人民法院指定的，都可以变更。期日的变更，是指在期日开始前改变原来的日期，另定日期进行诉讼行为。期日确定后，如遇到特殊情况的发生使诉讼行为不能在该时间进行，人民法院可以根据具体情况决定变更期日。变更期日后，人民法院应及时通知当事人和其他诉讼参与人。

3. 期日的耽误及处理。期日的耽误，是指当事人和其他诉讼参与人未按人民法院指定的时间到确定的地点进行应当进行的诉讼行为。当事人如有正当理由耽误期日的，可以申请法院变更。如无正当理由，则要承担相应的法律后果。

二、行政诉讼中的送达

（一）送达概述

1. 送达的概念和特点。行政诉讼中的送达，是指人民法院依照法定方式，将诉讼文书或者法律文书送交参与诉讼活动的人或其他有关组织或个人的行为。送达制度有以下特点：

（1）送达的主体是人民法院。当事人及其他诉讼参与人递交诉讼文书或者其他文书的行为，不叫诉讼送达，不适用有关诉讼送达的规定。

（2）送达的文书是诉讼文书或法律文书。人民法院之间、人民法院与有关单位之间的报告和公函，都属于行政文件，不适用送达程序，而应当用行政方法处理。

（3）送达的对象是诉讼参与主体及协助主体。能否成为行政诉讼中的送达主体，关键是看其是否有可能因行政诉讼中的某些事项而承担法律责任。因此，除了诉讼法律关系主体外，妨碍诉讼的人或协助执行单位都可以成为送达的主体。

（4）送达是一种诉讼行为，即可能产生不同的法律后果的行为。因此，必须按照法定程序和方法进行送达，否则不能产生法律效力，达不到预期的法律后果。

2. 送达人和受送达人。送达人是执行送达职务的人，即代表法院履行送达义务的人。办理送达文书的事项通常是书记员的职责，将诉讼文书、法律文书交付诉讼主体及有关单位和个人是法警的职责。因此，狭义上的送达人仅指法警，而广义上的送达人包括书记员和法警。接受法院所送达文书的诉讼主体及其他有关组织或个人，为受送达人。人民法院通知银行、其他企业、机关、团体或个人协助执行的，这些单位和个人负有协助执行的义务，可以成为受送达人。妨碍诉讼的个人可能受到强制措施的制裁，也可以成为受送达人。

3. 送达回证。送达回证，是证明受送达人收到人民法院所送达的文书的凭证。它既是送达人进行送达行为的证明，又是受送达人接受送达的证明。受诉法院是否按照法定的程序和方式进行了送达，受送达人经送达后是否迟误诉讼期间，都以送达回证的记载为根据。

送达回证的内容包括：送达的法院，受送达人，送达的诉讼文书或法律文书的名称，送达的处所及时间，送达的方式，送达人和受送达人签名盖章，附注等。

（二）送达的法律效力

送达既然是发生在人民法院和其他诉讼主体及相关人之间的一种诉讼法律关系，必然会产生诉讼上的法律后果。这种法律后果主要表现在三个方面：

1. 诉讼或法律文书一经送达，即产生一定的法律效力。诉讼文书或法律文书产生的是程序法上的效力还是实体法上的效力取决于文书的具体内容。当然，并不是所有的法律文书一经送达即产生法律效力，如一审行政判决送达后，只有当事人在法定期限内不上诉，才能产生法律效力。

2. 诉讼或法律文书送达后，将对受送达人产生一定的拘束力，受送达人可以在文书规定的期限内行使某种诉讼权利，承担某种诉讼义务。否则，将丧失进行某项诉讼行为的权利，或者要承担行政诉讼法规定的法律后果。

3. 诉讼或法律文书送达后，将引起诉讼法律关系的产生、变更或消灭，如人民法院准予撤诉的裁定书送达后，诉讼法律关系即行消灭。

（三）送达的方式

送达的方式有直接送达、留置送达、邮寄送达、委托送达和公告送达。行政诉讼法并未规定送达方式，这里，根据民事诉讼法的有关规定作一简要介绍：

1. 直接送达。直接送达是由人民法院专门指派工作人员作为送达人，将应送达的诉讼文书或法律文书直接交给受送达人本人，或其法定代理人、法定代表人、委托代理人或其他代收人的送达方式。直接送达是对居住在我国国内的诉讼主体或相关人送达诉讼文书或法律文书的基本方法，也是主要的送达方式。直接送达以将应送达文书交给受送达人本人为原则。本人不在时，交给与其同住的成年家属签收。受送达人向法院指定代收人的，交给代收人签收。

2. 留置送达。留置送达是在应接受送达文书的人不具有法律上的正当理由而拒绝受领对其送达的文书时，送达人将应送达的诉讼文书、法律文书留置于送达场所的送达方式。留置送达时由送达人邀请受送达人所在的基层组织的代表或其他见证人到场，说明情况，将应送达的文书留在受送达人的处所，并在送达回证上写明拒收事由、见证人姓名、送达日期，由送达人、见证人签名或盖章，至此即为送达完毕。

3. 委托送达。委托送达是指受诉人民法院把应当送给受送达人的文书，委托有关人民法院或者有关单位代为交给受送达人的送达方式。委托送达是基于受诉人民法院不能直接送达，或者直接送达不便而采用的一种送达方式。委托送达只能在法定条件下才能采用。同时不是任何单位都可以接受委托，而是法律规定的负有转交义务的单位。委托送达有四种情况：①直接送达有困难的，可以委托受送达人所在地人民法院代为送达；②受送达人是军人的，人民法院应通过其所在部队团以上单位的政治机关转交给受送达人；③受送达人被监禁的，应通过其所在监所或者劳改单位转交给本人；④受送达人被劳动教养的，应通过其所在劳动教养单位转交本人。

4. 邮寄送达。邮寄送达是人民法院将所送达的文书通过邮局挂号寄给受送达人的送达方法。邮寄送达应由人民法院工作人员直接交寄邮局，邮局的挂号收据为邮寄发送的凭证，受送达人在挂号回执上注明的收件日期为送达日期。

5. 公告送达。公告送达是人民法院以张贴公告、登报等方式或者利用其他传播媒介，将需要送达的诉讼或法律文书的有关内容告知受送达人的送达方法。

公告送达必须在受送达人下落不明，或者用其他方法无法送达的情况下才能采用。公告送达的，应当在案卷中记明原因和经过，以附卷存查。公告发出后，自公告之日起经过 60 日，即视为送达。

上述各种送达方式均具有同等法律效力。另外，涉外送达，法律有特别的规定。

三、行政诉讼的费用

（一）行政诉讼费用的概念

行政诉讼费用，是指当事人进行行政诉讼，依法应当向人民法院交纳和支付的费用。收取诉讼费是行政诉讼法所规定的制度之一。国务院第 159 次常务会议于 2006 年 12 月 8 日通过的《诉讼费用交纳办法》对这一制度进行了详细规定，这一办法已于 2007 年 4 月 1 日开始施行。根据这一规定，当事人进行行政诉讼，除这一办法规定可以不交纳或者免予交纳诉讼费用的外，应当交纳诉讼费用。行政诉讼费用包括案件受理费和其他诉讼费用两类。案件受理费是当事人向法院交纳的国家规费，具有税收性质，需上缴国库。其他诉讼费用则是当事人支付给法院的，用于诉讼活动实际需要的费用。行政诉讼费用一般由败诉一方当事人和在诉讼中有不正当行为的人承担，因此它又具有一定的制裁性质。

（二）诉讼费用的种类和征收标准

1. 案件受理费。案件受理费包括财产案件受理费和非财产案受理费。财产案件的受理费按案件争议财产的价额或金额计收，非财产案件的受理费按件征收。

2. 其他诉讼费用。主要包括：

（1）申请费。当事人依法向人民法院申请以下事项，应当缴纳申请费：申请执行人民法院发生法律效力的判决、裁定；申请保全措施。

（2）证人、鉴定人、翻译人员、理算人员在人民法院指定日期出庭发生的交通费、住宿费、生活费和误工补贴。

（3）当事人复制案件卷宗材料和法律文书应当按实际成本向人民法院交纳工本费。

（三）诉讼费用的预交和负担

1. 预交。预交诉讼费用有以下情形：

（1）第一审行政案件的受理费用由原告向法院预交。预交确有困难，可以在预交期内向人民法院提出缓交申请，否则要按自动撤诉处理。同一案件有原告两人以上的，由最先起诉的原告预交，同时起诉时，原告各方协商预交诉讼费，协商不成的，由法院决定各方预交办法。

（2）第二审行政案件的受理费，由上诉人预交，双方当事人都上诉的，各上诉人分别预交。上诉人在提起上诉时未交费，在接到人民法院的交费通知后7日内仍未预交诉讼费用又未提出司法救助申请，或者提出司法救助未获批准，在人民法院指定期限内仍未交纳诉讼费用的，按自动撤回上诉处理。

（3）部分需交纳受理费的再审案件由申请再审的当事人预交；双方当事人都申请再审的，分别预交。一般情况下，根据行政诉讼法规定的审判监督程序审理的案件，当事人不交纳案件受理费。但是，依照《诉讼费用交纳办法》第9条的规定，下列情形当事人仍应交纳受理费：①当事人有新的证据，足以推翻原判决、裁定，向人民法院申请再审，人民法院经审查决定再审的案件；②当事人对人民法院第一审判决或者裁定未提出上诉，第一审判决、裁定发生法律效力后又申请再审，人民法院经审查决定再审的案件。

（4）申请费由申请人预交，但执行申请费执行后交纳。

需要注意的问题是：①中止诉讼、中止执行的案件，当事人已预交的案件受理费、申请费不予退还，中止诉讼、中止执行的原因消除后又恢复诉讼、执行的，当事人不再交纳案件受理费、申请费；②第二审人民法院决定将案件发回重审的，应当退还上诉人已经交纳的第二审案件受理费；③第一审人民法院裁定不予受理或者驳回起诉的，应当退还当事人已交纳的案件受理费；④当事人对第一审人民法院不予受理、驳回起诉的裁定提起上诉，第二审人民法院维持第一审人民法院作出的裁定的，第一审人民法院应当退还当事人已交纳的案件受理费。

2. 负担。行政诉讼费用负担的主要情形是：

（1）诉讼费用原则上由败诉方负担，胜诉方自愿承担的除外。如果是共同诉讼人败诉，人民法院应当根据他们各自对诉讼标的的利害关系，决定各自应负担的金额。

（2）部分胜诉、部分败诉的，人民法院根据案件的具体情况决定当事人各自负担诉讼费用的数额。

（3）第二审人民法院改变第一审人民法院作出的判决、裁定的，应当相应变更第一审人民法院对诉讼费用负担的决定。

（4）经人民法院调解达成协议的案件，诉讼费用的负担由双方当事人协商解决，协商不成的，由人民法院决定。

（5）依照《诉讼费用交纳办法》应当交纳诉讼费用的再审案件，诉讼费用由申请再审的当事人负担；双方当事人都申请再审的，诉讼费用由败诉方负担，胜诉方自愿承担的除外。原审诉讼费用的负担由人民法院根据诉讼费用负担的原则重新确定。

（6）被告改变或者撤销具体行政行为，原告申请撤诉，人民法院裁定准许的，案件受理费由被告负担。

（7）执行申请费由被执行人负担。执行中当事人达成和解的，申请费由双方当事人协商解决；协商不成的，由人民法院决定。

（8）当事人因自身原因未能在举证期限内举证，在二审或者再审期间提出新的证据致使诉讼费用增加的，增加的诉讼费用由该当事人负担。

（9）当事人不得单独对人民法院关于诉讼费用的决定提起上诉。当事人单独对人民法院关于诉讼费用的决定有异议的，可以向人民法院院长申请复核。复核决定应当自收到当事人申请之日起15日内做出。当事人对人民法院决定诉讼费用的计算有异议的，可以向作出决定的人民法院请求复核。计算确有错误的，作出决定的人民法院应当予以更正。

（10）当事人交纳诉讼费用确有困难或一时无力支付时，可以申请缓交、减交或者免交，是否缓交、减交、免交由人民法院审查决定。

第二节　排除妨碍行政诉讼的强制措施

一、强制措施的概念与特征

（一）强制措施的概念

行政诉讼强制措施，是指人民法院在行政诉讼过程中，为了保证诉讼活动的正常进行和法院裁判的顺利执行，依法对妨碍行政诉讼秩序的人所采取的强制手段。

强制措施本身不是行政诉讼程序，人民法院也不是在每一个行政诉讼案件的审理中都存在实施强制措施的问题。作为对行政诉讼活动正常进行的重要保障，一旦出现妨碍行政诉讼的行为，人民法院便可采取强制措施来排除妨碍。因此，排除妨碍的强制措施是行政诉讼不可缺少的。

（二）强制措施的特征

1. 行政诉讼强制措施所针对的对象是有妨碍行政诉讼行为的人。这种人并不一定是行政诉讼当事人或其他诉讼参与人，无论是什么人，只要有妨碍行政诉讼的行为，人民法院均可对其采取强制措施。

2. 行政诉讼强制措施的实施主体是人民法院，目的是为了保障行政诉讼活动和行政裁判执行的顺利进行。

3. 行政诉讼强制措施的依据是行政诉讼法的有关规定。

行政诉讼强制措施的上述特点使其与行政处罚、行政强制执行措施以及民事诉讼强制措施和刑事诉讼强制措施均区别开来。如民事诉讼强制措施中有拘传，而行政诉讼强制措施则没有；再如，刑事诉讼的强制措施包括拘传、取保候审、监视居住、刑事拘留和逮捕，均为限制人身自由的强制措施，而行政诉讼强制措施中只有拘留一种针对人身自由。

二、妨碍行政诉讼行为的构成和种类

（一）妨碍行政诉讼行为的构成

妨碍行政诉讼的行为，是指扰乱、妨碍人民法院、诉讼参加人和其他诉讼参与人进行正常的行政诉讼活动的各种行为。构成这种行为应同时具备三个条件：

1. 妨碍行为必须是行为人故意实施的行为。过失行为，即使妨碍了行政诉讼程序，依法也不能认定是妨碍诉讼的行为。

2. 妨碍行为必须是客观存在的，并且确实妨碍了行政诉讼的正常进行。如果只是一种主观想法，并未实施具体的行为，则不发生对行政诉讼的妨碍。如果是行为人的一种违法行为，但并未构成对行政诉讼活动本身的妨碍，可以由有关的国家机关制裁处理这种违法行为而不能采取行政诉讼强制措施。妨碍诉讼的行为在实践中可以表现为作为的形式，也可以表现为不作为的形式。

3. 妨碍行为必须是在诉讼进行过程中或者案件执行过程中。如果是在起诉前或者执行后实施的行为，即使违法，也不能按照妨碍行政诉讼的行为处理。

（二）妨碍行政诉讼行为的种类

根据行政诉讼法的有关规定，妨碍诉讼的行为有以下六种：①有义务协助执行的人，对人民法院的协助执行通知书无故推拖、拒绝或者妨碍执行的行为。②伪造、隐瞒、毁灭证据的行为。③指使、贿买、胁迫他人作伪证或者威胁、阻止证人作证的行为。④隐藏、转移、变卖、毁坏已被查封、扣押、冻结的财产的行为。⑤以暴力、威胁或者其他方法阻碍人民法院工作人员执行职务或者扰乱人民法院工作秩序的行为。⑥对人民法院的工作人员、诉讼参与人、协助执行人采取的侮辱、诽谤、诬陷、殴打或者打击报复的行为。

三、强制措施的种类和适用

（一）强制措施的种类

根据行政诉讼法的有关规定，排除妨碍行政诉讼的强制措施有训诫、责令具结悔过、罚款和拘留四种。

1. 训诫。训诫是指人民法院对实施了轻微妨碍行政诉讼行为的人，采取口头的严厉批评教育或警告的方式，指出行为人的违法事实和错误，并责令其不得再犯的一种强制措施。

2. 责令具结悔过。责令具结悔过是指人民法院对实施了情节轻微、危害不大的妨碍行政诉讼行为的人，责令其写出悔过书，承认错误，保证不再继续实施妨碍行为的一种强制措施。

3. 罚款。罚款是人民法院对实施了妨碍行政诉讼行为的人采取的一种财产制裁性质的强制措施，即责令行为人交纳一定数额的款项。罚款的最高限额是1000元，具体数额由人民法院视具体情况而定。

4. 拘留。拘留也称司法拘留，以区别于行政拘留和刑事拘留，是指人民法院对实施了严重妨碍行政诉讼行为的人所采取的、短期内限制其人身自由的一种强制措施。拘留的最长期限是 15 日，具体天数由人民法院视具体情况确定，拘留是最严厉的一种行政诉讼强制措施。

除上述行政诉讼强制措施外，对妨碍行政诉讼行为情节严重已构成犯罪行为的，由公安机关、检察机关依法追究其相应的刑事责任。

（二）强制措施的适用

1. 训诫的适用。训诫一般是由合议庭决定，审判长口头宣布，指出妨碍行政诉讼行为人的错误事实、性质和危害，提出要求，令其立即改正。训诫的内容应记入笔录，笔录经被训诫人核对签字后，归入案卷。

2. 责令具结悔过的适用。责令具结悔过的强制措施，应当经合议庭决定并宣布，责令行为人就其妨碍诉讼行为的错误事实、性质、危害和改正措施，写出书面悔过并不再重犯的保证书，当庭宣读后归入案卷。

3. 罚款的适用。罚款是较为严厉的强制措施，适用这一措施，必须由合议庭决定并报人民法院院长批准。罚款要制作决定书并送达被处罚人。被处罚人对罚款决定不服的，可以申请复议一次，但复议期间不停止罚款决定的执行。经复议后，如果被罚款人申请有理的，应改变原罚款数额或撤销原罚款决定。

4. 拘留的适用。拘留适用于严重妨碍行政诉讼或情况紧急，不采取拘留有可能造成更严重的妨碍诉讼后果的人。拘留必须由合议庭决定并报人民法院院长批准。拘留要制作决定书并送达行为人。被拘留人对拘留决定不服的，可以申请复议一次，但复议期间不停止拘留决定的执行。拘留决定作出后，由人民法院法警执行，送交公安机关看管。在特别紧急情况下，须采取拘留措施又来不及请示院长时，合议庭可在采取措施后报院长补办批准手续。

上述四种强制措施在适用时，训诫和责令具结悔过一般是单独适用，罚款和拘留可以单独适用，也可以合并适用。

第三节 行政案件的执行

一、行政案件执行概述

（一）执行的概念

行政案件的执行，是指人民法院或行政机关对已经生效的法院判决、裁定，在负有履行义务的当事人逾期拒不履行时，依法采取强制执行措施，从而使生效法律文书的内容得以实现的活动。

行政诉讼法规定的执行程序包括两类法律文书的执行：①对经过行政诉讼程序作出的司法裁判的执行；②未经行政诉讼程序审理的具体行政行为的执行。这两类执行都涉及法院和行政机关，都涉及司法执行程序和行政执行程序。后一类执行，即行政机关对未经行政诉讼程序审理的具体行政行为的执行，本书有关章节已作讨论，本节只对司法执行程序作一介绍。

（二）执行的特征

1. 执行的主体是人民法院，适用司法程序，执行的是人民法院的生效裁判。

2. 执行的基本目的在于实现行政法律关系，即强制行政诉讼当事人履行行政法上的义务或职责，或者承担行政法上的责任。

3. 执行程序中的申请人或被申请人中必有一方是行政机关或法律、法规授权的组织。

4. 执行措施的适用因被执行人是行政机关或是公民、法人或其他组织而有所不同。

（三）执行的条件

1. 必须有法定执行根据。即人民法院经过行政诉讼程序作出的且已生效的判决书、裁定书和行政赔偿调解书。统称为据以执行的法律文书。

2. 必须有可供执行的内容。只有裁判所确定给被执行人的是作为义务时才有执行的可能。行政诉讼中具有执行内容的义务一般包括给付义务或履行特定行为的义务。

3. 必须是当事人拒绝履行法律文书所确定的义务。当然，这一条件成立的前提是义务人有能力履行而拒绝。

4. 必须是在法定期限内提出执行申请。申请人是公民的，申请执行生效的行政判决书、行政裁定书、行政赔偿判决书和行政赔偿调解书的期限为 1 年，申请人是行政机关、法人或者其他组织的为 180 日。

二、行政诉讼执行的范围

执行范围，是指能够成为执行的对象的界限，用来区分哪些可以执行，哪些不能执行。按照行政诉讼法的有关规定及行政诉讼的实践，行政案件的执行范围受以下原则的限制：

1. 只有属于被执行人本人所有的财产才能成为执行的对象。被执行人通过民事法律关系使用或暂时持有的财物不得执行，如属两人以上共有财产，只能把其中属被执行人所有的部分作为执行对象。

2. 被执行人是公民的，应当保留被执行人及其扶养家属的生活必需费用和生活必需品。

3. 被执行人如果是以生产劳动为谋生的主要手段的，该被执行人赖以谋生的生产工具不能作为执行的范围。

4. 被执行人是法人或其他组织的，在法人或其他组织未宣告破产或被撤销时，其必要的生产、工作设备、厂房、办公用房等不能纳入执行范围。

5. 被执行人是行政机关的，除可供执行的款项外，行政机关其他履行职责所必需的财物均不能纳入执行范围。

三、行政诉讼的执行措施

（一）执行措施概述

执行措施，是指人民法院在强制执行的过程中所采用的具体执行手段与方法。执行措施必须有法律的明确规定。人民法院在行政诉讼中可以采取的强制措施主要由行政诉讼法和民事诉讼法规定。

（二）执行措施的种类

1. 对公民、法人或者其他社会组织的执行措施包括：①冻结、划拨被执行人的存款。②扣留、提取被执行人的劳动收入。③查封、扣押、冻结、拍卖、变卖被执行人的财产。④强制被执行人迁出房屋、拆除违章建筑、退出土地。⑤强制销毁被执行人的财物。⑥强制被执行人交付特定物。⑦其他法律、法规规定的强制措施。

2. 对行政机关的执行措施包括：①对应当归还的罚没款或者应当给付的赔偿金，通知银行从该行政机关的账户内划拨。②在规定期限内不履行的，从期满之日起，对该行政机关按日处以 50 元至 100 元的罚款。③向该行政机关的上一级行政机关或者监察、人事机关提出司法建议，接受司法建议的机关，根据有关规定进行处理，并将处理结果告知人民法院。④拒不履行判决、裁定，情节严重构成犯罪的，依法追究主管人员和直接责任人员的刑事责任。

四、行政诉讼的执行程序

（一）执行程序的主要阶段

1. 执行程序的提起。执行是要式行为，必须依照法律规定的方式提起。执行程序的提起通常有以下三种方式：

（1）申请执行。根据最高人民法院《若干解释》第84条的规定，申请执行是有期限的。申请人是公民的，申请期限是 1 年；申请人是行政机关、法人或者其他组织的，申请期限是 180 日。申请执行的期限从法律文书规定的履行期间最后一日起计算；法律文书没有规定履行期限的，从该文书送达当事人之日起计算。

（2）移送执行。这是人民法院内部按照职权分工而采取的执行程序，是由行政案件审理机构将案件移送给执行机构执行。这种执行无须等待权利人提出申请，而是人民法院依职权主动采取的执行。移送执行是申请执行的补充，它可以及时地实现司法裁判所确认的当事人的权利，有利于维护司法裁判的权威性，保护当事人的合法权益和社会公共利益。

（3）委托执行。这是指人民法院在异地执行案件时，为了便于执行，可以委托异地人民法院代为执行案件。委托执行的程序是，作出执行决定的法院向受委托的法院发出委托执行函和生效的法律文书等，说明被执行人拒不履行执行义务的事实情况，提出委托执行的对象、标的、范围、方式、措施、期限等；接受委托的法院在收到委托执行函的 15 日内实施执行，并将执行的结果复函委托的法院。在委托执行过程中，如果受委托的法院认为委托执行的法律文书确有错误，应当要求委托法院进行审查并作出答复，对答复仍有异议的，可向其上一级法院反映，但应当执行。

2. 审查立案。执行员接到申请执行或者移交执行书以及有关的法律文书后，应对有关文书进行审查。审查的主要内容包括：提起执行的手续是否完备；执行根据是否已经发生法律效力；申请执行是否超过申请期限；申请人是否是合格的当事人等。凡符合执行条件和手续、材料齐全的，应当迅速立案，即时通知申请人和被执行人，并在 10 日内了解案情，通知执行人在指定的期限内履行。凡不符合条件的，则不予立案，并即时通知申请人。

3. 执行准备。决定立案执行的，执行机构在实施执行前，要做好一些法律或事务上的准备。这些准备工作包括：了解案情，主要是了解被执行人拒不履行义务的原因，是否有能力履行及其财产状况；通知被执行人在指定期限内自动履行，并对其进行说服教育；制订强制执行的方案，办理好有关执行措施的批准手续。

4. 实施强制执行。通知有关单位和人员到场，宣布强制执行文书，组织人员实施强制执行；如果需要其他部门协助执行的，应当提前送达协助执行通知。

（二）执行阻却

执行阻却，是在执行过程中因发生法定事由，使执行不能继续或继续进行已无必要，因而执行程序中断的现象。即执行过程被阻却，没有完成执行任务。执行阻却包括执行中止、执行终结和执行和解。

1. 执行中止。执行中止是指在执行过程中因一定的法定事由的出现，暂时中断执行，待相应事由消失后再继续执行的制度。引起执行中止的法定事由包括：①申请人表示可以延期的；②案外人对执行标的提出确有理由的异议的；③作为一方当事人的公民死亡，需要等待继承人继承权利或承担义务的；④作为一方当事人的法人或其他组织终止，尚未确定权利义务承受人的；⑤人民法院认为应当中止执行的其他情形。

2. 执行终结。执行终结是指因一定的法定事由的出现，使执行已无必要或不可能继续进行而结束执行程序的制度。引起执行终结的法定事由包括：①申请人撤销申请的；②据以执行的法律文书被撤销的；③作为被执行人的公民死亡，无遗产可供执行，又无义务承担人的；④追索抚恤金案件的权利人死亡的；⑤人民法院认为应终结执行的其他情形。

3. 执行和解。行政诉讼中的执行和解是指在执行过程中，申请人与被申请人就行政赔偿的内容，自愿协商达成协议，以解决争议，从而结束赔偿内容的执行。执行和解是当事人双方自行和解，不是由法院主持进行的。和解的对象不能是具体行政行为部分，只能是案件所涉及的赔偿部分。

执行阻却中的执行中止和执行终结须由人民法院作出裁定。执行和解不得违反法律规定，不得侵害第三人的利益，也不能损害公共利益。

（三）执行完毕

执行完毕，是指人民法院采取执行措施，实现执行根据所确定的义务，从而完结执行案件。执行完毕与执行终结在结束执行程序这一点上是相同的，但执行完毕是内容执行完成，即完成了执行目的与任务而结束，执行终结并未完成原执行任务。

（四）执行补救

执行补救，是指在执行程序结束后，因法定事由出现而需要对已执行事项采取补救措施，予以补救。

思 考 题

1. 简述送达方式的种类。
2. 预交行政诉讼费用是如何规定的?
3. 试述行政诉讼强制措施的种类。
4. 试述行政诉讼执行的范围。
5. 试述行政诉讼执行阻却的情形。

第二十二章　涉外行政诉讼

学习目的与要求

　　通过本章的学习，了解涉外行政诉讼的概念、特征，认识涉外行政诉讼法律规范以及法律适用；理解和把握涉外行政诉讼的原则，区分涉外行政诉讼与其他诉讼；明确涉外行政诉讼的代理、期间与送达等法律规定和具体运用。

第一节　涉外行政诉讼概述

一、涉外行政诉讼的概念

　　我国涉外行政诉讼，是指当事人一方为外国人的行政诉讼，即外国人因不服我国行政机关的具体行政行为，起诉于人民法院，人民法院依《行政诉讼法》审判案件的诉讼。例如，外国公民在中国旅游时违反了《治安管理处罚法》的规定，中国公安机关对其处以罚款，该外国公民不服，向人民法院提起诉讼，人民法院受理后审理这起涉外行政案件所进行的活动就是涉外行政诉讼。涉外行政诉讼有以下特征：

　　（一）涉外行政诉讼中的原告是外国人

　　外国人、无国籍人或者外国组织是行政案件的原告、第三人或被执行人。外国人，是指中华人民共和国以外的其他国家的公民；无国籍人，是指中华人民共和国以外的无国籍或国籍不明的自然人；外国组织，是指依照外国法律成立并在外国注册登记的组织。中外合资经营企业、中外合作经营企业，以及按照中国法律在中国境内设立的外资企业都是在我国注册登记的组织，所以不是外国组织而是中国组织。

涉外行政诉讼通常是指外国人、无国籍人、外国组织认为我国的行政机关及其工作人员所作的具体行政行为侵犯其合法权益，向人民法院提出的行政诉讼，因此被告必须是中国行政机关。

关于当事人是港、澳、台地区居民或组织的行政诉讼，是否也属于涉外行政诉讼，需要说明。由于历史的原因，香港在 1997 年 7 月 1 日我国恢复行使主权以前，被英国占据，当地居民持有港英当局发给的"英国属土公民护照"。澳门在 1999 年 12 月 20 日中国恢复行使主权以前，被葡萄牙占据。根据最高人民法院 1984 年 12 月 4 日的解释，香港、澳门的居民，均为中国公民，不能认为他们具有英国或葡萄牙国籍；如果港、澳居民作为原告或第三人起诉或参与行政诉讼，不属于涉外行政案件。台湾是中国领土不可分割的一部分，是我国的一个省，台湾地区居民起诉的行政案件，同样在法律上不属于涉外行政诉讼。对此，必须明确法律界限，不容混淆。但是，目前由于我国内地与上述三个地区在政治、法律、经济制度上存在着很大差异，所以，为了切合实际，在具体问题的处理上，可以参照涉外行政诉讼的规定。

（二）涉外行政诉讼发生在我国领域内

无论原告、第三人或被执行人是哪个国家的公民或组织，要构成我国行政诉讼中的涉外行政诉讼，必须具备的条件是：①行政行为发生在我国领域内，是我国主权范围之事项；②作为具体行政行为的管理者，应是我国的行政机关，而不能是外国的政府部门；③鉴于前两点事实，所以当事人是向我国的人民法院提起行政诉讼，诉讼程序在我国领域内进行。如果行政管理发生在我国领域之外，则不能向我国法院起诉；如果诉讼是在外国法院进行的，也不属于我国的涉外行政诉讼。

（三）原则与制度具有特殊性

涉外行政诉讼的根本特征是当事人一方主体的涉外性，但并不能因此就断定它只有主体涉外性的唯一特征。由于主体涉外而引发行政诉讼，当然包含了该诉讼原则与具体制度上的一些特殊性。这些特殊性充分反映了涉外行政诉讼的特殊要求，从而一并构成全面的涉外行政诉讼制度。如涉外行政诉讼的特殊原则，依照法律规定有"对等的原则"，在委托律师代理诉讼，以及送达方式与有关期间、法律适用顺序等方面，都有着不同于非涉外行政诉讼的规定和要求。

二、涉外行政诉讼与其他涉外诉讼的区别

把涉外行政诉讼与涉外民事诉讼加以比较，从中进行对比分析，可以把握涉外行政诉讼的本质特征。根据最高人民法院解释，当事人一方或双方是外国人、无国籍人、外国企业或组织，或者当事人之间民事法律关系的设立、变更、终止的法律事实发生在国外，或者诉讼标的物在外国的民事案件，为涉外民事案件。

从上述司法解释可以发现，涉外行政诉讼与涉外民事诉讼的区别主要在于：①涉外民事诉讼为当事人一方或双方是外国人、无国籍人、外国企业或组织，或者引起当事人之间的民事法律关系的设立、变更、终止的法律事实发生在国外，或者诉讼标的物在外国；而涉外行政诉讼则只是由于当事人的涉外性质而引起的。②涉外民事诉讼不仅是当事人涉外，涉外民事诉讼的原告、被告及第三人都可以是外国人，也可以是法律事实发生在外国，或者诉讼标的物在外国；而涉外行政诉讼的被告不能是外国人，只是原告或第三人是外国人。③涉外行政诉讼中的行政争议，必须发生在我国境内；而涉外民事诉讼中的民事纠纷，既可以发生在国内，也可以发生在国外。

三、涉外行政诉讼法律规范

所谓涉外行政诉讼法律规范，是指由我国立法机关制定或认可的，适用于调整涉外行政诉讼活动与关系的原则与规则。

1. 涉外行政诉讼法律规范，并不是《行政诉讼法》之外的独立体系，它仍然是我国立法机关制定或认可的规范，依然是行政诉讼法之内的法律规范。由于涉外行政诉讼本身具有的一定的特殊性，所以适用于调整涉外行政诉讼的原则与规则的内容，与一般规定存在着差异。但是，涉外行政诉讼法律规范并不构成一种独立的体系，我国《行政诉讼法》的一般性规定在大多数情况下，对于涉外行政诉讼仍然适用。

2. 涉外行政诉讼法律规范，仍然是由我国立法机关制定或认可的法律规范。从立法形式看，涉外行政诉讼法律规范包括两方面的内容：①由我国立法机关直接制定的规范，如《行政诉讼法》、《民事诉讼法》等，它们都是立法机关按照立法程序制定与颁布的法律文件。②由我国立法机关认可的国际条约。我国政府缔结或参加国际条约，意味着承认这些条约的内容与效力，并且这些条约在国内适用。《行政诉讼法》规定了在涉外行政诉讼中适用有关国际条约的原则，因此对于这些国际条约，应当承认它是涉外行政诉讼法律

规范的组成部分。但是，我国声明对有些条款保留的情况除外。

3. 涉外行政诉讼法律规范是调整我国涉外行政诉讼活动与涉外诉讼关系的法律规范。尽管存在着由我国立法机关制定或认可的法律规范，如果它们不适用于调整涉外行政诉讼的活动与关系，当然不是涉外行政诉讼法律规范；只有它们的内容适用于调整涉外行政诉讼活动与关系时，才能成为涉外行政诉讼法律规范。

第二节　涉外行政诉讼的法律适用

一、涉外行政诉讼的法律依据

根据《行政诉讼法》的规定，涉外行政诉讼的法律依据主要有：

（一）《中华人民共和国行政诉讼法》

这部法律共 75 个条文，应当说都能适用于调整涉外行政诉讼的活动与关系。这其中可以由两大类内容：①适用于调整所有行政诉讼活动与关系的规范，如第一章总则、第二章受案范围等；②专门适用于调整涉外行政诉讼活动与关系的规范，如第 72 条关于适用国际条约的规定，第 73 条关于委托律师代理诉讼的规定等。《行政诉讼法》是规范行政诉讼的基本法，当然也就是涉外行政诉讼的基本法。第 70 条明确规定，涉外行政诉讼适用《行政诉讼法》。法律另有规定者除外。

（二）《中华人民共和国民事诉讼法》有关适用于行政诉讼部分的规定

由于《行政诉讼法》的内容比较概括，不甚具体。所以有关司法解释承认，行政诉讼除依照《行政诉讼法》的规定外，可以参照民事诉讼的有关规定。那么，《民事诉讼法》的这些有关规定，当然也就可以成为涉外行政诉讼的审判依据，构成涉外行政诉讼法律规范的内容。如《民事诉讼法》中有关执行的规定，在涉外行政诉讼中是应当参照执行的。

（三）有关的行政法律法规

如《海关法》、《外国人入境出境管理法》等，这些以实体为主的管理法律文件，其内容涉及外国人的起诉期限、程序甚至一些范围等，同样也是人民法院审判行政案件的依据，也涉外行政诉讼法律规范的构成部分。

（四）有关国际条约

这些国际条约须是：①我国缔结或参加的国际条约；②内容涉及调整涉

外行政诉讼的关系与活动。如果我国对该国际条约的部分条款声明保留，就意味着这部分内容我国政府不予接受，当然也就不能对我国产生拘束力了。

二、涉外行政诉讼的法律适用

（一）涉外行政诉讼的一般规范与专门调整涉外行政诉讼的特别规范的适用

涉外行政诉讼法律规范是由若干不同的规范体系组成的，如适用《行政诉讼法》的一般法律规范与专门适用于涉外行政诉讼的特别法律规范，适用国内法与适用有关国际条约等。这就不可避免地提出了它们彼此之间的冲突与适用选择的问题。

所谓一般规范，是指既适用于调整涉外行政诉讼也适用于调整其他非涉外行政诉讼的法律规范。而特别规范就是只适用于调整涉外行政诉讼的规范，由特别法规定。《行政诉讼法》第70条规定，外国人、无国籍人、外国组织在中华人民共和国进行行政诉讼，适用本法。法律另有规定的除外。这条规定包含以下三个方面的意思：

1. 《行政诉讼法》的一般性规定，同时适用于涉外行政诉讼，这是一个原则。

2. 另有规定的法律也适用于涉外行政诉讼。这里的另有规定的法律，实际上有两种：①《行政诉讼法》当中专门规定涉外行政诉讼的条款；②《行政诉讼法》之外的其他法律，其中涉及外国人、无国籍人、外国组织在我国进行行政诉讼的部分。这两种法律规范，都属于特别规定，即"另有规定"的法律。

3. 前两者发生冲突时，即一般规定与特别规定发生冲突时，必须适用特别规定，这就是行政法上的所谓"特别法优于一般法"的规则。

这种冲突可以是整体的不相容，也可以是部分的不相容。前者如关于受案范围，行政诉讼法规定应当受理，而另外的法律则限制外国人对某种具体行政行为提起诉讼。按照上述规则这就不能起诉、不适用行政诉讼法的一般规定。而后者如两种规范均规定可进行行政诉讼，但在委托律师进行诉讼代理方面，特别法与一般法限制不同，这是部分规定不相容，则适用该特别法的规定。

（二）关于国际条约与国内法的适用

《行政诉讼法》第72条规定，中华人民共和国缔结或者参加的国际条约同本法有不同规定的，适用该国际条约的规定。中华人民共和国声明保留的条款除外。我国在《宪法》上没有对国际条约与国内立法的关系作一般性规定，而在《行政诉讼法》中，对涉外行政诉讼有专门规定，因此，关于国际条约与国内立法的关系，也只是适用于涉外行政诉讼法，而不能随意扩大。我国是一个主权独立、完整的国家，任何国家都不可能将其意志强加于我国。但同时，我们也遵循国际交往的惯例与规则，凡是我国缔结或参加的国际条约，包括多边条约与双边条约，就是我国政府承认其内容与效力，承认它在我国境内的拘束力。而这种拘束力在与国内立法发生冲突时，应优先适用。对缔约国来说，这是我们的法律承诺，对国内涉外行政诉讼法来讲，这就是立法的规定，必须遵守。

适用国际条约时，并不意味着行政法成了国际法。行政法仍然是国内法，该国际条约由于我国的参加或承认，而同时转变成为在国内适用的法律规则，即国内法。所以，法律规定，只有我国缔结或参加的国际条约，而且是没有声明保留的部分，才能适用于涉外行政诉讼。进一步讲，这些条约的适用，也只是在缔约或参加国公民、组织进行行政诉讼的前提下进行，如果起诉的外国人所属国没有参加该国际条约，对该涉外行政诉讼就不能适用该国际条约的有关规定。

第三节　涉外行政诉讼的原则

一、适用我国《行政诉讼法》的原则

涉外行政诉讼的原则，不仅包括适用于一般行政诉讼的原则，如当事人诉讼地位平等的原则、合法性审查原则等，同时还应当包括作为涉外行政诉讼特别规定的原则，如同等原则、对等原则等。这里主要讨论特别规定的原则。

《行政诉讼法》第70条规定："外国人、无国籍人、外国组织在中华人民共和国进行行政诉讼，适用本法。法律另有规定的除外。"这是国家主权原则在涉外行政诉讼中的集中体现。凡是在我国进行行政诉讼不论原告人的身份如何，也不论其身处何地，只要对我国行政机关提起诉讼，就要适用我国《行政诉讼法》的规定，受到该法的调整。

适用我国《行政诉讼法》的原则，是指涉外行政案件的诉讼参加人及诉讼参与人的诉讼活动，以我国《行政诉讼法》的规定为依据；人民法院审理

涉外行政案件，以我国《行政诉讼法》为准则。《行政诉讼法》对涉外行政诉讼的适用，主要体现为它的效力。我国《行政诉讼法》对涉外行政诉讼的适用效力反映在以下三个方面：

1. 任何外国人、无国籍人、外国组织在我国领域内进行行政诉讼，必须按照我国《行政诉讼法》规定的程序进行。任何外国的行政诉讼规定，在我国一律没有法律效力。

2. 凡属我国人民法院管辖的行政案件，我国均有司法管辖权，按照我国《行政诉讼法》关于诉讼管辖的有关规定，由有管辖权的人民法院管辖。任何外国法院不得受理以我国行政机关为被告的行政案件。

3. 任何外国法院的裁判，在我国领域内均不发生法律效力。外国法院裁判，只有经过我国人民法院按照我国《行政诉讼法》的规定进行审查，以裁定的方式承认其效力并具有执行内容的，才能按照我国《行政诉讼法》中的执行程序予以执行。

另外，在不触犯我国主权的前提下，法律另有规定的除外。

二、同等原则

《行政诉讼法》第71条第1款规定："外国人、无国籍人、外国组织在中华人民共和国进行行政诉讼，同中华人民共和国公民、组织有同等的诉讼权利和义务。"可见，外国人、无国籍人、外国组织在我国进行行政诉讼，我国在法律上给予同等的保护，这是国际法上国民待遇原则在我国《行政诉讼法》中的具体体现，即不能因为当事人是外国人而在适用法律上有所不同，既不能限制他们的诉讼权利，也不能扩大他们承担的诉讼义务。我国《行政诉讼法》承认外国人、无国籍人、外国组织在行政诉讼中享有同中国公民、组织同等的诉讼权利，履行同中国公民、组织同等的诉讼义务，这是中国同外国之间基于国际平等互惠原则，积极发展与外国的友好往来关系的要求，也是我国完整行使行政审判权，正确处理涉外行政案件当事人诉讼权利义务关系的要求。

在我们国家，法律面前人人平等，这当然也体现在诉讼中的外国人与中国公民之间。外国人在我国必须遵守我国的法律，同时，《宪法》也明确规定，中华人民共和国保护在中国境内的外国人的合法权益。而诉讼上的权利是保护实体权益实现的必要手段。所以，外国人在我国行政诉讼中同样是权利主体。

我国公民在法律上享有什么样的实体权利，是根据有关实体法的规定而设定的，而外国人在我国实体法上享有什么样的实体权利也是根据有关实体法的规定而存在的，离开法律规定谈权利是不可能的。而在实体法上，有些权益只能为中国公民设定，不可能为外国人所享有，如抚恤金享有权利。尽管这样，但在诉讼上的权利却是相同的，因为同等原则作为一种保护手段是需要的。所以《行政诉讼法》上规定的同等原则是针对行政诉讼权利和诉讼义务而言的。

诉讼权利义务的同等原则，实质上是国际法上的"国民待遇"规则的体现。这个规则所要求的，就是本国国民所享有的权利，也同等地赋予在本国境内的外国人。它体现了国家之间的平等、友好关系，是国际交往中的一个重要规则。这个原则也告诉我们，由于国家之间的政治、经济、文化制度与传统的差异，每个国家的行政诉讼制度都多多少少会有些不同，任何一个国家不应当也不能用自己国家的标准要求别国。所以，外国人在本国诉讼法上所享有的权利，不能在我国硬套。完全可能的是：他在本国能享有的诉讼手段，在我国诉讼中却不能享有，他在本国进行诉讼所承担的义务，在我国诉讼上却不存在。这是很自然的事情，因为诉讼权利与诉讼义务的同等，是在我国诉讼法上与我国公民的同等。

三、对等原则

主权国家处理相互之间的关系，应该以平等互惠为基础。表现在司法上，一国应当依法保障他国公民、企业和组织的诉讼权利，不加歧视和限制，以有利于国家关系的正常发展。但是国际交往是十分复杂的，国家与国家间的关系是各不相同的，而且关系又常有变化，由于各国对外政策不同，有可能出现一个国家对另一个国家的公民、企业和组织，在诉讼权利上加以限制的情况。在这种情况下，国家之间就采取对等办法，即"你对我限制，我也对你限制"，"以限制抵制限制"的相应措施对待对方。各国奉行对等原则，在涉外诉讼制度上允许采取对等措施，从一定意义上说，正是通过贯彻平等互惠原则，达到互相尊重、平等交往的目的。

《行政诉讼法》第 70 条第 2 款规定，外国法院对中华人民共和国公民、组织的行政诉讼权利加以限制的，人民法院对该国公民、组织的行政诉讼权利，实行对等原则。对等原则有下面几层含义：

1. 这个原则适用于外国对我国公民或组织行政诉讼权利加以限制方面，它不适用于权利赋予方面，即便根据外国法，我国公民在外国进行行政诉讼享有更广泛多样的权利，但也不能因此就对该国公民在我国进行行政诉讼也实行对等。对等是指诉讼权利的限制对等。

2. 我国公民、组织在外国进行行政诉讼，其诉讼权利应与所在国公民、组织相同。即该国对我国公民、组织实行"国民待遇"。如果在诉讼权利方面，低于本国公民、组织的标准，即构成限制我国公民、组织的诉讼权利。所以，这种限制的形式是多样的，可以由立法机关制定法令来限制，并通过法院在行政诉讼中来执行；也可以是虽然立法无限制，但在行政诉讼中的法院却实行对我国公民、组织的限制。另外，这种诉讼权利的限制，可能是只对我国公民、组织适用，也可能是对包括我国公民、组织在内的外国公民、组织都适用。无论哪一种，都是对我国公民、组织诉讼权利的限制。

由此可见，对等原则的要求实际上是与我国立法赋予外国人国民待遇诉讼地位相联系的。由于我国给予外国人同我国公民相同的诉讼权利，当然也要求外国组织给予我国公民同本国公民相同的诉讼权利，这是国家间平等关系的表现。我们反对在法律上歧视我国公民的做法，并以对等原则来处理这种歧视，体现了平等主权国家的交往关系。

3. 《行政诉讼法》规定的对等原则，也只是一个法律原则。我们知道，我国的行政诉讼法与外国的行政诉讼法的内容不尽相同，有些制度我国行政诉讼法中有规定，外国行政诉讼法中却无规定；相反，我国没有规定的，外国则可能有规定。在这个前提条件下来讲对等，就必须考虑我们究竟对等限制什么的问题。如果外国法院所限制我国公民的内容，我国法律也有规定，则可以相同的内容限制之；如果外国法院限制我国公民的内容，在我国法律上根本就没有，则应当以相同性质、相近内容来限制，因为对等只是一个原则，实际上对限制的内容是要求相应，要根据具体情况加以分析决定。

四、适用有关国际条约的原则

人民法院在审理涉外行政案件时，应当适用《行政诉讼法》的有关规定。但是，如果《行政诉讼法》与我国缔结或者参加的国际条约有不同规定的，应当适用该国际条约的规定。我国《行政诉讼法》第 72 条规定："中华人民共和国缔结或者参加的国际条约同本法有不同规定的，适用该国际条约的规定。中华人民共和国声明保留的条款除外。"

国际条约是国际法主体之间相互交往的一种最普遍的法律形式，也是国际法的重要渊源。它具体是指国家及其他国际法主体间所缔结而以国际法为准则并确定它们在相互关系中的权利和义务的一种国际书面协议。在条约上签字的，就是条约的缔结国；虽未签字，但在多边条约签署后参加该条约并受其约束的，就是条约的参加国。

作为一个主权国，对它所缔结或参加的国际条约，是自己的意志表示，而不是别人强加给自己的，所以应该信守条约确定的义务。当然，如果在参加时有明确的保留声明，就可以不受保留条款的约束。这是国际对待条约的通例。条约一经缔结或参加，就对当事各方具有拘束力，缔约国或参加国必须遵守。

我国是一个独立的主权国家，一方面不承认和不接受我国没有缔结或参加的国际条约在国内的法律效力；另一方面，凡是我国缔结或参加的国际条约，我国都承认其对我国的拘束力。那么如何做到既独立行使国家审判权，又遵守国际条约并付诸实施呢？我国过去的一般做法是在立法时采用国内法确认国际条约的方式，确定适用国际条约的原则，而不是将国际法的内容变为国内法的具体规定。在国内法的某些规定与国际条约的某些规定间产生矛盾时，一般采取国际法优先于国内法的做法。我国《行政诉讼法》在关于涉外行政诉讼的规定中，就明确规定了这一原则，即凡是我国缔结或参加的国际条约，是以国家的名义承认的，我国法律承认其效力，在司法实践中、行政审判实践中是适用的、有效的；如果国际条约同我国《行政诉讼法》有不同的规定，我国也有信守国际条约的义务，承认其效力，适用该国际条约的规范；但我国在参加国际条约时声明保留的条款，是我国未承认和未接受的条款，我国没有信守的义务，在审理涉外行政案件中不予适用，在我国领域内不发生效力。

由于国际条约只对缔约国或参加国有效，所以，如果在我国进行行政诉讼的外国公民或组织的所属国没有缔结或参加该国际条约，则该外国公民或组织可以不受这个国际条约的约束。

第四节　涉外行政诉讼的代理、期间与送达

一、代理

《行政诉讼法》第73条规定，外国人、无国籍人、外国组织在中华人民共和国进行行政诉讼，委托律师代理诉讼的，应当委托中华人民共和国律师机构的律师。律师制度是国家司法制度的重要组成部分。一个国家的司法制度只能在本国的领域内适用。任何一个主权国家，不允许外国司法机构干涉

其国内的司法事务。因此根据国家主权原则，只允许本国律师在本国法院执行律师职务，而不允许外国律师在本国法院进行诉讼代理活动。

涉外行政诉讼法中外籍当事人委托律师的特别规定，有以下情形：

1. 外国人在我国进行行政诉讼，有权委托律师代理诉讼。但法律并不把此项规定变成义务。也就是说，外国人可以委托我国律师代理诉讼，也可以不委托他人代理诉讼，而自行参加诉讼。这一点，与我国公民在行政诉讼中有权委托或不委托诉讼代理人的规定是一样的。中国律师代理外国当事人进行诉讼具有以下便利条件：①中国律师熟悉中国国情和语言，熟悉中国法律、法规，熟悉《行政诉讼法》和诉讼程序，在诉讼活动中依法享有一定的诉讼权利。②中国律师制度正在进一步改革，在以事实为根据、以法律为准绳代理诉讼方面，已取得很大进步，在涉外行政诉讼案件中能依法为保护外国当事人的合法权益独立开展各项业务活动。③由于行政争议的事实发生在中国境内，中国律师了解情况、收集证据等都比较方便，对保护外国当事人合法权益有利。

2. 外国人在我国进行行政诉讼，法律并没有限定他们只能委托我国律师作为其诉讼代理人，从法律规定看，外国人如果要委托诉讼代理人，他可以委托我国律师，也可以委托除律师以外的其他人作为他的诉讼代理人。这里所说的其他人包括：①社会团体。根据《行政诉讼法》第29条第2款的规定，社会团体可以受委托为诉讼代理人，如法学会。②外国人的近亲属。含国内和国外的近亲属。③所在单位推荐的人。如外国人在我国开办合资企业，该外国人进行诉讼，可以委托该合资企业单位推荐的人。④外国人可以委托本国律师以非律师身份担任诉讼代理人。⑤外国人可以委托其本国公民为诉讼代理人。⑥外国人可以委托外国驻华使领馆官员，以个人名义担任诉讼代理人，但在诉讼中不享有外交特权和豁免权。⑦委托中国公民代理诉讼，须经法院许可。

3. 有关委托代理的限制性规定，仅仅是限制以律师身份担任诉讼代理。即外国人在我国进行行政诉讼，如果要委托律师以律师身份或名义代理诉讼，作诉讼代理人，那么就只能委托我国律师机构的律师。在律师制度方面，我国规定，外国律师不得在我国开设律师事务所或与我国律师事务所合伙开业；外国律师不得在我国开业；外国律师不得以律师名义在我国代理诉讼和出庭等。所以，《行政诉讼法》关于外国人委托律师代理诉讼的限制，正是在这种律师制度与体制基础上所作出的，与现行律师体制一致。但近几年来，随着改革开放的发展，律师制度也有些改变。如有的外国律师在我国开设办事机构，有的外国律师在我国律师事务所从业等。这些变化势必影响到诉讼代理人制度，这是值得注意的。

在中华人民共和国领域内没有住所的外国当事人从中华人民共和国领域外寄交或者托交授权委托书，委托中国律师或者其他人代理诉讼，必须经过严格的程序和手段，才具有效力。具体手续可由当事人根据法定条件在以下两种手续中选择：

（1）认证手续。授权委托书的认证手续必须经过以下程序：①必须先经外国当事人所在国公证机关予以公证，以确定该授权委托书的合法性，并出具公证证明。②再经我国驻该国的使领馆的认证，即由我国外交使馆或领事机构在公证文件上证明公证机关的最后一个签名或印章属实。

上述规定的必经手续是为保证授权委托书的真实性而设置的必经环节，只有对授权委托书的真实性确定后，授权委托书才具有效力，人民法院才承认其合法性。

（2）证明手续。如果外国当事人所在国与我国订立或共同参加了有关条约，在这些条约中，特别是双方的司法协助条约里规定了相互免除认证，就没有必要一定要求经我国使领馆认证。只要履行了我国与所在国所订立的双边条约规定的义务，授权委托书就不必经过认证手续，可直接按条约规定的证明手续办理。

此外，授权委托书如果不是从中华人民共和国领域外寄交或者托交，而是在中华人民共和国领域内直接交来的，就不再要求办理上述认证、证明手续。

二、期间

涉外行政诉讼，与一般行政诉讼一样，都要涉及各个诉讼进行阶段与期间，法律对于涉外行政诉讼的期间，没有专门的、统一的规定。而外籍当事人的域外居住这一实际情况，又使我们不能不注意到它的特殊性，况且，有关的解释对此也有一些特别的规定，这就是要给予适当延长。

适当延长期间的原因是当事人居住在我国境外，通讯、交通等不便。所以，涉外行政诉讼中如果外国人在我国国内已有住所的，则不能延长有关期间。同样，我国公民居住在国外的，应当适当延长期间。总之，立法及解释关于期间延长的精神，是因为当事人在国内没有住所。有关这类特别期间，目前的规定有：

1. 不服一审法院判决、裁定的上诉期限。根据规定，在国内没有住所的当事人，不服一审判决、裁定的，其上诉期限为自判决、裁定送达之日起 30 日内。而不是一般的 15 日或 10 日期限。

2. 居住在域外的被上诉人，在收到上诉状副本以后，提出答辩状的期限为 30 日，而不是一般的 10 日。

3. 居住在域外的当事人，有关诉讼法律文书的送达期限为 6 个月。这在邮寄送达和公告送达方式上，已有明确规定，自寄出之日或公告之日起满 6 个月的，即视为送达。

一个案件中涉及两个以上外籍当事人，如果其中一人居住在我国国内，而另一人居住在国外的，对于在国内居住的当事人不适用特别规定期间而仍然适用一般规定期间；对于在国外居住的当事人则适用特别规定期间。这正如最高人民法院《关于适用〈民事诉讼法〉若干问题的意见》中所解释的那样：当事人双方分别居住在我国领域内和领域外，对第一审法院判决、裁定的上诉期，居住在我国领域内的为一般期限；居住在我国领域外的为 30 日。双方的上诉期均已届满没有上诉的，第一审法院的判决、裁定即发生法律效力。

有关诉讼的其他期间，原则上应按《行政诉讼法》的一般规定执行。但对于在域外居住的当事人确有理由提出的延长申请，人民法院给予考虑的话，在法定的指定期间，也应参照上述规定。

三、送达

送达，是指人民法院依照法律规定的程序和方式将诉讼文书送达当事人或者其他诉讼参与人。送达既是人民法院的权利，又是人民法院的义务。诉讼文书包括起诉状、上诉状、答辩状、传票、通知、调解书、裁定书、判决书等。

涉外送达是人民法院审理涉外诉讼案件所适用的特殊送达方式。涉外送达方式的适用对象，以当事人是否居住在中华人民共和国领域内为标准。它既适用于不居住在中华人民共和国领域内的外国当事人，也适用于不居住在中华人民共和国领域内的中国籍当事人。可见，涉外行政诉讼文书的送达方式因当事人的住所不同而有所区别。行政诉讼当事人居住在我国境内的，即使是外国人、外国企业和组织，对其送达诉讼文书，也只按照一般规定的送达方式。反之，对不在我国领域内居住的当事人，不仅包括不在我国领域内居住的外国人、外国企业和组织，也包括不在我国领域内居住的中国公民、企业和组织，也根据不同情况确定特殊的送达方式。因为这类行政案件的送达遇到的困难较多，如案件原告人不在国内，需要超越国境送达，又往往不可能派员前往；有的国家为了保护本国公民、企业的利益，有意设置障碍，拖延或不予送达。对居住在国外的当事人的送达包括七种可供选择的送达方式：

1. 依照受送达人所在国与我国缔结或者共同参加的国际条约中规定的方式送达。这里所说的条约，包括双边条约和多边条约。受送达人所在国与我国缔结或共同参加了某一国际条约，如该条约对送达方式有明确规定的，人民法院应依该条约规定的送达方式送达。一般由签约国双方各自指定中央机关，由法院将诉讼文书通过双方的中央机关送达。我国目前指定的中央机关是司法部。

2. 通过外交途径送达。这种送达方式主要适用于不是公约参加国，也没有双边条约关系的情况，但受送达人所在国是与我国建交的国家。一般做法是由中级法院将诉讼文书送交高级法院，高级法院审查后送到外交部领事司，再由外交部领事司送给该国驻华使领馆，该国驻华使领馆再送交其国家外交部，由外交部再送给司法部，司法部再送给法院，最后送达当事人。这种方法经过环节较多，时间较长，但比较保险，外交途径是最正式的途径。

3. 对具有我国国籍的受送达人，可以委托我国驻受送达人所在国的使领馆代为送达。这种方式适用于居住在国外的具有我国国籍的受送达人，如华侨或我国在该国的驻外机构的人员等。如果受送达人是外国人或外籍华人，则不能采用这种方式。采用这种送达方式需注意，不能由我国法院直接寄给我国驻受送达人所在国使领馆，而是由我国外交部使领馆发出。送达还要注意写明受送达人的住址和受送达人的外国名字。

4. 向受送达人委托的有权代其接受送达的诉讼代理人送达。外国人、外国企业和组织在我国进行行政诉讼，通常都要委托代理人代理诉讼，其委托的代理人可能是我国律师，也可能是其委托的其他人，只要其代理人是全权代表，或者明确表示有权代为接受送达的，可以向其委托的有权代其接受送达的诉讼代理人送达。

5. 向受送达人在中华人民共和国领域内设立的代表机构或者有权接受送达的分支机构、业务代办人送达。如果外国企业或者组织在中国设有代表机构的，向该代表机构送达即等于向该企业或组织送达。如果不是代表机构而是分支机构或者有业务代办人的，而这个分支机构或业务代办人明确有权接受送达的，也可以向该分支机构或业务代办人送达。这种送达方式简便易行，易为当事人所接受，故目前世界上不少国家使用这一方式。

6. 受送达人所在国的法律允许邮寄送达的，可以邮寄送达。邮寄送达方式简单、迅速，但要以当事人所在国允许为前提。如果当事人所在国不允许邮寄送达的，不能采用这种送达方式。自邮寄之日起满6个月，送达回证没有退回，但根据各种情况足以认定已经送达的，期间届满之日视为送达。需要注意的是"足以认定"属于限制条件，如果不能有充分理由认定已经送达，也不能视为送达。

7. 不能用上述方式送达的，公告送达。公告，即公开宣告。公告送达，是指人民法院将需送达的诉讼文书的内容用报刊、广播等方式传达给当事人。公告送达在上述六种送达方式均不能采用的情况下适用，例如，我国同受送达人所在国既没有条约关系，也没有外交关系；受送达人没有委托代为接受送达人，在我国也没有代表机构和分支机构；根据该所在国法律又不允许邮寄送达的，在这种情况下只能用公告的方式送达。其具体方式包括通过电台对外广播，在海外发生的报刊上刊载或者通过电视台对外演播节目播放等。公告送达的期间规定是6个月，即自公告之日起满6个月，即视为送达，这同我国参加的《海牙送达公约》的有关规定，即送达后在不少于6个月的时间内未得到送达回证，方可缺席判决的规定相一致。人民法院采用公告送达方式时应将公告的内容和经过记入笔录，存卷归档。

思 考 题

1. 试述涉外行政诉讼的概念与特征。
2. 试述涉外行政诉讼的原则。
3. 简述涉外行政诉讼期间与送达的特殊规定。
4. 简述涉外行政诉讼的法律适用。

主要参考书目

1. 罗豪才主编:《行政法学》,中国政法大学出版社 1996 年版。
2. 应松年主编:《行政诉讼法学》,中国政法大学出版社 1994 年版。
3. 罗豪才主编:《行政法学》,北京大学出版社 1996 年版。
4. 王连昌主编:《行政法学》,中国政法大学出版社 1994 年版。
5. 姜明安主编:《行政法与行政诉讼法》,高等教育出版社 1997 年版。
6. 于安、江必新、郑淑娜编著: 《行政诉讼法学》,法律出版社 1997 年版。
7. 胡建淼主编:《行政法教程》,法律出版社 1996 年版。
8. 杨海坤主编:《行政法与行政诉讼法》,法律出版社 1992 年版。
9. 王连昌主编:《行政法学》,四川人民出版社 1996 年版。
10. 应松年主编:《行政行为法》,人民出版社 1992 年版。
11. 杨海坤:《中国行政法基本理论》,南京大学出版社 1992 年版。
12. 方世荣:《论具体行政行为》,武汉大学出版社 1996 年版。
13. 应松年主编:《行政法学新论》,中国方正出版社 1998 年版。
14. 叶必丰主编: 《行政法与行政诉讼法》,中国人民大学出版社 2003 年版。
15. 姜明安主编:《行政法与行政诉讼法》,高等教育出版社 2005 年版。
16. 陈红主编:《行政法与行政诉讼法学》,厦门大学出版社 2006 年版。
17. 应松年主编:《当代中国行政法》,中国方正出版社 2005 年版。
18. 方世荣:《论行政相对人》,中国政法大学出版社 2000 年版。
19. 薛刚凌:《行政诉权研究》,华文出版社 1999 年版。
20. 刘莘:《行政立法研究》,法律出版社 2003 年版。
21. 张正钊主编:《行政法与行政诉讼法》,中国人民大学出版社 1999 年版。
22. 陈新民:《中国行政法学原理》,中国政法大学出版社 2002 年版。
23. 方世荣主编:《行政法与行政诉讼法学》,中国政法大学出版社 2007

年版。

24. 应松年、薛刚凌:《行政组织法研究》,法律出版社 2002 年版。

25. 沈开举:《行政征收研究》,人民出版社 2001 年版。

26. 马怀德主编:《国家赔偿问题研究》,法律出版社 2006 年版。

27. 胡建淼主编:《行政强制法研究》,法律出版社 2002 年版。

28. 王万华:《行政程序法研究》,中国法制出版社 2000 年版。

29. 章剑生:《行政程序法基本理论》,法律出版社 2003 年版。

30. 王名扬:《英国行政法》,中国政法大学出版社 1987 年版。

31. 王名扬:《法国行政法》,中国政法大学出版社 1989 年版。

32. 王名扬:《美国行政法》(上、下),中国法制出版社 1995 年版。

33. 于安编著:《德国行政法》,清华大学出版社 1999 年版。

34. 林纪东:《行政法》,三民书局 1988 年版。

35. 管欧:《行政法精义》,五南图书出版公司 1993 年版。

36. 翁岳生:《行政法》,翰芦图书出版公司 1998 年版。

37. 〔日〕南博方:《日本行政法》,杨建顺、周作彩译,中国人民大学
出版社 1988 年版。

38. 〔日〕室井力:《日本现代行政法》,吴微译,中国政法大学出版社
1995 年版。

39. 〔日〕盐野宏:《行政法》,杨建顺译,法律出版社 1999 年版。

40. 〔英〕威廉·韦德:《行政法》,徐炳等译,中国大百科全书出版社
1997 年版。

41. 〔美〕伯纳德·施瓦茨:《行政法》,徐炳译,群众出版社 1986 年版。

42. 〔德〕哈特穆特·毛雷尔:《行政法学总论》,高家伟译,法律出版
社 2000 年版。

图书在版编目（CIP）数据

行政法与行政诉讼法教程 / 惠生武主编 . —3版 . —北京：中国政法大学出版社，2011.10

ISBN 978-7-5620-4064-4

Ⅰ.行… Ⅱ.惠… Ⅲ. ①行政法-中国-教材 ②行政诉讼法-中国-教材 Ⅳ.① D922.1 ②D925.3

中国版本图书馆CIP数据核字(2011)第212827号

书　　名	行政法与行政诉讼法教程	
	XINGZHENGFA YU XINGZHENG SUSONGFA JIAOCHENG	
出版发行	中国政法大学出版社	
经　　销	全国各地新华书店	
承　　印	固安华明印刷厂	

787mm×960mm　　16开本　　27.25印张　　470千字

2011年12月第3版　　2011年12月第1次印刷

ISBN 978-7-5620-4064-4/D·4024

印　数: 0 001-3 000　　定　价: 40.00元

社　　址	北京市海淀区西土城路25号
电　　话	(010)58908435(编辑部)　58908325(发行部)　58908334(邮购部)
通信地址	北京100088信箱8034分箱　邮政编码 100088
电子信箱	fada.jc@sohu.com(编辑部)
网　　址	http://www.cuplpress.com　(网络实名: 中国政法大学出版社)